Edição **POWER**

365 PALAVRAS CRUZADAS

Diversos

001

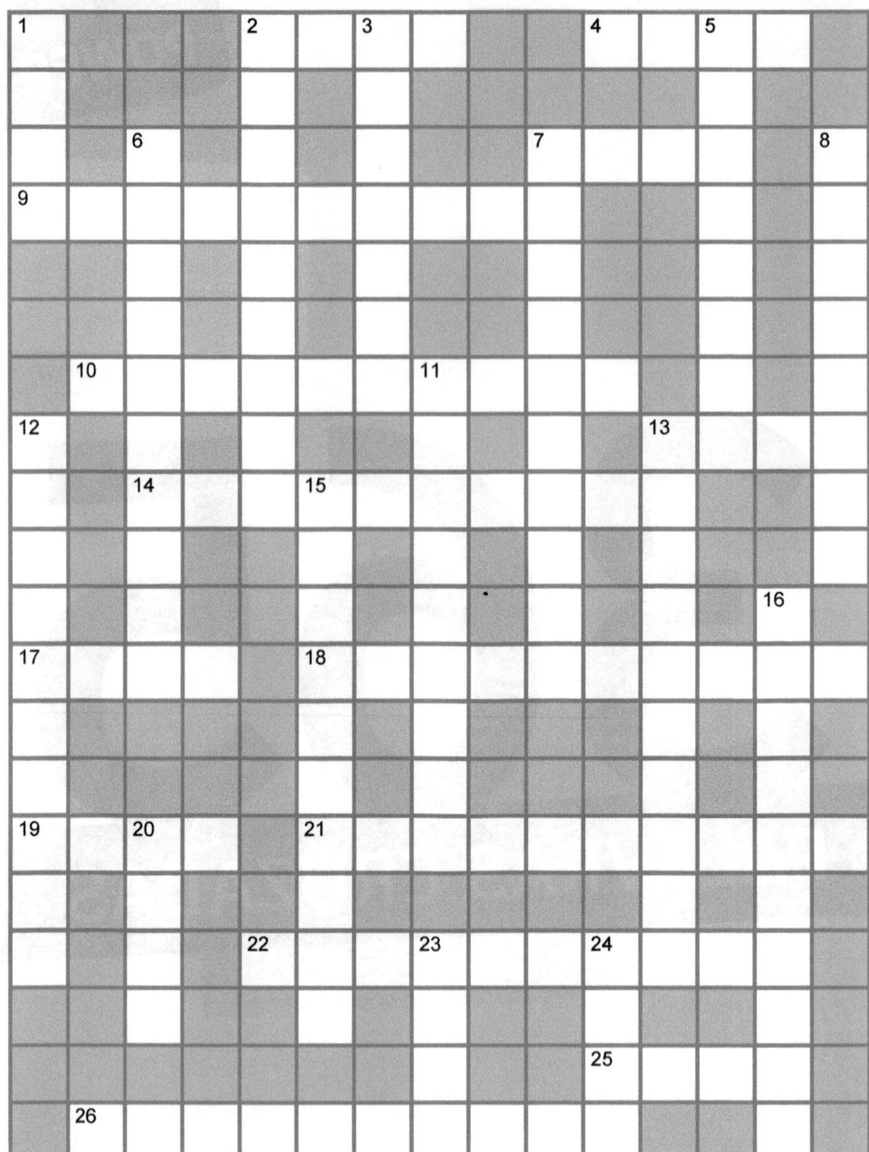

Horizontal: **2** Solicita | **4** Permanece | **7** Estojo de instrumentos musicais (Ingl.) | **9** Moribundo | **10** Exagerou | **13** Caixa, em espanhol | **14** Artista que pinta murais | **17** Barro, lodo, lama | **18** Que pode ser medido | **19** Que não enxerga | **21** Semelhança de sons | **22** Exercício em que o corpo gira sobre si | **25** Mesmo que pontaria | **26** Liberado de suas obrigações trabalhistas |

Vertical: **1** Famoso jogador de futebol | **2** Incidente, aventura | **3** Põe em desavença | **5** Viria de algum lugar | **6** Dirigiam-se para um ponto comum | **7** Asseverou | **8** Batalhava | **11** Conjunto dos órgãos do ventre | **12** Tornam-se idosos | **13** Enfraquecendo | **15** Aniquilação | **16** Recusavam | **20** Aquele que gagueja | **23** Cinto, em inglês | **24** Gênero do homem |

002

Horizontal: 2 Lufa-(?), uma das casas de Hogwarts | **4** Que tem duas faces convexas opostas | **7** Um dos lados da moeda | **8** Comedimento | **10** Olá!, em espanhol | **12** Comida preparada à base de sangue animal | **14** Personagem fictício e superherói | **16** Que tem cem anos | **19** Consentiremos | **22** Aqui se faz, aqui se (?)" (dit. pop.) | **24** Chicote | **25** Tira estreita de tecido | **26** Reduzamos | **27** Levantar, erguer | **28** Móvel para guardar roupas |

Vertical: 1 Pressa, agitação | **3** Boniteza, lindeza | **5** Enredar, embaraçar | **6** Enfurecia | **9** Distinguiu | **11** Curvatura em arco | **13** Gostar, em inglês | **15** Intercedendo | **17** Estabelecera | **18** Determinado | **20** Começaram | **21** Manaria | **23** Paulinho (?), comediante |

003

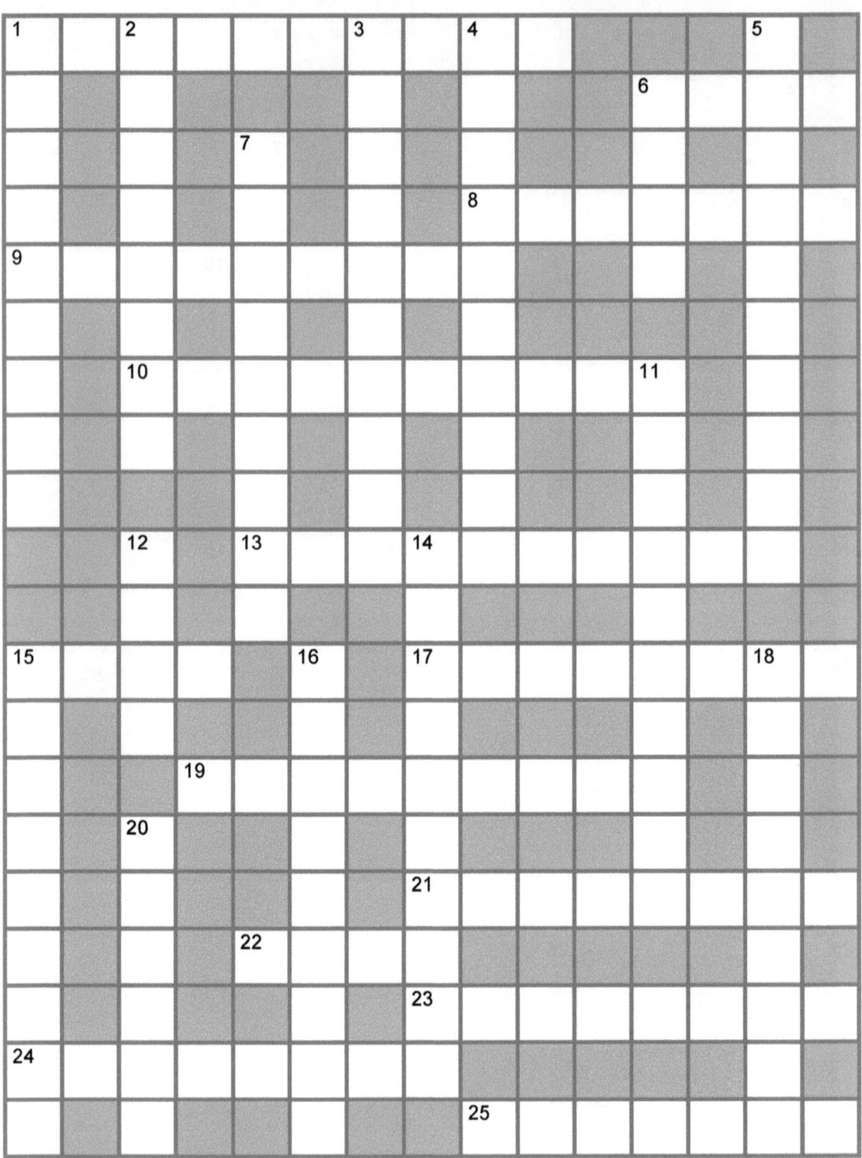

Horizontal: 1 Reduziam a um volume menor | **6** Insignificante | **8** (?) de Samos, filósofo helenístico | **9** Refletir, meditar sobre um tema | **10** Reduzirem | **13** Colaboração, contribuição | **15** Retrato, imagem | **17** Estourou | **19** Estado de harmonia | **21** Enfia | **22** Aquele que julga | **23** Versículo cantado antes e depois de um salmo (rel.) | **24** Causar redução de tamanho | **25** Olhou de frente |

Vertical: 1 Palanque montado em lugar aberto | **2** Que perdeu partes do corpo | **3** Pequena propriedade agrícola | **4** Borrifasse | **5** Tendência a adotar medidas extremas | **6** Leito que transporta feridos ou doentes | **7** Removo um obstáculo | **11** Referido | **12** Lava (?), investigação de corrupção | **14** Mesmo que recomendar | **15** Tornei mais resistente | **16** Finalização, término | **18** Acrescentando | **20** Relativo ao mês de junho |

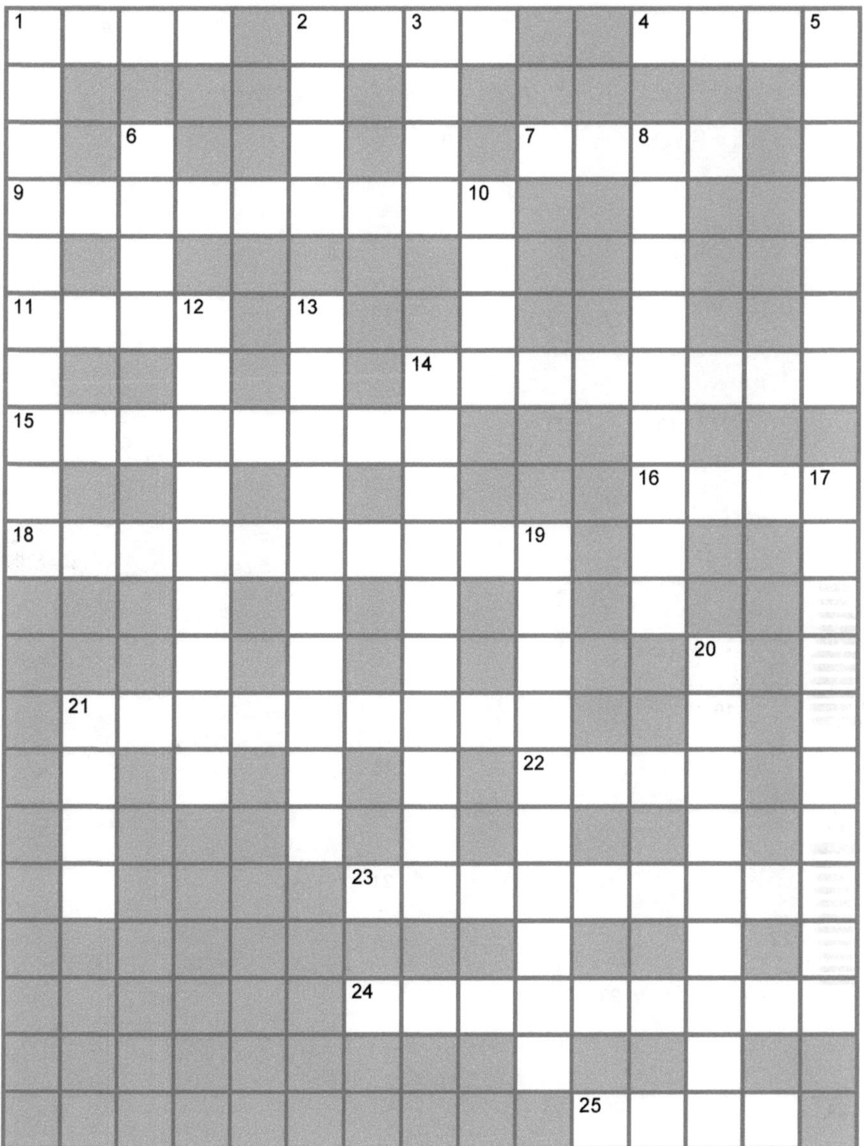

Horizontal: 1 Cinema, em espanhol | **2** Entusiasmo, felicitação (interj.) | **4** Moinho, em inglês | **7** Destino, sina | **9** Relativo ao diâmetro | **11** Letra Z, em espanhol | **14** Que provoca temor | **15** Objeto utilizado no banho | **16** Bem, em italiano | **18** Embebedei | **21** Infecção na parte posterior da garganta | **22** Um dos pecados capitais | **23** Comunidade autônoma da Espanha | **24** Recusa do eleitor a votar | **25** Orifício |

Vertical: 1 Guiasse | **2** Unidade de tensão elétrica (símbolo V) | **3** Fêmea do boi | **5** Posto em liberdade, solto | **6** Parte, em inglês | **8** Envio para várias direções | **10** Molusco com corpo alongado | **12** Pessoa que faz predições | **13** Renovação do ar de um ambiente fechado | **14** Aquele que cria gado | **17** Bêbado | **19** Membro | **20** Prover do necessário | **21** Antônimo de "grosso" |

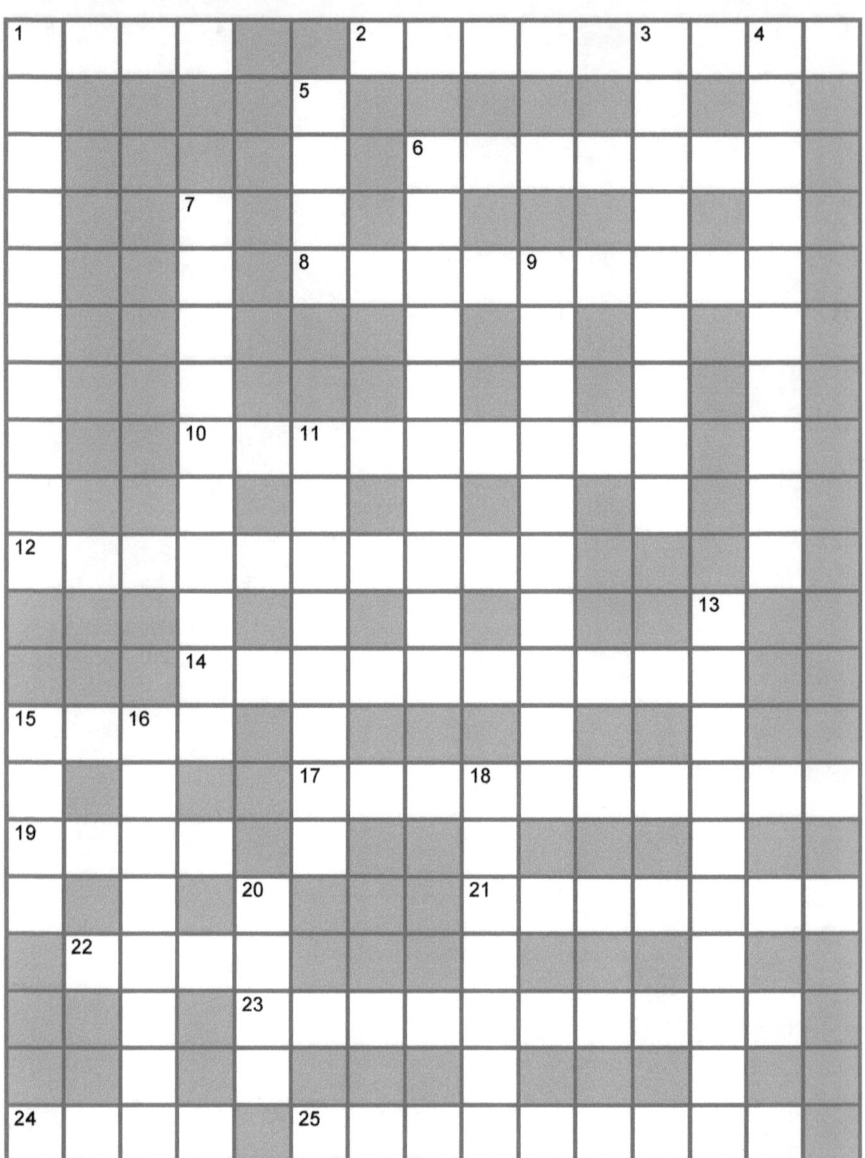

Horizontal: 1 Fatia fina de carne | **2** Pantanoso, lodoso | **6** Amputar | **8** Utensílio de cozinha usado para assar | **10** Indiferente | **12** Dar assistência a alguém | **14** Que provoca depressão | **15** Ingrediente da feijoada | **17** Brotavam | **19** O chefe da Igreja Católica | **21** Fujo desordenadament e | **22** Parte do telefone que se leva ao ouvido | **23** Ato de tornar algo público | **24** Grupo de pessoas que cantam | **25** Tombaríamos |

Vertical: 1 Instrumento de trabalho manual | **3** Dobrei a quantidade | **4** Rodearemos | **5** Peça de roupa que protege contra o frio | **6** Perderei o valor | **7** Concordando | **9** Desorientei | **11** Falta de interesse | **13** Que foi esclarecido | **15** Papagaio, quadrado, raia (region.) | **16** Pedir com súplica | **18** Variar a altura da voz | **20** Cheire mal |

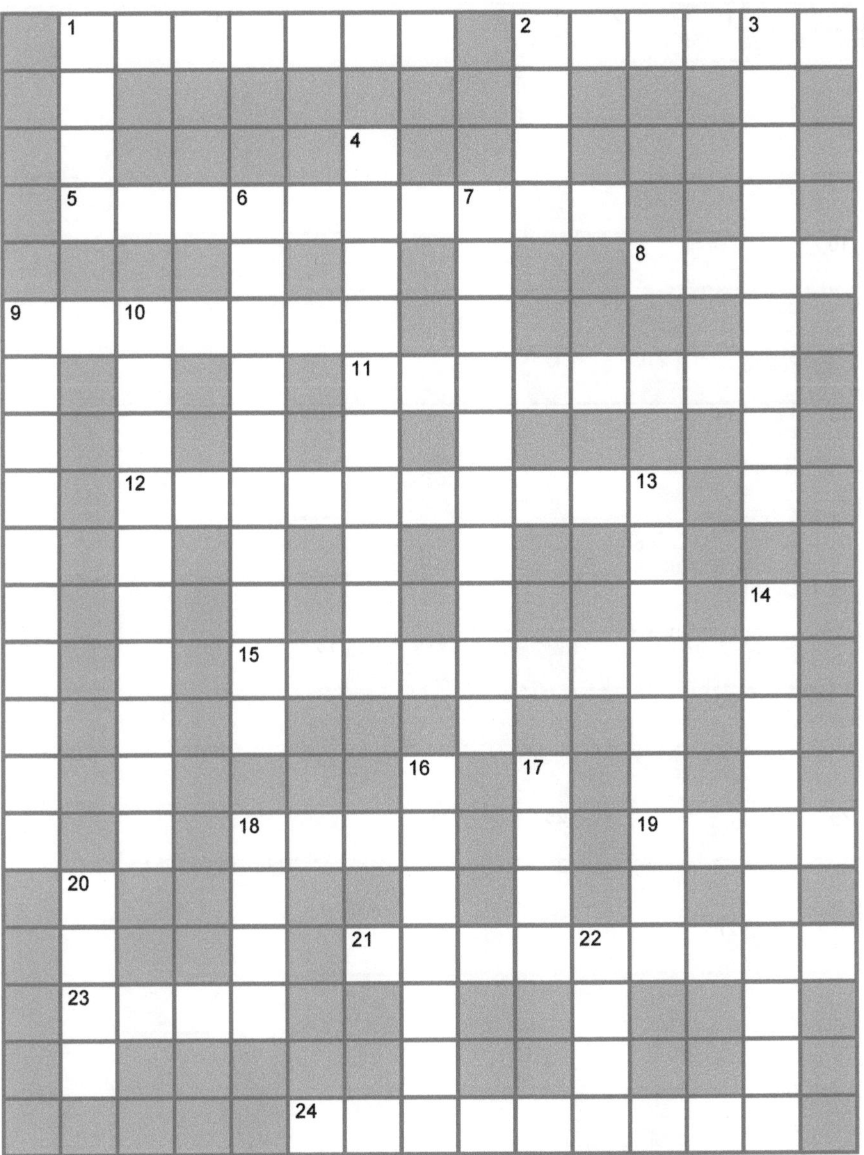

006

Horizontal: 1 Referente à ordem religiosa | **2** Declaravam falência | **5** Sensibilizar | **8** Filho do Fabio Jr. | **9** Realizou troca | **11** Mesmo que se vingar | **12** Chocante, impressionante | **15** Aparência máscula, viril | **18** Karl (?), autor de "O capital" | **19** Olfato dos animais | **21** Muito rigoroso, preciso | **23** Imutável | **24** (?) Silva, diretor de novela |

Vertical: 1 Nome usado para Deus no Antigo Testamento (bíbl.) | **2** Tudo bem, em inglês | **3** Ajustarem, adaptarem | **4** Zangavam | **6** Mesmo que maltrapilho (region.) | **7** Desmentirá | **9** Fizeram planos com outra pessoa | **10** Mergulhado em meditação | **13** Despedaçar | **14** Destruído | **16** Expulsou | **17** Onda, em inglês | **18** 5º mês do ano | **20** Cabeça, cérebro, miolo (gíria) | **22** Título dado ao fundador do budismo |

Horizontal: 3 Mulher que vive com homem sem estar casada | **7** Personagem de canção de ninar | **9** Cozinharam | **10** Jarro, privada | **11** Orifício na pele | **12** Pedaço ou tronco de árvore | **14** Exibir-se em público | **15** Secreção viscosa | **16** Repetição sistemática de algo | **18** Móvel de quatro ou mais pés | **20** Gotham (?), cidade do Batman | **24** Grupo de porcos | **26** Prender, fixar | **27** Alcançariam | **28** Que perdeu peso |

Vertical: 1 Enclausurar | **2** "À (?)", em grande quantidade | **4** Oscilaram | **5** Inquieto, alvoroçado | **6** "A rosa do (?)", livro de Carlos Drummond de Andrade | **8** Ingeriram | **9** (?) Aguilera, cantora estadunidense | **11** Tipo de pássaro | **13** Caminhavam na passarela | **17** Enxotar | **19** Retirar, cortar | **21** Por vezes chamado de rato-lavadeiro | **22** Preposição | **23** Solicitamos | **25** Inverno, em inglês |

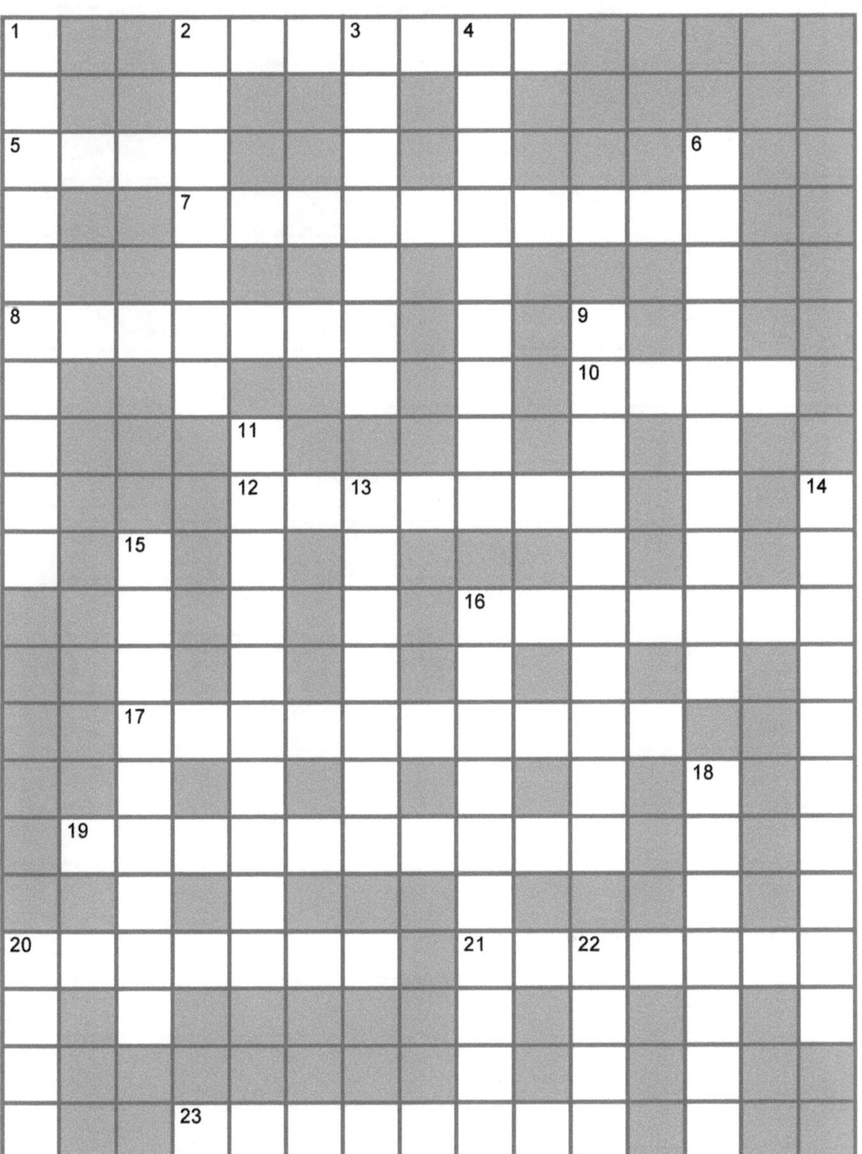

Horizontal: 2 Esquentar, tornar quente | **5** Dígitos binários | **7** Preso firmemente com tarraxa | **8** Desconsidera | **10** (?) você, programa de TV | **12** Esforço coletivo para realização de algo | **16** Tomou resolução | **17** Digno de honra | **19** Perdendo o valor | **20** Criança muito levada, travessa | **21** Engolia | **23** Convergisse |

Vertical: 1 Misturar | **2** Ação ou resultado de assaltar | **3** Arrancava | **4** Local onde ficam os representantes diplomáticos de um país | **6** Marcado com pontos | **9** Estrutura destinada a navegar em água | **11** (?) homem das neves, criatura lendária | **13** Sem virilidade, sem vigor | **14** Proteção de alguém contra doença | **15** Queda d'água | **16** Propagamos | **18** Franzino | **20** Ave aquática da família dos anatídeos | **22** Richard (?), ator estadunidense |

009

Horizontal: 1 De pouca idade, jovem (fem.) | **5** Golpeamos com a cabeça | **8** Combatente armado com arco e flecha | **9** Que possui propriedades elétricas | **11** Assunto, motivo, tema | **12** Traje ou uniforme solene | **14** Dar a alguém uma tarefa | **19** Dê, confira | **20** Fruta símbolo da paz para o povo hebraico | **21** Virias de algum lugar | **22** Princesa guerreira | **24** Precisão, perfeição | **25** Elegante |

Vertical: 1 O mesmo que amiga (gír.) | **2** Fezes, excremento | **3** Cortava a cabeça | **4** Provocar ou sofrer tremor | **6** Mesmo que emoldurar | **7** Pedra ornamental esverdeada | **9** Que não é fácil de decifrar | **10** Peça cilíndrica dentada | **13** Viajante que estuda novas regiões | **15** Cerimônia em que se coroa o rei | **16** Sinônimo de "humilhar" | **17** Cansativo | **18** Sufocante, asfixiante | **23** Que está velho, caduco |

Horizontal: 1 Que se refere ao povo em geral | **4** Dissipem | **7** Conduzir navio, avião, automóvel | **9** Poeta e músico itinerante na Idade Média | **10** Abolido, eliminado | **11** Discordando |

Vertical: 1 Que recebeu prêmio | **2** Entretia-se com jogos e passatempos | **3** Vegetação típica no Nordeste do Brasil | **4** Empregado, em espanhol | **5** Tencionar | **6** Mercado Comum do Sul (abrev.) | **8** (?) velha, automóvel em mau estado (pop.) |

Horizontal: 1 Mulher que exerce a advocacia | **7** Que tem vida | **8** Diz-se de lençol de água subterrâneo | **9** Que tem paralisia | **11** Que se aborreceu | **12** Pessoa muito chata (gír.) |

Vertical: 1 Provieram, resultaram | **2** Apelido carinhoso de avó | **3** Descerraria, separaria | **4** Substância usada na pavimentação de ruas | **5** Acontecimento imprevisto, surpreendente | **6** Que oferece proteção | **9** Euforia ou decepção (interj.) | **10** Fruto do coqueiro |

012

Horizontal: 1 Compões | **4** Líder (fem.) | **7** Frívolo, superficial | **10** Circunstância favorável | **13** Trinta, em espanhol | **15** Sem brilho | **17** Que ocorreu antes | **18** Distribuiu em grupos de acordo com um sistema | **21** Consente | **22** Idêntico, análogo | **23** Relativo a automobilismo | **25** Resultado de inadimplir, não cumprir | **30** Regras, em inglês | **31** Perfurou com broca |

Vertical: 1 Coagir alguém a fazer algo | **2** Vento muito forte, tempestuoso | **3** Cuja capital é Dublin | **5** Folha, em espanhol | **6** Parte do telefone que se leva ao ouvido | **8** Filme estadunidense que fez sucesso em 1997 | **9** Documento que assegura o ressarcimento da garantia | **11** Delimitou | **12** Ato de afastar do centro | **14** Empolguei | **16** Orixá do ferro, da guerra, da agricultura e da tecnologia | **18** Transmitir doença | **19** Que está no começo | **20** Opinião, em inglês | **24** Aparente declínio do Sol no horizonte | **26** Estar dolorido | **27** Partido político (abrev.) | **28** Moeda usada na Alemanha | **29** Acreditou |

013

Horizontal: 1 Tratamento terapêutico | **6** Alcancemos um objetivo | **8** Aglutinar | **11** Que debilita | **13** Que não é belo | **14** Quem casa quer (?)" (dit. pop.) | **15** Folha, em espanhol | **16** Recipiente em que se bebe o chimarrão | **18** Coloca o dinheiro no banco | **20** Planta da família das buxáceas | **21** Encanador, em espanhol | **23** (?) cor-de-rosa, animal do Norte do Brasil | **24** Sacos, em inglês | **26** Local onde se vendem produtos | **27** Lasca, fragmento |

Vertical: 1 Mensura | **2** Desamparei | **3** Doce feito de cacau | **4** Título dado a quem alcança a iluminação no budismo | **5** Compramos | **7** Administrado | **9** Animal como o camarão e o siri | **10** Local que imprime publicações | **12** Expulsarmos | **17** Invadir um lugar | **19** Tipo de plástico | **20** "Kill (?)", filme estadunidense | **22** Esporte de luta, pugilismo | **24** Conjunto constituído por oito bits | **25** Macho da galinha |

014

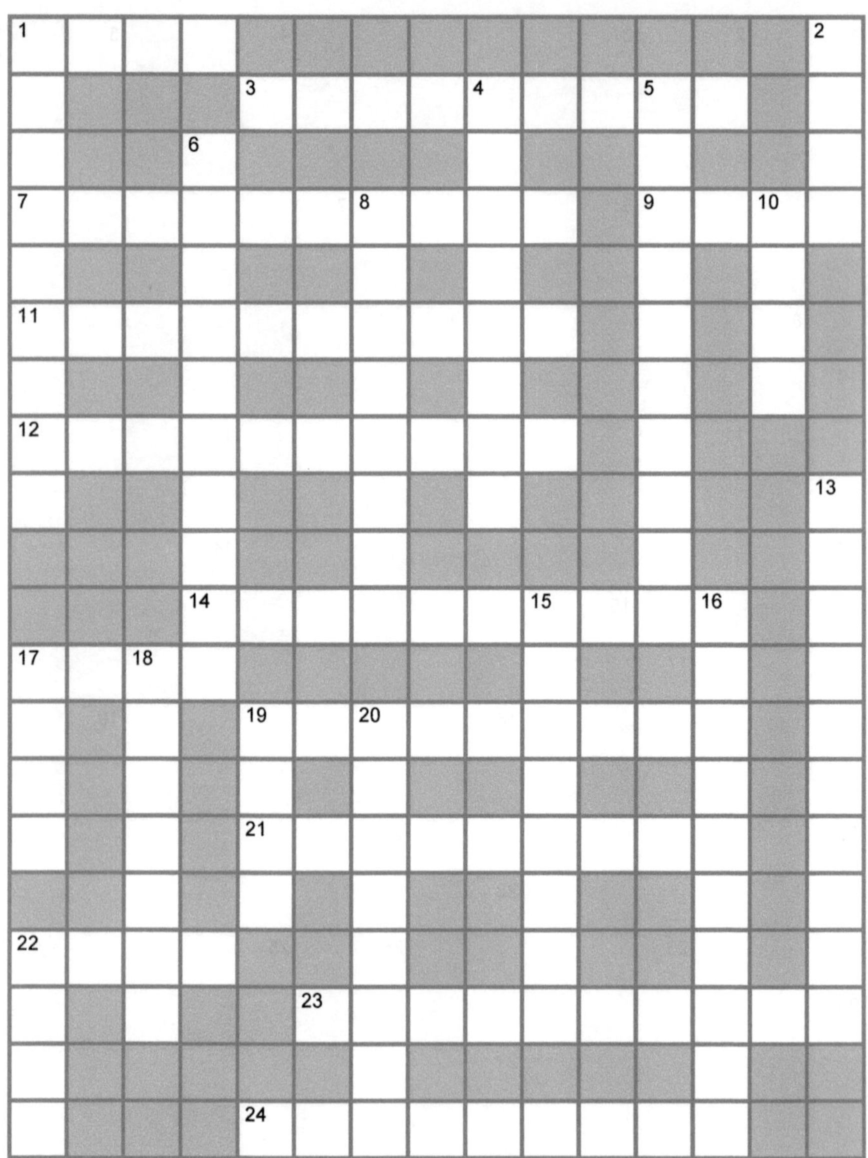

Horizontal: **1** Berço, em espanhol | **3** Maculo | **7** Ligamos | **9** Antônimo de "duro" | **11** Colocaremos açúcar | **12** Adquirir hábitos de burguês | **14** Delatará | **17** Arte marcial | **19** Cheiraremos mal | **21** Que provoca consternação | **22** Entrar em uma (?), situação difícil | **23** Ciência que trata das leis do universo | **24** Ajudarias |

Vertical: **1** Clamar em conjunto | **2** O "Rei do Futebol" | **4** Exasperar, irritar | **5** Unir estreitamente | **6** Jogado fora | **8** Despertou o apetite | **10** Sujeira, entulho | **13** Ciência e técnica das construções civis | **15** Repetição | **16** Comprimes | **17** Relação de subserviência | **18** Delimitar | **19** Mau cheiro | **20** Insolência | **22** Animal feroz e carnívoro |

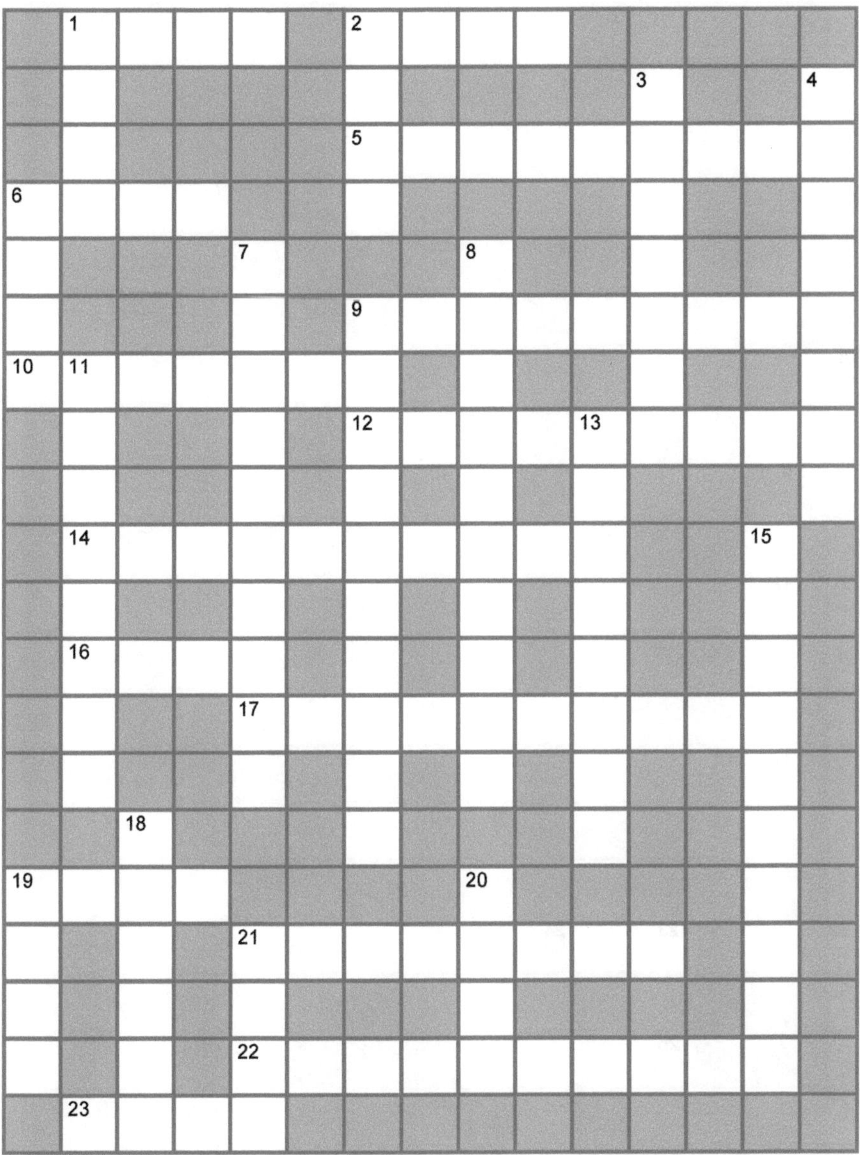

015

Horizontal: 1 Mencionar um trecho específico do texto | **2** Cotovelo, em espanhol | **5** Pessoa atrevida | **6** Realize | **9** Fraqueza | **10** Alimento dado ao passarinho | **12** Primata com braços longos | **14** Passageiros, em inglês | **16** Joia, em espanhol | **17** Divido em partes | **19** Tombava | **21** Enganador | **22** Parte traseira do caminhão | **23** Feito com farinha e outros ingredientes |

Vertical: 1 Povoado inferior ao da cidade | **2** Torneio em que se disputa uma taça | **3** Modo, jeito | **4** Lamentei | **6** Retirada rápida e desordenada de um lugar | **7** Danificado pelo uso | **8** Crença religiosa com mais de um deus | **9** União de dois gametas para gerar um ser | **11** Brilhar momentaneamente | **13** Triste | **15** Conto da (?), história infantil | **18** Semente comestível contida na pinha | **19** Estabeleço o preço | **20** Incerto, impreciso | **21** Bisbilhoto |

016

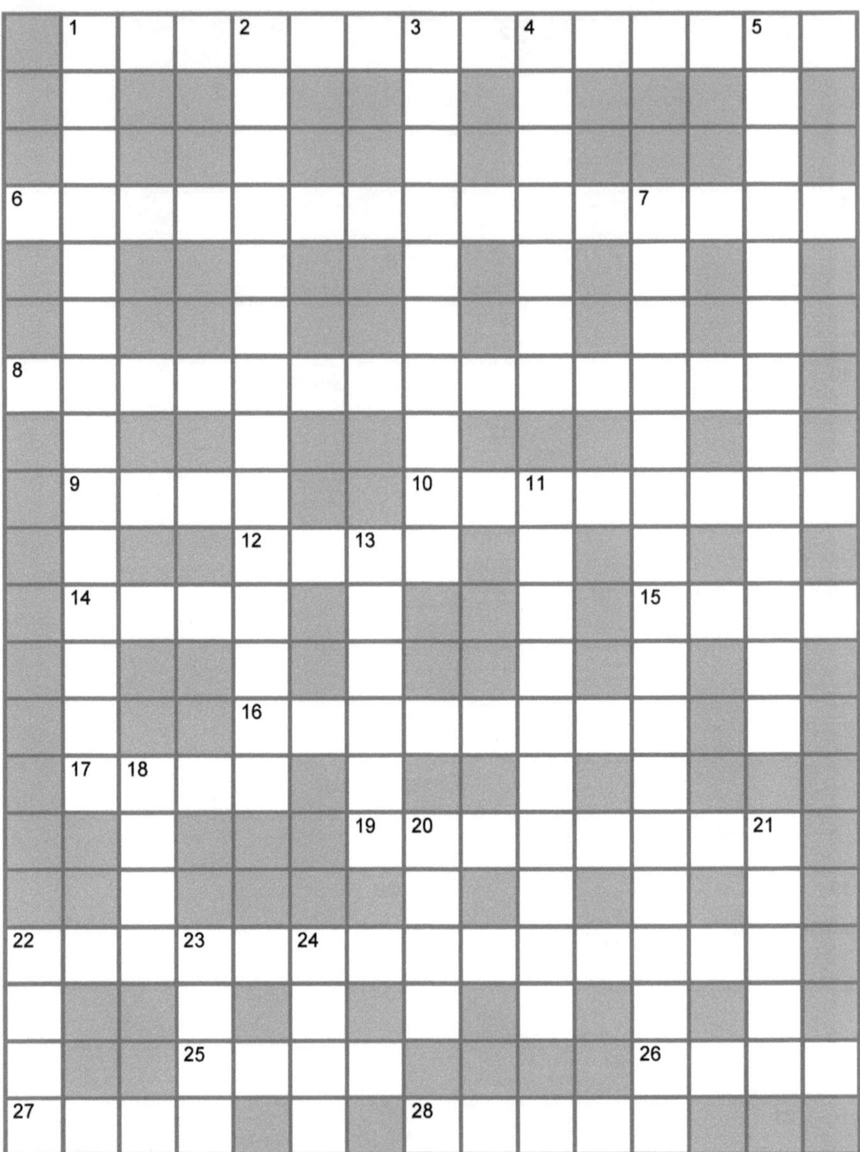

Horizontal: 1 Que está fora da norma | **6** Transigência | **8** Ato feito como zombaria | **9** A (?)", ao acaso, sem rumo | **10** Pensamento profundo sobre algo | **12** Sentimento de asco | **14** Sofá usado na consulta do psicanalista | **15** Receptáculo de pano aberto por um lado | **16** Irritado, enraivecido (pop.) | **17** Escuto | **19** Performance musical feita sob uma janela | **22** Relativo à agricultura e à indústria | **25** Máquina de votar | **26** Reduzia a pó | **27** Pronome pessoal masculino no plural | **28** Atinjo com arpão |

Vertical: 1 Aquele que não é reconhecido | **2** Membro de uma expedição | **3** Que lisonjeia | **4** Morar em, habitar | **5** Desobstruem | **7** Doutrina contrária a qualquer religião | **11** Alicerce | **13** Quinta-feira, em espanhol | **18** Utilizar, empregar | **20** Fêmea do cavalo | **21** Lava, purifica | **22** Vogais de amizade | **23** Encargo, obrigação, responsabilidade | **24** (?) Simone, cantora norteamericana |

017

Horizontal: **1** Desmaiei | **5** Desordem, bagunça, confusão (gír.) | **7** Dividido | **9** Caminha na passarela | **10** De mãos atadas | **13** Inchaço ósseo na base do dedão do pé | **15** Adivinha | **16** De forma decente, honesta | **21** Canoa, pequeno barco | **23** Que não é o mesmo para todos | **24** Rito cristão de purificação e iniciação | **25** Dava permissão | **26** Fazer sofrer o martírio |

Vertical: **2** Desfrutasse | **3** Que é muito branco, alvo | **4** Andar com os quatro membros no chão | **6** Penduricalho | **7** Lançar chamas | **8** Forçavas alguém a fazer algo | **11** Erguido | **12** Filho mais velho da família Simpson | **14** Aquele que luta com espada, florete, sabre | **17** Adensar | **18** Envolto em papel de presente | **19** Golpe desferido com instrumento cortante | **20** Refrearem | **22** Ficar preso em lugar estreito |

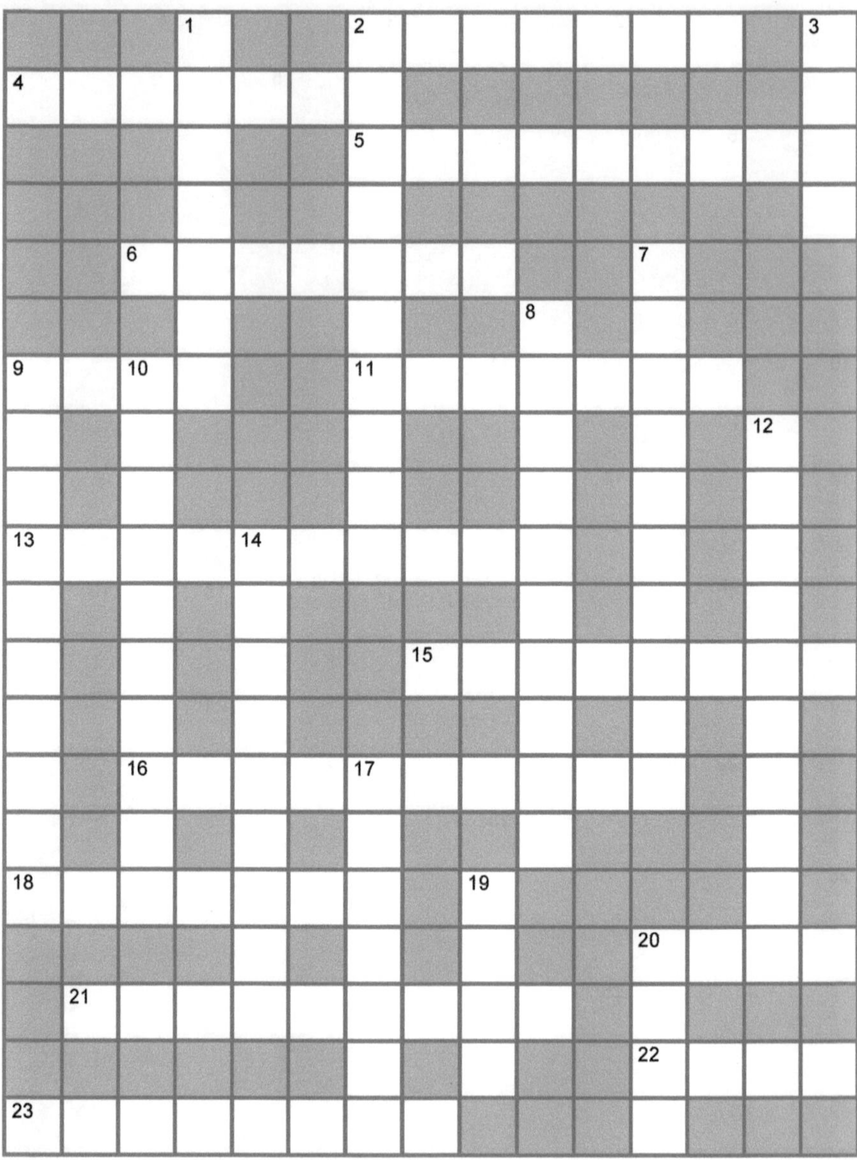

Horizontal: **2** Estado de ebulição | **4** Não acreditou | **5** Tagarelar, falar muito | **6** Toca instrumento de cordas com os dedos | **9** Rua estreita e curta | **11** Insucesso em uma batalha | **13** Declaração da testemunha sobre um fato | **15** Prolonga indefinidamente | **16** Potencial para conter algo, volume | **18** Interromper o sono | **20** Rendimento do capital investido | **21** Relativo à Amazônia | **22** (?) & Stitch, filme de animação | **23** Imobilizar membro fraturado com gesso |

Vertical: **1** Texto de uma ópera | **2** Insignificância | **3** Fruto da pereira | **7** Que administra ou dirige algo | **8** Mulheres habitantes de Aragão, Espanha (pl.) | **9** Mulher que trabalha fazendo bordados | **10** Disputa, concorrência | **12** Tornar gris | **14** Falta de graça | **17** Cabo de armas de fogo | **19** Realizo | **20** Julho, em inglês |

019

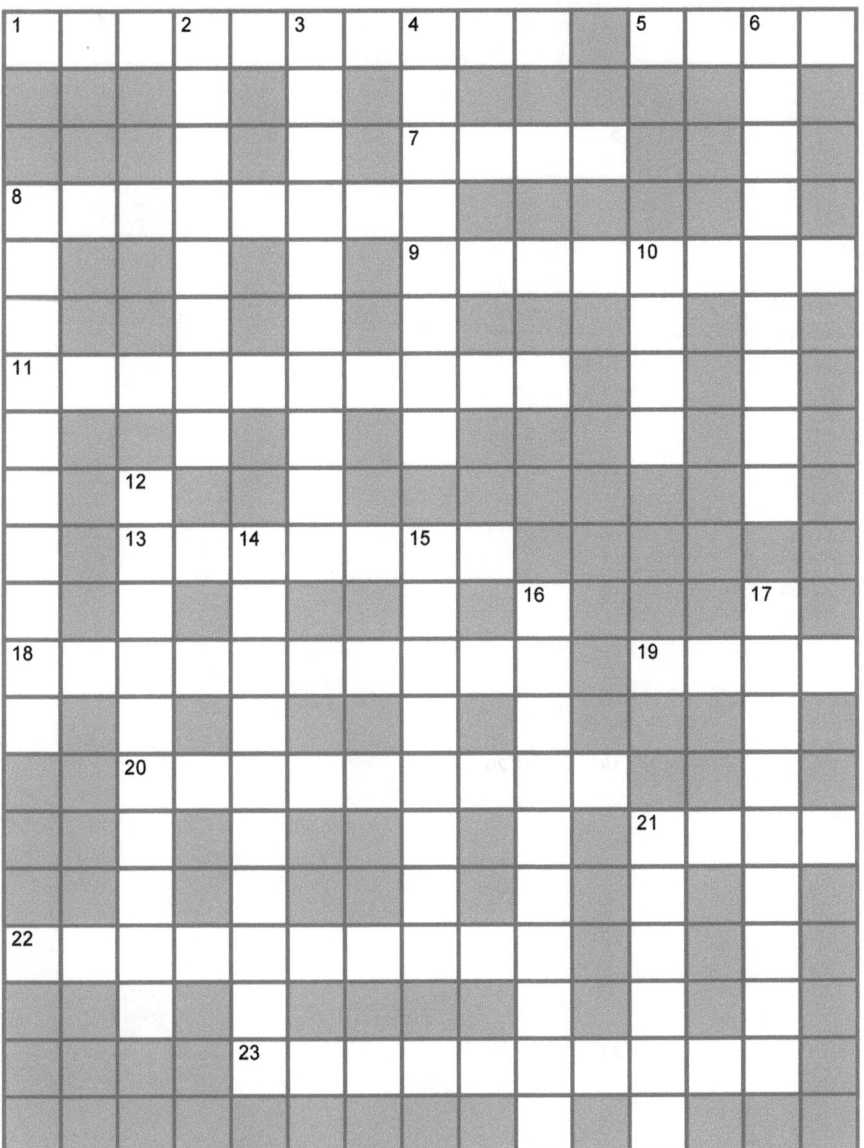

Horizontal: **1** Pasmar | **5** Animal marinho de regiões frias | **7** Feito, acontecimento | **8** Alcançar o auge, atingir | **9** Que não tem gosto | **11** Equiparar | **13** Entediar | **18** População que habita um mesmo lugar | **19** Que se encontra no útero | **20** Aprovar uma lei | **21** Doce pequeno | **22** Aplicaria capital | **23** Envolver em mortalha |

Vertical: **2** Perder a masculinidade | **3** Tornava alvo | **4** Recipiente onde se guardam moedas | **6** Preguiça | **8** Indiscutível | **10** Quitado, liquidado | **12** Indulgente | **14** Especialista em finanças | **15** Aquecer, esquentar | **16** Fugiam desordenadament e | **17** Estar por dentro das novidades | **21** Luz viva e cintilante |

020

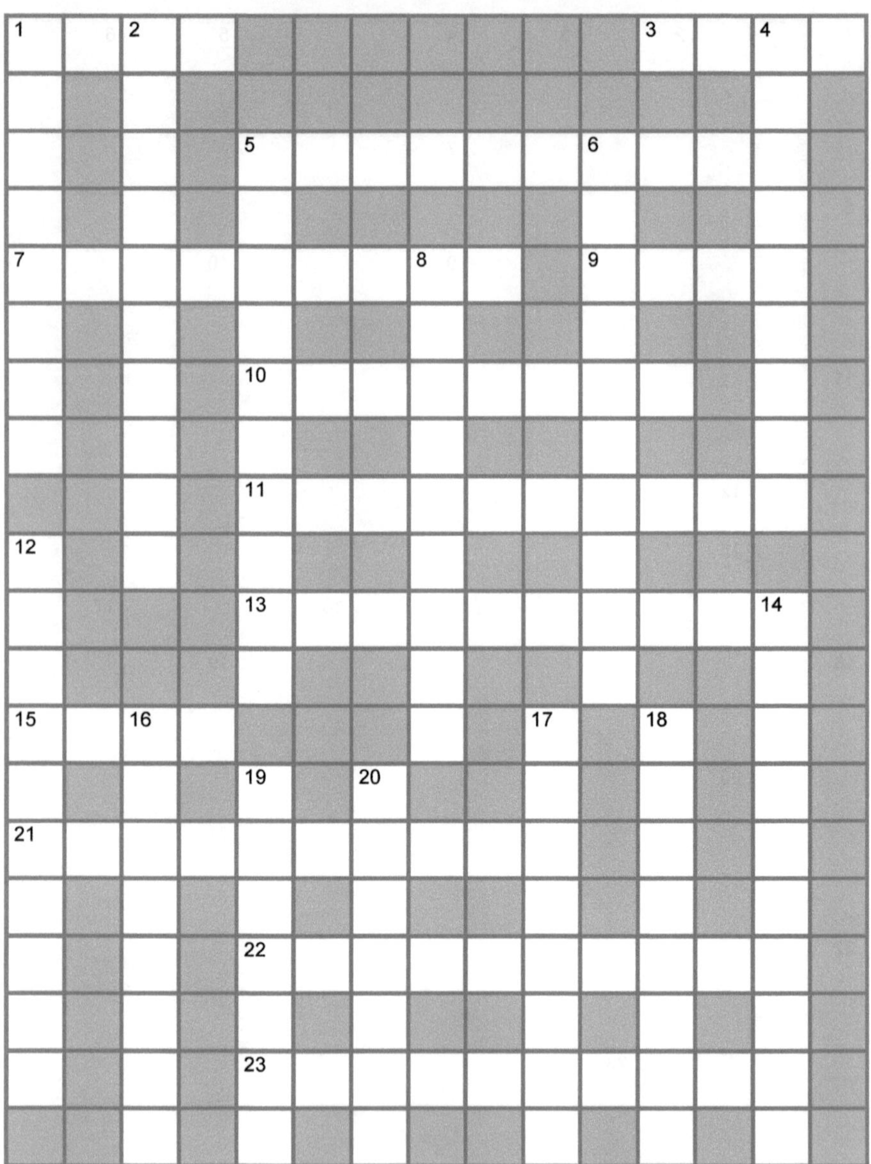

Horizontal: 1 Macho da cabra | **3** Que perdeu a capacidade de falar | **5** Levamos conosco | **7** Remoção cirúrgica de um membro | **9** Alexandre (?), jogador | **10** Árvore que dá um fruto azedo | **11** Louvar | **13** Terminasse | **15** Brinquedo em bloco de montar | **21** Dasgastareis | **22** Encolheria | **23** Realizado propositalmente, intencional |

Vertical: 1 Romance de Chico Buarque de 1995 | **2** Decepcionou | **4** Começar a aparecer | **5** Relativo ao estudo das células | **6** Borrifaria | **8** Decompor, estragar | **12** Impossível de acalmar | **14** Viramos para baixo | **16** Ato de assegurar algo | **17** Perdem o valor | **18** Desfiguram | **19** Robusto | **20** Grão muito pequeno |

Horizontal: 2 Manufaturar | **6** Alinhamento em sequência | **7** Caí de muito alto | **9** Escape | **10** Apreciavam | **11** Extensão de terra banhada por um rio | **12** Porção de água cercada de terras |

Vertical: 1 Escultura decorativa de ser monstruoso | **2** Resíduos que ficam no fundo | **3** Pertences | **4** Data festiva dedicada a festas e folias | **5** Corporação que deve manter a ordem e a segurança | **6** Choramingar, inspirando pelo nariz | **8** Susto, espanto (interj.) |

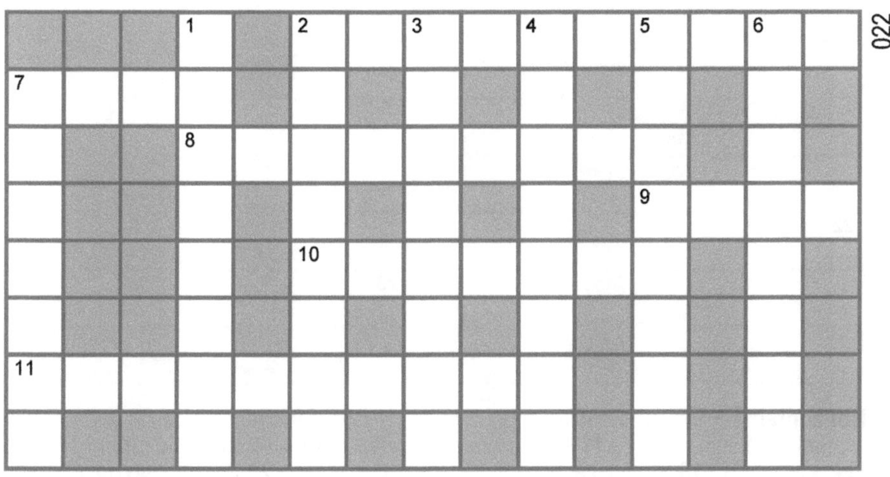

Horizontal: 2 Colocar empresa pública sob controle particular | **7** Cor amarronzada clara | **8** Modelo, padrão, protótipo | **9** Imediatamente, sem demora | **10** (?) Garett, escritor português | **11** Alcançastes |

Vertical: 1 Fenda congênita no lábio superior | **2** Imundície | **3** Indomado | **4** Argumentasse | **5** Que serve para fazer inalação | **6** Cobrimos de água | **7** Apalpar alguém sem consentimento |

023

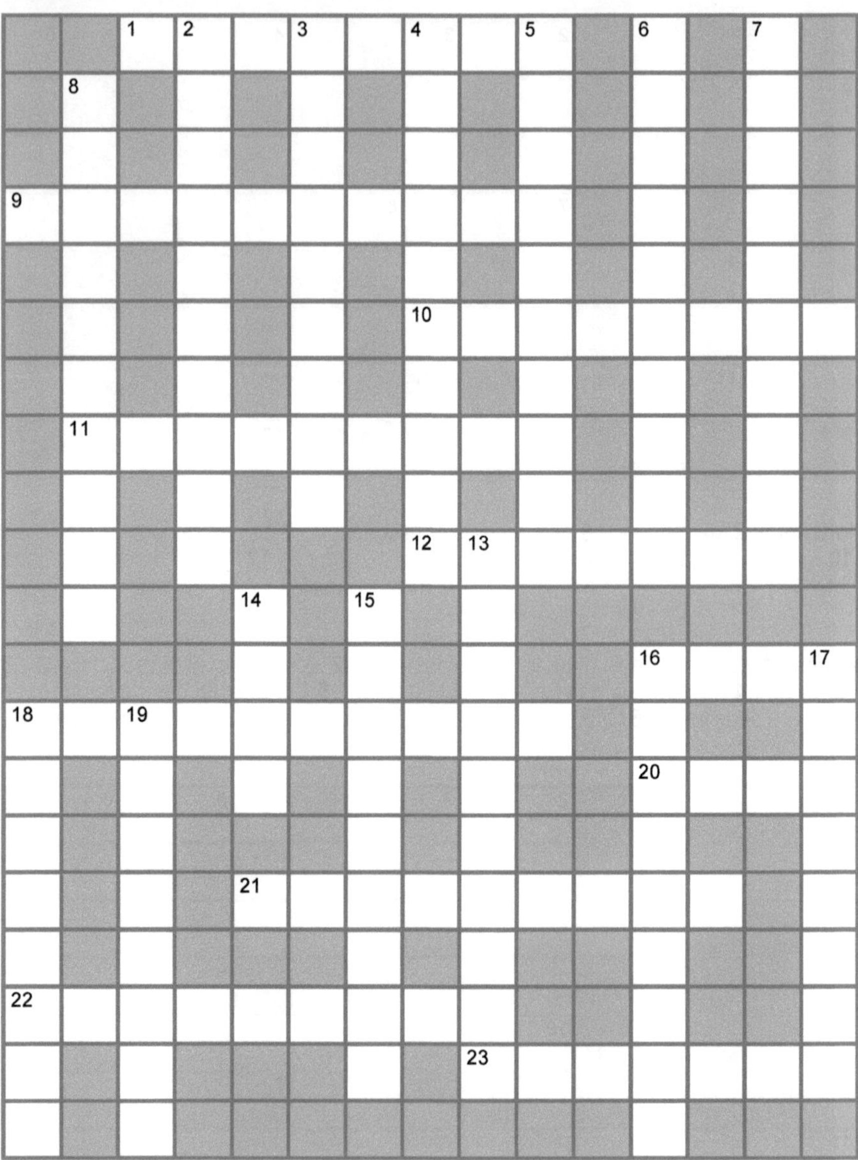

Horizontal: 1 Principal constituinte do minério de ferro | **9** Antônimo de dificuldade | **10** Natural da mesma pátria | **11** Manter em bom estado | **12** Aula, em inglês (pl.) | **16** Cuja forma é cônica | **18** Responsável pela construção de obras | **20** "O sobrinho do (?)", livro de C. S. Lewis | **21** Fiquei de tocaia | **22** Dano, perda | **23** Fulano, (?) e beltrano |

Vertical: 2 Que espeta | **3** Que se pode assinar | **4** Intangível | **5** Concordares | **6** Difícil, complexo | **7** Arrancarmos | **8** Provido do necessário | **13** Pressentimos | **14** Música em louvor a uma nação | **15** Atitude ridícula, palhaçada | **16** Fará agir sob coação | **17** Qualidade do que é diferente, estrangeiro | **18** Espichar, esticar | **19** Que causa riso, bizarro |

024

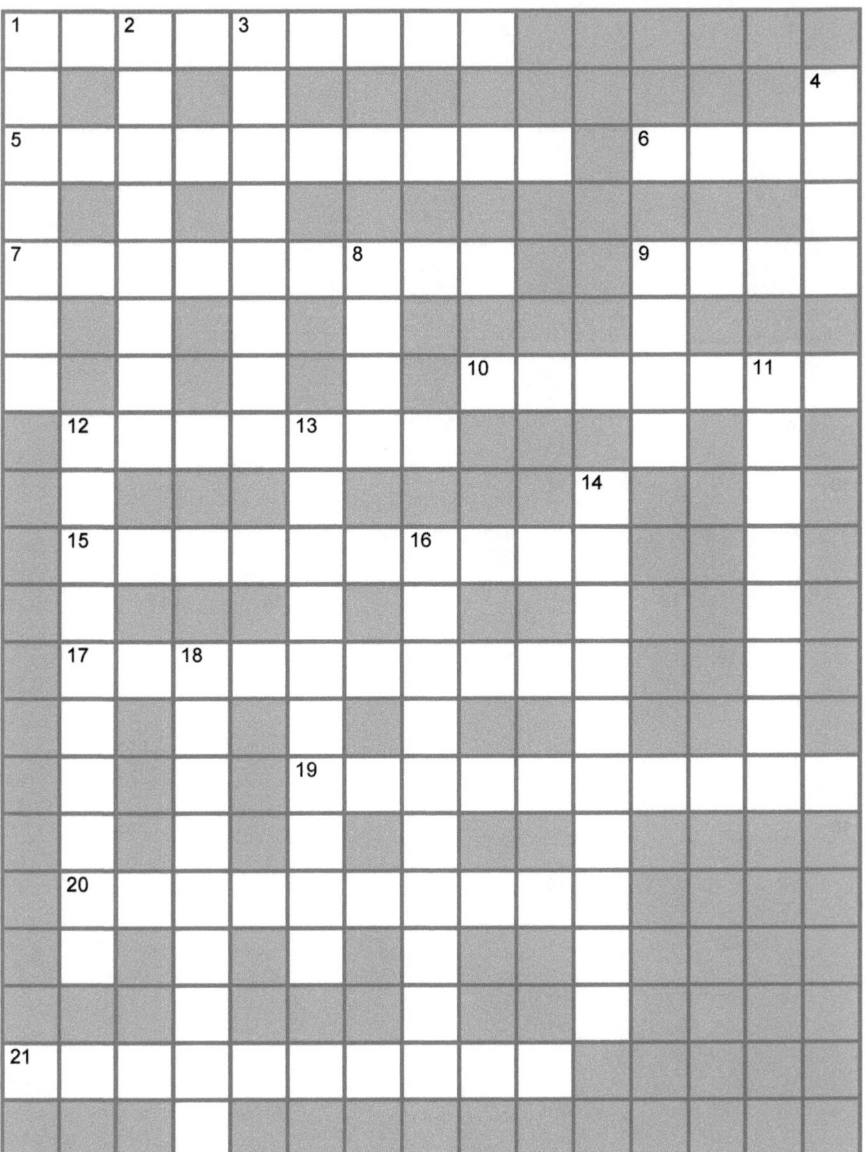

Horizontal: 1 Que deseja poder ou riquezas | **5** Unidade militar treinada para combate a pé | **6** Escapo | **7** Má conformação de um órgão | **9** Indivíduo do povo nômade de Átila | **10** Rodeavam | **12** Botou | **15** Movimento artístico do início do séc. XX | **17** Utensílio de cozinha | **19** Defender, louvar | **20** Dobraram a quantidade | **21** Não deixar fugir |

Vertical: 1 Apequenas | **2** Que tem duas fases | **3** Junto de vós | **4** Espaço interior de um recipiente | **8** Terra do (?), arquipélago argentino | **9** A Invenção de (?) Cabret, filme | **11** Tornava destemido | **12** Chapa feita de lâminas finas de madeira | **13** Prisional | **14** Avaliamos as respostas de uma prova | **16** Inflexível | **18** Nítido, claro |

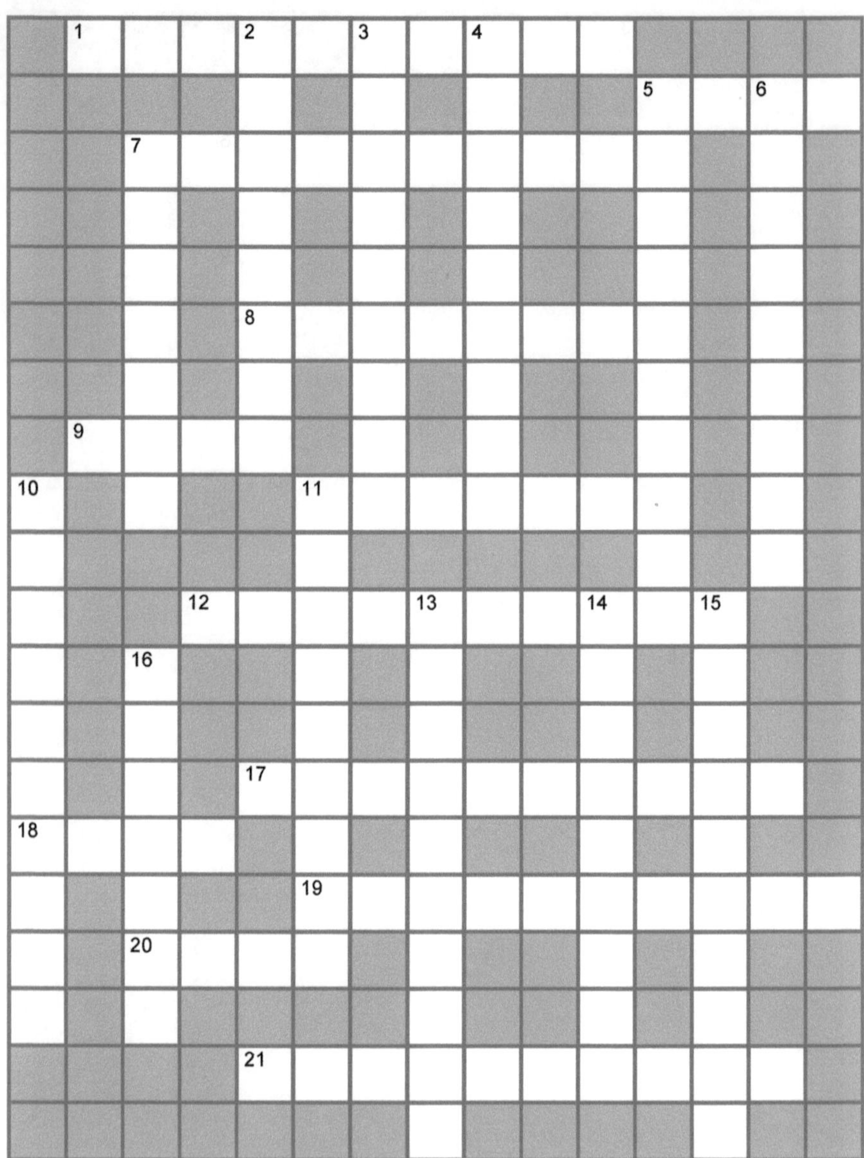

Horizontal: **1** Imutabilidade | **5** Corpo, em inglês | **7** Tirar vantagem de alguém | **8** Pressentiu | **9** Objeto circular usado em esportes | **11** Pegavam | **12** Impedisse algo ou alguém | **17** Dono de caminhão de transporte de carga | **18** Que está em destaque | **19** Infecção causa por Candida | **20** Cargo que não está ocupado | **21** Enfurecem |

Vertical: **2** Que ocorre de maneira imprevista | **3** Repreenderá | **4** Cantava como um pássaro | **5** Perfuramos com broca | **6** Arrancavam as penas | **7** Técnico que emite parecer sobre sua especialidade | **10** Que se mantém em bom estado com o tempo | **11** Sentimento de quem confia | **13** Transgredira | **14** Que ministra os sacramentos da Igreja | **15** Estado causado pelo excesso de álcool | **16** Ulcerava |

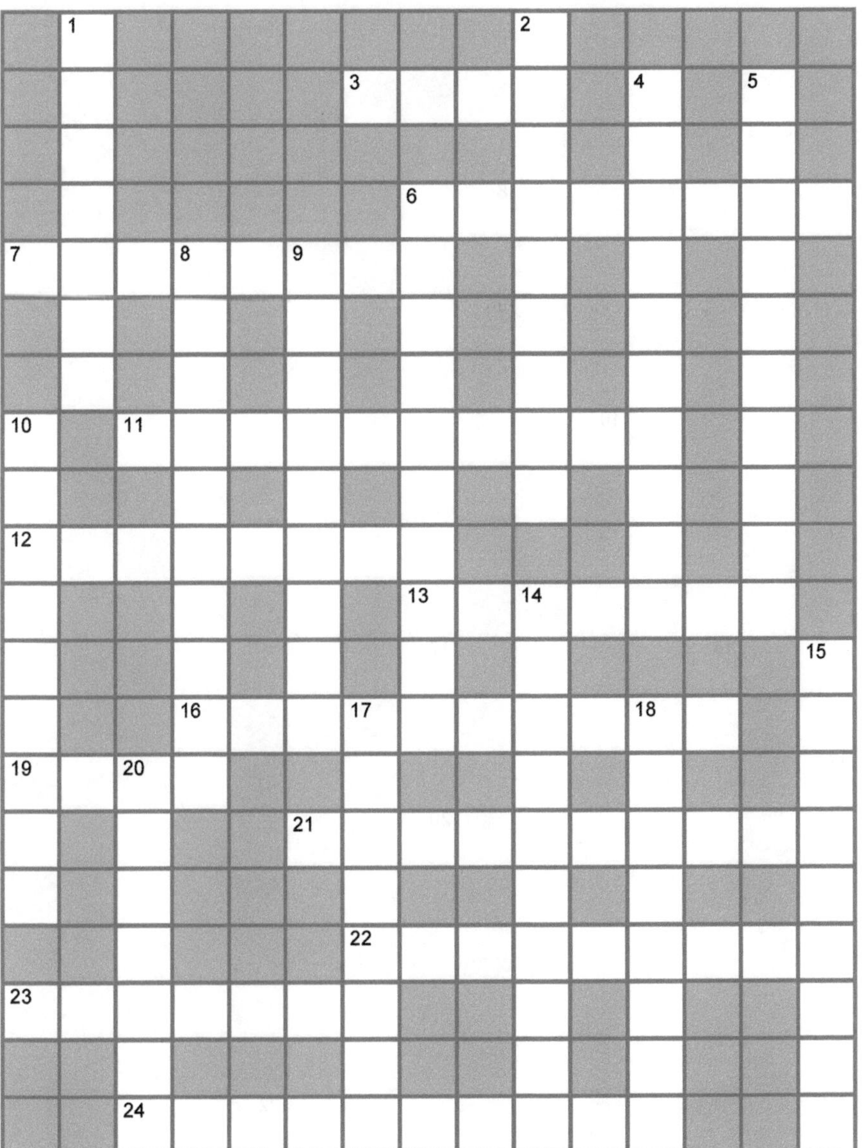

Horizontal: 3 Apaga com um assopro | **6** Transformar um óvulo em embrião | **7** Preso por argolas de ferro | **11** Reduzirei | **12** Desânimo, indolência | **13** Abertura do vulcão | **16** Tomavam conhecimento de algo | **19** Filho, espanhol | **21** Desminto | **22** Dissiparmos | **23** Cargo mais alto da escola | **24** Inclinação para acreditar em forças sobrenaturais |

Vertical: 1 Muito parecido | **2** Maleta para levar o lanche | **4** Convergisse | **5** Local onde se abate o boi e se prepara o charque | **6** Processo de dar forma a uma ideia | **8** Aniquilado | **9** Agoniarás, angustiarás | **10** Fazer algo com esmero | **14** Descerraríamos, separaíamos | **15** Comprovo a veracidade de algo | **17** Colaborei | **18** Que tem entusiasmo | **20** Estiveram prostrados |

027

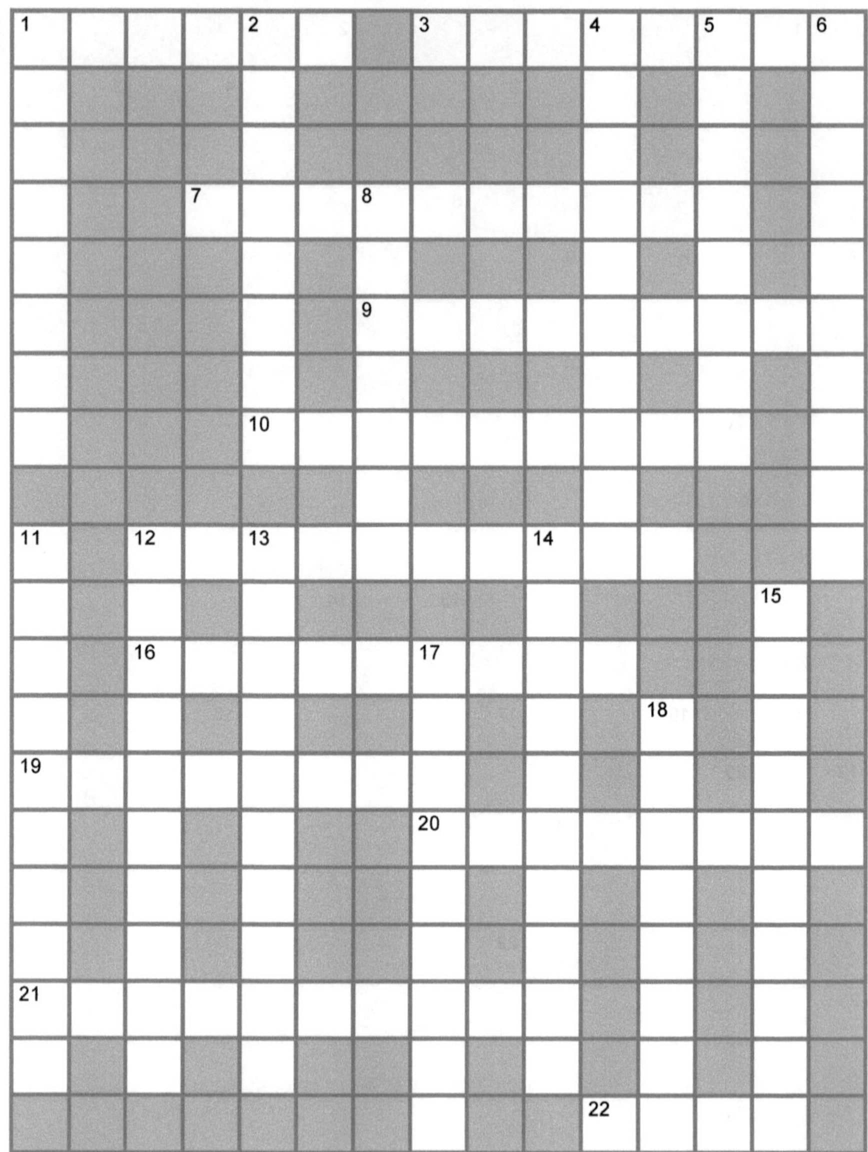

Horizontal: 1 Polegar, em espanhol | **3** Sentirá compaixão | **7** Refugiar-se em castelo para fins de defesa | **9** Ouviam com atenção | **10** Arte de montar a cavalo | **12** Argumentaremos | **16** Atulho | **19** Conjunto de navios de guerra | **20** Passagem de ondas através de uma fenda | **21** Coxeei | **22** Personagem de "Chaves" |

Vertical: 1 Natural do Rio Grande do Norte | **2** Alvorece | **4** Ingestão | **5** Que se perdeu, sumiço | **6** Diminuição ou desconto em valor (fig.) | **8** Ajustai, adaptai | **11** Pertencente à geometria | **12** Promover a desordem | **13** Risada barulhenta e prolongada | **14** Fraqueza da voz | **15** Deterioração | **17** Cansei | **18** Forçarei alguém a fazer algo |

028

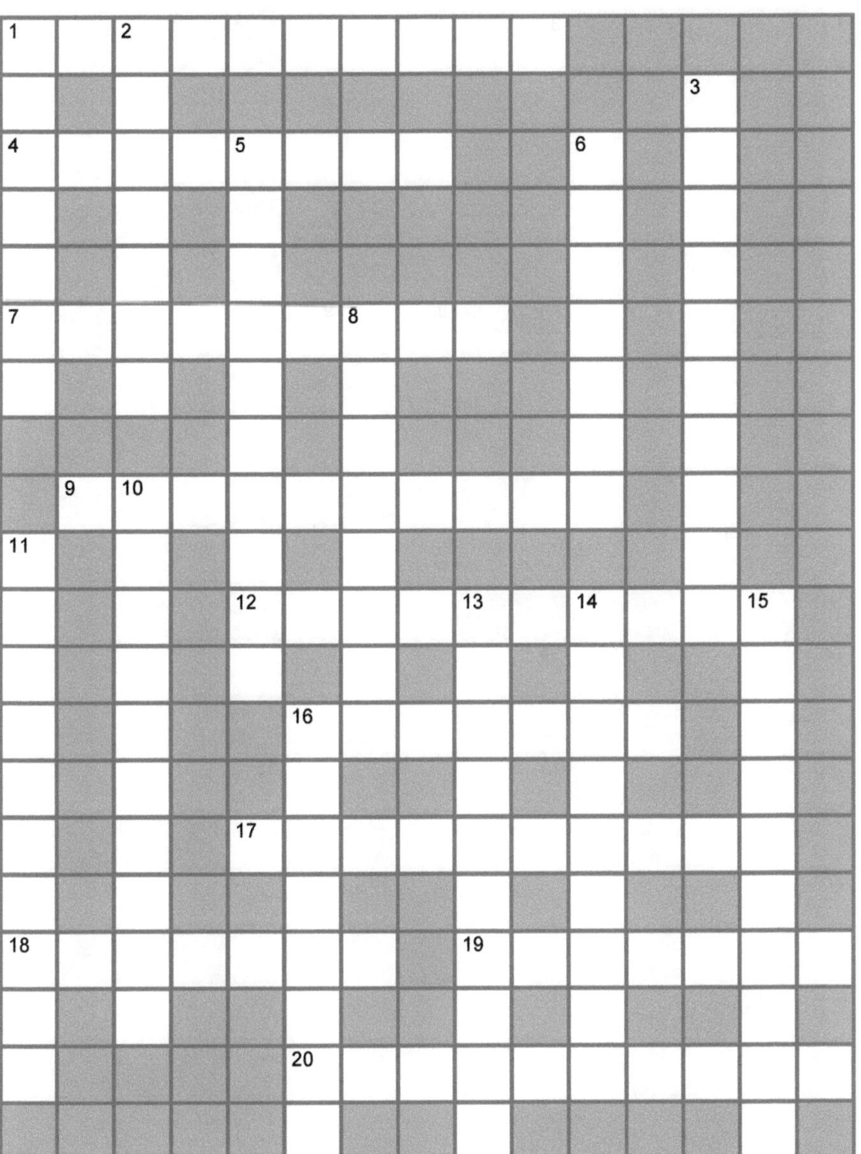

Horizontal: 1 Friccionamos | **4** Espingarda curta usada por caçadores | **7** Que combatia para divertir o público | **9** Técnica que deixa a pessoa suscetível à sugestão | **12** Mulher que pranteia pelos mortos no funeral | **16** Demita | **17** Resvalar, deslizar | **18** Viver com alguém sem ser casado | **19** Descartar, pôr de lado | **20** Conjunto das atividades para publicar um livro |

Vertical: 1 Dever | **2** Fenômeno climático que causa devastação | **3** Estabelecer opções da sua preferência em um programa | **5** De grandes proporções | **6** Adormecido | **8** Altera | **10** Perder a serventia | **11** Que se perdeu | **13** Incompleto, defeituoso, incorreto | **14** Colocar alguém em dificuldade | **15** Tornaram destemido | **16** Perder o valor |

029

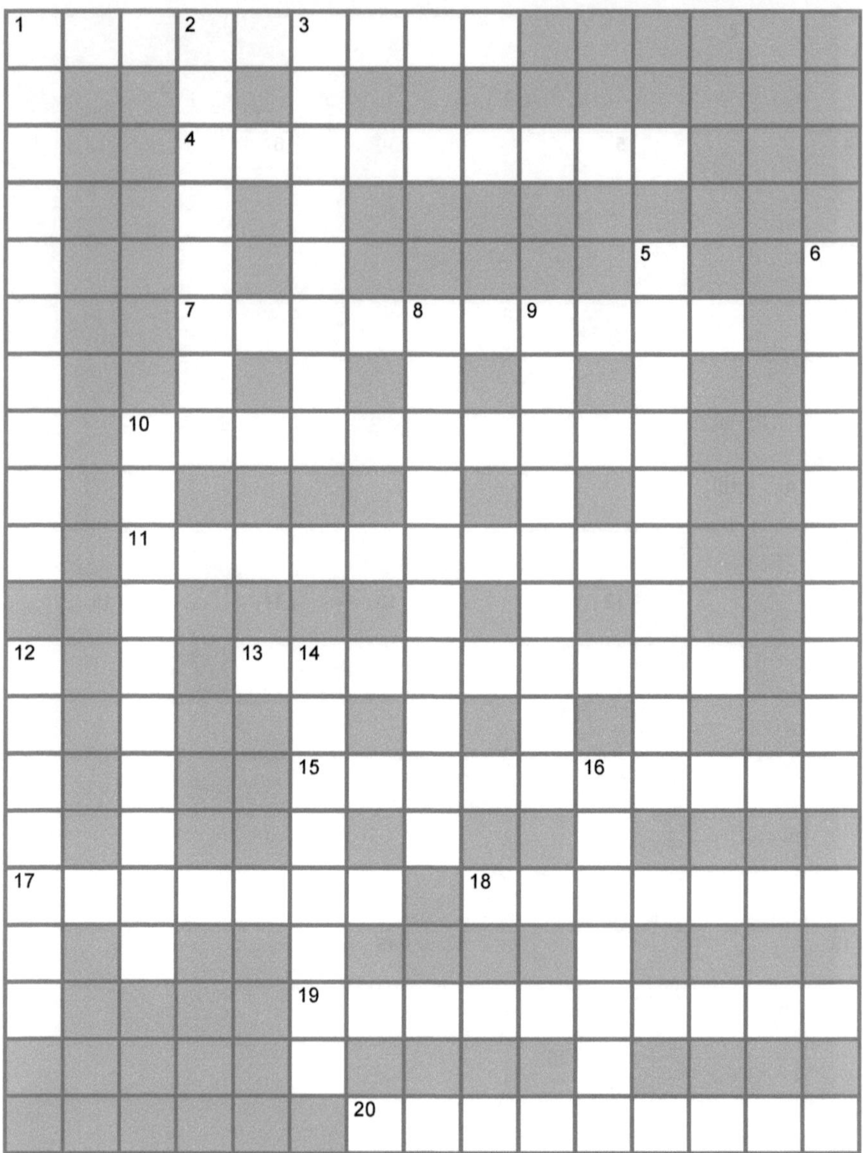

Horizontal: 1 Passara dos limites | **4** Descarnado, raquítico | **7** Que assiste a qualquer espetáculo | **10** Compremos | **11** Abrir pouco | **13** Aminoácido presente em proteínas | **15** De modo grave | **17** Instrumento da família dos metais (pl.) | **18** Aquele que cata | **19** Doutrina que prega a propriedade coletiva | **20** Duvidarei |

Vertical: 1 Expomos minuciosamente | **2** Diz-se do animal que mama | **3** Dividi em partes | **5** Comprime | **6** Avaliasse as respostas de uma prova | **8** Enfraquecerão | **9** Chefe mais importante das forças navais | **10** Produziram estalos devido ao fogo | **12** Emperrar, estacar | **14** Capcioso | **16** Cortar, decepar, retalhar |

030

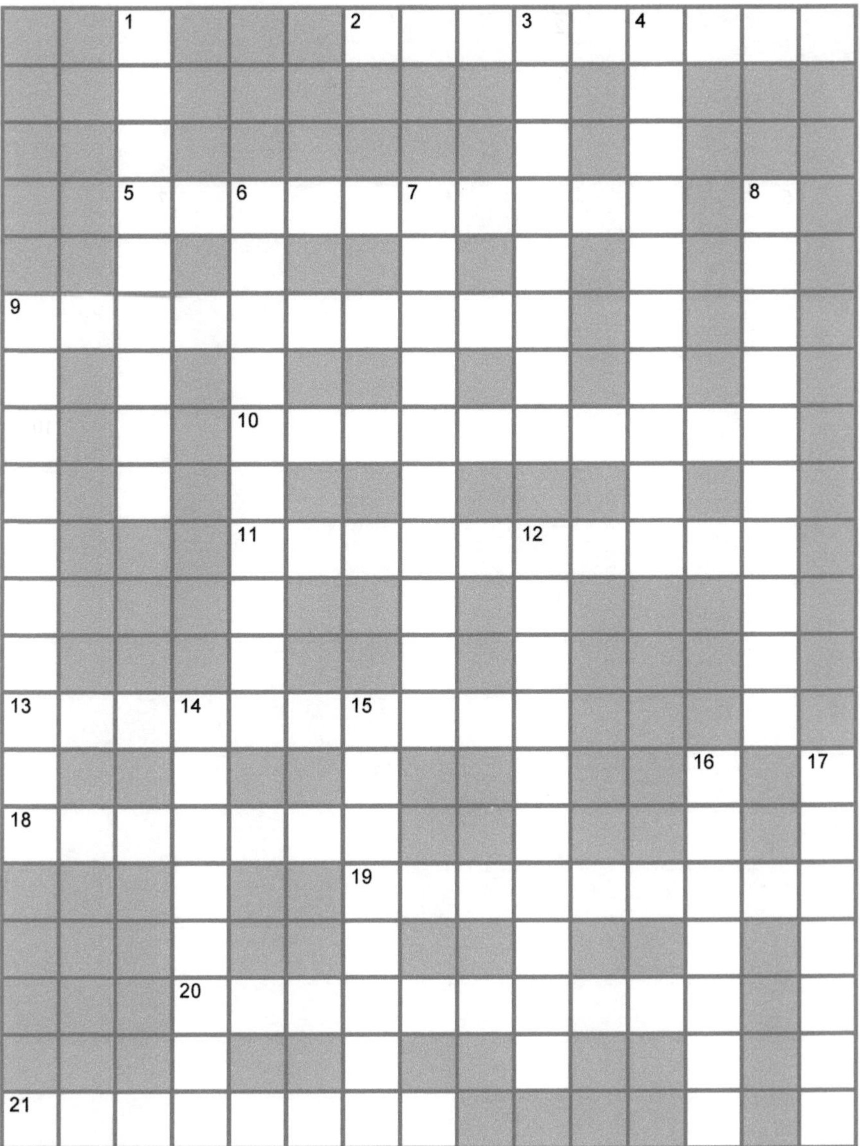

Horizontal: 2 Que excede as medidas | **5** Prato português à base de peixe | **9** Prepararei refeição | **10** Perdiam o ânimo | **11** Qualidade do que é cômico | **13** Que possui milhões, que é riquíssimo | **18** Que é simples | **19** Que está pronto a apoiar | **20** Entrar em conversa que não lhe diz respeito | **21** Prisão subterrânea |

Vertical: 1 Melecado | **3** Revista publicada periodicamente | **4** Arranca pela raiz | **6** Persuadido | **7** Amedrontar | **8** Removeu um obstáculo | **9** Concordamos | **12** "Missão (?)", filme de ação estadunidense | **14** Engoliam | **15** Extrair uma amostra | **16** Administraria | **17** Tolo, aparvalhado |

031

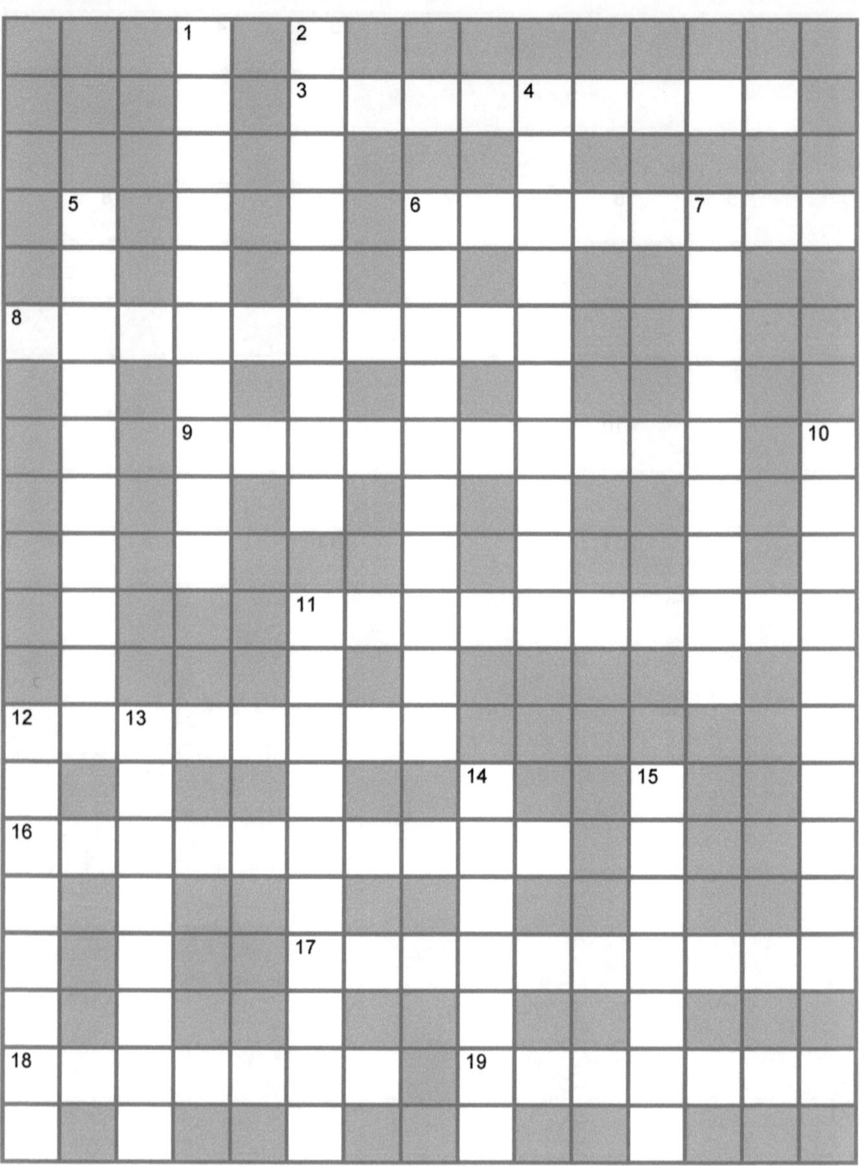

Horizontal: 3 Desanimar | **6** Concluir, finalizar | **8** Que dura cinco anos | **9** Depreciava | **11** Subir ao trono | **12** Lançar uma quantia na conta-corrente | **16** Aterrorizavam | **17** Viéramos de algum lugar | **18** Adeso, apegado | **19** Intimidar |

Vertical: 1 Que governa um Estado | **2** Instrução sobre o Catolicismo | **4** Acabado | **5** Dar frutos | **6** Entristecer | **7** Perversidade | **10** Avaliemos as respostas de uma prova | **11** Corpulento | **12** Virás de algum lugar | **13** Disseminei | **14** Inutilizar-se, perder-se | **15** Atrasar, desatualizar |

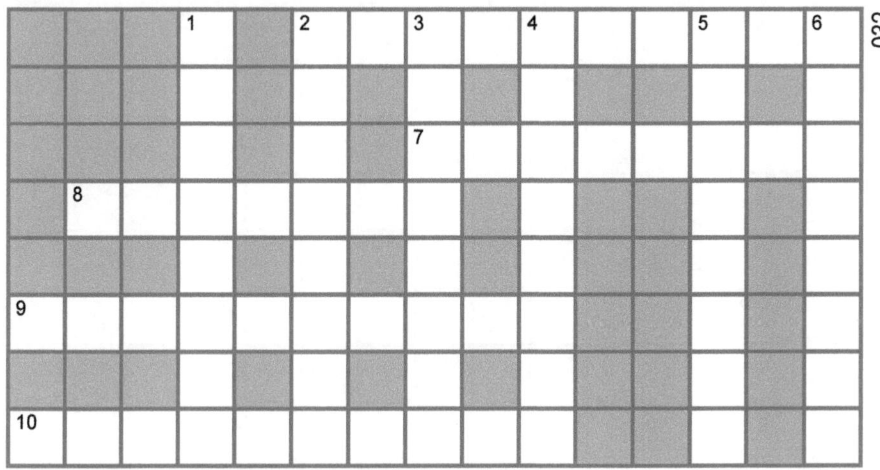

Horizontal: 2 Demitimos | **7** Dividir em duas partes | **8** Tipo de embalagem para objetos pequenos | **9** Agoniarias, angustiarias | **10** Encoberto, disfarçado |

Vertical: 1 Nome dado a algumas plantas trepadeiras | **2** Que imprime direção | **3** Revisão de matéria feita oralmente | **4** Abalo violento | **5** Sistemático, ordenado | **6** Peixe pequeno |

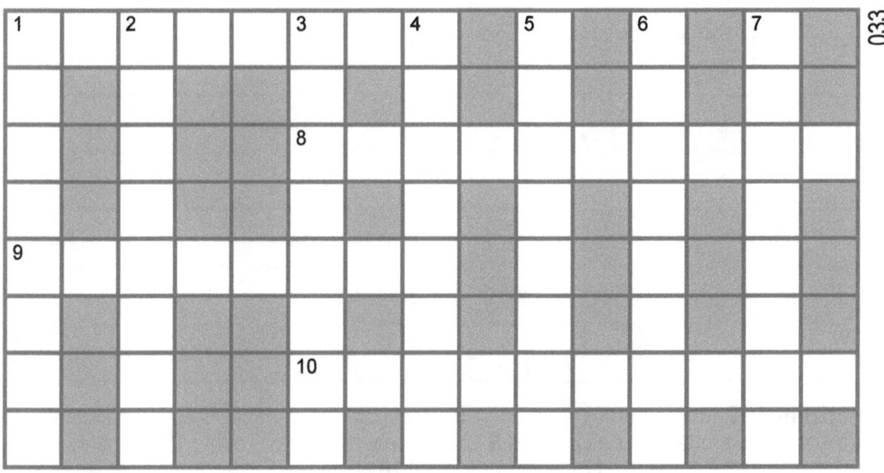

Horizontal: 1 Pertencente ao braço | **8** Restituíram | **9** Abençoava | **10** Faremos cessar, revogaremos |

Vertical: 1 Doença provocada por falta de vitamina B1 | **2** Atacar de frente | **3** Incitavam | **4** Aquele que cultiva a terra | **5** Indivíduo que falsifica documentos | **6** Período geológico que sucede o Jurássico | **7** Acariciamos |

034

Horizontal: **2** Moderaram, refrearam | **5** Quem crê cegamente em uma doutrina | **6** Realizado com intenção deliberada | **9** Causar reação desfavorável | **11** Que prejudica a reputação | **13** Ocultarão | **17** Dentes postiços | **18** Jogou fora | **19** Abre os botões |

Vertical: **1** Que não pode ser derrotado | **2** Compraras | **3** O "pai dos burros" | **4** O mesmo que mosteiro | **5** Sortudo | **7** De sabor levemente ácido | **8** Transmitir uma bênção | **10** Ato de dar tchau | **12** Arena, ringue | **13** Terra lendária toda feita de ouro | **14** Local onde se realiza o casamento civil | **15** Deduzindo | **16** Domesticar um animal |

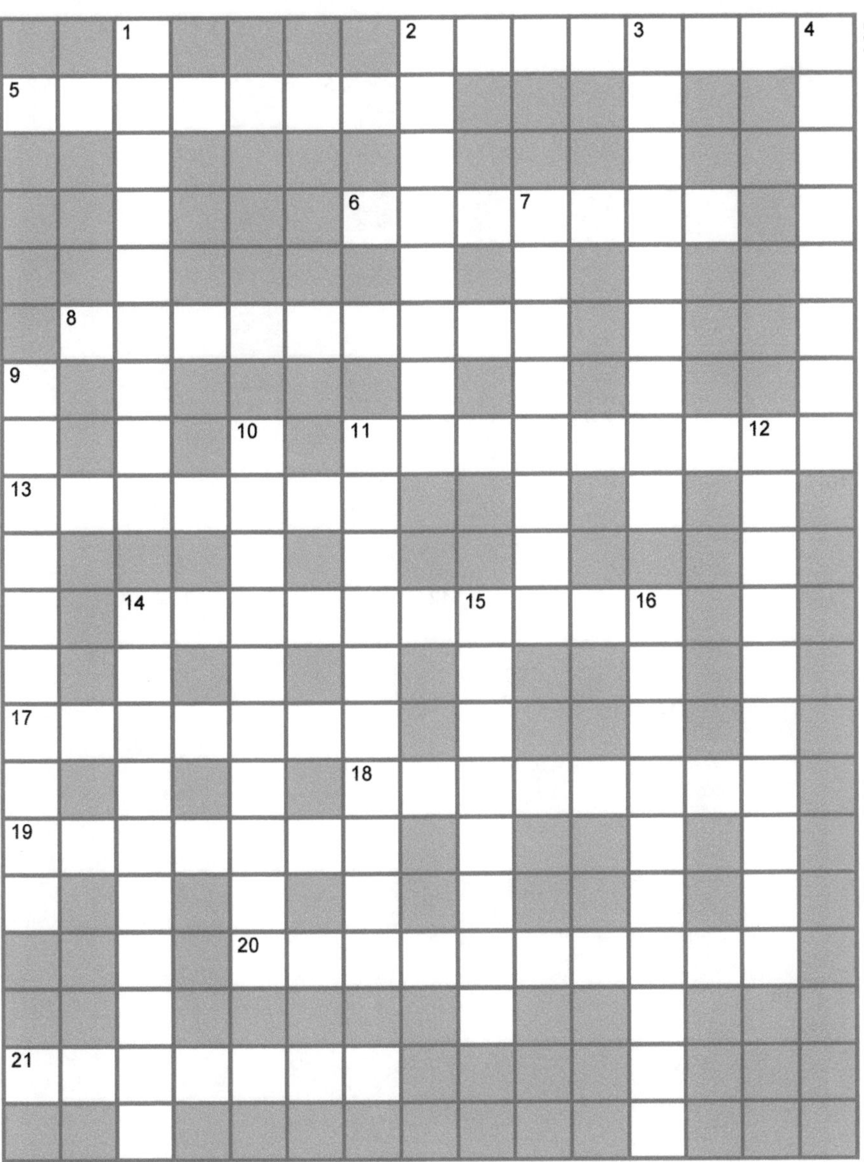

Horizontal: 2 Ligam | **5** Tomava medidas para prevenir algo | **6** Refreavas | **8** Propaganda televisiva | **11** Permites | **13** (?) Rezende, ex-apresentador de tv | **14** Livrei do excesso de peso | **17** Expôs à fumaça | **18** Qualidade de impuro | **19** Não chegar na hora | **20** Apequenariam | **21** Mineral usado em joias |

Vertical: 1 Fazer uma ligação telefônica | **2** Relativo à caloria | **3** Cirurgia para extração do feto | **4** Martha (?), escritora brasileira | **7** Apertou com a ponta dos dedos | **9** Lançar bomba/projétil em | **10** Pessoa que vê tudo pelo lado negativo | **11** Convergirei | **12** Davam | **14** Desfiguraram | **15** Que recebeu uma pancada | **16** Aplicamos capital |

036

Horizontal: **1** Aniquilam | **6** Vencemos alguém | **8** Perceber diferença entre | **9** Empregada que recebe por dia | **10** Lido superficialmente | **11** Acrescentado, acrescido | **14** Palavra usada para se dirigir a reis | **17** Enfraquecesse | **18** Rasgava com força | **19** Pessoa que sofre |

Vertical: **2** Errante | **3** Muito zangado | **4** Ascendente do pai ou da mãe | **5** Vitrine | **6** Cuja nata foi retirada | **7** Quebram em pedacinhos | **8** Desfizeram em fios | **12** Inocentarás, perdoarás | **13** Que atenua temporariamente um mal | **15** Desejado, ansiado | **16** Desviar a atenção |

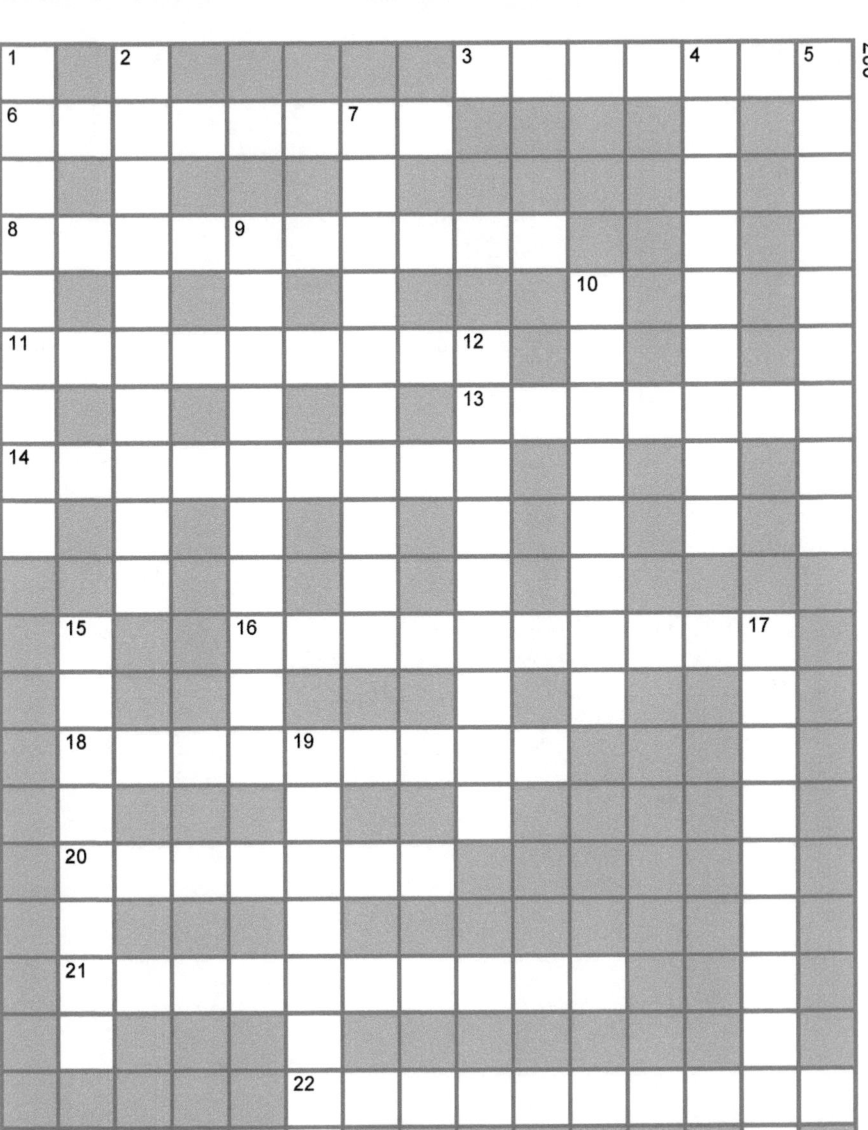

Horizontal: **3** Embarcação simples feita de madeira | **6** Que sofre de asma | **8** Centro de gravidade | **11** Arte do preparo de alimentos | **13** Apreciava | **14** Adquiro experiência | **16** Produziam estalos devido ao fogo | **18** Pequeno aro | **20** Mesmo que proibir | **21** Cotejaremos | **22** Acostumaram |

Vertical: **1** Articular sons de modo confuso | **2** Cercado por muros altos | **4** De tom violáceo | **5** Veículo espacial | **7** Coincidente ou correspondente em características | **9** Conjunto de flexões de um verbo (Gram.) | **10** Falaram | **12** Personagem de 'A grande família' | **15** Habitar ou morar em conjunto | **17** Trama, conspiração | **19** Fala longa e cansativa |

038

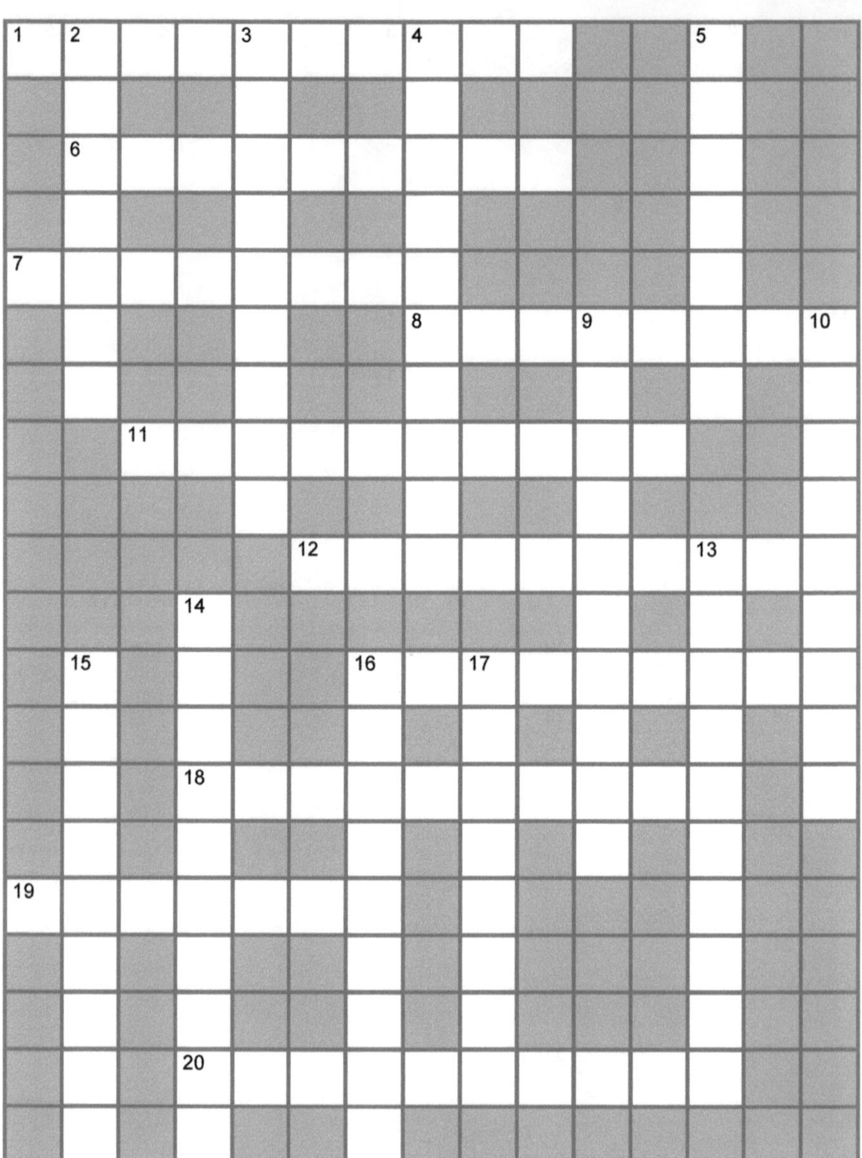

Horizontal: 1 Ato de inocentar, perdoar | **6** Resumo | **7** Mostrei gratidão | **8** Filme de fantasia estadunidense | **11** Que está de acordo com o darwinismo | **12** Produto para bronzear a pele | **16** Abrem mão de algo | **18** Depravado, devasso | **19** Fazer passar por um filtro | **20** Prender, trancar |

Vertical: 2 Tolice, asneira | **3** Mulher que lava roupas | **4** Processo para amaciar o couro do animal | **5** Demole | **9** Pressentiria | **10** Proviremos, resultaremos | **13** Exagerar | **14** Processamento de dados | **15** Convergissem | **16** Discordará | **17** Patente militar acima de cabo |

039

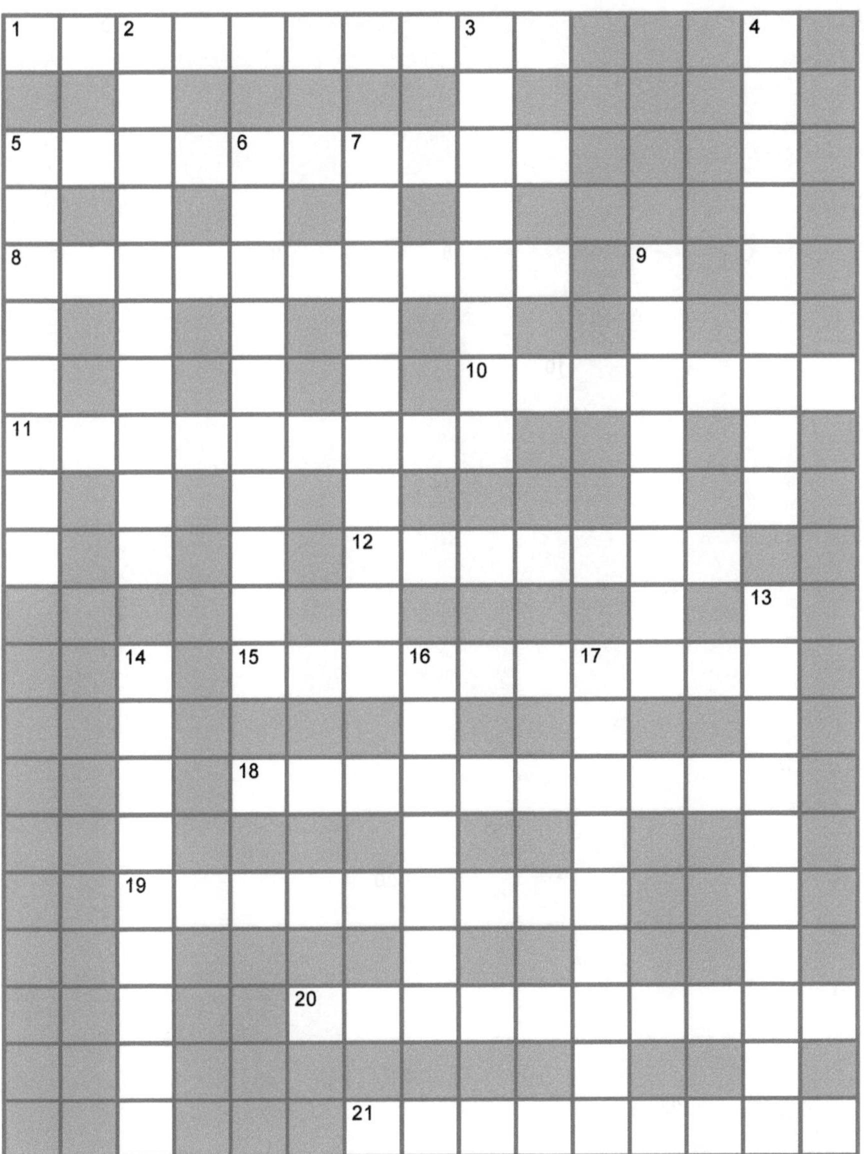

Horizontal: 1 Infeririam | **5** Fazemos sobressair | **8** Evolução | **10** Efeito, influência | **11** Pequena loja para venda de produtos | **12** Mesmo que pescada | **15** Concordasse | **18** Tornei complexo | **19** Eu ri ruidosamente | **20** Que vive apenas de seu salário | **21** Aprender de cor |

Vertical: 2 Casaram com alguém | **3** Anormalidade | **4** Sentimento de pesar | **5** Provocar tristeza | **6** Investida furiosa | **7** Expeliremos secreções do nariz | **9** Brincalhonas | **13** Cometera um crime | **14** Caneta, em espanhol | **16** Dissemino | **17** Agitar, incomodar |

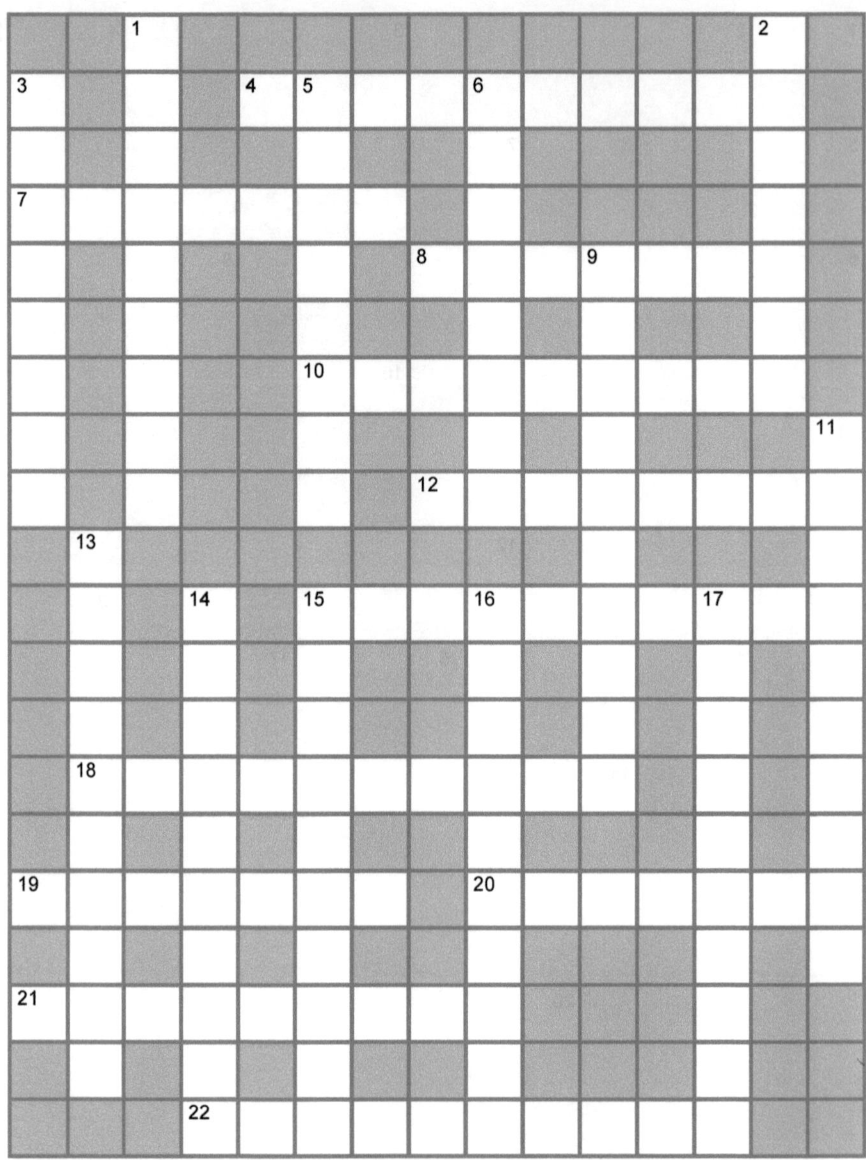

Horizontal: **4** Exame das mamas | **7** Profissional que recolhe o lixo | **8** Que destrói ou danifica bens públicos | **10** Mesclado | **12** Interditado, vedado | **15** Falta de senso, de sensatez | **18** Muito ágil e diligente | **19** Lugar para exposição de obras | **20** Formiga, em espanhol | **21** Percebi | **22** De cor/sabor semelhante à da azeitona |

Vertical: **1** Oscilação da chama ou luz | **2** Formado de carne | **3** Que tem muitas cores | **5** Conquistamos a atenção | **6** Afirmar com certeza, assegurar | **9** Teoria evolucionista baseada na seleção natural | **11** Ligavam | **13** Procuramos semelhanças e diferenças | **14** Acredita em vários deuses | **15** Grande quantidade | **16** Mesmo que goleador | **17** Assembleia, sociedade |

041

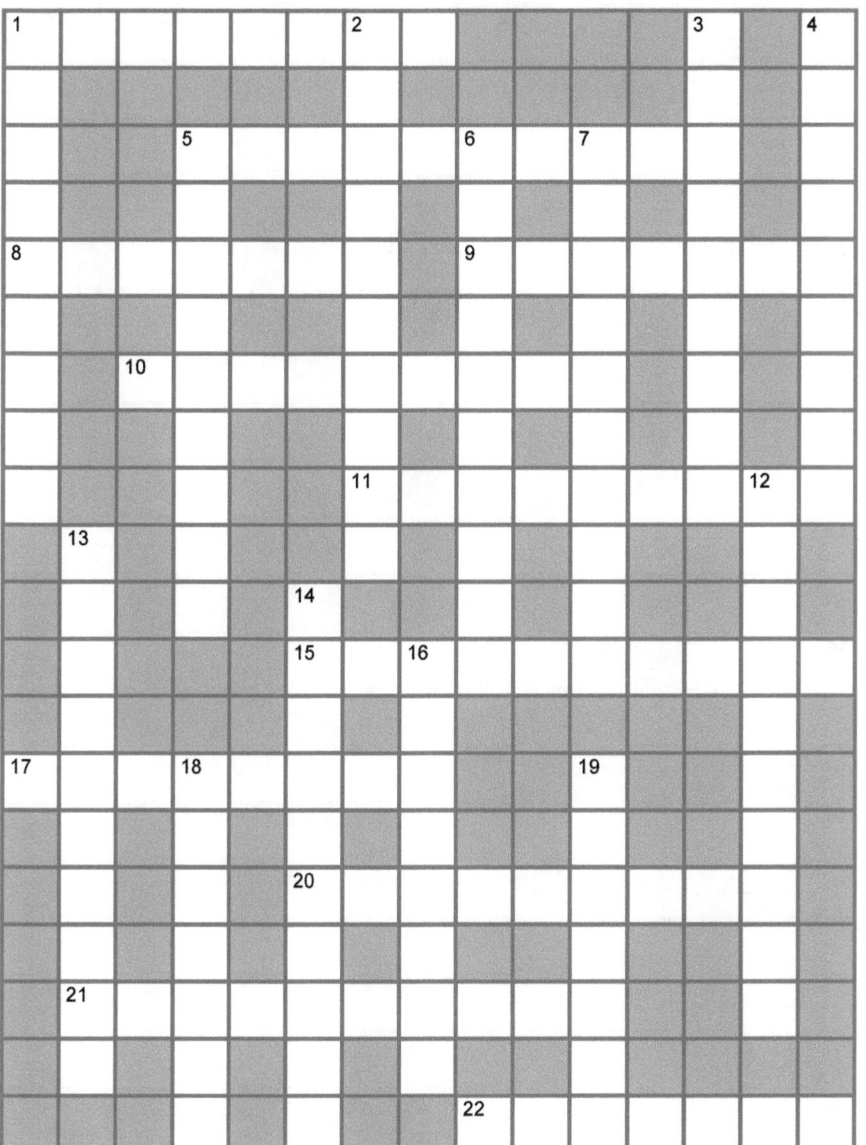

Horizontal: 1 Que tem aréolas | **5** Aquele que abriga um parasita | **8** Instrumento musical de sopro | **9** Que sofreu muito | **10** Falhei | **11** Com características femininas | **15** Que representa formas reconhecíveis na natureza | **17** Concordes | **20** Relativo à molécula | **21** Intoxicado com veneno | **22** Que é inato |

Vertical: 1 Sobrepomos uma coisa sobre outra | **2** Perversão | **3** Subdivisão territorial | **4** Especialista em paleologia | **5** Que conserva o título após deixar o cargo | **6** Afligiu, angustiou | **7** Aplicaria castigo | **12** Perderão o valor | **13** Livre, desimpedido | **14** Asfixia causada pela entrada de líquido | **16** Combustível líquido | **18** Pus em desavença | **19** Comilona |

042

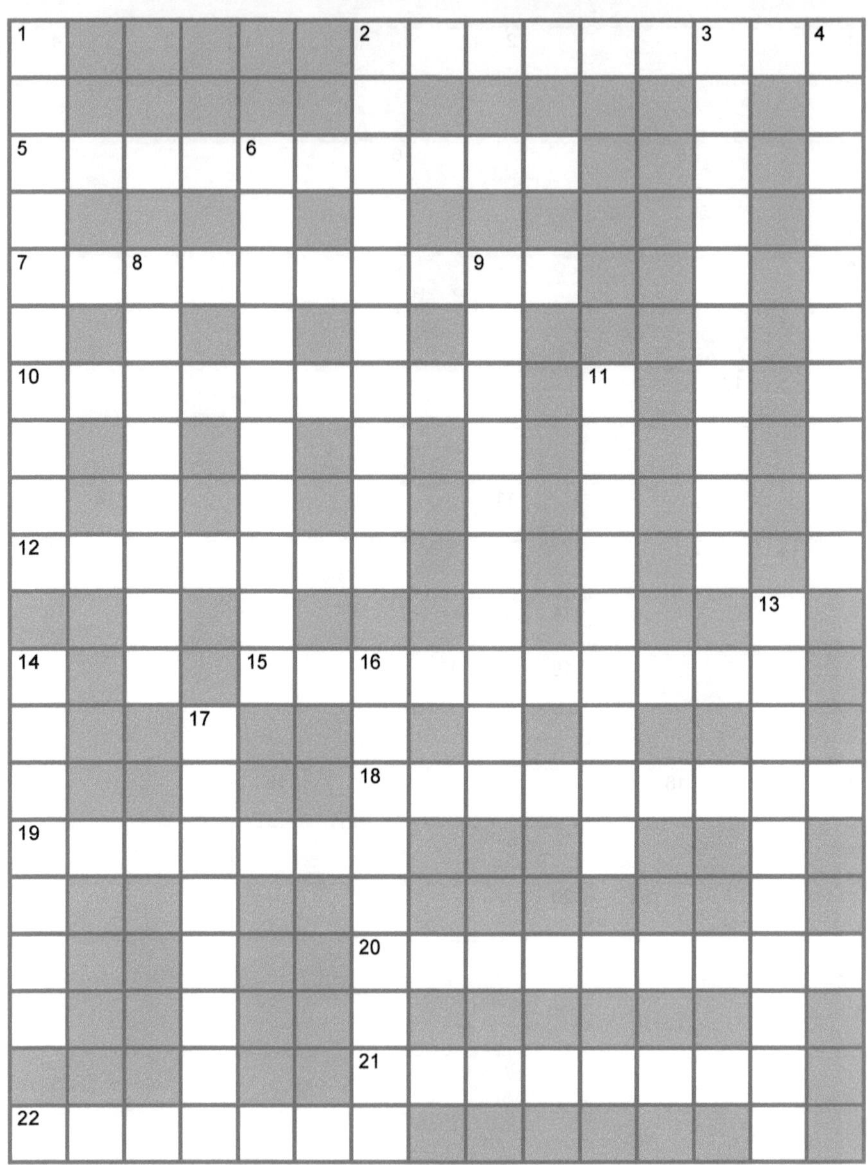

Horizontal: 2 Que se especializou em quiropraxia | **5** Damos benção | **7** Reduzido a cinzas | **10** Dissipemos | **12** Número ordinal | **15** Aquele ou o que exclui | **18** Chefiava | **19** Relativo ao Estado | **20** Ser propriedade de | **21** Pedido de opinião especializada | **22** Ser de aparência assustadora |

Vertical: 1 Forçaremos alguém a fazer algo | **2** Que tem quatro mãos | **3** Passível de se obter | **4** Darão, conferirão | **6** Que emite brilho | **8** Andou a cavalo | **9** Diferenciem | **11** Causo grande tristeza | **13** Perderam o valor | **14** (?) Buarque de Holanda, lexicógrafo | **16** Relativo ao gigante mitológico de um olho | **17** Forcemos alguém a fazer algo |

043

Horizontal: **1** Cruz | **7** Jogava fora | **8** Dominado pela fúria | **9** Preocupação com a própria aparência | **10** Defrontei-me inesperadamente com alguém/algo | **11** Registrada |

Vertical: **1** Governo de um califa | **2** Refrearás | **3** Cheirassem mal | **4** Caíram no sono | **5** Objetos usado na afinação de instrumentos | **6** Programar, projetar |

044

Horizontal: **1** Rodeado | **9** Infeliz, desventurado | **10** Estimemos, amemos | **11** Desviarão a atenção |

Vertical: **2** Falta cometida, violação | **3** Impedirás algo ou alguém | **4** Que recebeu indicação | **5** Excesso de pus anormal no corpo | **6** Indivíduo que espalha notícias falsas | **7** Perfuramos com broca | **8** Dar uma volta |

045

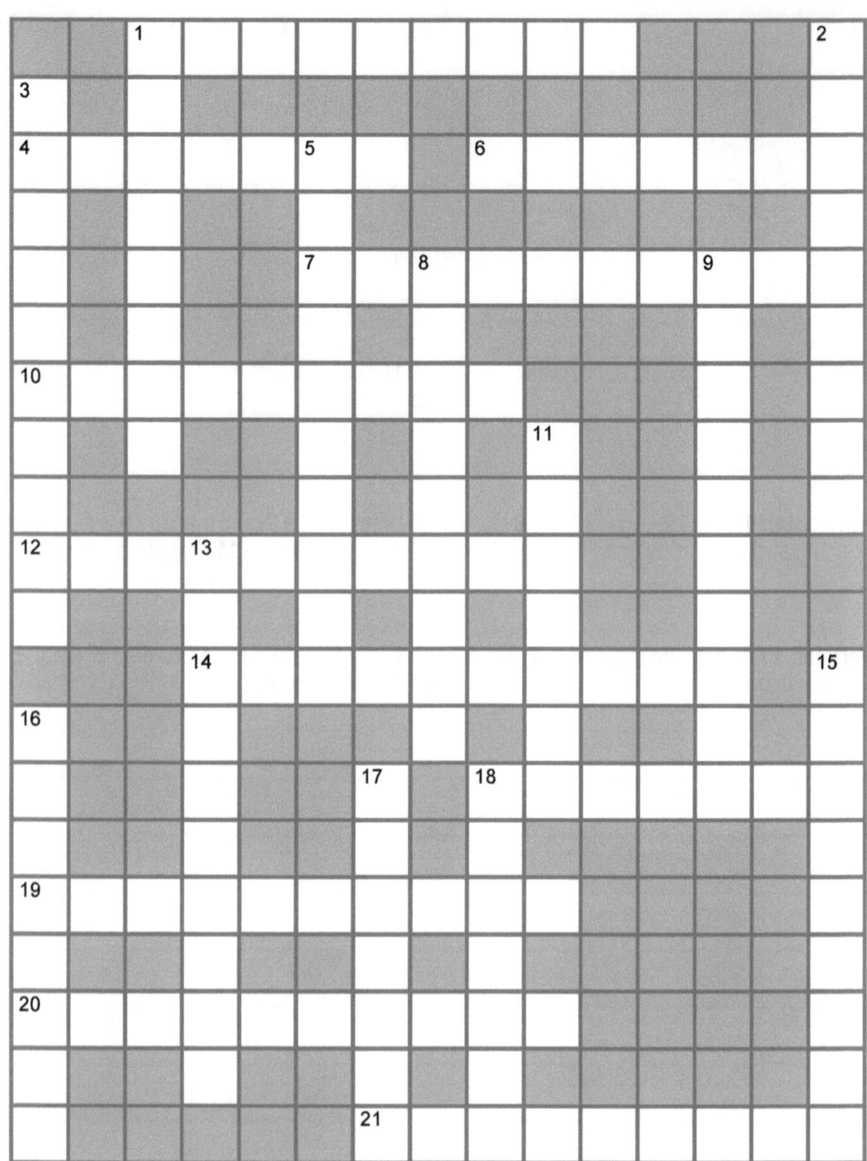

Horizontal: 1 Retidão, honestidade | **4** Descerrarem, separarem | **6** Falaremos | **7** Confirmado, provado | **10** Tipo de pasta alimentícia | **12** Que perdeu os dentes | **14** Ausência de energia, vigor, força | **18** Que se cortou | **19** Interesse sexual por uma parte do corpo, roupa, etc. | **20** Diabo velho | **21** Que se tornou macio |

Vertical: 1 Seção ou parágrafo de livros sagrados | **2** Que costuma usar linguagem obscena | **3** Que obteve vantagem em relação aos outros | **5** Examinar com atenção | **8** Osso longo do pé | **9** Reunião de pessoas | **11** Sentença, recurso de tribunal | **13** Reduzirão | **15** Estímulo | **16** Desfeito em fios | **17** Elaboração | **18** Ingerirão alimento |

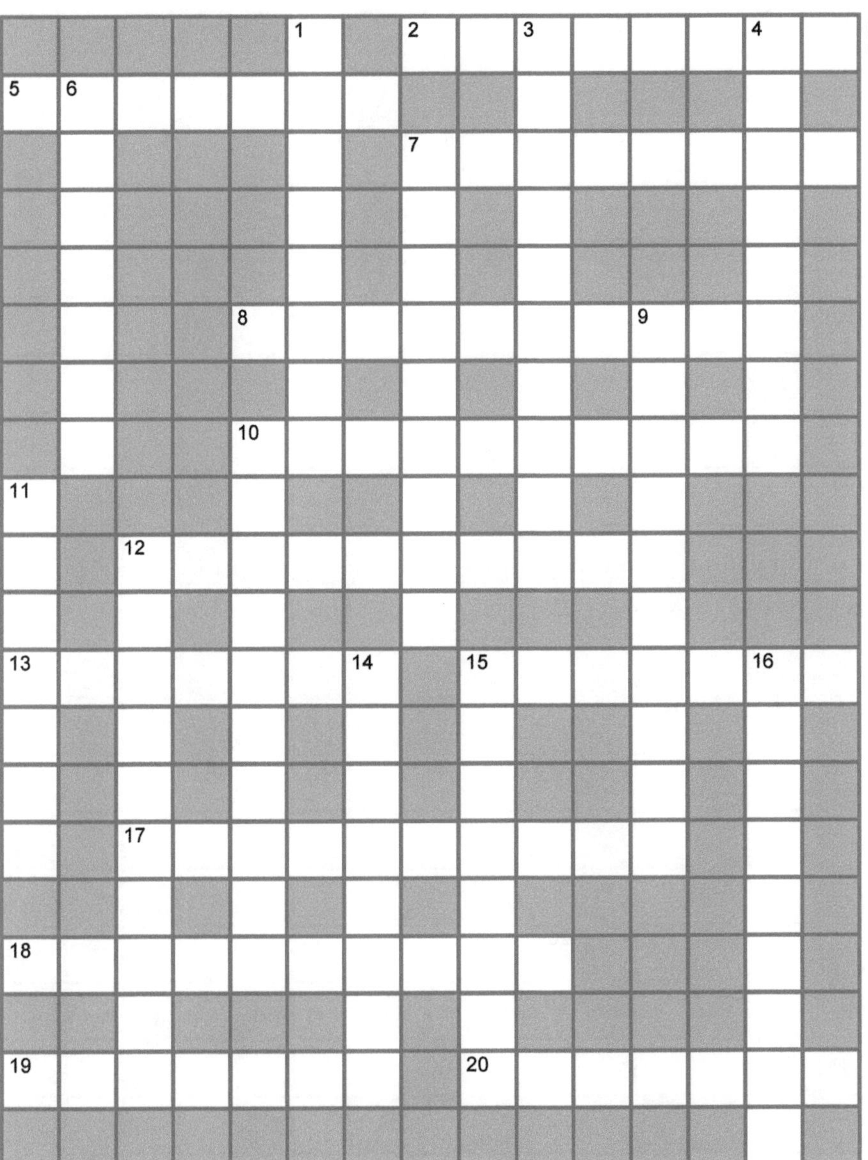

Horizontal: 2 Inferias | **5** Cobrir com betume | **7** Transmitem conhecimento | **8** Local a alcançar | **10** Que tem muitas cores, multicor | **12** Vencerei alguém | **13** Que corresponde à realidade | **15** Quem come muito | **17** Tornar alguém beato | **18** Doutrina que prega a reencarnação | **19** Liderança, chefia | **20** Solteiro, em espanhol |

Vertical: 1 Baixou o preço | **3** Fazer desaparecer, dissipar | **4** Sentir afeto, estima | **6** Ex-jogador de futebol apelidado de "Animal" | **7** Organização pública ou privada | **9** Tornar rígido por acúmulo de sais de cálcio | **10** Morticínio | **11** Que regula o fluxo de um fluido | **12** Deixaram cair | **14** (?) Santo, estado do Brasil | **15** Plagiamos | **16** Chuva súbita e abundante (pop.) |

047

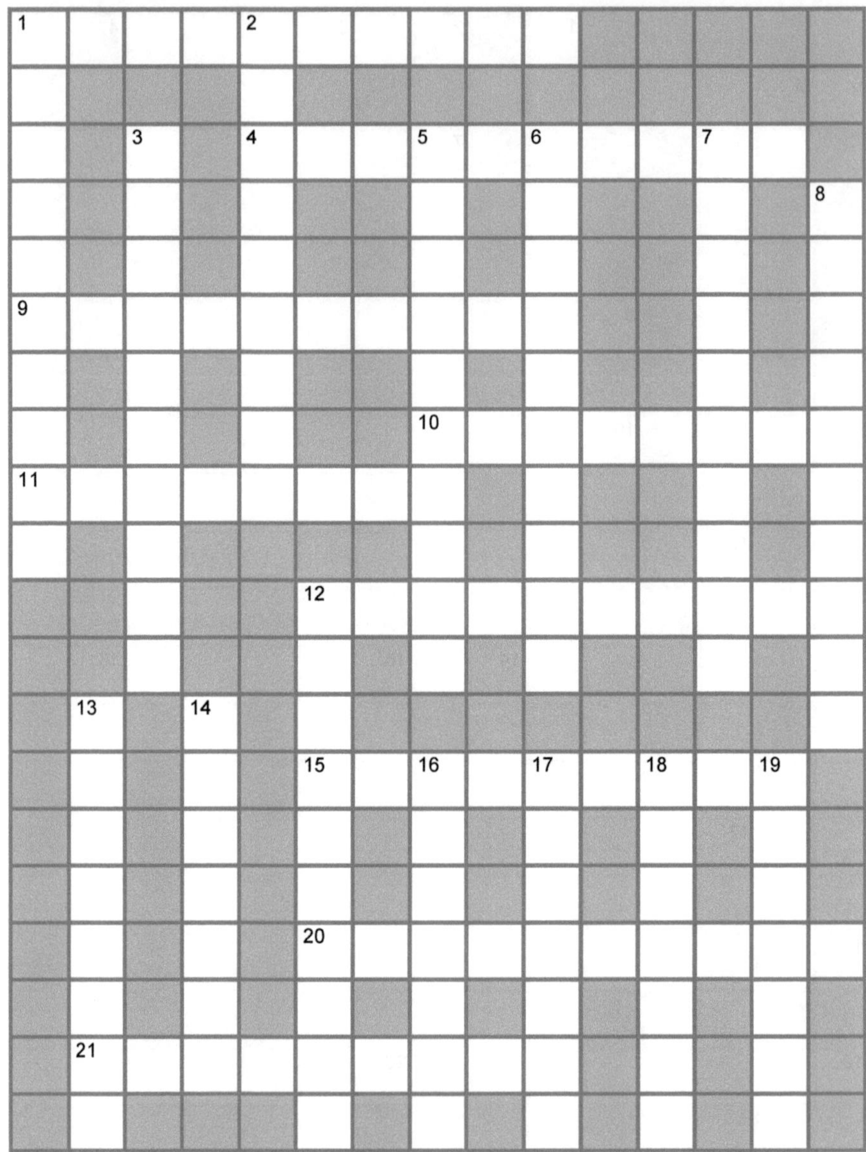

Horizontal: **1** Ressentido | **4** Duvidarias | **9** Bagunço o cabelo | **10** Pequeno pingo | **11** Importunar | **12** Ressaltava | **15** Perguntamos | **20** Divisão de um terreno | **21** Elegância, garbo |

Vertical: **1** Demitirem | **2** Enrijecer | **3** Aquele que ajuda | **5** Indivíduo que cria os passos de uma dança | **6** Atleta | **7** Darás, conferirás | **8** Andava sem equilíbrio | **12** Tinham o mesmo valor | **13** Embebedo | **14** Incapaz de procriar | **16** Que tem dentes | **17** Linhagem, ascendência | **18** Extração de metais ou outras substâncias | **19** Que se sentou |

048

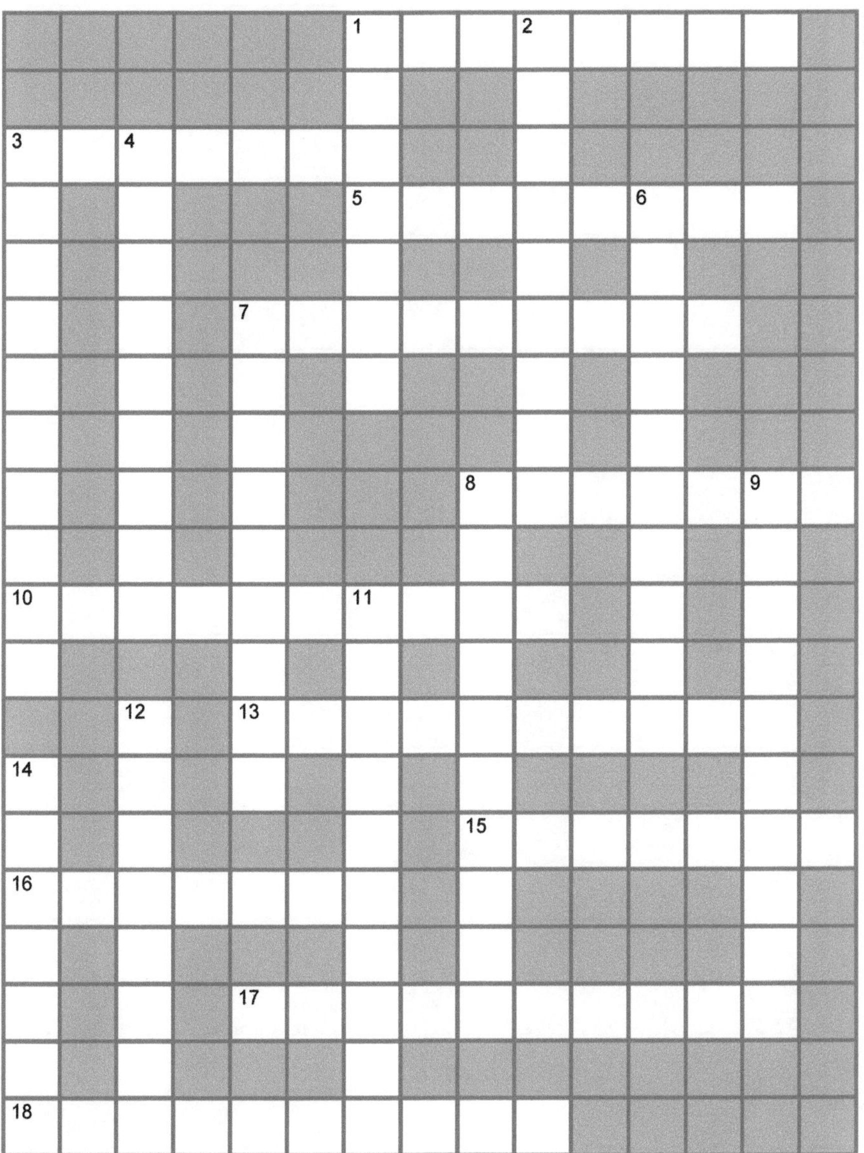

Horizontal: 1 Assimilavam | **3** Tombávamos | **5** Forma de deterioração mental | **7** Natural do país cuja capital é Talin | **8** Comem com sofreguidão | **10** Que demonstra desdém | **13** Conjunto de cacarecos | **15** Concordou | **16** Estiver de acordo | **17** Que conjura, bruxo | **18** Mesmo que acorrentado |

Vertical: 1 Desmentido | **2** Enviasse | **3** Que é cortês, educado | **4** Acrescentamos | **6** Exercia autoridade sobre alguém | **7** Corei | **8** Desfez | **9** Rebaixar ao estado de animal | **11** Nativo do país cuja capital é Tegucigalpa | **12** Cortar em ângulo | **14** Grande comichão |

049

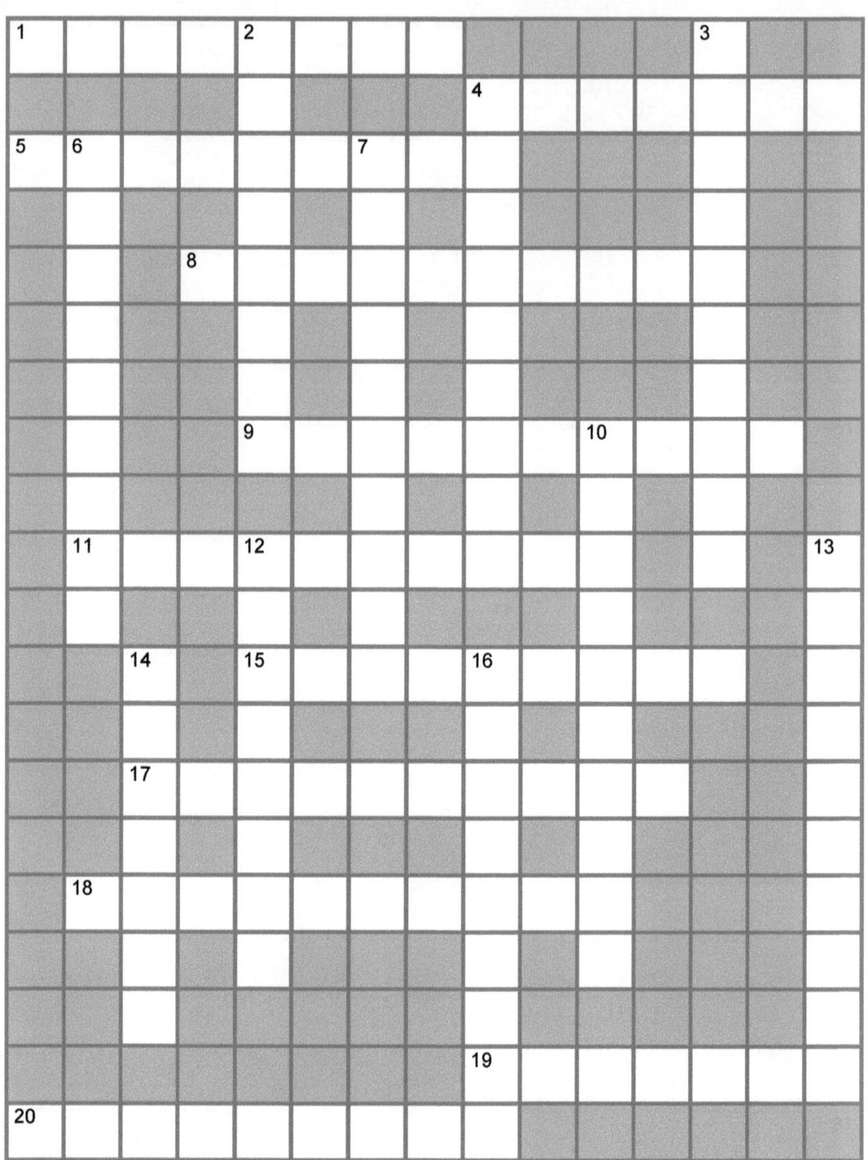

Horizontal: 1 Disfarçar-se | **4** Extraio a casca de cereais | **5** Ente divino | **8** Tornar-se fóssil | **9** Agitado, inquieto | **11** Contradiziam | **15** Produção de indivíduos geneticamente iguais (pl.) | **17** Obscureceria | **18** Objeto que ajuda a calçar o sapato | **19** Descerrando, separando | **20** Acertar todas as respostas da prova |

Vertical: 2 Ary (?), ator paranaense | **3** Que fornece tensão alternada (eletr.) | **4** Incitei | **6** Aquele que foi colocado no hospital | **7** Inocentando, perdoando | **10** Disputaram com alguém | **12** Laranja (?), filme | **13** Coisa, soma emprestada | **14** Golpe com pedra | **16** Acertar, descobrir |

050

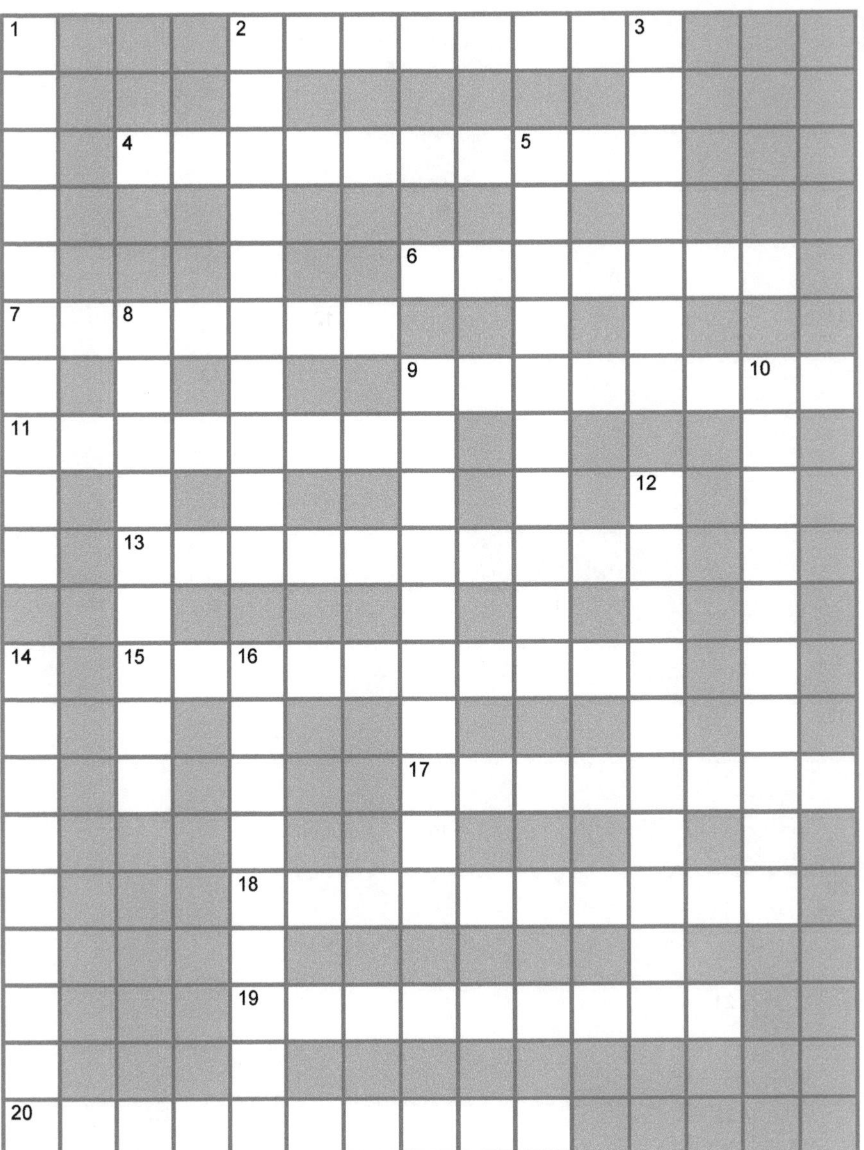

Horizontal: 2 Grupo de pessoas que acompanha alguém | **4** Indivíduo que carrega a bagagem | **6** Dar brilho | **7** Raça de cavalos da Espanha | **9** Profetizar | **11** Revoltar | **13** Que pilota a aeronave | **15** Enfraqueceram | **17** Buraco de qualquer tipo/tamanho | **18** Faço perder o rumo | **19** Valor próprio | **20** Entrega de criminoso a governo estrangeiro |

Vertical: 1 Que foi convencido | **2** Tecido flexível e esbranquiçado do corpo | **3** Descerrarei, separarei | **5** Espalhar para todos os cantos, divulgar | **8** Desvelo, devoção | **9** Preferência por algo ou alguém | **10** Condição da pessoa que serve, servidão | **12** Passando dos limites | **14** Que provoca excitação | **16** Sentimento exagerado, dramaticidade |

051

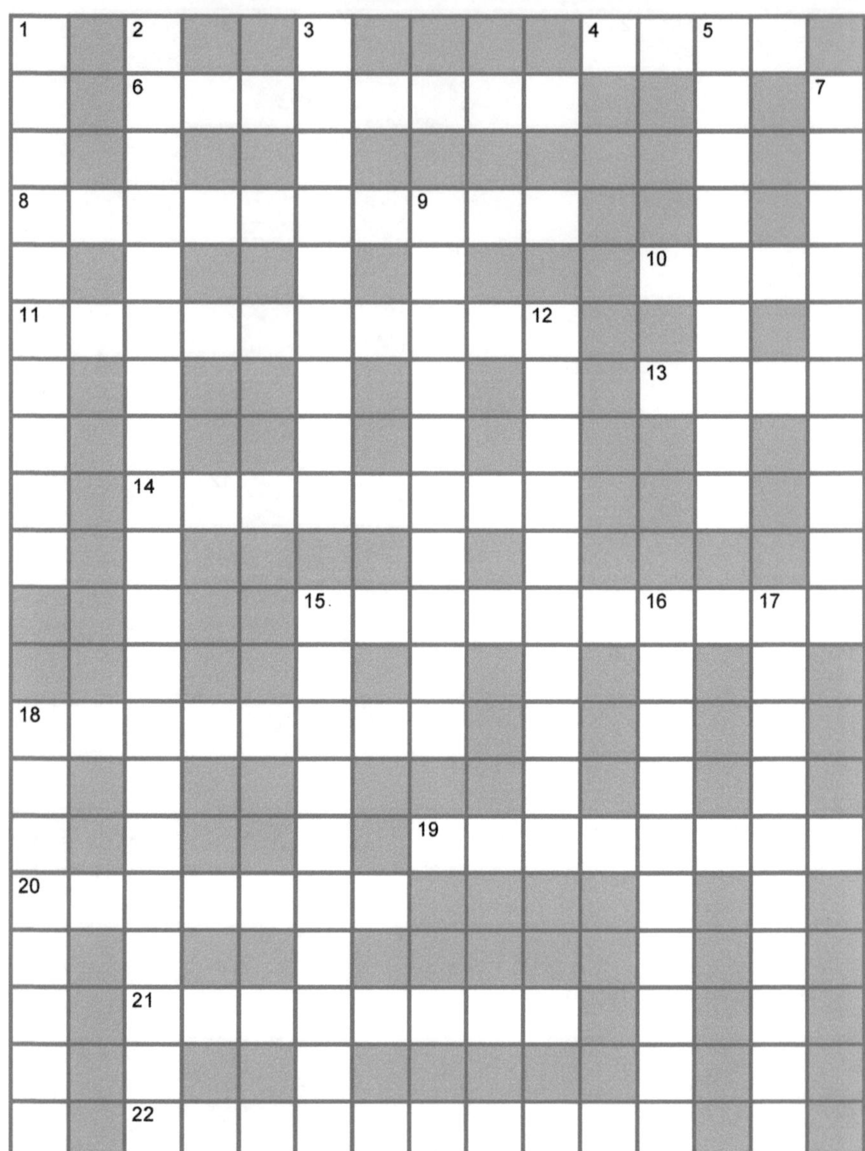

Horizontal: 4 Luciano (?), apresentador de TV | **6** Telefone, em espanhol | **8** Responsabilidade de um cargo | **10** Amuleto em forma de mão fechada | **11** Alcançarmos | **13** Produzo | **14** Elaborar leis | **15** Atuação tendo em conta sua eficiência | **18** Rodeasse | **19** Enunciar oralmente | **20** Lula (?), personagem de Bob Esponja | **21** Cobiça ou desejo intenso | **22** Enchemos um corpo de água de areia |

Vertical: 1 Desastrado, desajeitado | **2** Área médica que trata de orelha, nariz e garganta | **3** Inferirei | **5** Instrumento musical de sopro | **7** Livre de peso | **9** Enfraqueceste | **12** Rito sagrado que aumenta a graça divina | **15** Que não está inchado | **16** Pressentimos | **17** Pertencente ao hospital | **18** Dom (?), obra renomada de Machado de Assis |

052

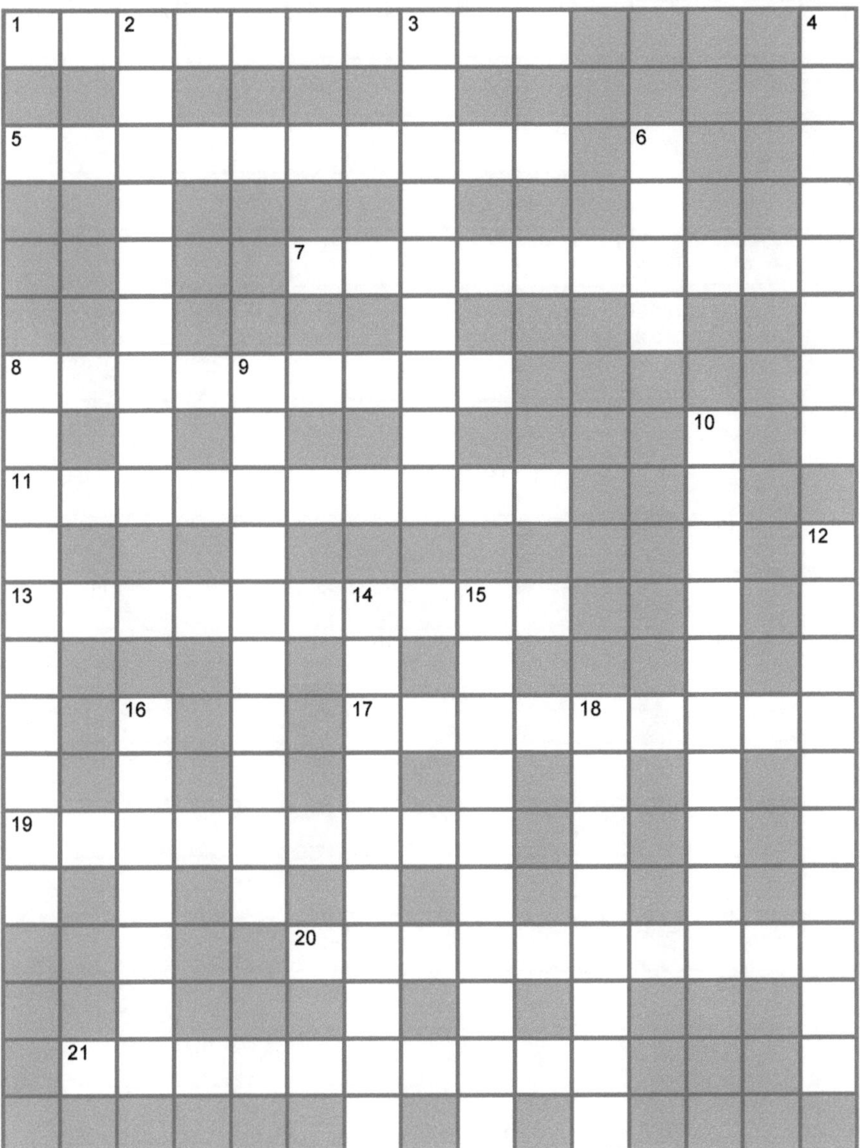

Horizontal: 1 Aquele que gasta dinheiro sem necessidade | **5** Avaliaram as respostas de uma prova | **7** Corpos que têm dimensões iguais | **8** Pararam de repente | **11** Que teve o prazo adiado | **13** Chegaram ao auge | **17** Jogado, disperso | **19** Tirar de sua terra natal | **20** Concentrar-se nos próprios pensamentos | **21** Percebia |

Vertical: 2 Instrumento que indica a pressão do ar | **3** Desabamento | **4** Administração ou cargo de feitor | **6** "Operação Big (?)", animação da Disney | **8** Embalado | **9** Avaliarem as respostas de uma prova | **10** Desconsideraram | **12** Ocultaram | **14** Meter medo | **15** Borrifarão | **16** Que causa pasmo | **18** Faz passar ao estado líquido |

053

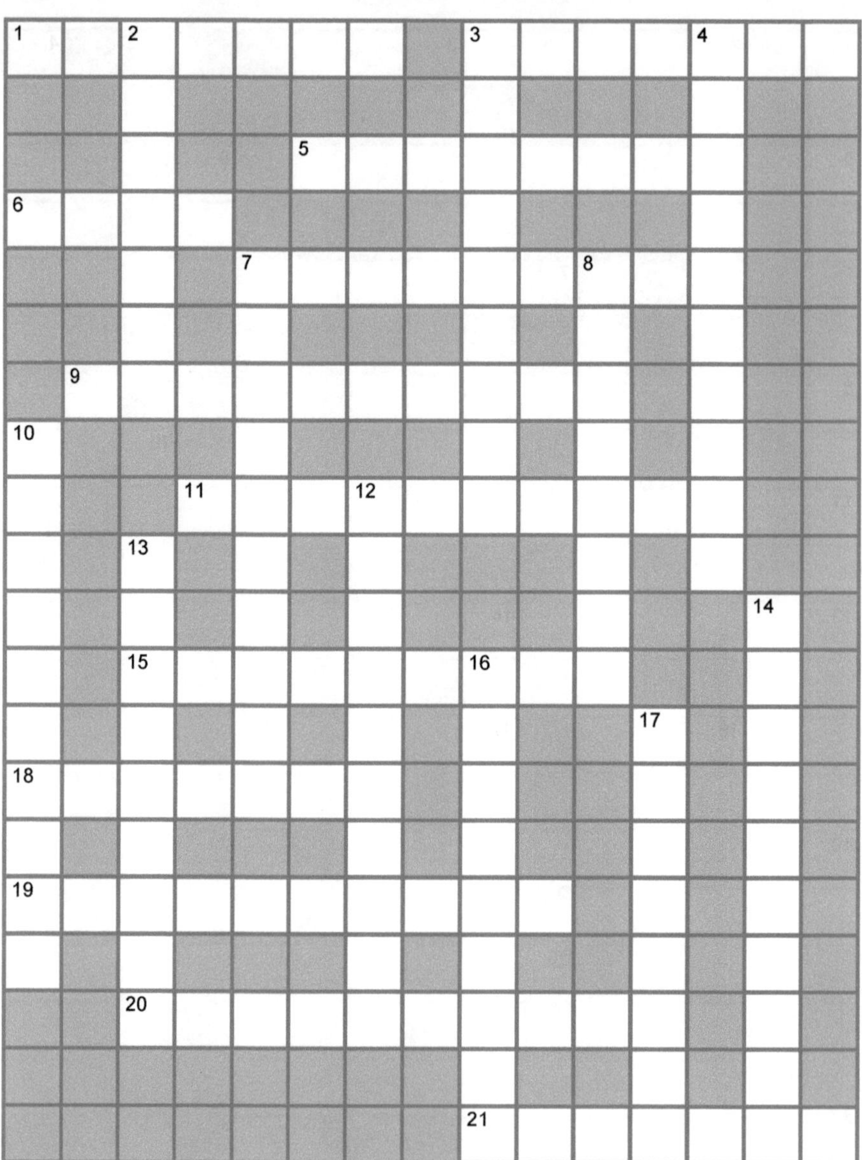

Horizontal: 1 Adereço, adorno | **3** Aquele que inventa algo | **5** Escolherás por votação | **6** Andar, em inglês | **7** Constranger alguém (pop.) | **9** Disputamos com alguém | **11** Contava um segredo | **15** Ouvimos com atenção | **18** Indivíduo que serve as pessoas em restaurantes (pl.) | **19** Devastação | **20** Análise da influência dos astros na vida | **21** Vir à tona |

Vertical: 2 Perturbado, inseguro, comovido | **3** Defecaremos | **4** Demolirás | **7** Extração de algo para fins próprios | **8** Remexemos em terra, gravetos | **10** Reconhecido oficialmente | **12** Devaneado | **13** Erro da refração ocular que deixa a imagem menos nítida | **14** Que defende a liberdade individual | **16** Indústria que fabrica/monta veículos | **17** Que não é concreto |

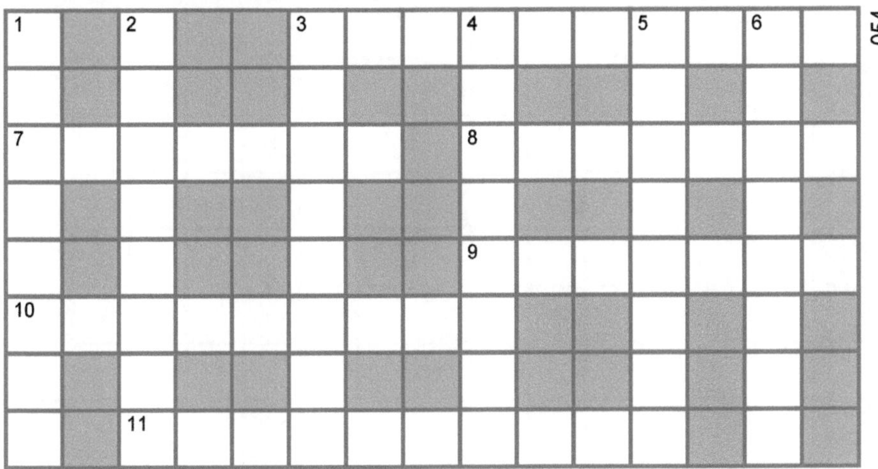

Horizontal: 3 Expunham minuciosamente | **7** Artista de circo | **8** Exame, vistoria | **9** Revoltei-me contra um poder estabelecido | **10** Fascina | **11** Estudo da origem das palavras (Port.) |

Vertical: 1 Alargar, estender | **2** Convergiste | **3** Recitam poema | **4** Aumentado | **5** Percentual aplicado para o cálculo de um tributo | **6** Alcançara |

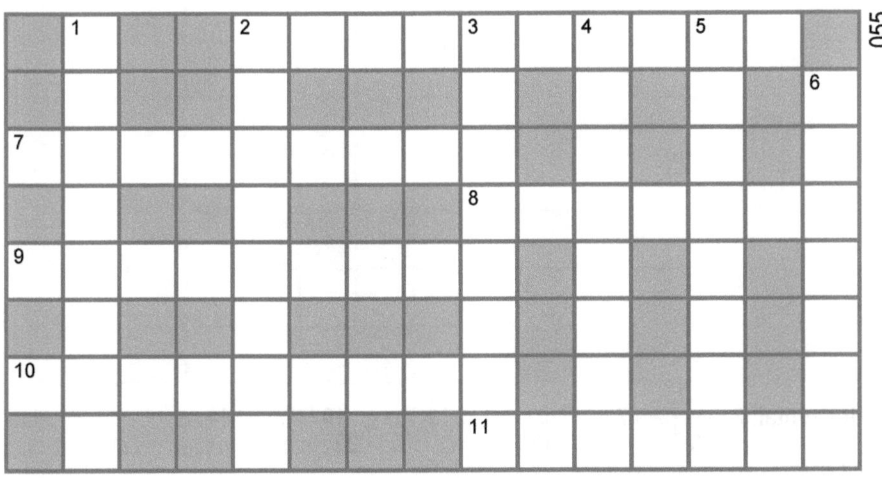

Horizontal: 2 Pressentirão | **7** Tornei um mecanismo inoperante | **8** Geral, em inglês | **9** Enfraqueci | **10** Compõe | **11** Tornavam-se adeptos |

Vertical: 1 Acreditaremos | **2** Instrumento de lâmina fina | **3** Demandaria | **4** Que se sobressai pela excelência | **5** Reduzi a intensidade | **6** Diziam |

056

Horizontal: **2** Ensopar | **7** 500 por extenso | **9** Troca | **10** Moram | **11** Apanhar, reunir, ligar | **13** Odiamos | **15** Prosseguia | **18** Pôr em prática | **20** Bem-intencionado | **21** Continuo | **22** Puro, imaculado | **23** Retirava a casca |

Vertical: **1** Puderas ser contido em um lugar | **3** Expulsaremos de um lugar | **4** Obstruía | **5** Sentiam compaixão | **6** Funcionário que atende os cliente na loja | **8** Suposto, incerto | **12** Deixamos cair | **14** Psicótico, obcecado | **16** Desgostoso | **17** Peça de ferro usada em construção | **18** Que tem muitos habitantes | **19** Ofendem |

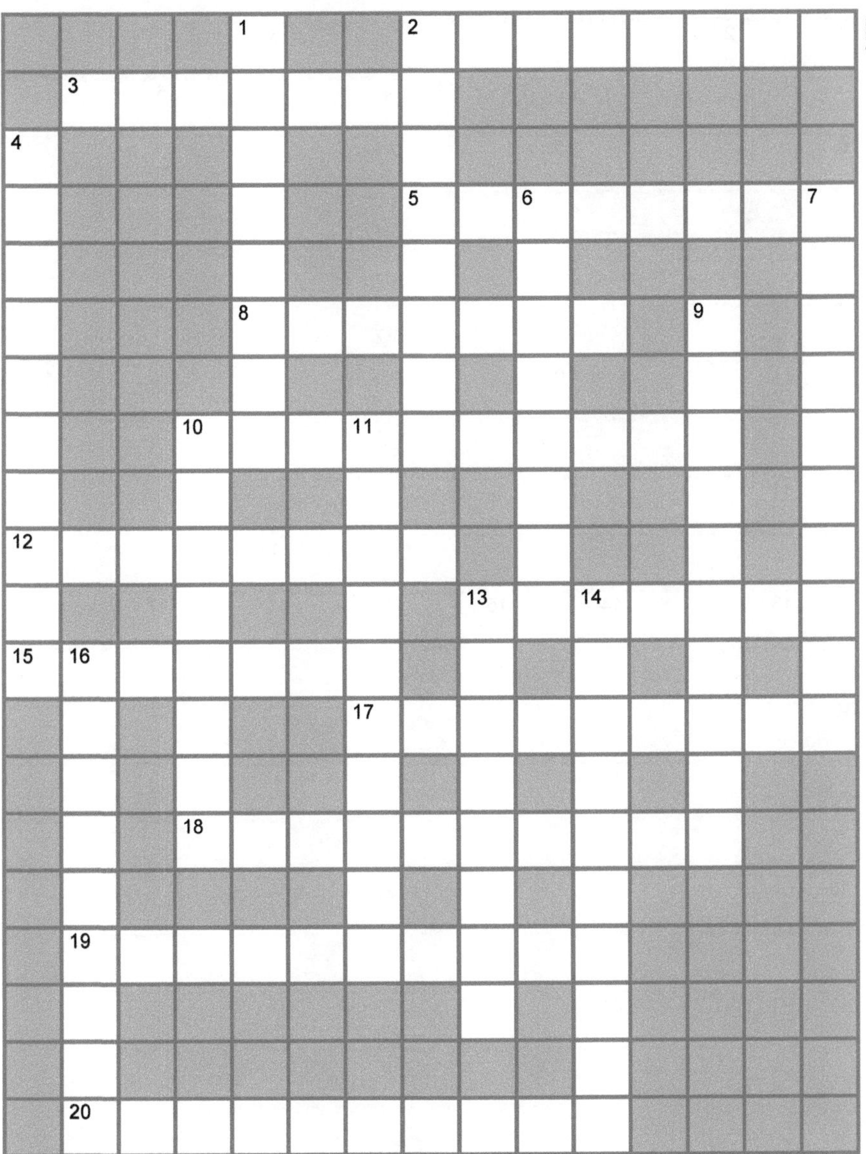

Horizontal: 2 Bolsa para guardar dinheiro e documentos | **3** Anda | **5** Mesmo que agressor | **8** Disperso e escasso | **10** Deixariam pender | **12** Cansaço | **13** Argumentavas | **15** Convergias | **17** É vendida como cheiro-verde junto com a salsinha | **18** Revigoramento | **19** De maneira impiedosa | **20** Irregular, tortuoso |

Vertical: 1 Dispositivo de memória obsoleto | **2** Tipo de barco | **4** Investigação, busca | **6** Encher um corpo de água com areia | **7** Partidário da escravidão | **9** Transportando | **10** Fala diante de plateia | **11** Faiscavam | **13** Proteína solúvel em água | **14** Lugar onde se criam galinhas | **16** Substância que combate fungos |

058

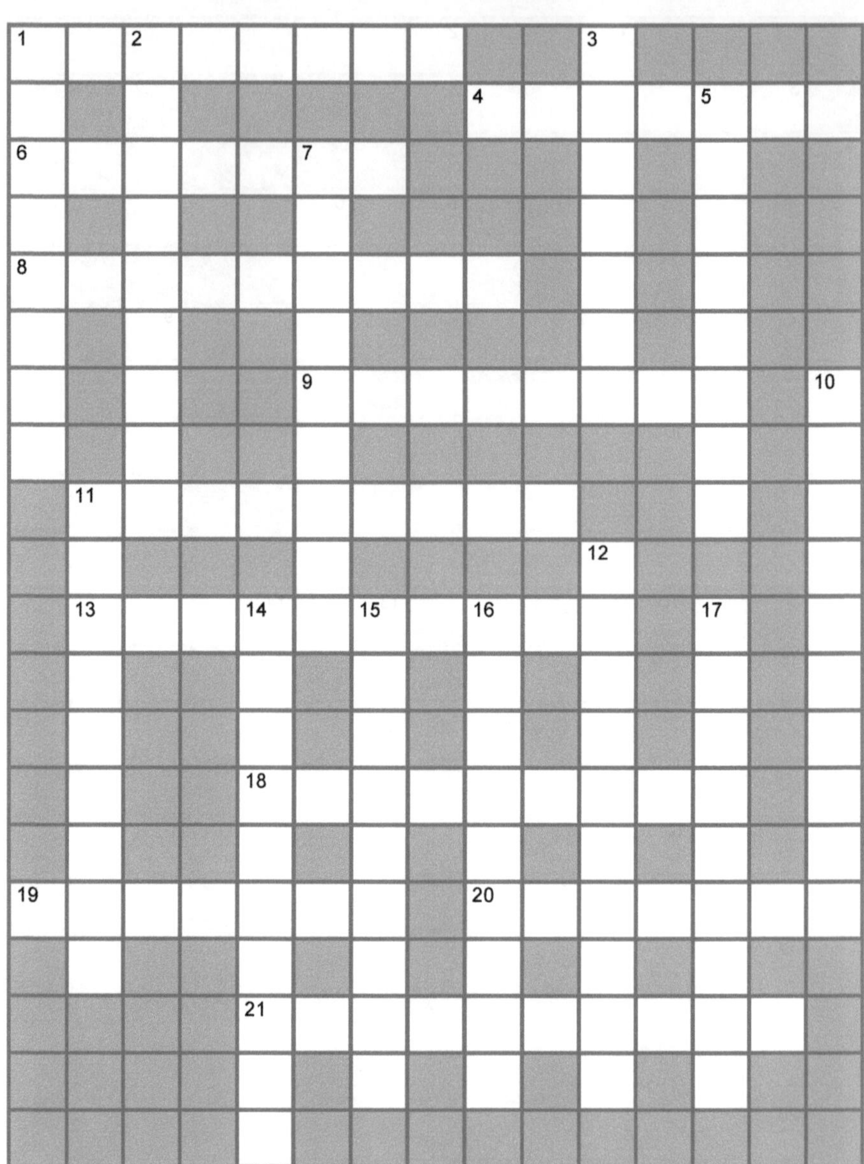

Horizontal: 1 Pomos algo em cima para resguardar | **4** Escolherá por votação | **6** Expulsam | **8** Que apresenta rombos | **9** Árvore que gera figos | **11** Confiança de que algo bom acontecerá | **13** Perdoava | **18** Relativo à forma da Terra | **19** Fettuccine (?), massa com parmesão e manteiga | **20** Doce feito com gema de ovo | **21** Aleitado |

Vertical: 1 Último período da era mesozoica | **2** Bateremos com o bico | **3** Resguardei | **5** Erguida | **7** Tornou-se ofegante | **10** Passaram dos limites | **11** Excêntrico, esquisito | **12** Seguidor do calvinismo | **14** Reunido | **15** Deslocamento de um ponto a outro | **16** Discuti | **17** Que está oculto |

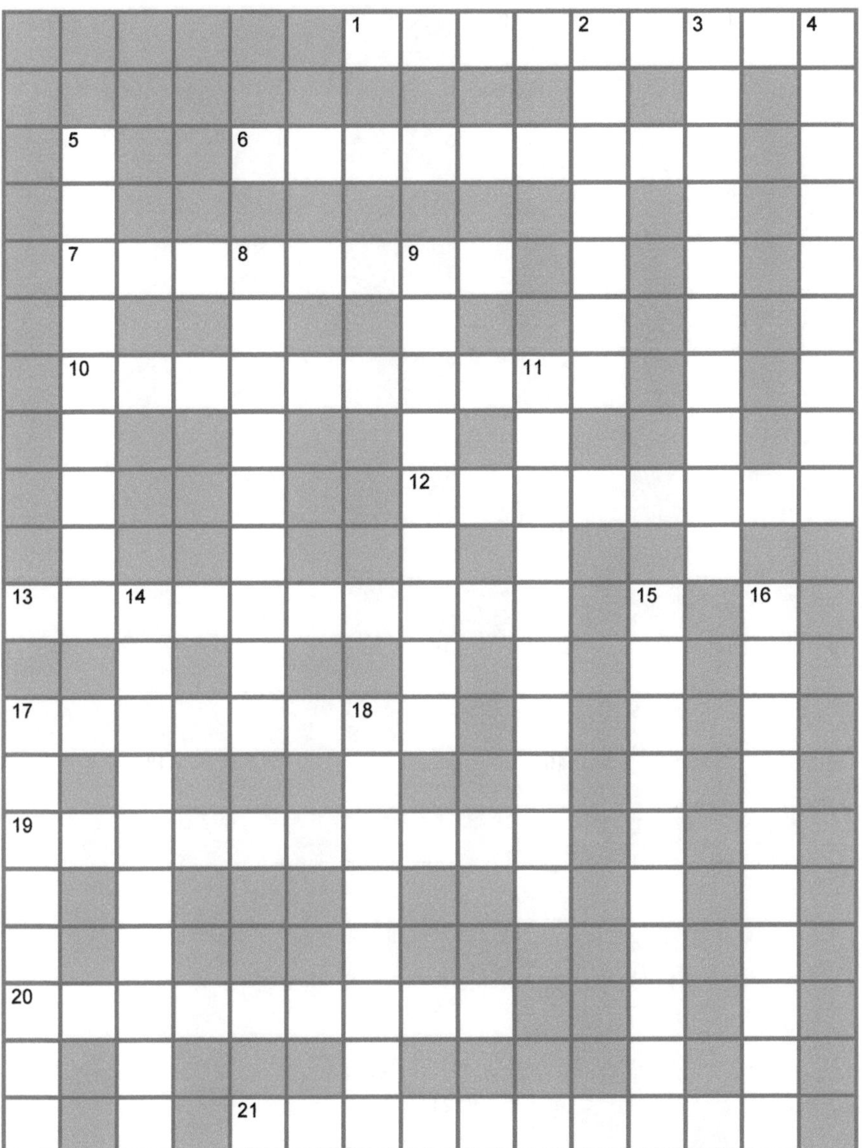

Horizontal: 1 Lançavam centelhas | **6** Restituías à forma anterior | **7** Joalheiro, em inglês | **10** Imito | **12** Constante, ininterrupto | **13** Faço progredir | **17** Enganar, iludir, demorar demais | **19** Provocar atrito entre diferentes corpos | **20** Lecionamos | **21** Avaliarão as respostas de uma prova |

Vertical: 2 Desventurado | **3** Relativo à tarde | **4** Muito pequeno | **5** Colocado ou situado ao lado de, próximo | **8** Extraordinário | **9** Desmantelar | **11** Abertura no parapeito da muralha para artilharia | **14** Divisão do que já estava dividido | **15** Perito | **16** Cedido a outro temporariamente | **17** Privar de alimento | **18** Aumentar o volume |

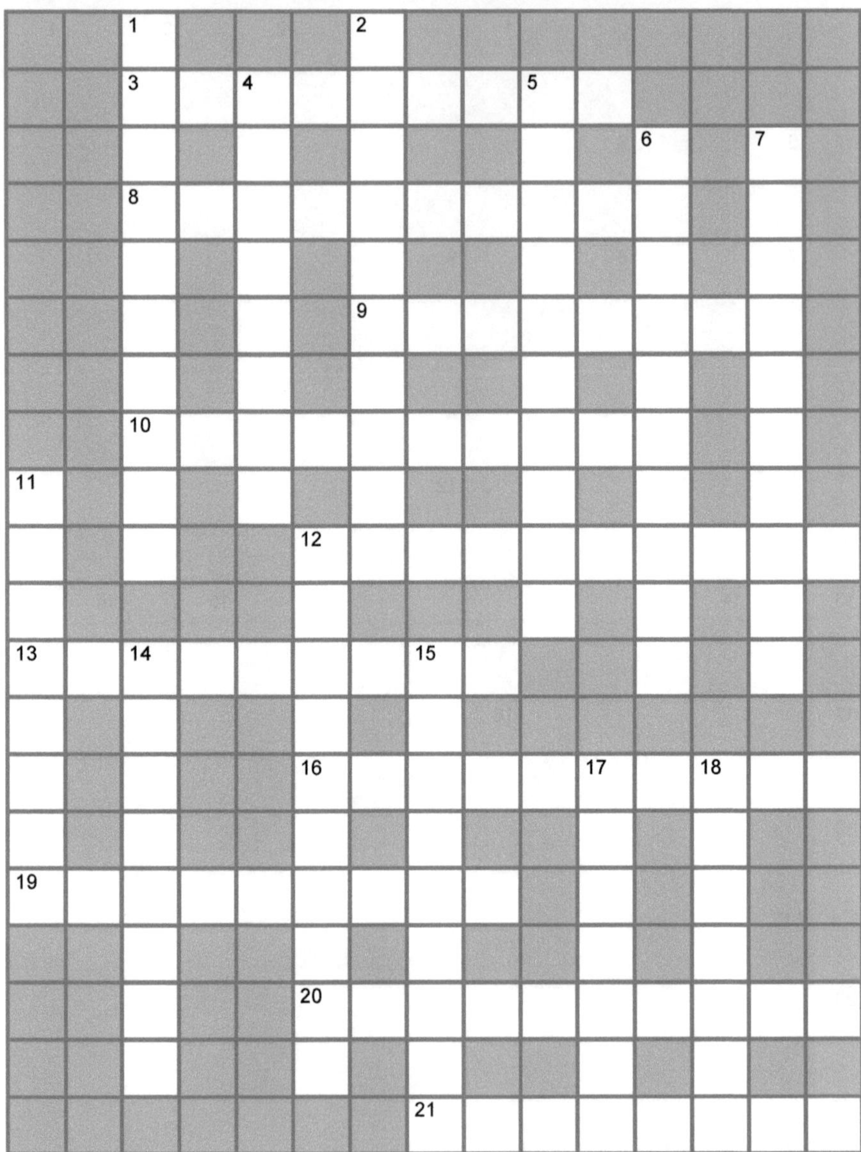

Horizontal: 3 Que se realiza por meio de exame | **8** Passarei dos limites | **9** Faltar à aula para ir se divertir | **10** Permitido | **12** Enobrecem | **13** Instrumento (?): mede o impacto de um projétil | **16** Contentamento | **19** Espírito de chefia | **20** Atacariam fisicamente | **21** Que é maçante, enfadonho |

Vertical: 1 Quantia inclusa no preço do táxi | **2** Discordarei | **4** Completo, total | **5** Local onde se fabrica cerveja | **6** Que tem o significado mais genérico | **7** Embebido | **11** Mata de bambus | **12** Odiaram | **14** Organismo que fermenta a cerveja | **15** Tocaram com os dedos para chamar a atenção | **17** Galanteador | **18** Bode jovem |

061

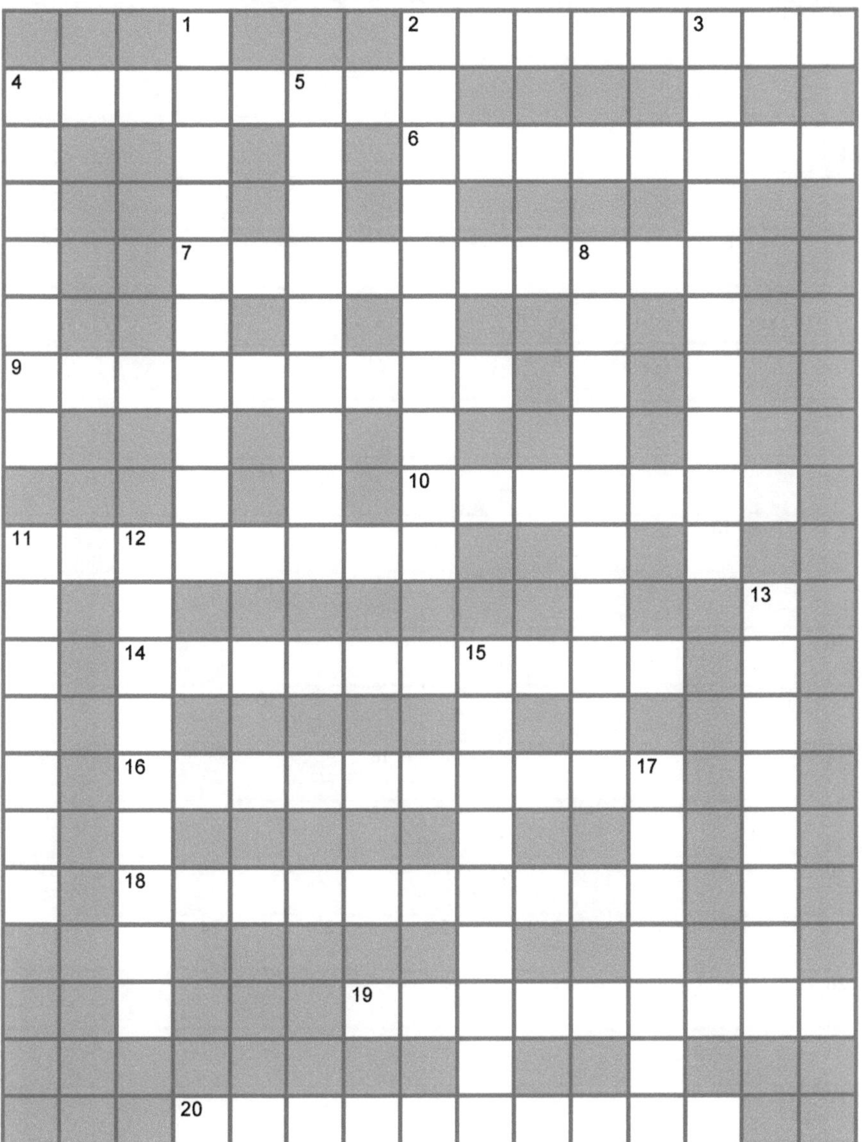

Horizontal: 2 Ir ou seguir a pé | **4** Inclinei-me para a frente | **6** Gestação | **7** Limpeza, purificação | **9** Roupas usada por uma pessoa, traje | **10** Doutrina que se opõe aos dogmas da Igreja | **11** Partidário do regime russo que vigorou do séc. XVI ao XX | **14** Incorporado, admitido | **16** Transgredirá | **18** Atacarmos fisicamente | **19** Apequenaras | **20** Tornar mais fraco, abater |

Vertical: 1 Estabelecer como regra | **2** Cigarro enrolado em folha de tabaco | **3** Elemento químico (símbolo H) | **4** Restituo | **5** Expelíamos saliva | **8** Magistrado que está acima de outros juízes da comarca | **11** Junta textos em uma única obra | **12** Aquele que é observado, investigado | **13** Queima ligeiramente | **15** Animal que anda pelas paredes | **17** Expelia secreções pelo nariz |

062

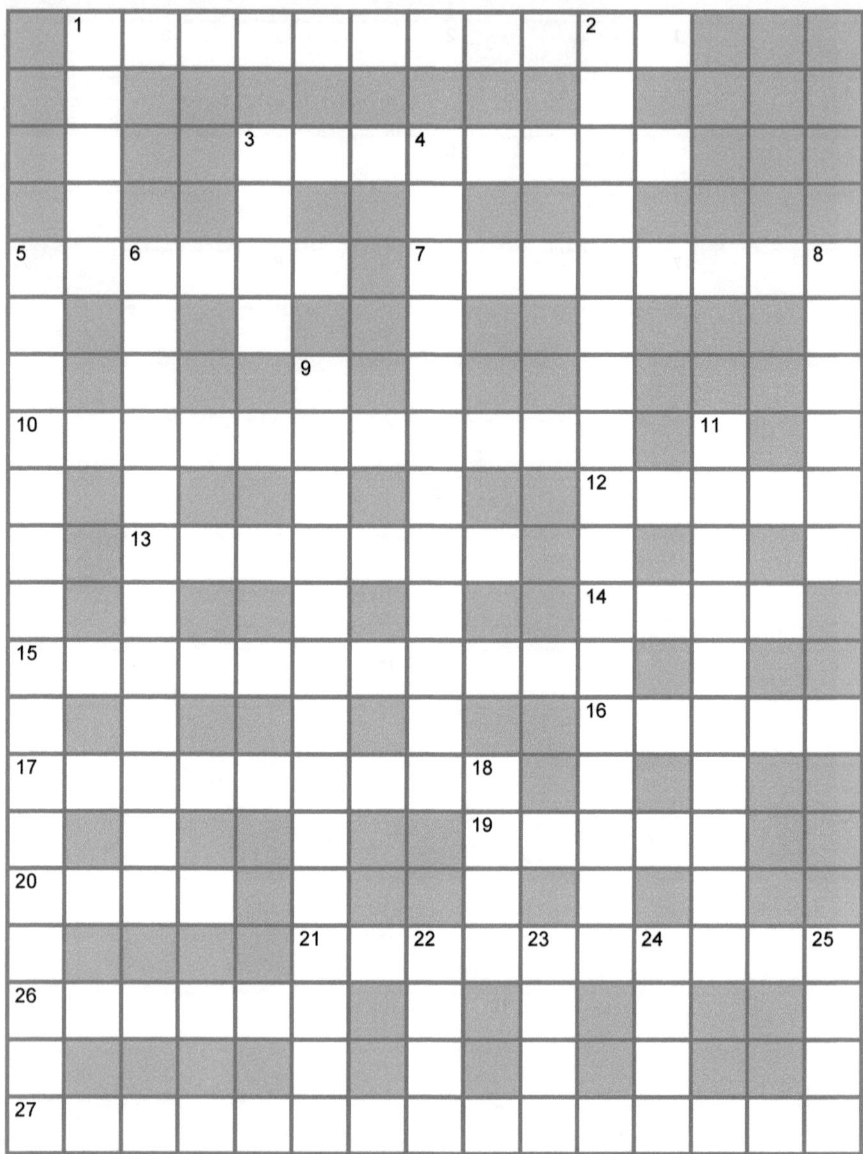

Horizontal: 1 Relacionado à navegação aérea | **3** Justo, merecido | **5** Vara, bastão | **7** Prestativo, cuidadoso | **10** Classificar | **12** Até então | **13** Região baixa inundada | **14** Jardim, paraíso | **15** Que está sempre junto | **16** Vegetal que forma um tapete onde cresce | **17** Acrescentarão | **19** Mulher em italiano | **20** Robin (?), personagem famoso | **21** Pôr em prática, realizar | **26** Bebida dos deuses | **27** Que é multimilionário |

Vertical: 1 Tomará providências | **2** De modo considerável | **3** Pronome indefinido que destaca uma coisa | **4** Fazia perder o rumo | **5** Território adjacente | **6** Parataxe (gram.) | **8** Prevenir | **9** Desmentirem | **11** Compreender, em inglês | **18** Fragrância, cheiro | **22** Comprimido, em inglês | **23** Base, alicerce | **24** Avaliação sobre o trabalho de alguém | **25** Apelido do vilão de Poliana (Lit.) |

063

Horizontal: 2 Relativo a gato | **4** Falemos | **6** Ingrediente do marron glacé | **8** Em estado de pasta, viscoso | **11** Que se rebela contra algo | **13** Borrifarás | **14** Terminar, acabar | **15** Têm | **17** Obscureço | **18** Passas dos limites | **19** Apertaram para extrair suco | **20** Que apresenta descrições | **21** Assombroso |

Vertical: 1 País vizinho à Alemanha | **3** Profissional que cose roupas | **5** Gestante | **6** Apanhar refriado | **7** Tornamos destemido | **9** Averiguado, confirmado | **10** Provamos um prato | **12** Passarás a um estado inferior | **13** Tornares destemidos | **15** Precavido | **16** Antônimo de "antipático" |

064

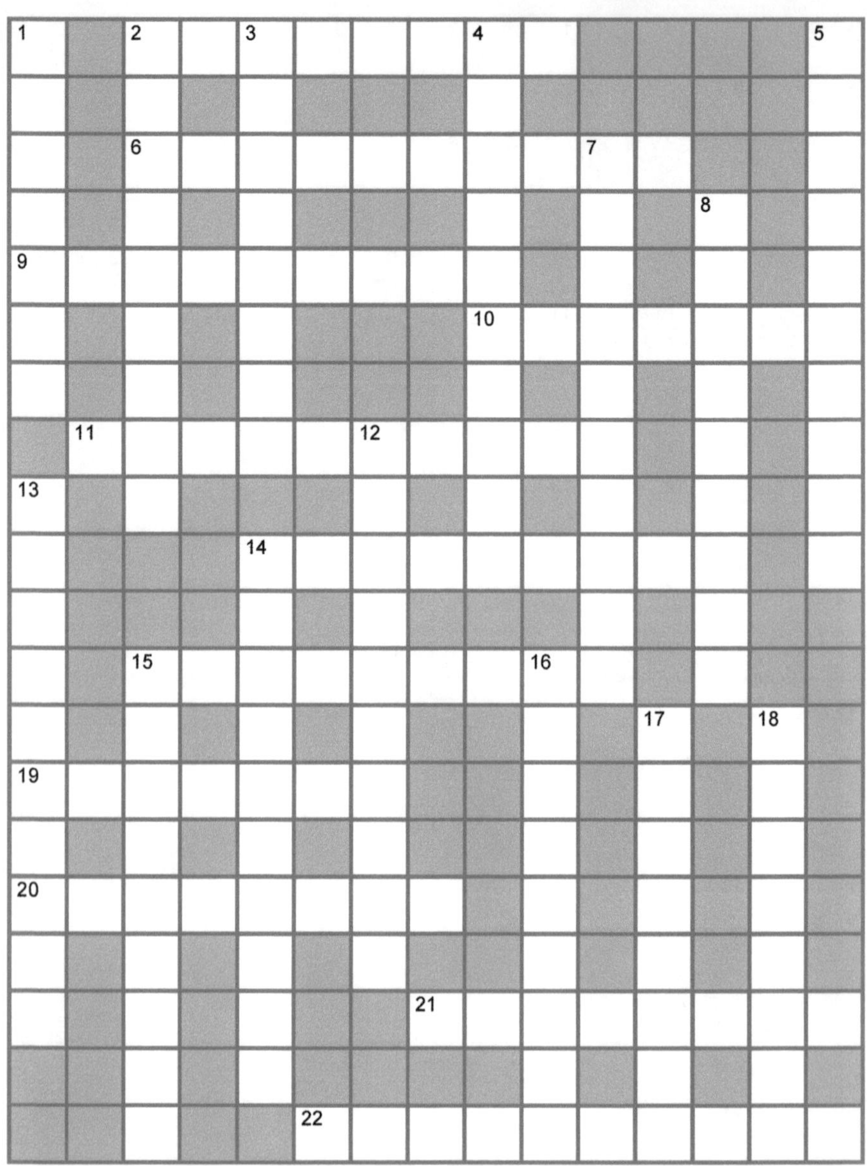

Horizontal: 2 Bebedeira, embriaguez | **6** Conserta uma máquina | **9** Adiei | **10** Fenda | **11** Fazer passar por verdadeiro algo que não é | **14** Que se digere com facilidade | **15** Digno de respeito, estima | **19** Mesmo que terraço | **20** Aqueles que professam o cristianismo | **21** Perdi peso | **22** Fazer perder a cor |

Vertical: 1 Aquele que tira sarro | **2** Agitação | **3** Negócio, em inglês | **4** Torturar emocional ou moralmente | **5** Que impõe | **7** Repreensível | **8** "(?) pelas costas": trair a confiança | **12** Escaparíamos | **13** Encolerizar | **14** Que expressa ideia de diminuição | **15** Em ruínas, destruído | **16** Que foi desocupado | **17** Que se opõe ao lado direito | **18** Processo de experienciar e viver algo |

065

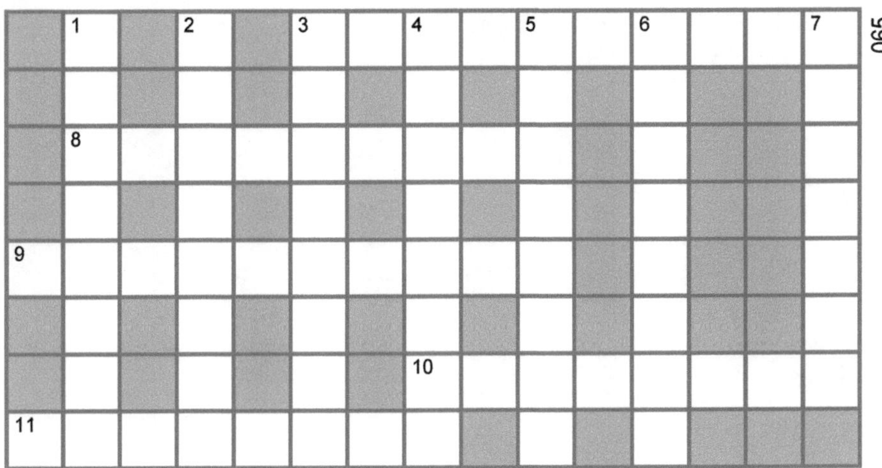

Horizontal: **3** Ocultamos | **8** Cabeleireiro, em espanhol | **9** Corrompido | **10** Processo químico que ativa uma substância | **11** Moluscos de concha espiralada |

Vertical: **1** Apertava para extrair suco | **2** Zombaria | **3** Aumento a temperatura | **4** Vieras de algum lugar | **5** Verdura muito apreciada ou não | **6** Resultado de incluir, integrar | **7** Que é melancólico, tristonho |

066

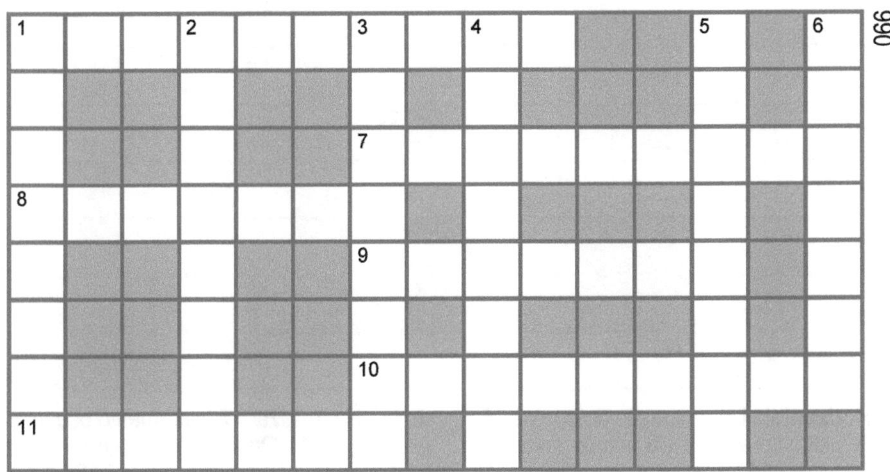

Horizontal: **1** Libertar o que está preso | **7** Rodeado | **8** Desejam com veemência | **9** Afetuoso | **10** Que se refere a coisas sagradas | **11** Gênero musical baiano derivado da seresta |

Vertical: **1** Torna um mecanismo inoperante | **2** Parte do sistema nervoso central | **3** País da região central da Europa | **4** Provierem, resultarem | **5** Erva cuja raiz pode substituir o café | **6** Misturado com azoto (nitrogênio) |

067

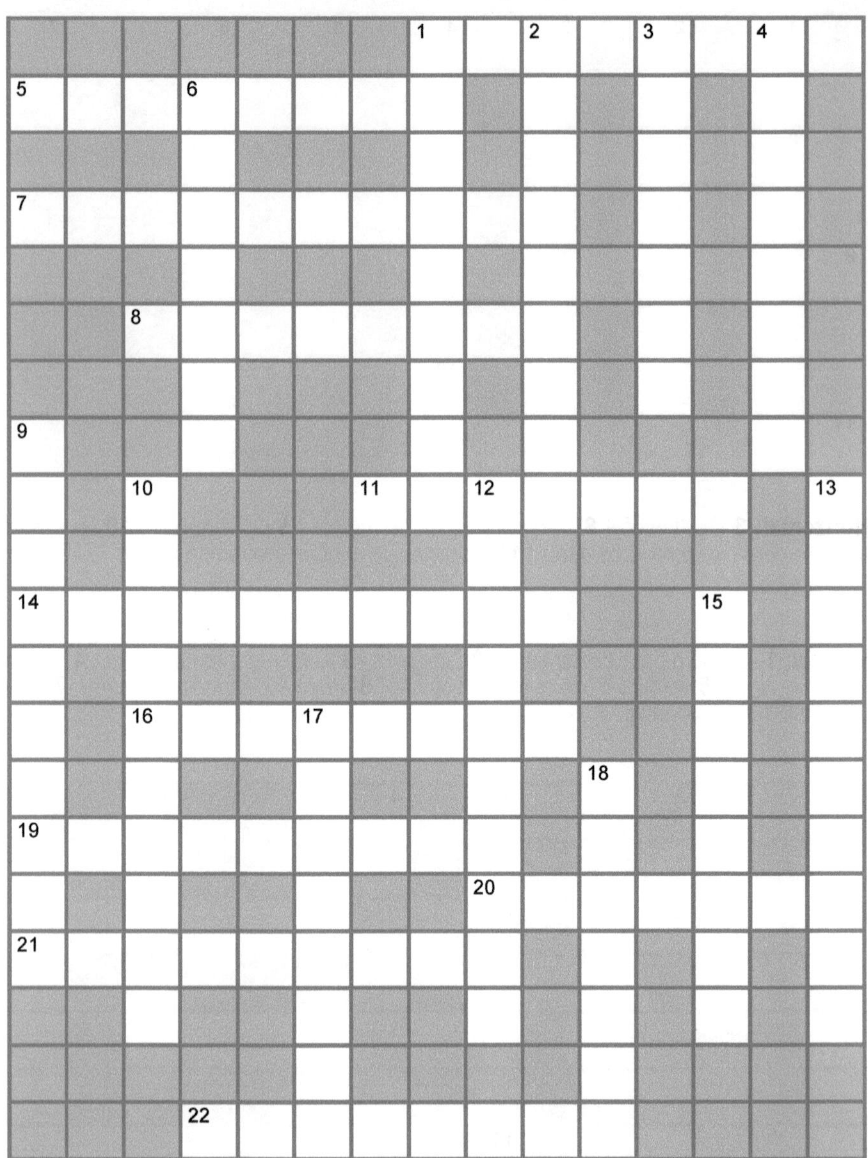

Horizontal: 1 Propagação de boatos | **5** Pôr em prática, realizar | **7** Instrumento pequeno semelhante à viola | **8** Toquei instrumento percussivo | **11** Quem ostenta um título de nobreza | **14** Escarpado, acidentado | **16** Que tende a infringir ou transgredir | **19** Que é preocupante | **20** Aquele que trabalha em minas | **21** Costume de escrever sem assinar o nome | **22** Fruta usada em xaropes |

Vertical: 1 Tornei alvo | **2** Pássaros que costumam migrar em bando | **3** Repreenda | **4** Introduzido | **6** Que tem feridas | **9** Separava elementos que formam um todo | **10** Abençoemos | **12** Pusemos em desavença | **13** Prodigioso | **15** Ocupado a força | **17** Sobressaltado | **18** Irmã do seu cônjuge |

068

Horizontal: 3 Alcançávamos | **6** Acertava todas as respostas da prova | **9** Teoria que rejeita a autoridade do Estado | **10** Aquele que é contra a propriedade privada individual | **14** Embaraçar, envergonhar | **16** Condenação ao inferno | **17** De modo civilizado | **19** Aparelho usado na calefação | **20** Estuda as funções mentais do ser humano |

Vertical: 1 Encrencado | **2** Estabeleceu | **3** Excesso, abundância | **4** Sabedoria, conhecimento (pop.) | **5** Financiar | **7** Que é possível calcular | **8** Encolherem | **11** Deslumbrar | **12** Inferisse | **13** Terminamos | **15** Adivinharmos, pressagiarmos | **18** Ato de impelir |

069

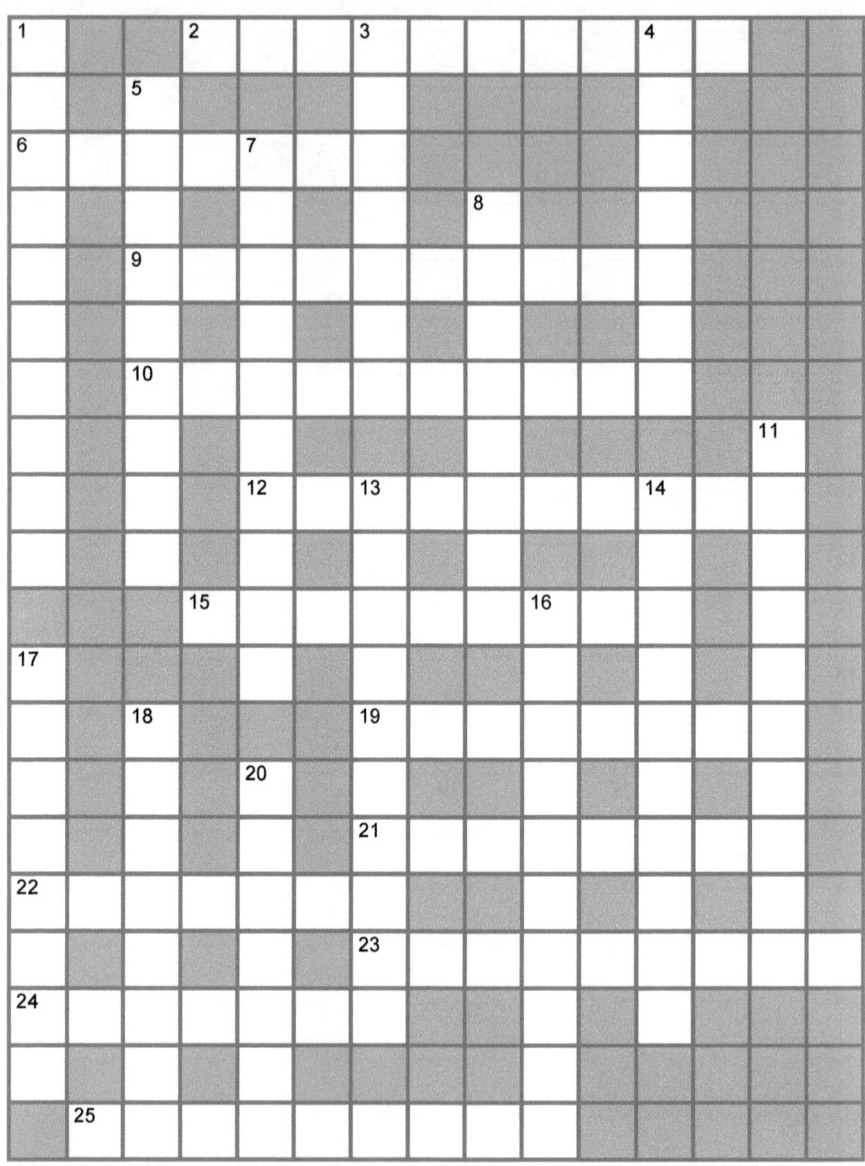

Horizontal: 2 Contestado | **6** Marcar um evento | **9** Muito casto | **10** Filosofia religiosa indiana que influenciou o hinduísmo | **12** Explicação | **15** Deixar em pedaços | **19** Relativo ao espaço | **21** Que aconteceu antes | **22** Faz a vontade de alguém | **23** Corromper, estragar, intoxicar | **24** Fazer passar através de | **25** Que roda |

Vertical: 1 Que pertence à família | **3** Recipiente em que se leva a comida para o trabalho | **4** Venço alguém | **5** Sem fundamento | **7** Fez desaparecer | **8** Abaixo-(?), documento coletivo | **11** Faria agir sob coação | **13** Tornar podre, estragado | **14** Formado por linhas curvas | **16** (?) Maluco, personagem de "Alice no País das Maravilhas" | **17** Deixa um lugar em que estava instalado | **18** Cairei no sono | **20** Feminino de cortesão |

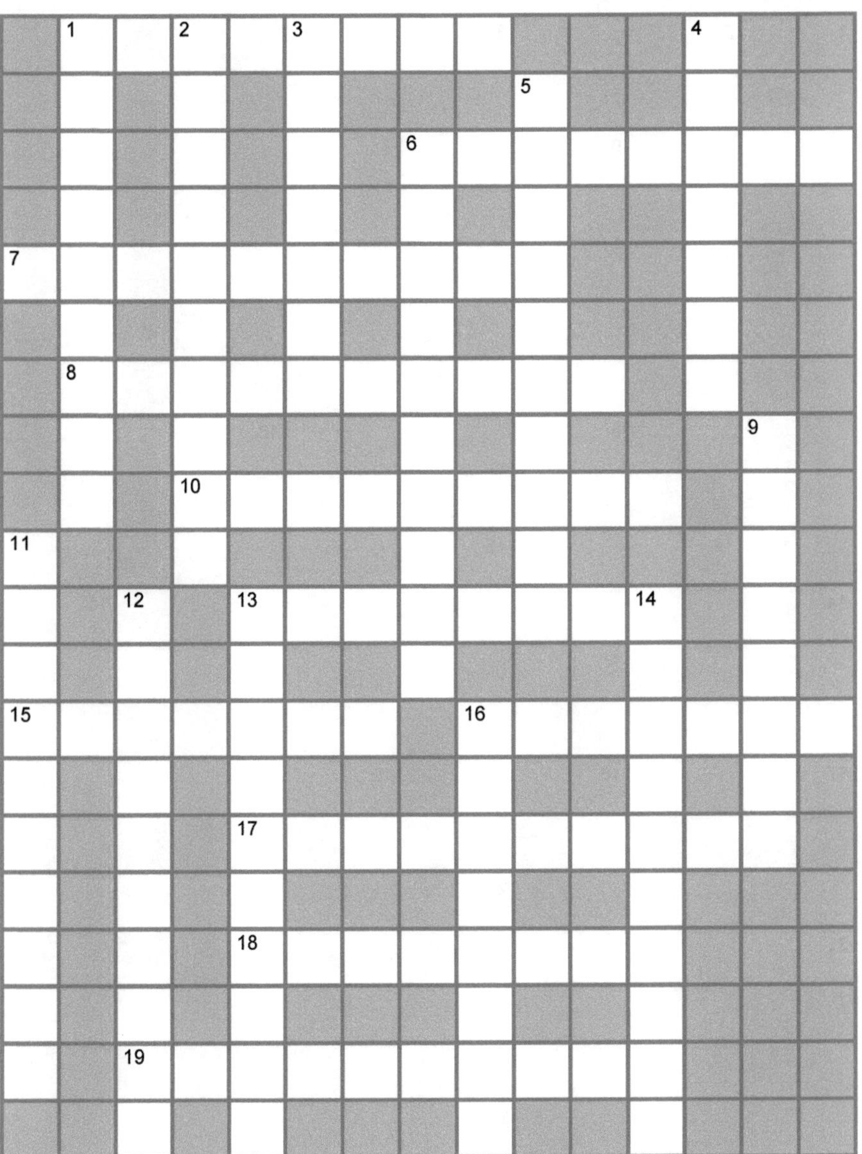

Horizontal: **1** Ulceramos | **6** Venceu alguém | **7** Unidade de medida "cL" (Fís.) | **8** Enfraqueceres | **10** Falarmos | **13** Profissional que cuida da saúde dos dentes | **15** Revestir de capa | **16** Região baixa inundada | **17** Friccionavam | **18** Único na sua espécie | **19** Discordaria |

Vertical: **1** Fabricação de roupas | **2** Que está habituado | **3** País do norte da África | **4** Loja que vende artigos requintados | **5** Tornamos púrpura | **6** Qualquer dano sofrido por alguém | **9** Brotam | **11** Fundamentaremos | **12** Ocultando | **13** Que sofre de depressão | **14** Adivinhariam, pressagiariam | **16** Sinal do que tende a ocorrer, prenúncio |

071

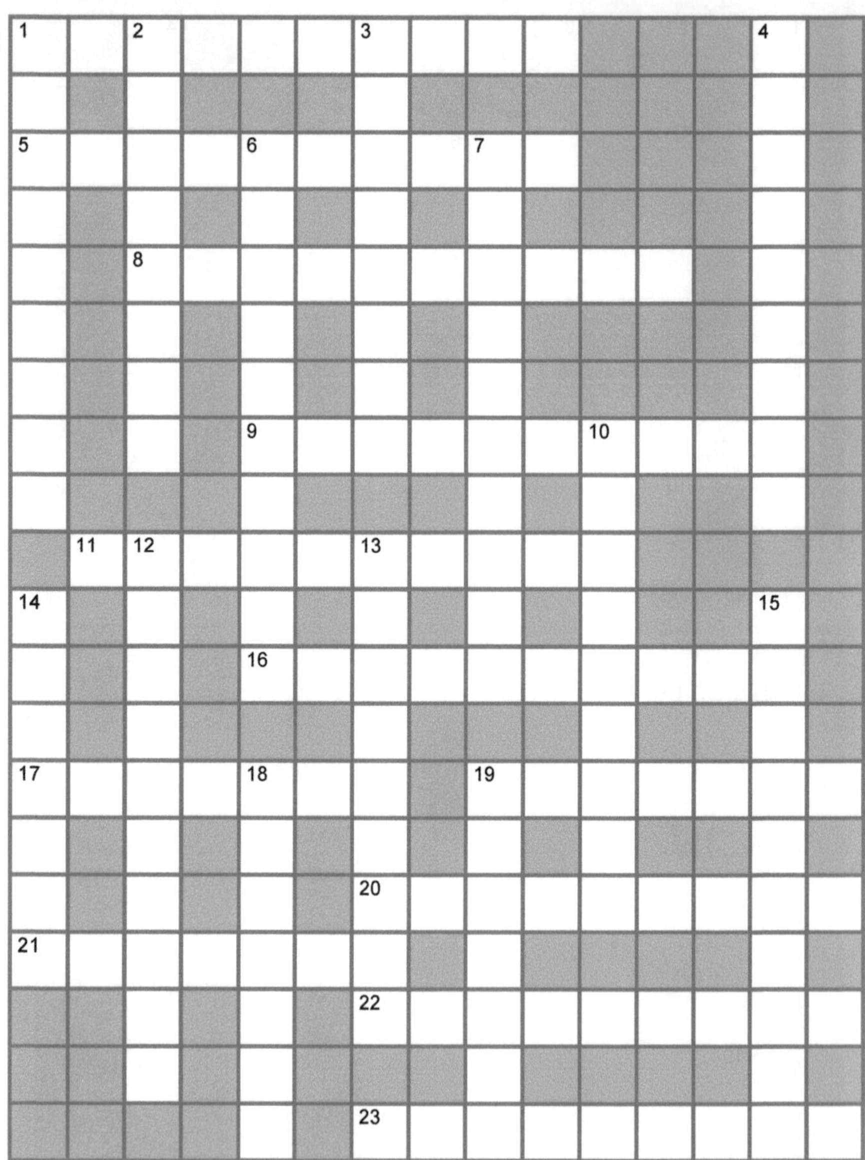

Horizontal: 1 Cometeremos descuido | **5** Que se dirigiu para um mesmo ponto | **8** Que possui vivacidade, animação, energia | **9** Objeto usado para prender papéis | **11** Inseto que se alimenta de sangue | **16** Aquele que tem prática e conhecimento | **17** Permanecemonos em certo lugar | **19** Massacre, morticínio | **20** Pausa, interrupção | **21** Amarrotar | **22** Contivera, abarcara | **23** Colaborará |

Vertical: 1 Literatura que trata de temas campestres | **2** Cuba grande onde se toma banho | **3** Levantaria | **4** Galheta | **6** Entusiasmante | **7** Aplainar uma superfície | **10** Obter aposentadoria | **12** Ressaltado | **13** Objeto com grafite para escrever | **14** Faz uma observação | **15** Fazer perder a cor | **18** Enorme | **19** Relativo a mãe |

072

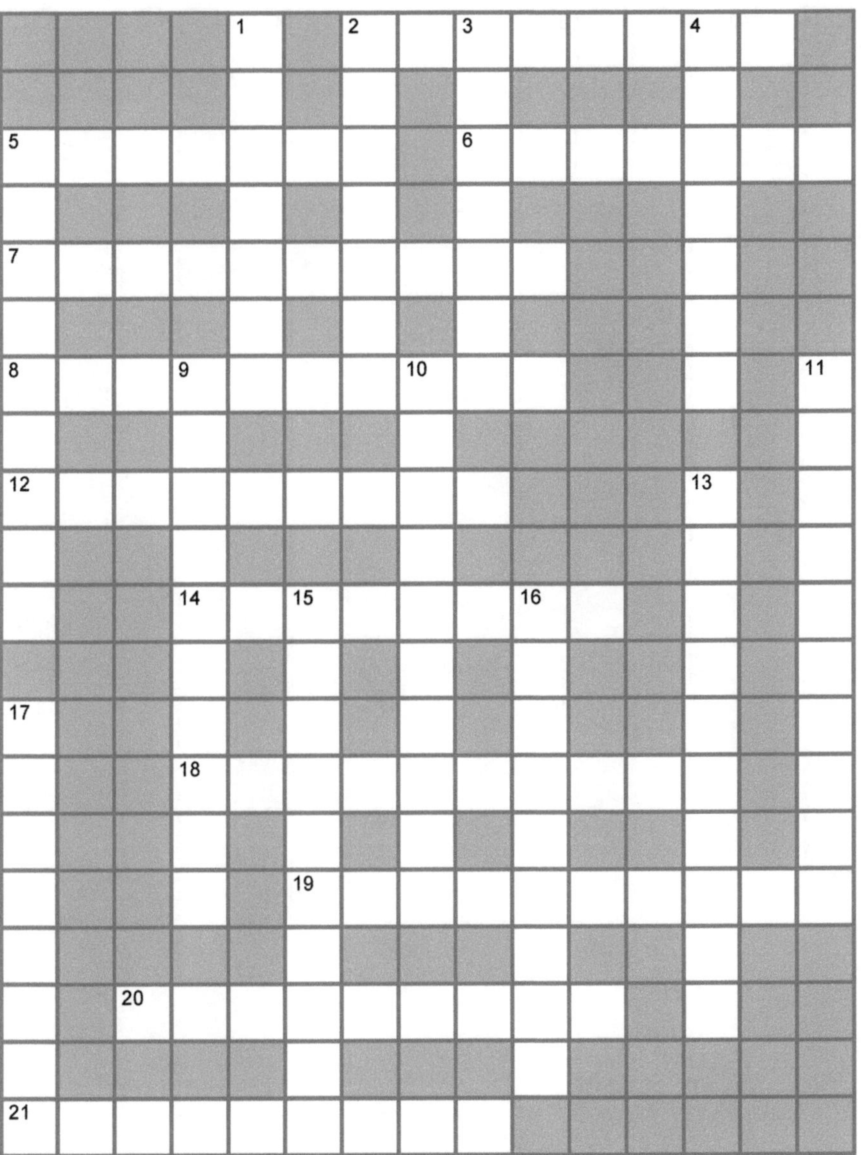

Horizontal: 2 Zombavam | **5** Extração de grãos ou sementes | **6** Par de chifres | **7** Aquele que não pertence ao lugar onde está | **8** Julgamento que dá uma pena a alguém | **12** Permitem | **14** Demandaram | **18** Tornar-se carmim | **19** Ação de entrar o ar nos pulmões | **20** Tenho o mesmo valor | **21** Mesmo que comunicado |

Vertical: 1 Incomodasse | **2** Engasta pedras preciosas | **3** Inseto notável pela cantoria | **4** Tornar mais breve, abreviar | **5** Ato de fazer cocô | **9** Tirado de sua terra natal | **10** Atribuímos a autoria | **11** Demolirão | **13** Associação de caráter profissional | **15** Engoliriam | **16** Diminutivo de abelha | **17** Parei de repente |

073

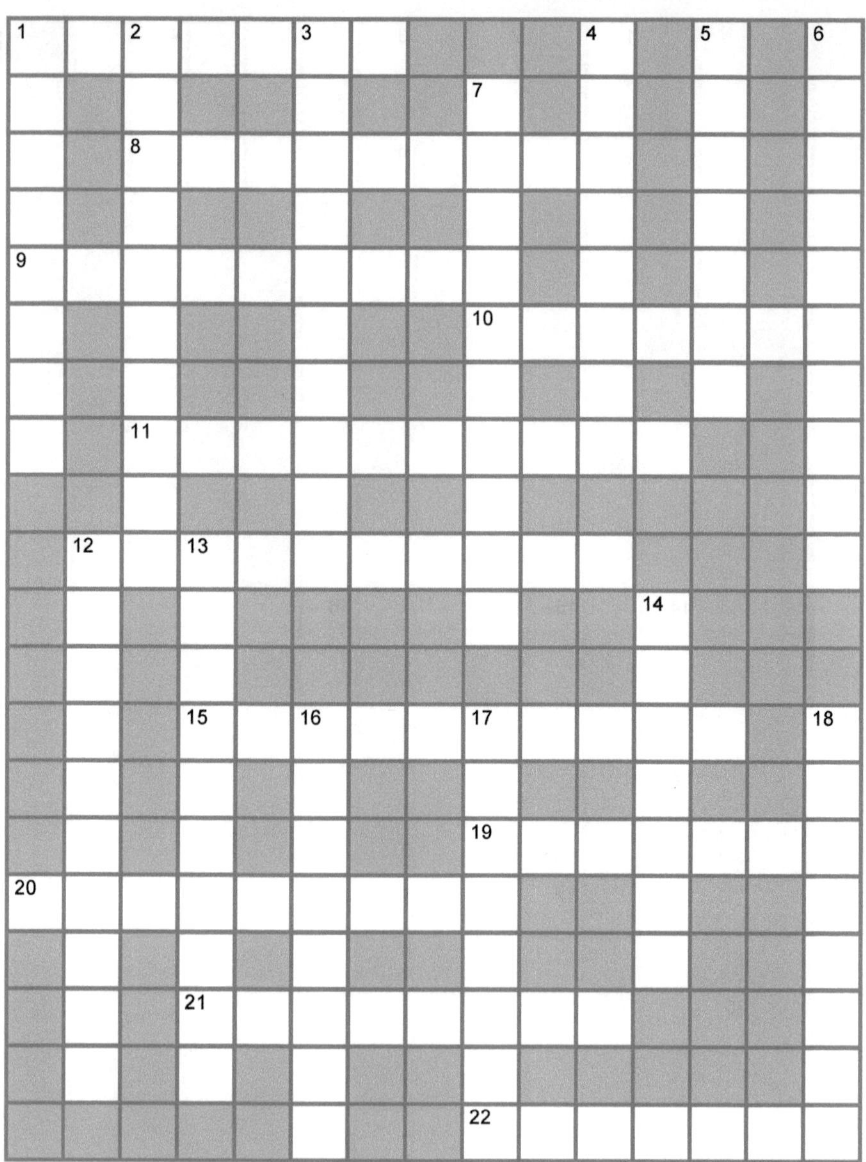

Horizontal: **1** Cadeado, em inglês | **8** Que está ou vive sob as águas do mar | **9** Data em que dia e noite têm a mesma duração | **10** Que é necessário | **11** Que é feito espontaneamente | **12** Cobriremos de água | **15** Que vive se lamentando | **19** Abrigo construído pelas abelhas | **20** Tornar mais fácil | **21** Agiam como mediadores | **22** Comandar e coordenar os outros |

Vertical: **1** Facão curto e pontiagudo | **2** Duvidoso | **3** Comportamento comedido, educado | **4** Obstruí | **5** Pintava com cores | **6** Aterrorizado | **7** Região celular onde estão as organelas | **12** Concordemos | **13** Palavra ou expressão própria do inglês | **14** Grau, estágio, nível | **16** Pessoa que age como intermediário | **17** Fantástico | **18** Engastar pedras preciosas |

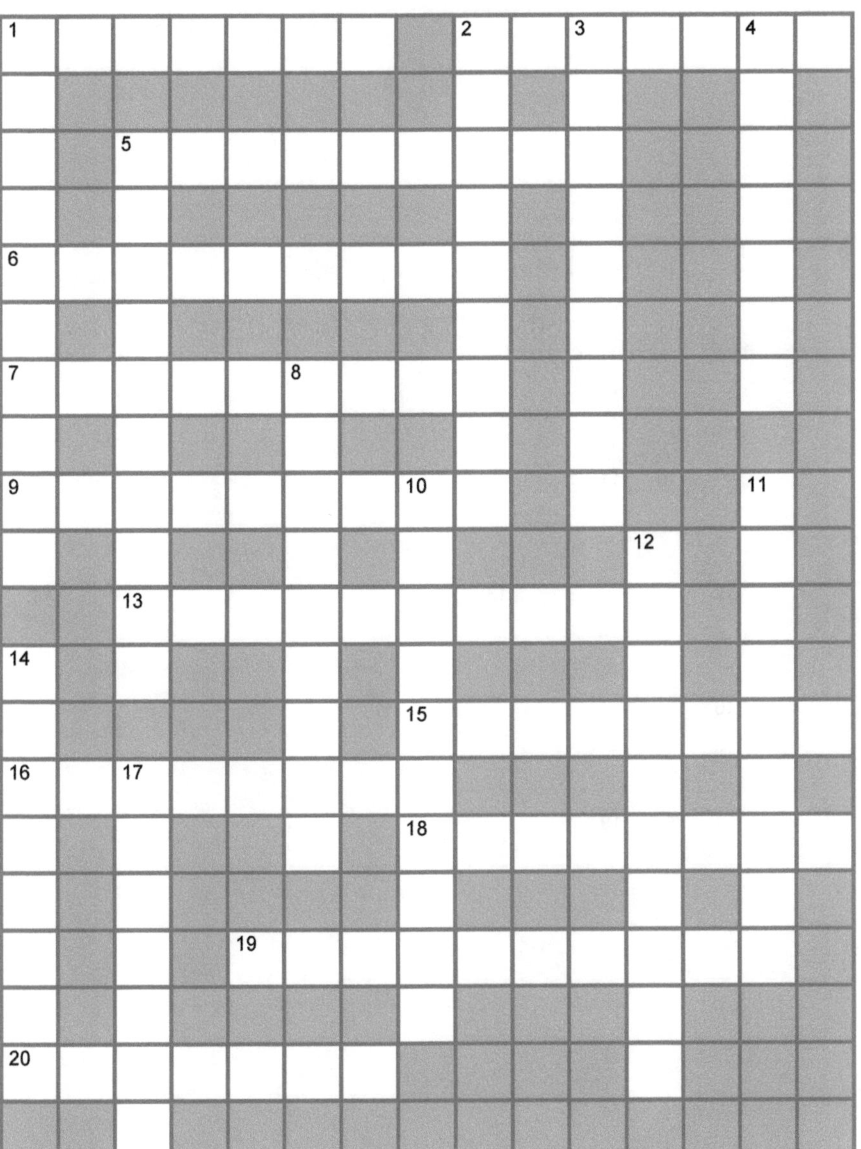

Horizontal: 1 Pessoa nervosa, agitada, irritada (pop.) | **2** Local para tratamento médico | **5** Enviamos | **6** Operação (?), filme | **7** Alegre, efusivo | **9** Substância que estimula secreção de urina | **13** Fazendo agir sob coação | **15** Deem, confiram | **16** Atribuem a autoria | **18** Que produz sons agradáveis | **19** Confirmar como certo, atestar | **20** Tornar mais largo |

Vertical: 1 Conversa insignificante | **2** Estou presente | **3** Introduziram | **4** Calculado, computado | **5** Perco a razão | **8** Colocado antes de uma coisa | **10** Pavimentação | **11** Vencer, levar vantagem | **12** Série de números/letras de um cofre | **14** Roupa bem aberta na parte de cima | **17** Olhar fixamente para alguém |

075

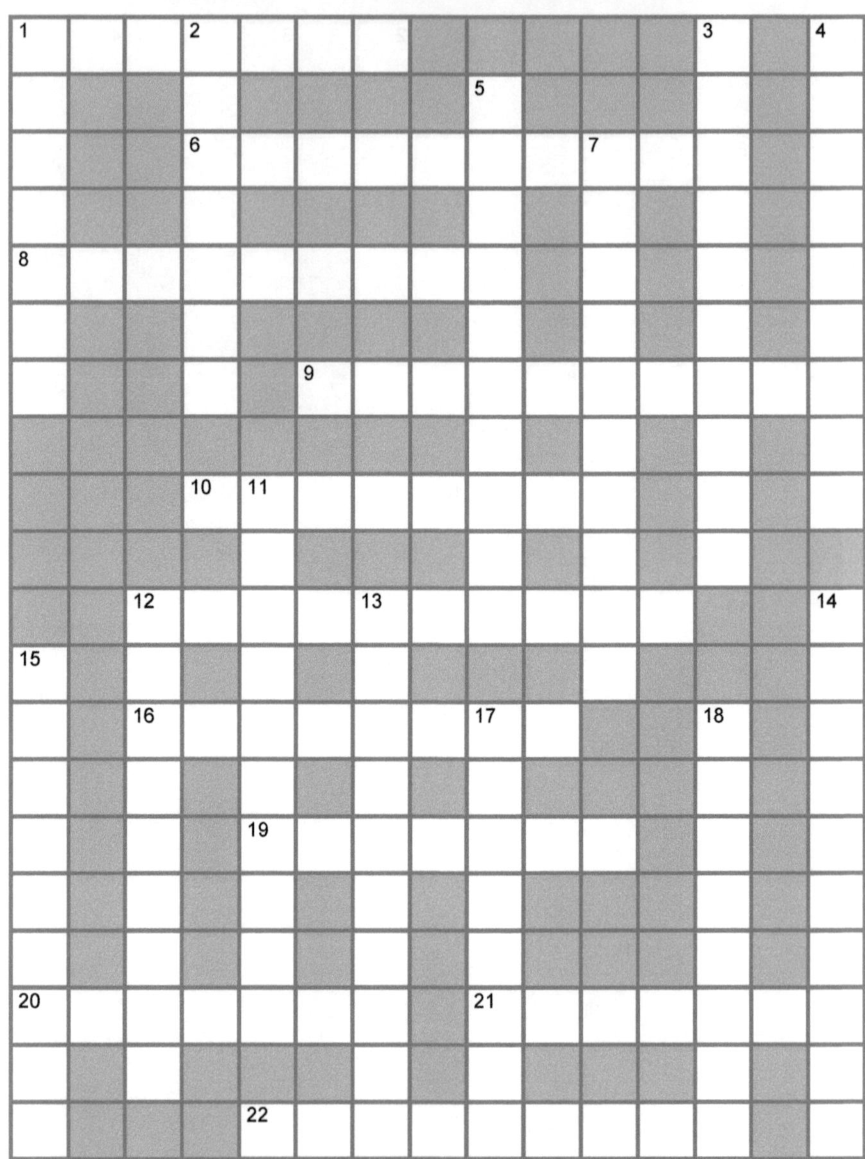

Horizontal: 1 Foge desordenadamente | **6** Corar, ruborizar | **8** Centro geométrico | **9** Dissimularemos | **10** Derramei | **12** Enviariam | **16** Doença, enfermidade, malestar | **19** Fricção | **20** Consumir pelo fogo | **21** Que é artificial | **22** Perdia o ânimo |

Vertical: 1 Administração, comando | **2** Mesmo que amamentar | **3** Próximo | **4** Entrada, petisco | **5** Liberar de um compromisso | **7** Encolheras | **11** Entusiasmaram | **12** Perdem o ânimo | **13** Demolirem | **14** Semelhante ao betume | **15** Redução de uma quantia | **17** Atribuir culpa a, culpar | **18** Moderara, refreara |

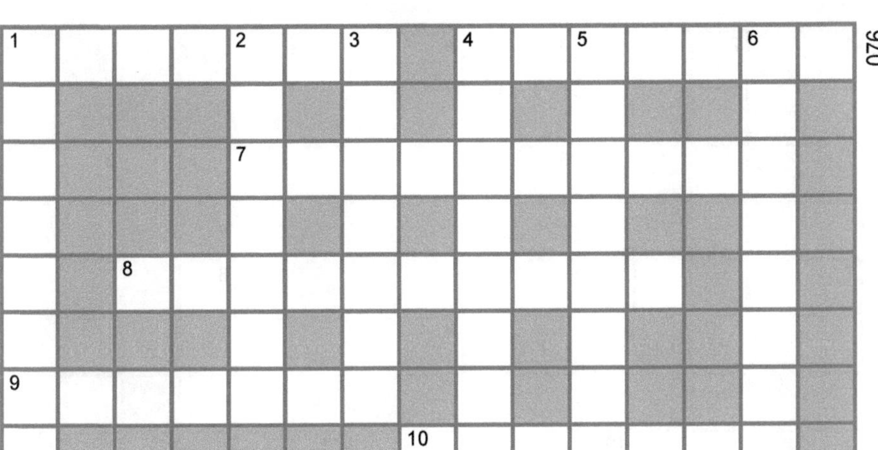

Horizontal: 1 Vendedor ambulante | **4** Que auxilia na digestão dos alimentos | **7** Pressentirem | **8** Restituírem à forma anterior | **9** Que se encontra em oposição | **10** Testemunho em âmbito jurídico |

Vertical: 1 Monumento comemorativo | **2** Comunicar-se com um dispositivo (inf.) | **3** Preciso, rigoroso | **4** Tempo verbal que expressa o momento atual | **5** Desculpa, justificativa | **6** Veículo para transporte de carga pesada |

Horizontal: 1 País cuja capital é Bogotá | **8** Que tem caráter de lenda | **9** Deu, conferiu | **10** Aumenta o preço | **11** Intrometer |

Vertical: 1 Bravo, valente | **2** Escuro | **3** Tombei ao chão subitamente | **4** Rio que deságua em outro maior | **5** Deixar de viver, falecer | **6** Árvore que produz amora | **7** Inflamação cutânea causada pelo frio |

078

Horizontal: **2** Levemente doce | **5** Concordarem | **7** Desviou a atenção | **9** "A (?) do tempo", livro de H. G. Wells | **10** Que perdeu a intensidade | **13** Religioso de ordem franciscana | **16** Governo composto por rei/rainha | **18** Bruxuleava | **20** Natural da região do Cáucaso | **21** Mesmo que acionista | **22** (?) Maranhenses: região com dunas e lagoas |

Vertical: **1** Coxeou | **2** Dar assistência a alguém | **3** Fincaram | **4** Habituar | **6** Que provoca tédio, aborrecido | **8** Conduzirão um veículo | **11** Modo de votação | **12** Adaptação de dados a determinado padrão | **13** Alcançava um objetivo | **14** Aquele que gasta excessivamente | **15** Tornar-se idoso | **17** Arrancamos as penas | **19** Tomado por filho |

079

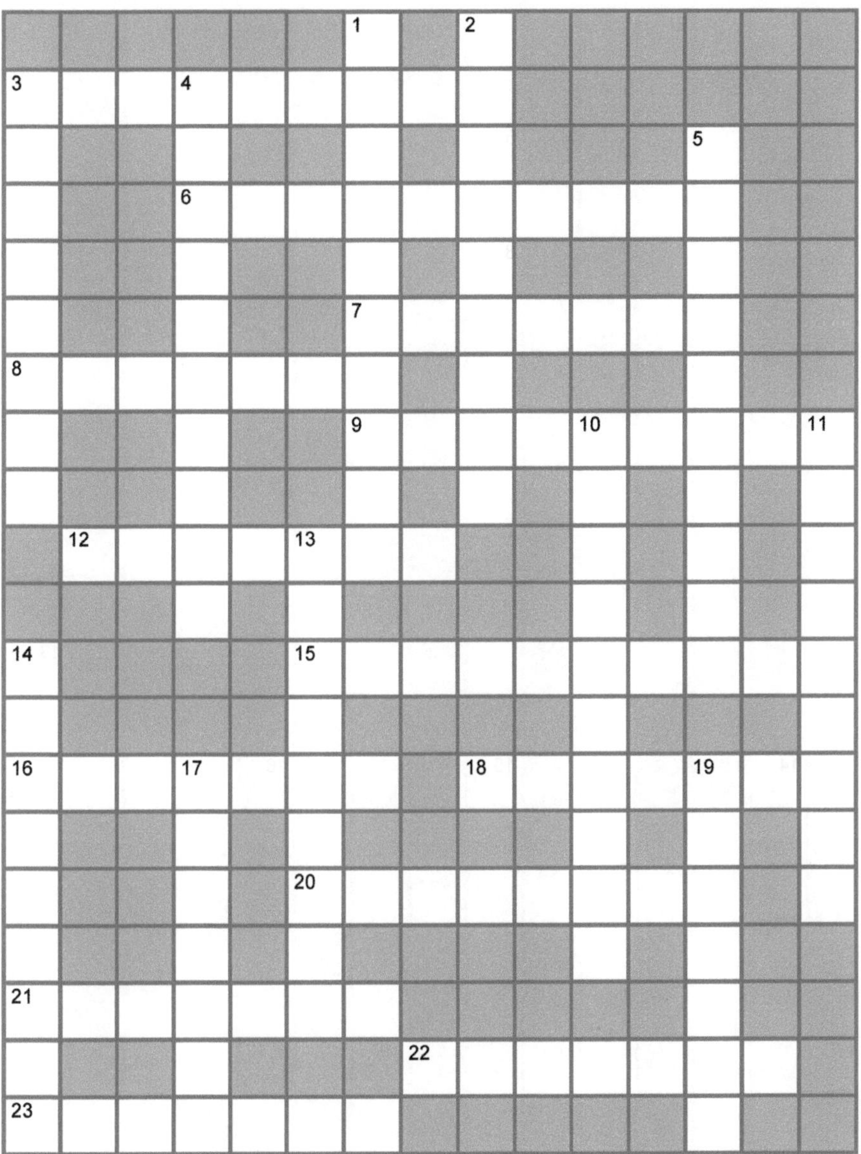

Horizontal: 3 Chefia | **6** Com facilidade | **7** Vacilar ou não ter certeza | **8** Vareta usada para tocar bateria | **9** Persuadem | **12** Enrubescemos | **15** Impedirmos | **16** Fritara | **18** Pessoa autoritária | **20** Restituir, fazer voltar ao dono | **21** País, em inglês | **22** Desembaraçar o cabelo | **23** Cheiro do ar carregado de gotícula marinha |

Vertical: 1 Desonra, vergonha | **2** Vermelhos | **3** Relativo a contabilidade | **4** Indivíduo que adora mexericos | **5** Inclinavam-se para a frente | **10** Aumentava a temperatura | **11** Inerente ou próprio de mestre | **13** Indivíduo que dirige discussão em mesa-redonda | **14** Zangam | **17** Elegante, amável | **19** Ter sua origem em algo |

080

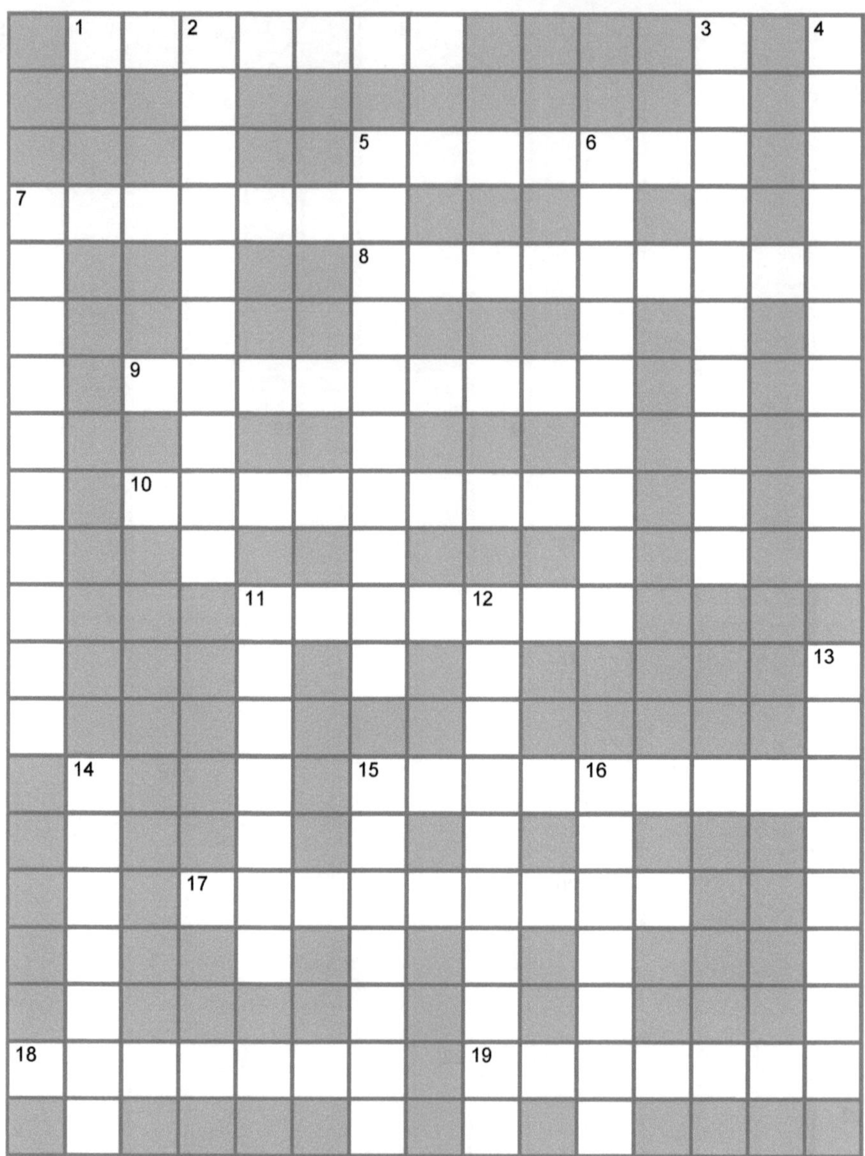

Horizontal: 1 Fazer buracos | **5** Requebravam | **7** Acessório que percute as cordas do piano | **8** Meticuloso, cuidadoso | **9** Correu atrás de alguém | **10** Protegi com barricada | **11** Qualquer sal do ácido bromídrico | **15** Pessoa com doença devido a falta de insulina | **17** Ouço vagamente | **18** Grande propriedade rural | **19** Preso, prisioneiro |

Vertical: 2 Impediram algo ou alguém | **3** Transportamos | **4** Lamentamos | **5** Que compete | **6** Antônimo de “exclusivo” | **7** Condutor da locomotiva | **11** Destilado de petróleo usado com solvente | **12** Ofegante | **13** Favorável | **14** Pensar profundamente sobre alguma coisa | **15** Caíam no sono | **16** Trecho de um texto, fragmento |

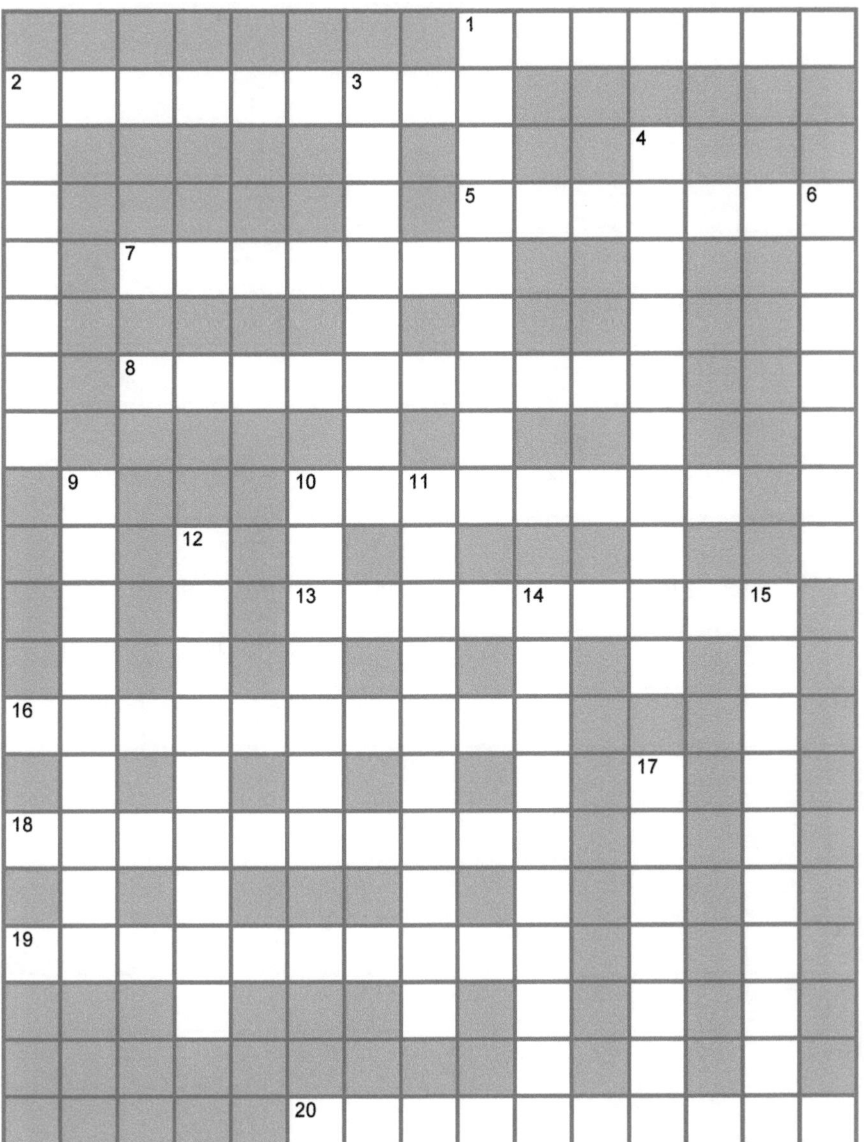

Horizontal: 1 Vaso com gargalo e duas asas | **2** Enciclopédia colaborativa online | **5** Parte de uma porta, janela | **7** Bolacha, em espanhol | **8** Produzir o ruído do gargarejo | **10** Tocou instrumento de cordas com os dedos | **13** Golpeava com a cabeça | **16** Compôs | **18** Festejava | **19** Deixava um lugar em que estava instalado | **20** Marcar ponto quando o placar estava igualado |

Vertical: 1 Andei sem equilíbrio | **2** Tatá (?), atriz e humorista | **3** O número XIX por extenso | **4** Estragam | **6** Importuna | **9** Cidade grande e importante | **10** Confeiteiro | **11** Inclinaram-se para a frente | **12** Aumentamos de tamanho | **14** Cobriram com couraça | **15** "O (?)", livro de Paulo Coelho | **17** Delimitava |

082

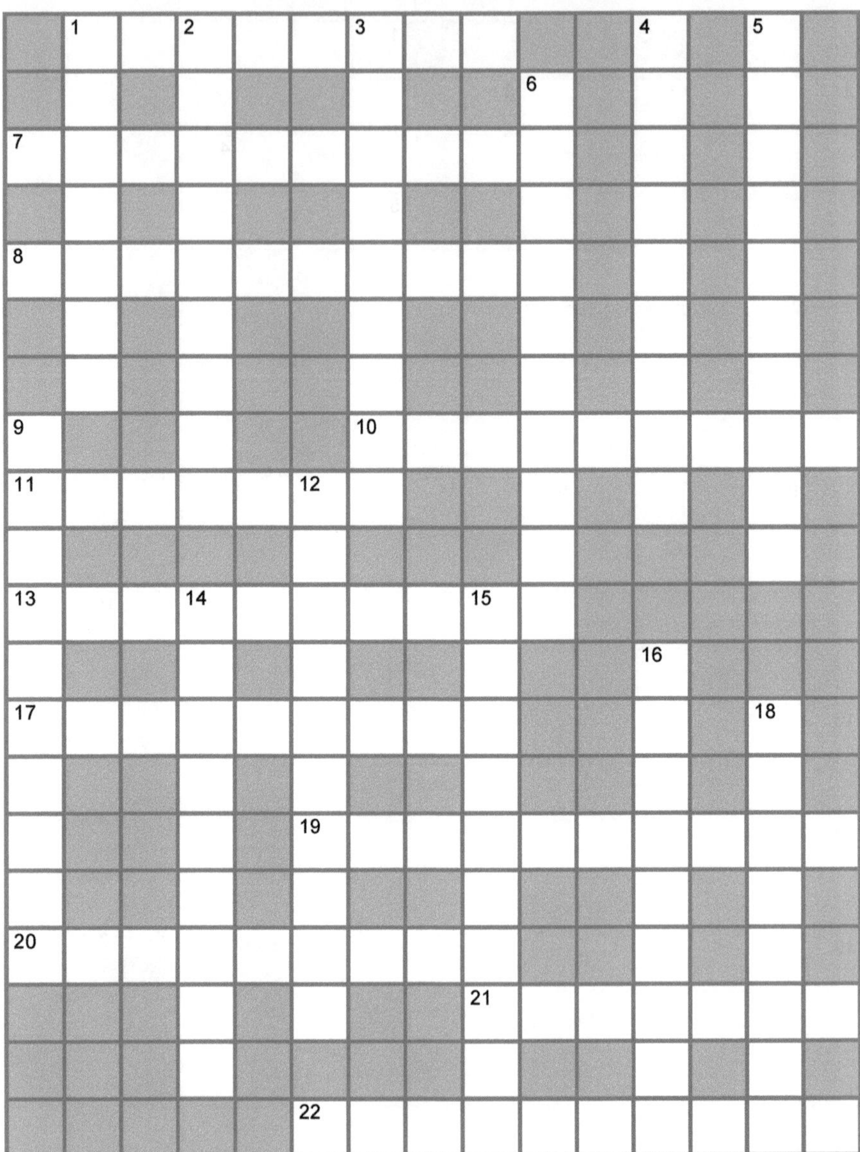

Horizontal: 1 Escrever, em espanhol | **7** Alcançarias | **8** Variação de carroceria | **10** Falar demais | **11** Expõe a perigo | **13** Cunhado de um cônjuge em relação ao outro | **17** Fritarmos | **19** Atingiremos algo com arma de fogo | **20** Reduzir a proporções mínimas | **21** Arruinar, destruir | **22** Entusiasmavam |

Vertical: 1 Danifica | **2** Exerci autoridade sobre alguém | **3** Mesmo que mexerica (region.) | **4** Distingui pela visão | **5** Que tem muita fama | **6** Boneco usado em plantações | **9** Tornam rígidos por acúmulo de sais de cálcio | **12** Colaborou | **14** Relativo ao conhecimento | **15** Aberto | **16** Liberta o que está preso | **18** Ata a boca |

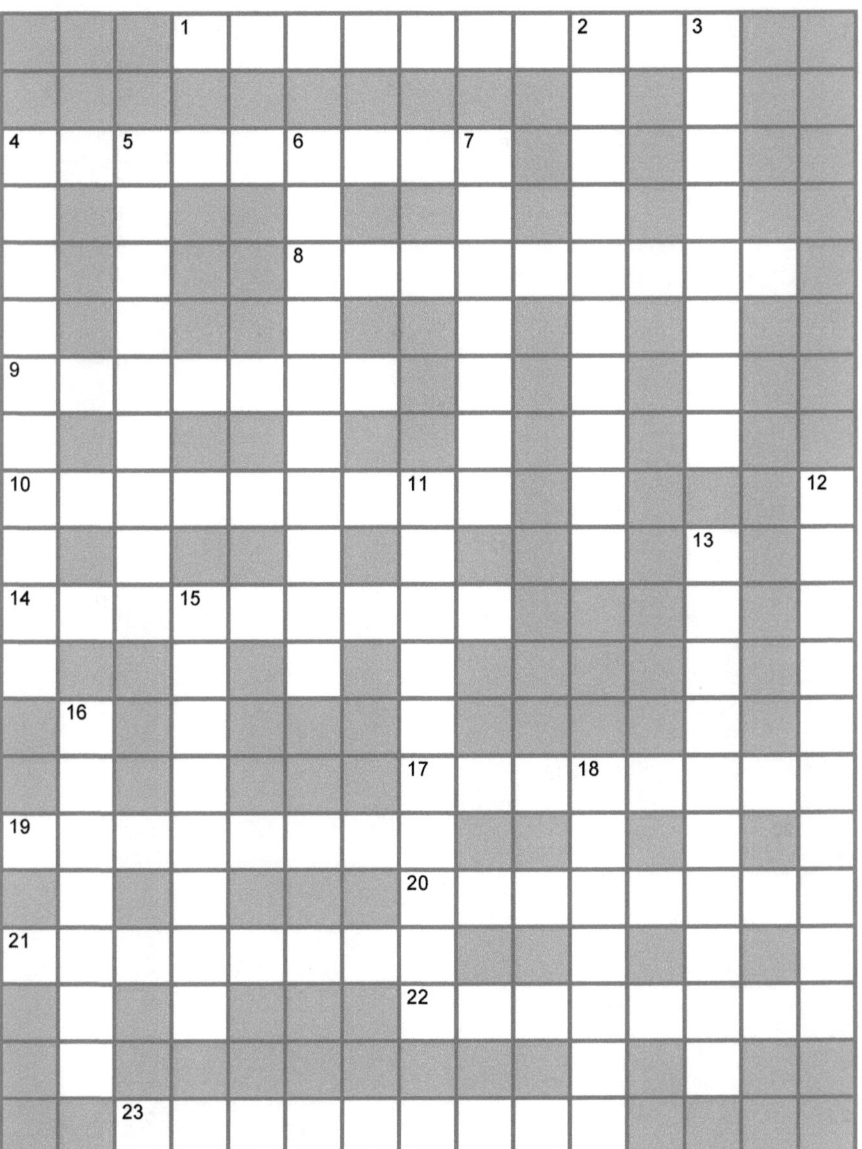

Horizontal: 1 Criação dos cenários em peças teatrais | **4** Engastava pedras preciosas | **8** Estudo do significado das palavras (Gram.) | **9** Mesmo que engolir | **10** Transformar em múmia | **14** Cobiçamos | **17** Mar (?), golfo entre a África e a Ásia | **19** Tipo de acabamento de um livro | **20** Conservava | **21** Condutor através do qual se fornece corrente elétrica | **22** Que é bem rigoroso em suas escolhas | **23** Odiava |

Vertical: 2 Desapontamento, decepção | **3** Que foi intimidado | **4** Comprovado | **5** Agoniamos, angustiamos | **6** Dar desculpa | **7** Levar uma surra | **11** Ajudávamos | **12** Forçado a mudar de lugar | **13** Dupla valência | **15** Exército, em espanhol | **16** Conjunto de cartas para jogar | **18** Logro, trapaça, ardil (gír.) |

084

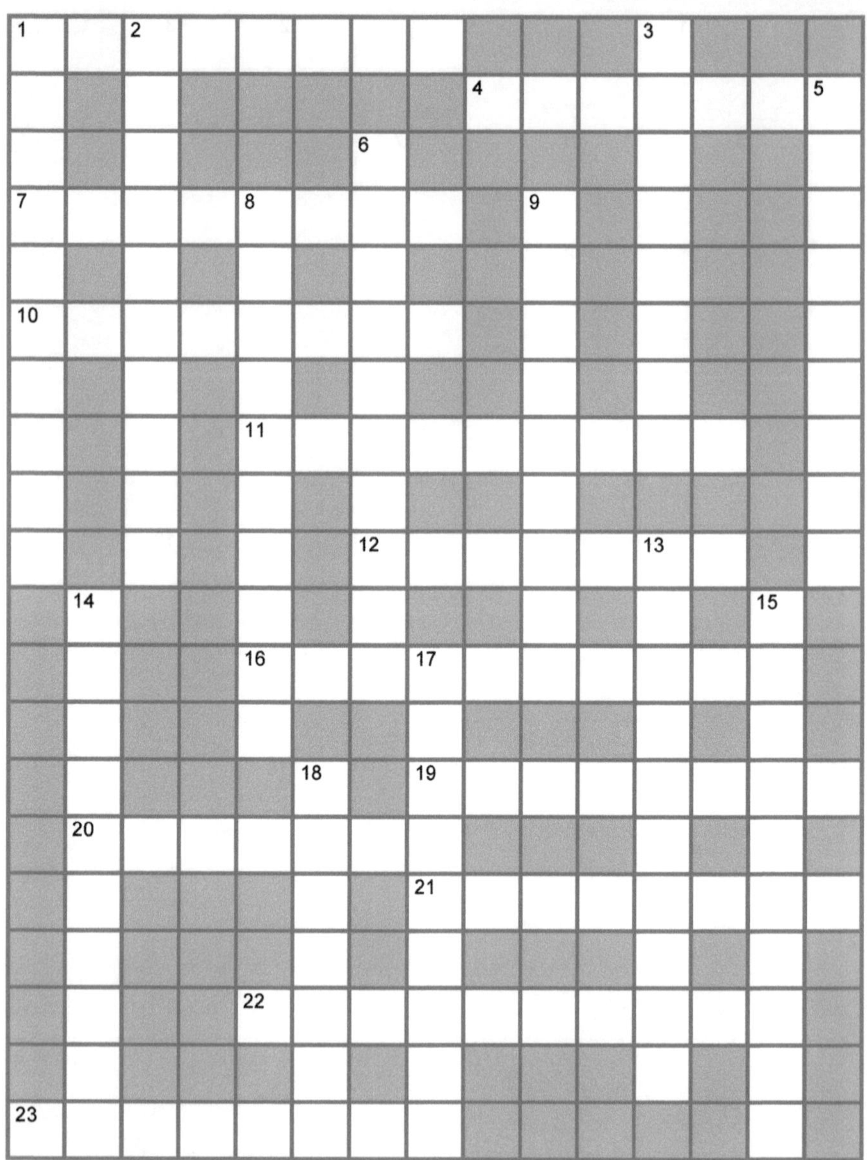

Horizontal: 1 Relativo ao ouvido | **4** Realizamos | **7** Apertar para extrair suco | **10** Percebe | **11** Revoltavam-se contra um poder estabelecido | **12** Ave semelhante ao pato | **16** Que faz rir | **19** "Motoqueiro (?)", filme estadunidense | **20** Roberta (?), cantora | **21** Que não será esquecido | **22** Posto diplomático de um Estado | **23** Argumentarão |

Vertical: 1 Discutimos | **2** Bagunçar o cabelo | **3** Marca roxa da pele | **5** Sapato de bailarino | **6** Divisão em cem partes | **8** Refrão | **9** Alcançarei | **13** Investido de funções sagradas | **14** Tornar parecido | **15** Passaria dos limites | **17** Pavimentado com asfalto | **18** Colocar em cima |

085

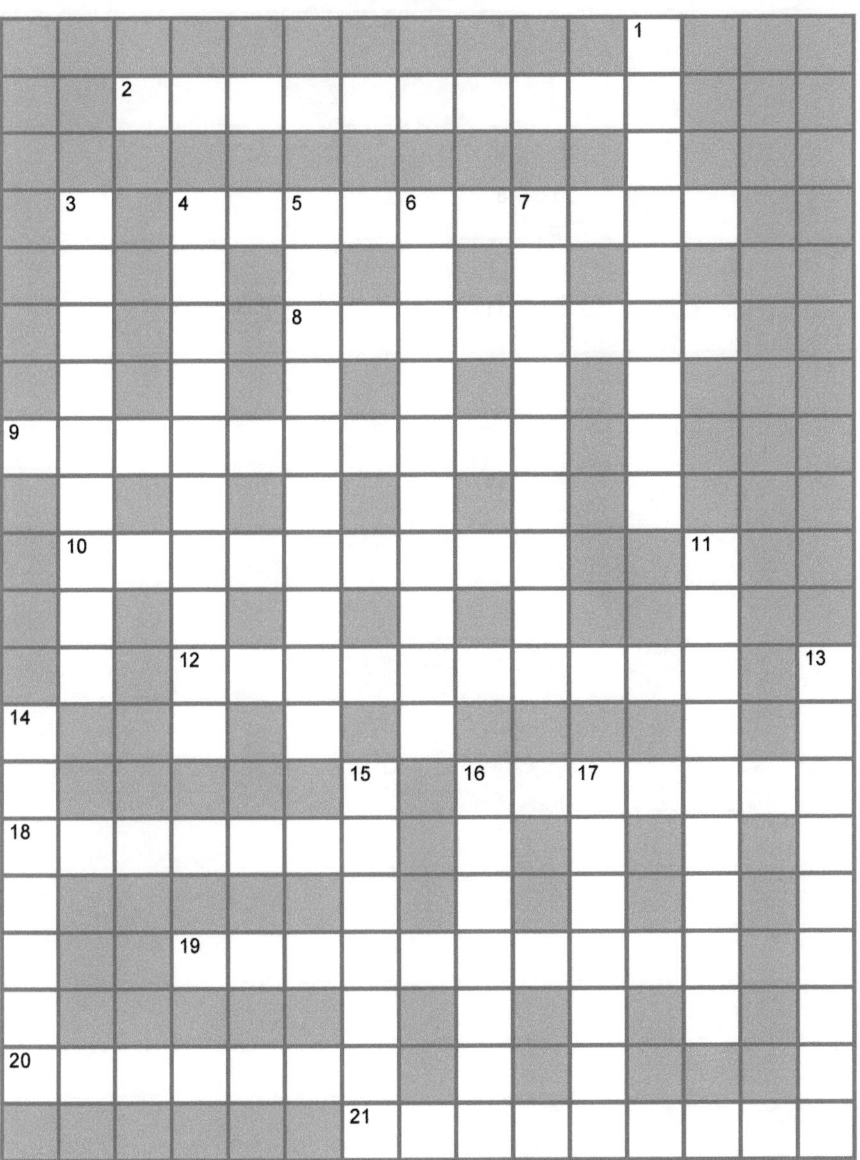

Horizontal: **2** Afastar | **4** Que perdeu parte de seu conjunto | **8** Material, em inglês | **9** Reconfortavam | **10** Viesses de algum lugar | **12** Mesmo que alfabeto | **16** Chocar-se com outro | **18** Que pede esmolas | **19** Prédio da adm. municipal | **20** Utensílio para abrir garrafas | **21** Descerráramos, separáramos |

Vertical: **1** Formando | **3** Entortou | **4** Afligem, angustiam | **5** Que ocorre ao mesmo tempo | **6** Adivinhasses, pressagiasses | **7** Profissional que cria peças de cerâmica | **11** De (?)', em alerta | **13** (?) Brown, cantor e compositor brasileiro | **14** Pessoa de confiança que atua como guarda-costas | **15** Restituirá à forma anterior | **16** Fazer o ar expelido sair nos pulmões | **17** Mesmo que abater-se |

086

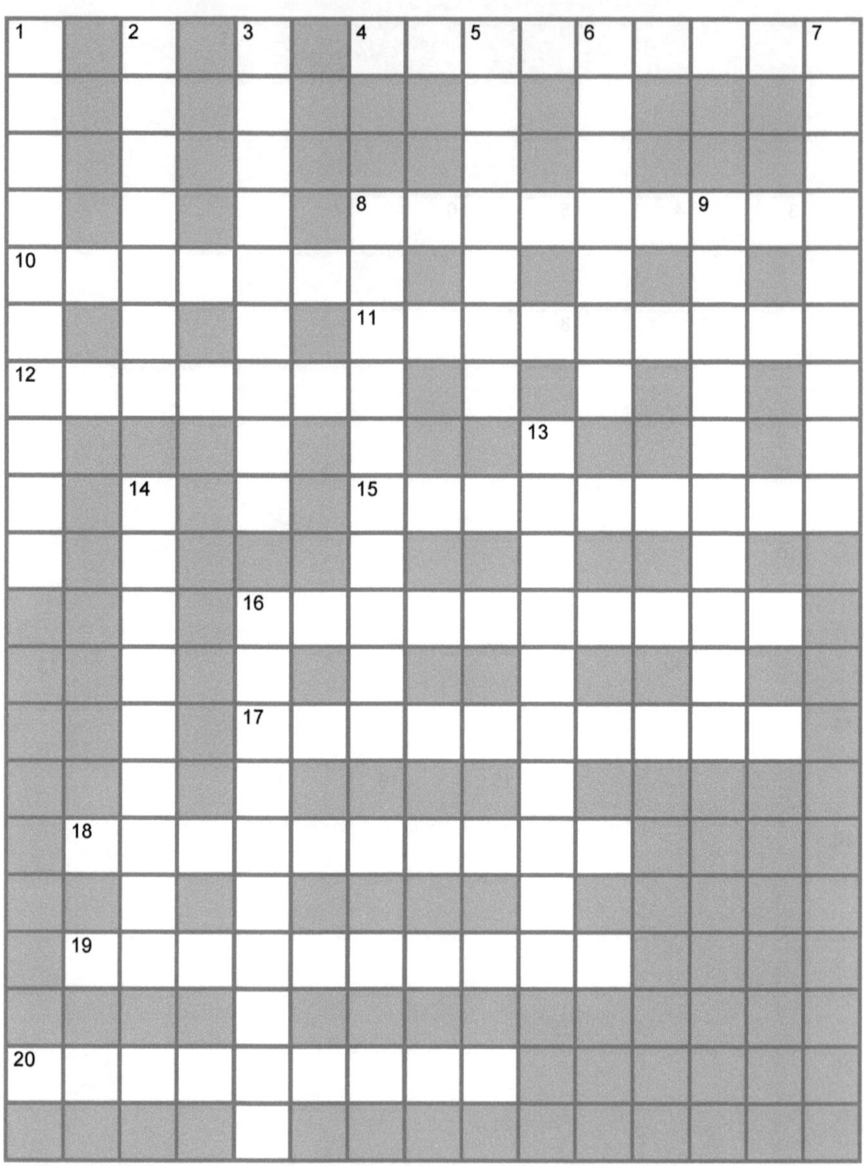

Horizontal: **4** Escada longa e/ou larga | **8** Perdoar | **10** Lado direito de uma embarcação ou aeronave | **11** Que é próprio da saúde ou da higiene | **12** Ofende | **15** Ciência da formação das ideia | **16** Cada uma das duas metades do planeta | **17** Prazer com o próprio sofrimento | **18** Aquele que toca corneta | **19** Sistema Feudal | **20** Conjunto dos criados |

Vertical: **1** Dando, conferindo | **2** Flutuarás na água | **3** Camisola grande, semelhante a uma túnica | **5** Razão entre o cateto adjacente e a hipotenusa no triângulo retângulo | **6** Provo um prato | **7** Aturdia | **8** Pomos à prova | **9** Corriam atrás de alguém | **13** Convergiram | **14** Queijo semiduro da Itália | **16** Conjunto dos seres humanos |

087

Horizontal: 2 Virá de algum lugar | **8** Entretecer | **9** Buscar desvendar | **10** Permitias |

Vertical: 1 Fazer ficar nervoso | **2** Proteína presente nos tecidos de animais | **3** Gritaria, escândalo | **4** Deusa do amor (mit.) | **5** Completa extinção de alguma coisa | **6** Protozoário dotado de cílios | **7** Aponta defeitos |

088

Horizontal: 1 Bancarrota | **8** Relativo aos sons da fala | **9** Automático | **10** Garantamos, asseguremos | **11** Ajustemos, adaptemos |

Vertical: 1 Que diz respeito a família | **2** Disponibilidade de dinheiro em caixa | **3** Enumeração | **4** Convergimos | **5** Perceber, descobrir | **6** Ativo, enérgico | **7** Grupo de pessoas encarregadas de algo |

089

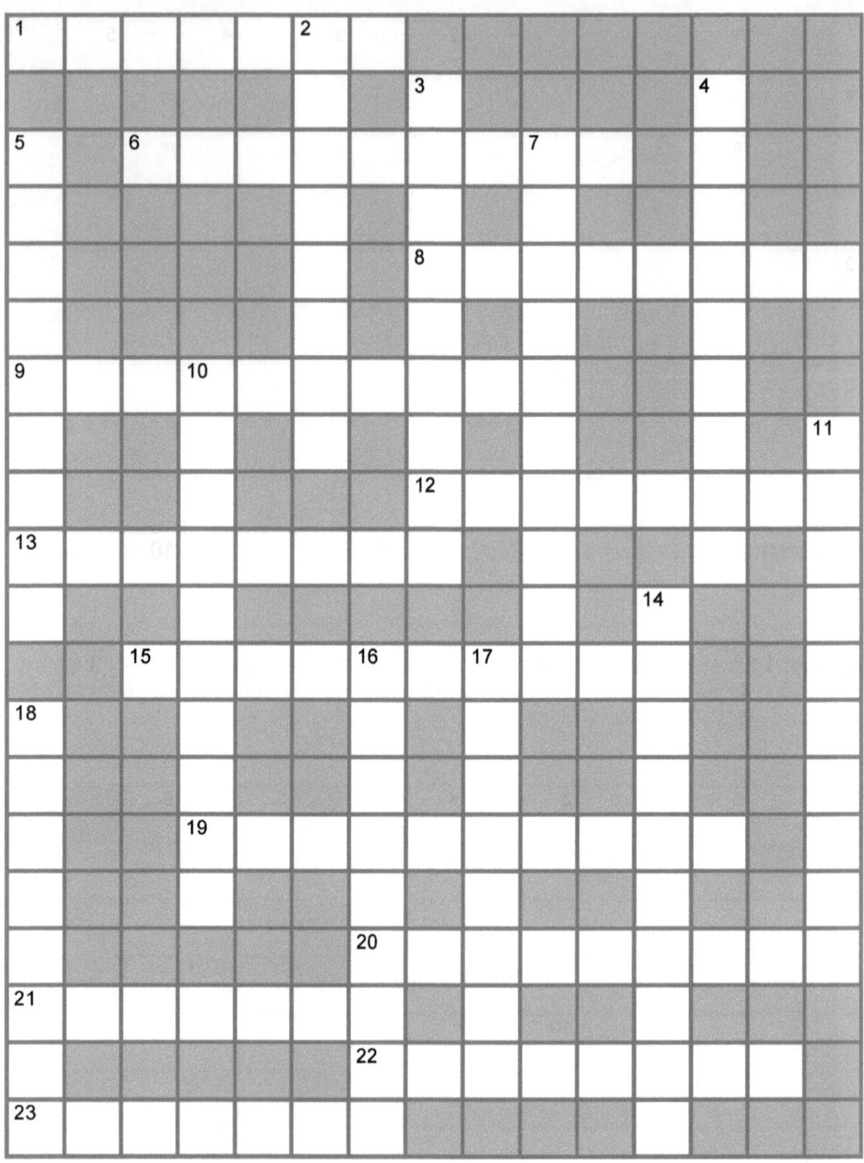

Horizontal: **1** Vaso sanguíneo fino | **6** Mistura de areia, água e um aglutinante | **8** Fazer adquirir o hábito | **9** Concordemos | **12** Tomavam conta | **13** Fixado com precisão | **15** Demitirei | **19** Tornar claro, compreensível | **20** Desprovido de bom senso | **21** Desistir de algo (pop.) | **22** Que incita admiração, admirável | **23** Citado como argumento em favor de algo |

Vertical: **2** Ave que produz som como o de um martelo na bigorna | **3** Livro grande e antigo | **4** Propagava | **5** Plugado, unido | **7** Não dar o devido valor ou apreço | **10** Impedissem | **11** Inesperado | **14** Desatento | **16** Progredirão | **17** Que se imprimiu | **18** Movimentava fluido por meio de bomba |

090

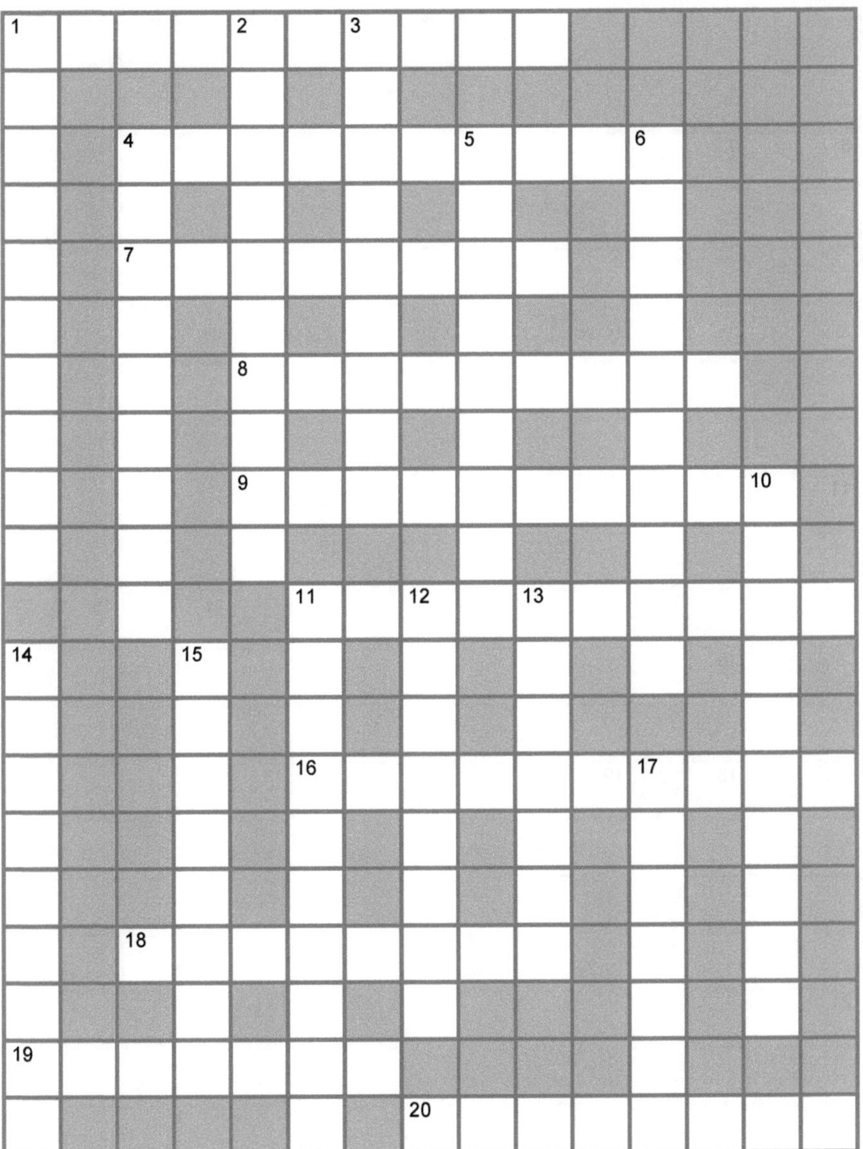

Horizontal: 1 Regime em que o governante tem poder absoluto | **4** Insultuoso, vergonhoso | **7** Obscureceu | **8** Enrolar ou puxar para cima | **9** Transmitiria conhecimento | **11** Perderam os sentidos | **16** Tendência para ver o lado ruim das coisas | **18** Vara para tanger bois | **19** Causar atraso | **20** Pingente, penduricalho |

Vertical: 1 Heróis gregos que viajaram na nau Argo (mit.) | **2** Opinião expressa sobre um fato | **3** Agoniaras, angustiaras | **4** Modo de vida dedicado ao prazer | **5** Alcançarem | **6** Arrancariam | **10** Enchente | **11** Demitirão | **12** Embutido de carne triturada | **13** Consentindo | **14** Força de atração exercida pela Terra | **15** Cume | **17** Choque de um objeto contra outro |

091

Horizontal: 4 Ir adiante | **6** Devotaram | **8** Teoria que defende a superioridade do homem branco | **10** Pôr sua marca num documento | **11** Colocado em prática | **16** De maneira lenta | **19** Plagiaremos | **20** Que é amigável | **21** Zombaram | **22** Transmissível |

Vertical: 1 Derrubamento de árvores | **2** Conjunto de práticas/crenças do xamã | **3** Camisa de vênus (pop.) | **5** Profissional que cria o cenário da peça | **6** Perdoam | **7** Discutível, contestável | **9** Natural da Grã- Bretanha | **12** Perdiam os sentidos | **13** Imitei | **14** Desfeito em partes | **15** Que convence a mudar de ideia | **17** Meio de transporte | **18** Aumentar em estatura |

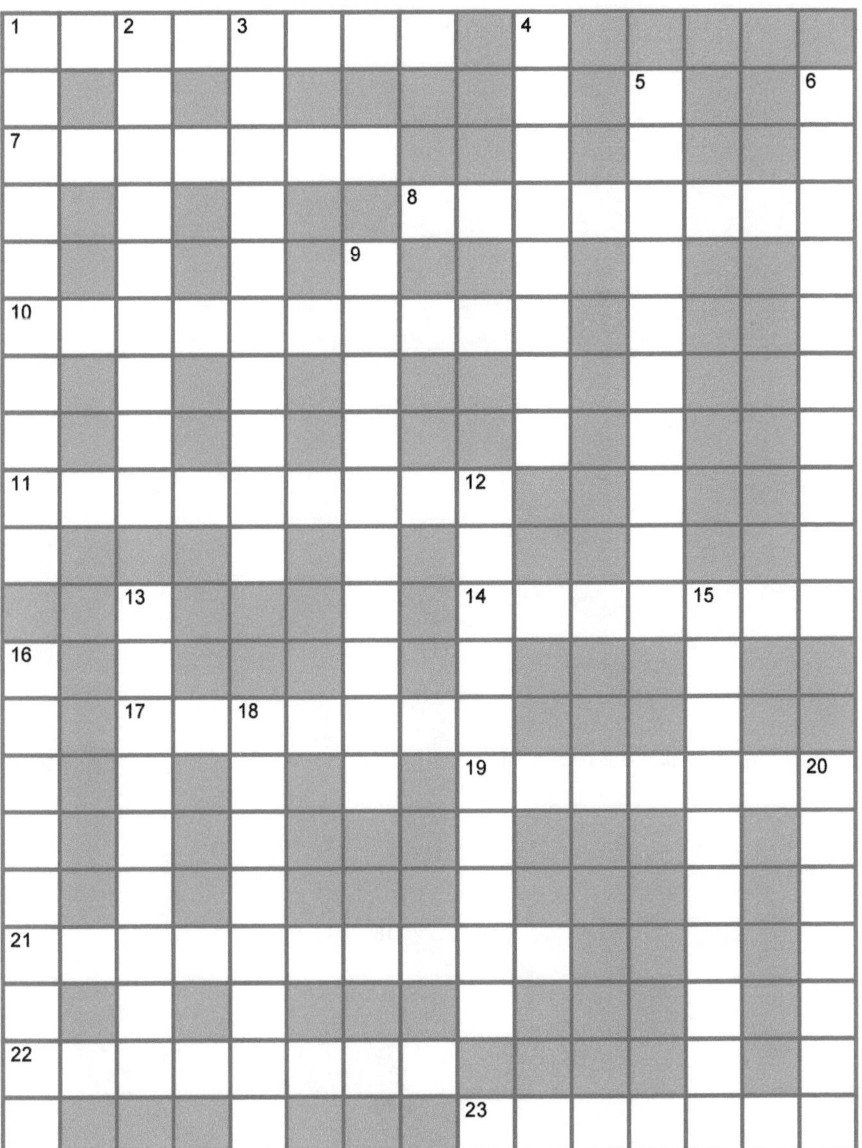

Horizontal: 1 Aumentavam de tamanho | **7** Amadurecer | **8** Acrescentaremos | **10** Destruíam | **11** Continhas, abarcavas | **14** Dá pontos na borda de um tecido | **17** Cheiraria mal | **19** Maçã, em espanhol | **21** Militante político de direita | **22** Procuram semelhanças e diferenças | **23** Financiei |

Vertical: 1 Chefiavam | **2** Perder-se | **3** Que partilha das ideias de Descartes | **4** Acreditemos | **5** Implacável | **6** Demoliria | **9** Medidor de potência elétrica | **12** Capital da Califórnia (EUA) | **13** Ardem intensamente | **15** Conduziu | **16** Irrequieto, inquieto | **18** Desmentirão | **20** Acertei com arma de fogo |

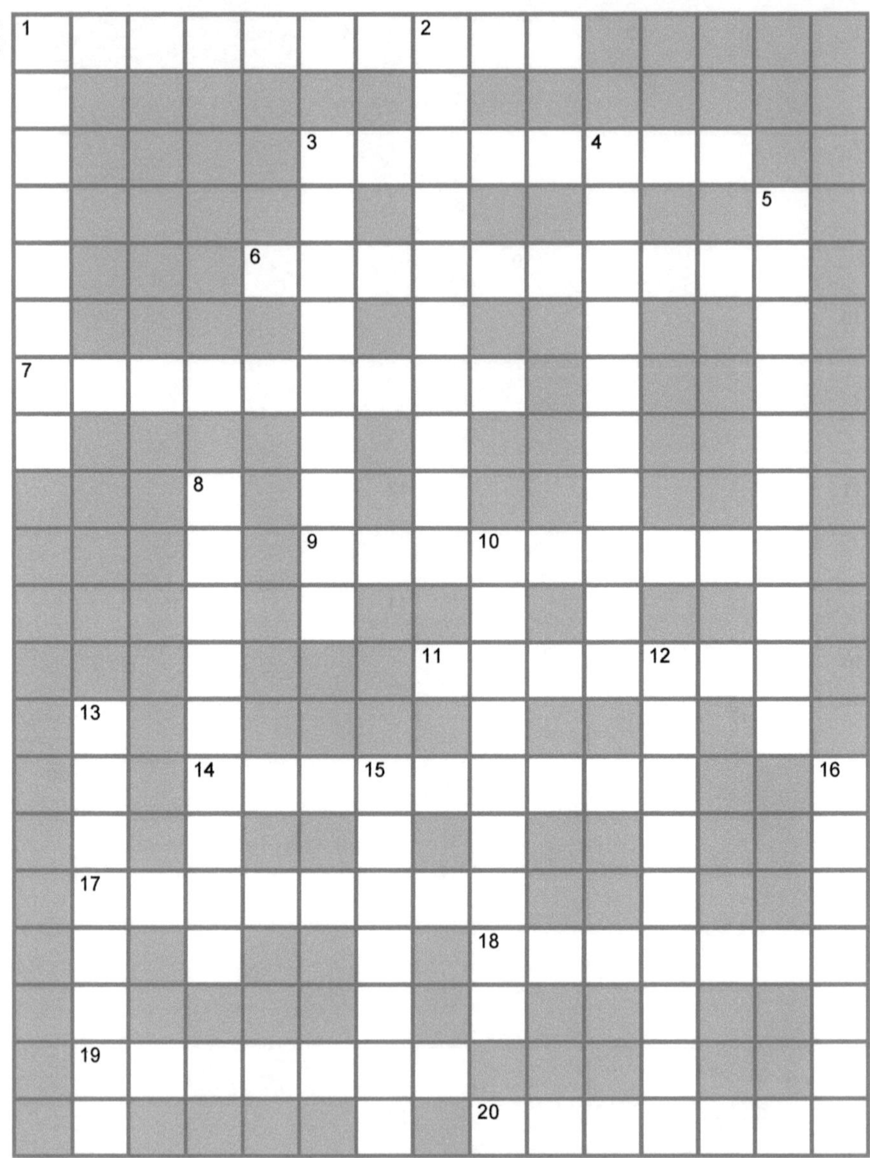

Horizontal: 1 Brilho intenso | **3** Ocultar para atacar de repente | **6** Eliminar os ratos de um lugar | **7** Igualar | **9** Tornei desabitado | **11** Bradava | **14** Dançarina profissional | **17** Ineficiente | **18** Navegação por meio de aeronaves | **19** Em volta | **20** Que adere, une |

Vertical: 1 Bem que pode ser substituído (Jur.) | **2** Poderíamos ser contidos em algo | **3** Estabilizado no emprego | **4** Apontavam defeitos | **5** Prever, predizer | **8** Tomas conhecimento de algo | **10** Concentrar-se em pontos opostos | **12** Contemos, abrangemos | **13** Delimitavam | **15** Profissional que apresenta programas de rádio | **16** Cingido por coroa |

094

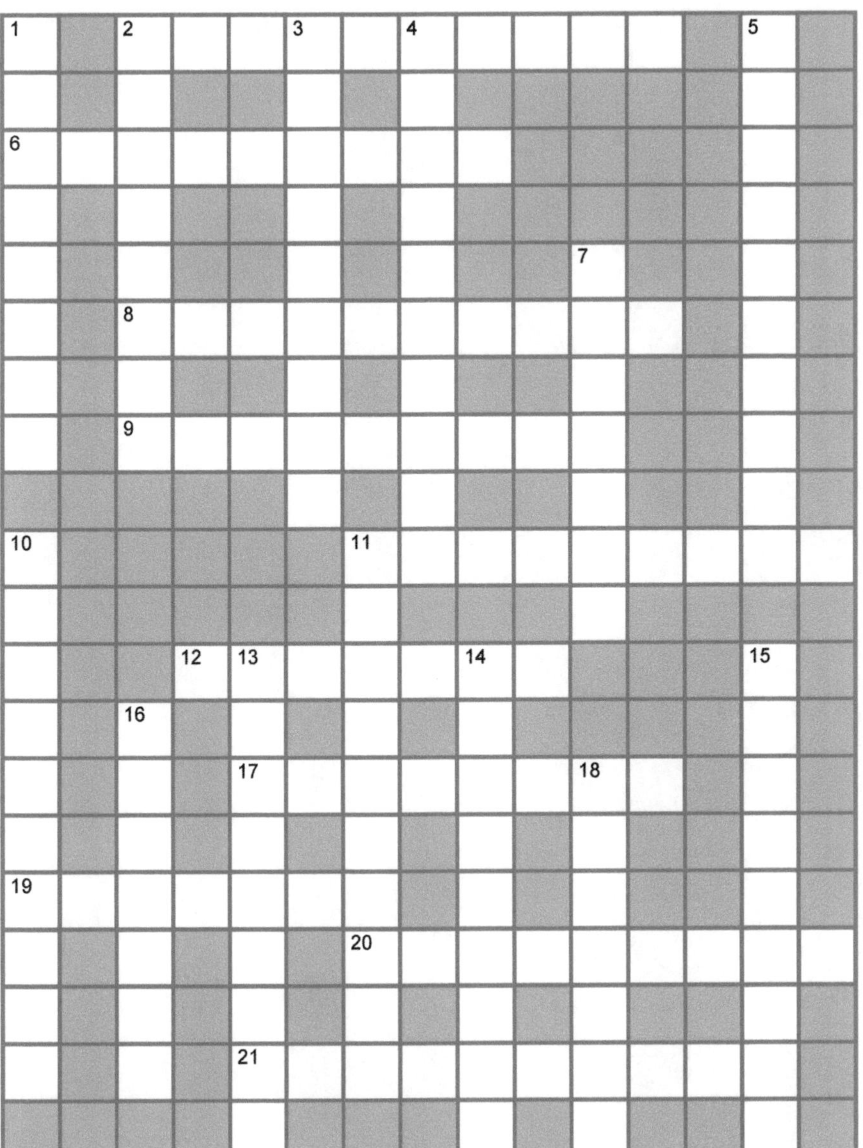

Horizontal: 2 Transferimos imagem de uma superfície para outra | **6** Camponês | **8** Fazem desaparecer | **9** Incapacidade motora, cognitiva | **11** Mesmo que diarreia (pop.) | **12** Bem dotado de carne | **17** Consentissem | **19** Flor semelhante à margarida/ao girassol | **20** Escola de samba do RJ | **21** Enviava |

Vertical: 1 Passaria a um estado inferior | **2** Reivindiquei | **3** Inocentavam, perdoavam | **4** Permitira | **5** Que compete com alguém por algo | **7** Base dos hidrocarbonetos aromáticos | **10** Dirigira-se para um ponto comum | **11** Guiemos | **13** Que foi encontrado inesperadamente | **14** Caem de muito alto | **15** Animar, consolar | **16** Via por onde trafegam veículos | **18** Exibia |

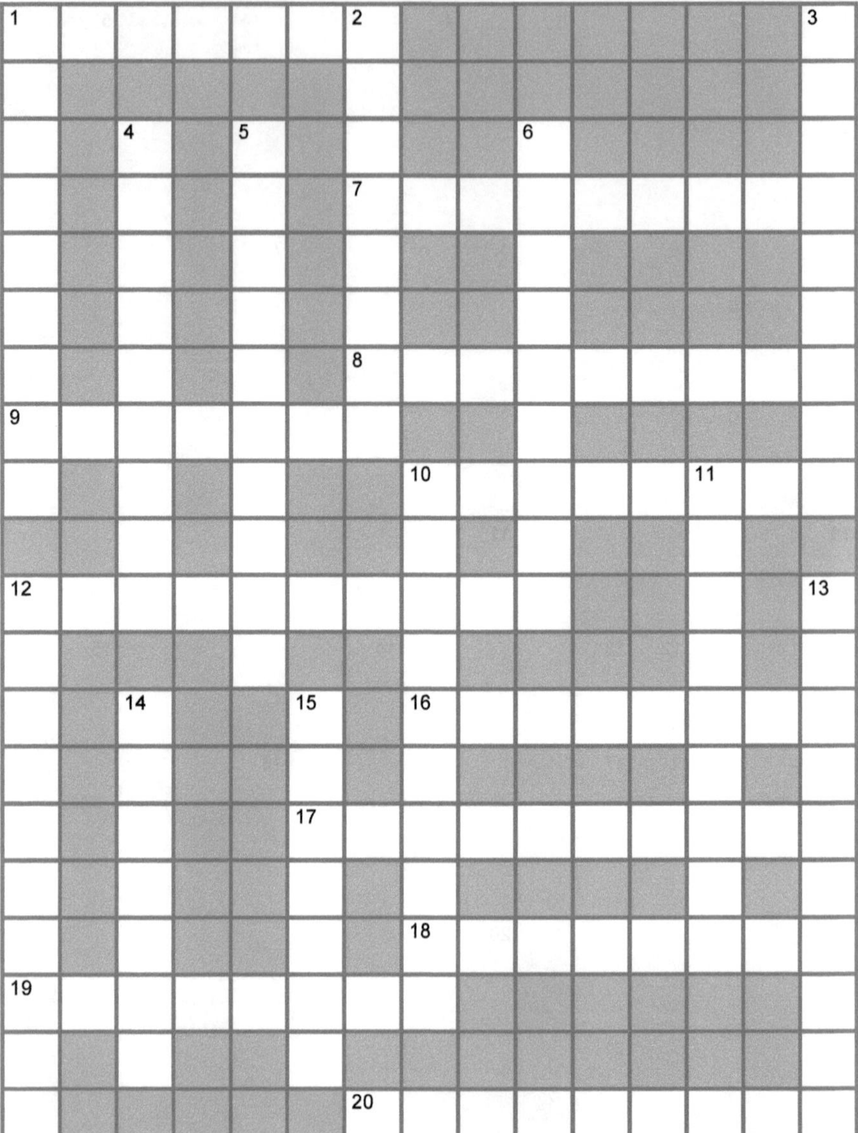

Horizontal: **1** Cômodo onde preparam alimentos | **7** Que não é semelhante, igual ou idêntico | **8** Propaguei | **9** Capacidade, talento | **10** Inclinam-se para a frente | **12** Movimento que deseja unir todas igrejas cristãs | **16** Pertencente ao funeral | **17** Período de cinco anos | **18** Adivinhará, pressagiará | **19** Ordem da arquitetura grega clássica | **20** Algazarra |

Vertical: **1** Harmonizar, conciliar | **2** Prestando socorro | **3** Discordavam | **4** Privou da posse de algo | **5** Passarem dos limites | **6** Fascino | **10** Passarão dos limites | **11** Que passa por mudanças | **12** Venda feita para outro país | **13** "Quem Quer Ser um (?)?", filme 2008 | **14** Profissional que faz pão | **15** Casaco esportivo, de algodão, couro |

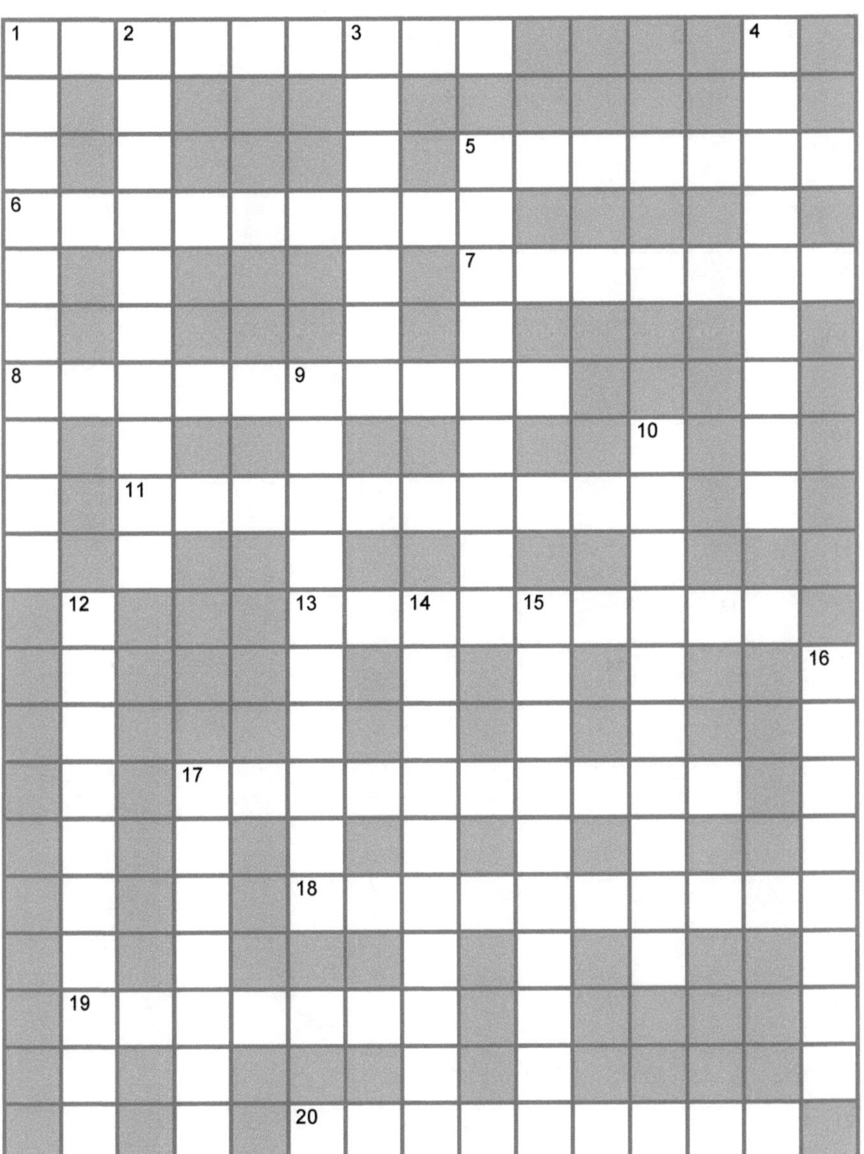

Horizontal: 1 Contrair dívidas | **5** Estás de acordo | **6** Endeuseava | **7** Que recebeu ordem | **8** Compreenderam | **11** Ação de tornar da cor do ouro | **13** Região disputada por Espanha e Inglaterra | **17** Que funciona em conjunto com outro | **18** Pecado grave contra a religião | **19** Parte no meio do tronco humano | **20** Continua |

Vertical: 1 Silenciamos | **2** Que tem a área demarcada | **3** Através da duração de algo | **4** Natural do Canadá | **5** Andar sem equilíbrio | **9** Conduzíamos um veículo | **10** Tornar mais resistente | **12** Edificação | **14** Equilibrado | **15** Agoniávamos, angustiávamos | **16** Comilonas | **17** Rumo, destino |

097

Horizontal: 3 Fabricante de charutos | **6** Lançar quantia como dívida | **8** Inférteis | **10** Discordarão | **12** Abriram mão de algo | **15** Falta de dignididade | **18** Açoitava | **19** Relativo à artéria | **20** Revoltar-se contra um poder estabelecido | **21** Pancada com bordão, paulada |

Vertical: 1 Prestareis socorro | **2** Pudestes ser contidos em um lugar | **3** Inventariado | **4** Atacaras fisicamente | **5** Bruxulear | **7** Propensão ao uso de bebidas alcoólicas | **9** Comprarás | **11** Elucido | **13** Tornar explícito, claro | **14** Oculto | **15** Capital do Brasil | **16** Animar | **17** Apreensão de bens do devedor |

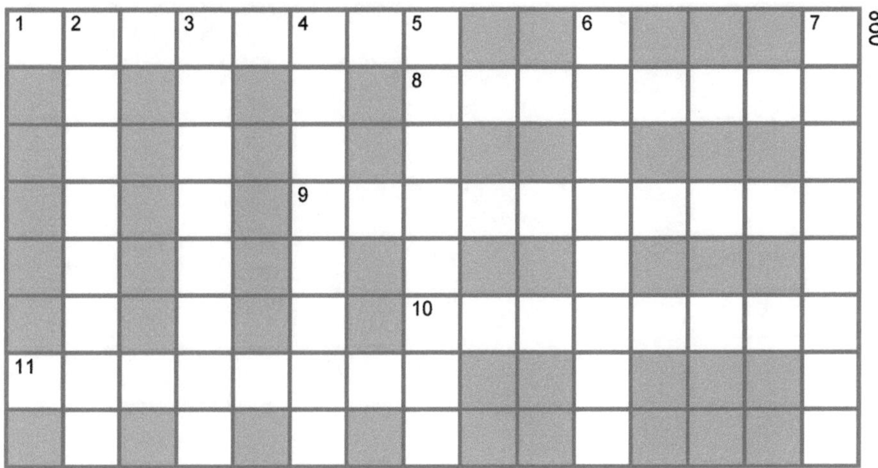

Horizontal: 1 Parte física do computador | **8** Ação conjunta | **9** Corretivo usado para corrigir erros a caneta | **10** Acostumou | **11** Arranjo de cabelo |

Vertical: 2 Convergirem | **3** Separa elementos que formam um todo | **4** Agitação, perturbação | **5** Disseminou | **6** Separação | **7** Relativo à igreja |

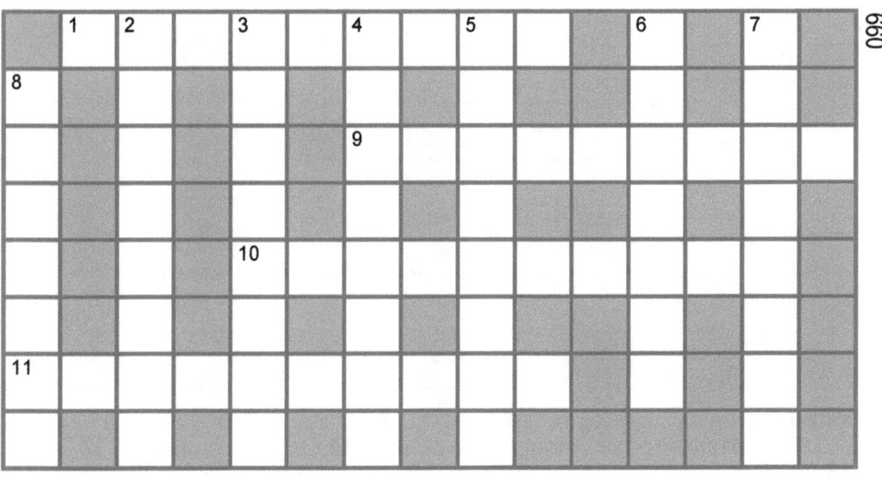

Horizontal: 1 Deixarão pender | **9** Relativo ao vírus | **10** Identificação usada por policiais | **11** Dão tarefa a alguém |

Vertical: 2 Relativo à aparência física | **3** Moderará, refreará | **4** Aplicam capital | **5** Conquistarão a atenção | **6** Grande especialista em uma área | **7** Barulho alto | **8** Itens que uma pessoa leva ao viajar |

100

Horizontal: **1** Ato ou fala que insulta a religião | **7** Escarneci | **8** Exterminar | **9** Resultado de marcar | **11** Filme de animação estadunidense | **14** Em que há exagero | **17** Doença | **18** Recompensa a quem traz boas-novas | **19** Prática dos curandeiros | **20** Geramos |

Vertical: **2** Flor de coloração forte, azul e roxa | **3** Que não se explica cientificamente | **4** Habitante inicial de Brasília | **5** Nativo do país onde viviam os astecas | **6** Objeto que mede a umidade do ar | **8** Que revela falta de cuidado | **10** Tecidos usados sobre ferimentos | **12** Buscava informação | **13** Medida agrária de superfície | **14** Pasmou | **15** Chateou, incomodou | **16** Contemos, abarcamos |

101

Horizontal: 1 Cabeça (pop.) | **7** Extraiu com força | **9** Ponto mais elevado, auge | **10** Menino de pouca idade | **11** Acrescentarei | **13** Aquele que possui educação, gentil | **16** Deus ajuda quem cedo (?)" (dit. pop) | **18** Filho do seu irmão | **19** Marca que não desaparece, cicatriz | **20** Animal invertebrado de corpo mole | **21** O que está ao redor | **22** Transferiu imagem de uma superfície para outra | **23** Ingerirei alimento |

Vertical: 1 Filme de humor ingênuo e caráter popular | **2** Verdade que decorre de outra | **3** Umas das casas de Hogwarts | **4** Adoçar | **5** Ocultou | **6** Relativo a músculo | **8** Terminarem | **12** Virado em posição contrária | **13** Aquele que adquire mercadorias | **14** Bem-aventurado | **15** Às cegas | **17** Tema, matéria |

102

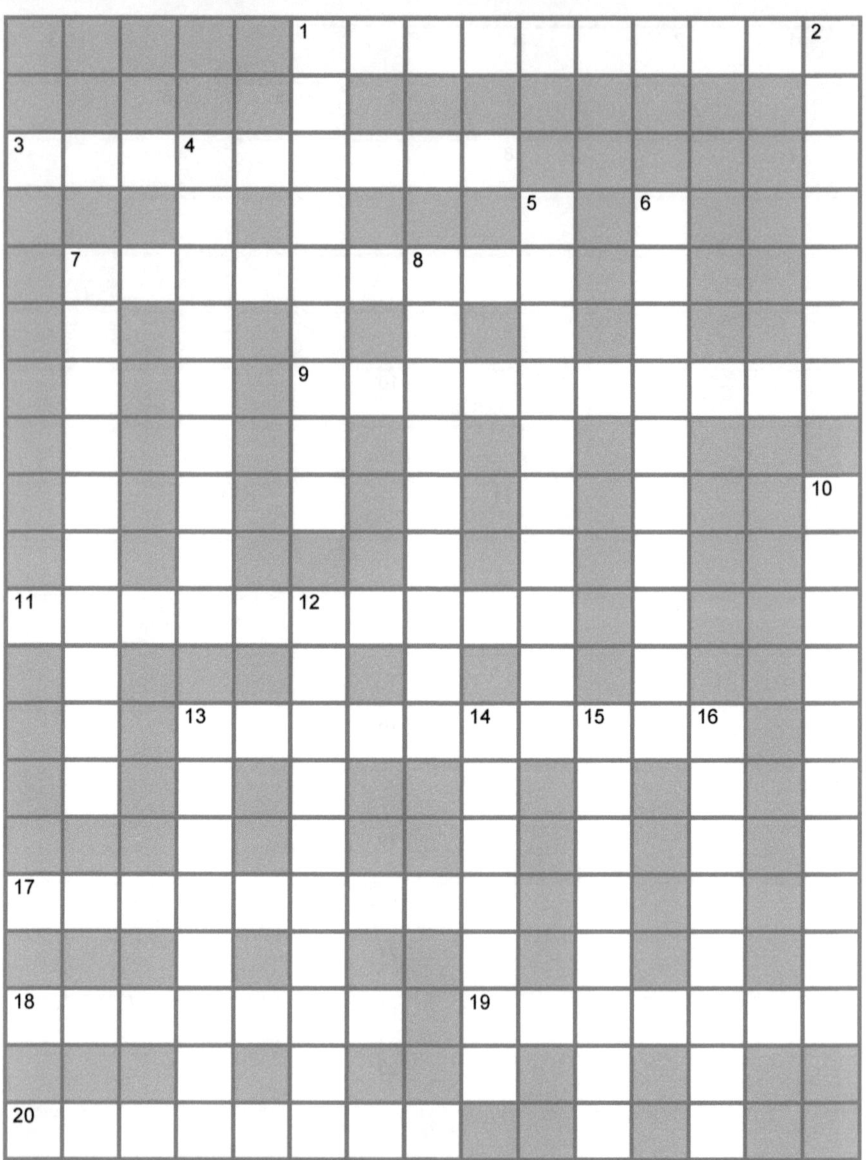

Horizontal: 1 Edificara uma casa | **3** Tomou um pelo outro | **7** Disputas | **9** Emitiram | **11** Enfiar, inserir | **13** Punimos | **17** Insistir, perseverar | **18** Irradiar a luz, cintilar | **19** Mesmo que doação | **20** Salto ágil e leve |

Vertical: 1 Adversário | **2** Conciliariam | **4** Terminar | **5** Concordaria | **6** Aquele que tem fortuna na ordem do bilhão | **7** Constantemente, em inglês | **8** Depreciei | **10** Tabela que mostra os dias do ano | **12** Cuja casca foi retirada | **13** Relativo ao consulado | **14** Que é exuberante, vivo | **15** Sobretudo, principalmente | **16** Criado, servente |

103

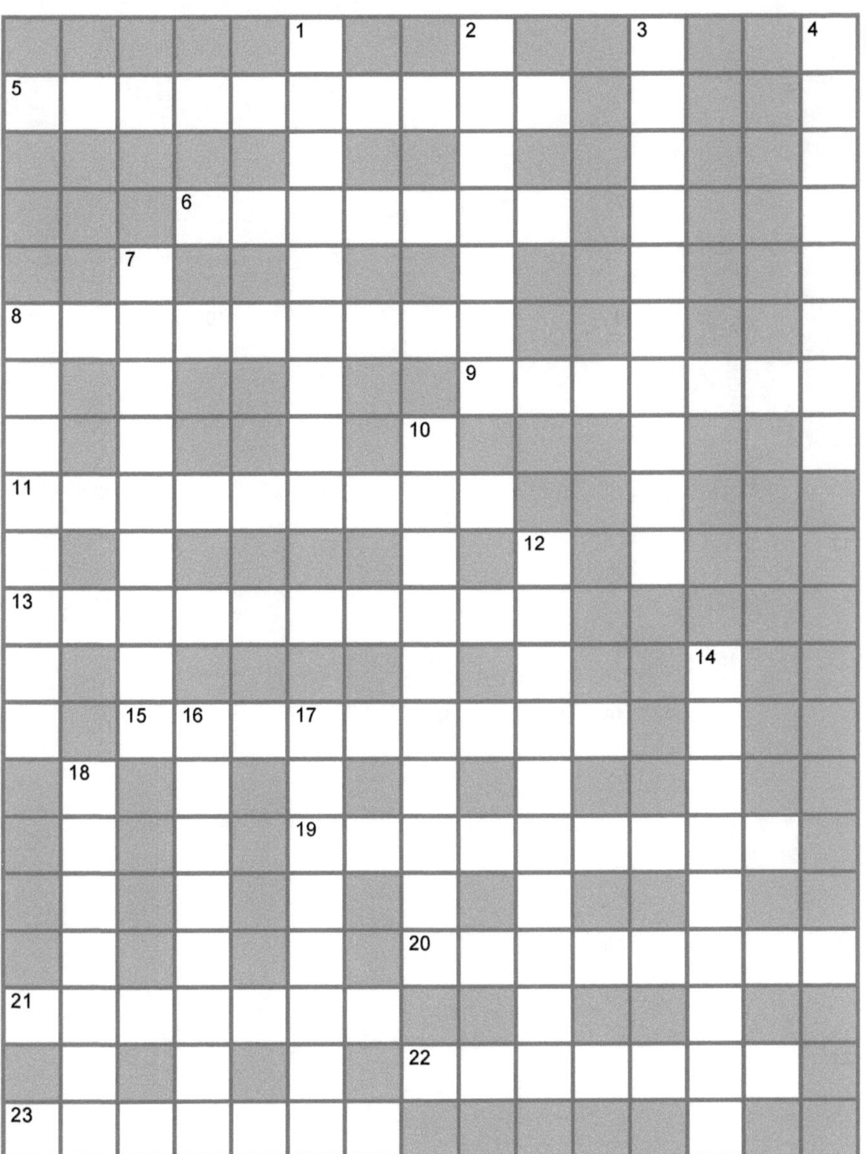

Horizontal: 5 Desconsiderarão | **6** Patrões (gír.) | **8** Exaltou | **9** Causar agonia, angústia | **11** Intimidamos | **13** Doutrina de Calvino | **15** Tipo de sandália | **19** Flutuaremos na água | **20** Surpreso, espantado | **21** Conta colorida de massa de vidro | **22** Cigarro de maconha | **23** Tradução de "carrot" (inglês) |

Vertical: 1 Aborrecia | **2** Capital da Nicarágua | **3** Enfraquecerás | **4** Diz-se de galinha que põe ovos | **7** Cantora mineira | **8** Fazer o líquido parar de correr | **10** Alcançara um objetivo | **12** Impediremos algo ou alguém | **14** Comunicação oficial escrita | **16** Gugu (?), apresentador de TV | **17** Alojar, hospedar | **18** Lápis próprio para desenhar |

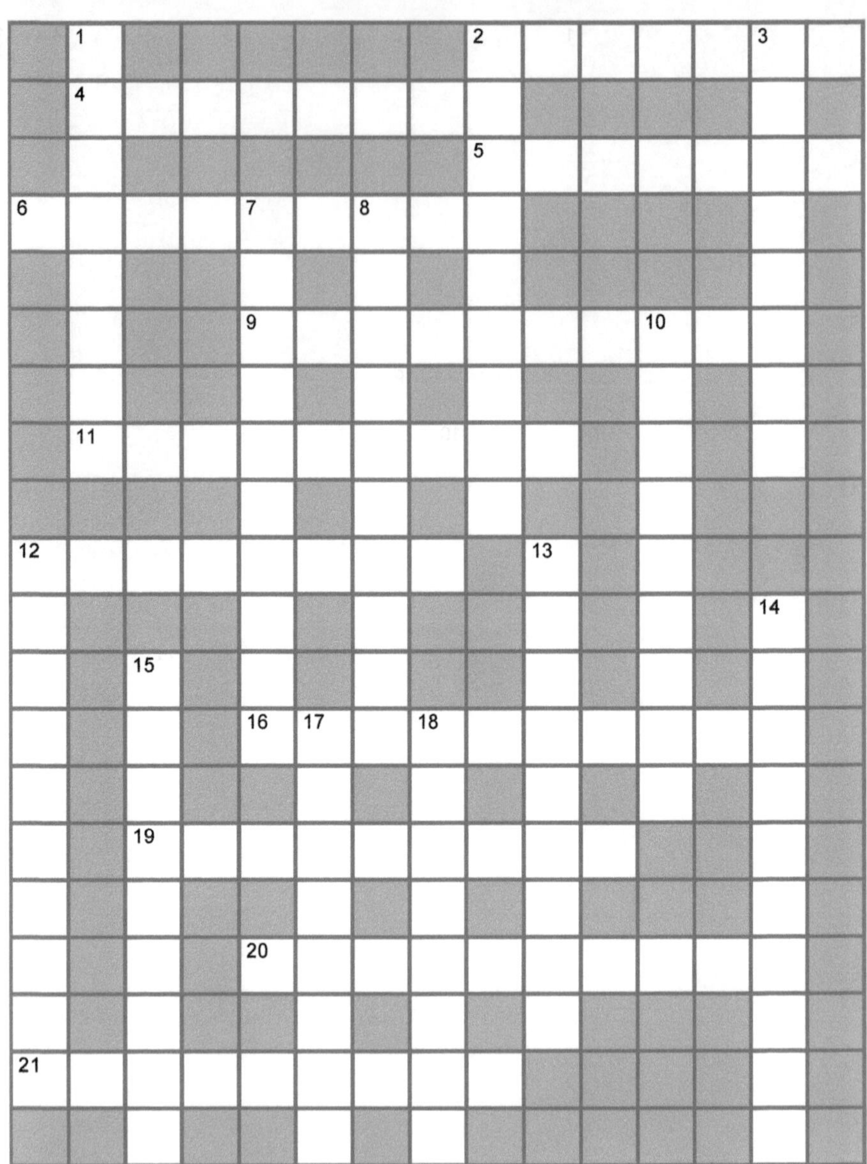

Horizontal: 2 Tempo anterior ao presente | **4** Acrescentar, ampliar, elevar | **5** Doente | **6** Moderamos, refreamos | **9** Abençoaremos | **11** Olhamos de frente | **12** Elemento químico de símbolo Al | **16** Contiveres, abarcares | **19** Terminara | **20** Retirei a casca | **21** Dar base a algo |

Vertical: 1 Lugar notório por suas brigas e crimes | **2** Ação de prestar auxílio (pl.) | **3** Tamanho, volume | **7** Cozido de bucho de boi | **8** Concentrar-se em alguma coisa | **10** Garrafa usada para amamentar | **12** Aquele que fabrica azulejos | **13** Melancólico devido ao amor | **14** Embasbacar | **15** Inventar algo, criar | **17** Banqueiro de jogo do bicho | **18** Noticiar, comunicar |

105

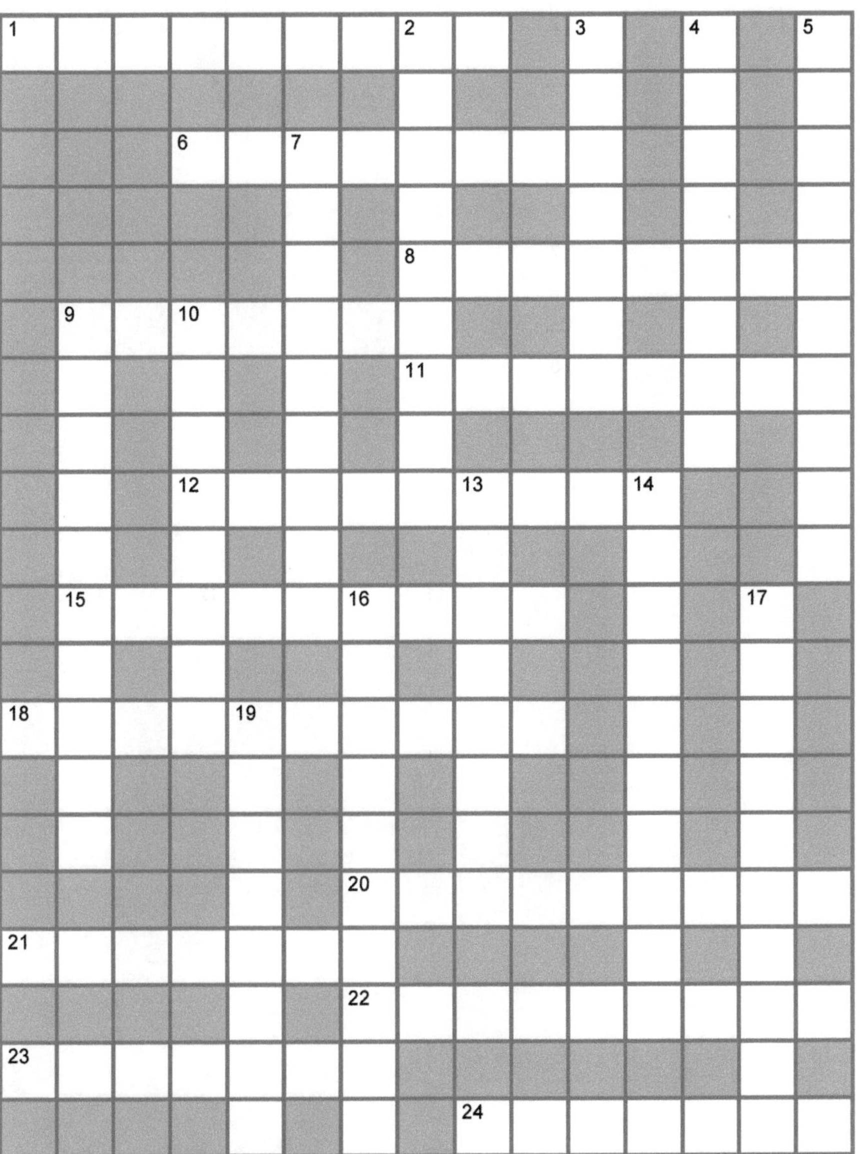

Horizontal: **1** Anunciado | **6** Tradução de "t-shirt" (inglês) | **8** Letrado | **9** Relativo ao livro sagrado do Cristianismo | **11** Feminino de japonês | **12** Relacionava-se com outras pessoas | **15** Transportara | **18** Aquele que ama livros | **20** Visor do relógio | **21** Bailava | **22** Classe de pessoas, grupo | **23** Habitante do litoral | **24** Desfigura |

Vertical: **2** Expulsar de casa | **3** Açoite, chicote | **4** Resultado de pilhar algo | **5** Demos um beijo leve | **7** Um milésimo do metro | **9** Indivíduo desorganizado | **10** Relativo ao batismo | **13** Arquipélago baiano | **14** Falsificado | **16** Reação do organismo a infecção ou lesão | **17** Tornavam-se ofegantes | **19** Aumento generalizado dos preços |

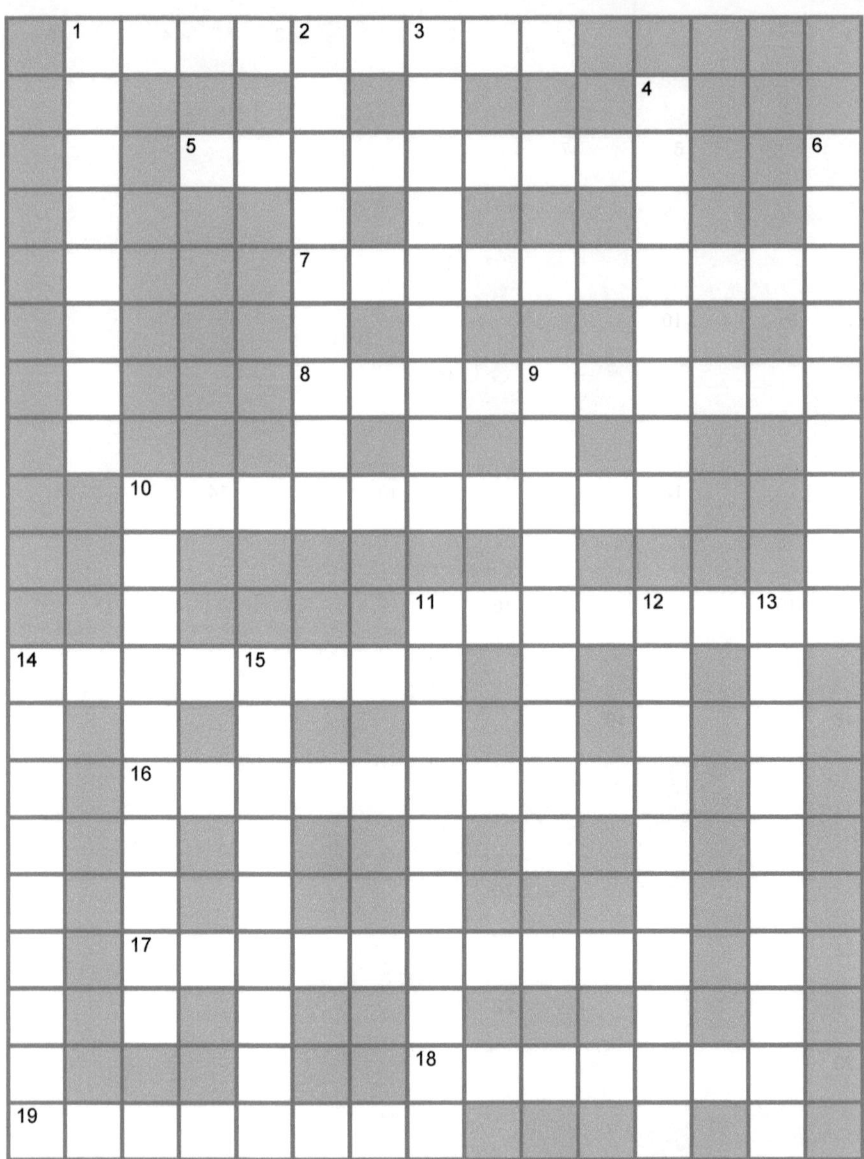

Horizontal: 1 Reformulação de um texto (Gram.) | **5** Lugar protegido e fortificado | **7** Afeiçoaremos | **8** Deram | **10** Erro, falha | **11** Ato de fazer o bem a quem necessita | **14** Que tem nexo, lógico, racional | **16** Fazer ficar ou ficar teso | **17** Deturpei | **18** Ter suspeita a respeito de algo | **19** Preso, atado |

Vertical: 1 Pessoa doente | **2** Torno mais resistente | **3** Aleitar | **4** Lapidado | **6** Remove um obstáculo | **9** Dá tarefa a alguém | **10** Arraigado | **11** Dividido em cem graus | **12** Que teve o valor reduzido | **13** Privara da posse de algo | **14** Posição política distante dos dois extremos | **15** Ceder temporariamente |

107

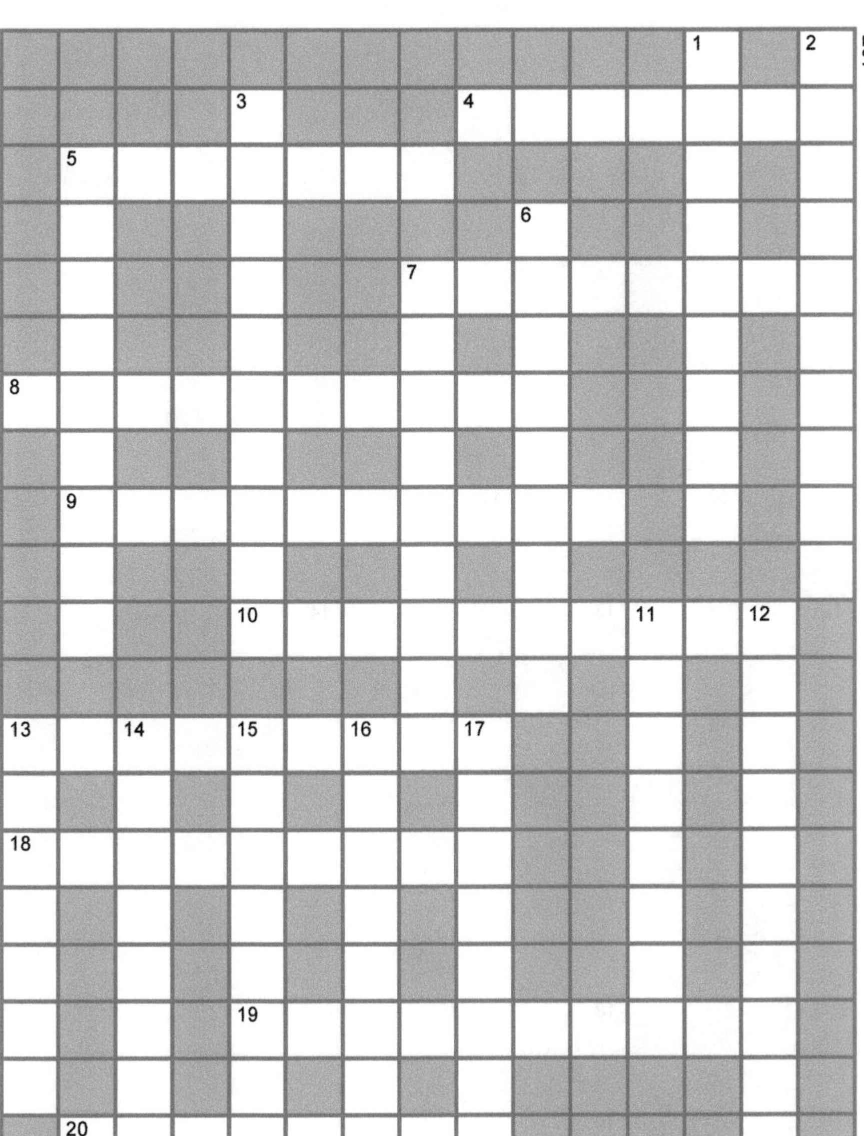

Horizontal: **4** Financiar | **5** Montar um espetáculo teatral | **7** Gerava | **8** Encolheram | **9** Que tem muito catarro | **10** Papelista | **13** Passará dos limites | **18** Vedar frestas para impedir passagem de ar | **19** Contiveram, abarcaram | **20** Alterar a forma de |

Vertical: **1** Relativo à frequência das ondas de rádio | **2** Ponto de interseção de ruas | **3** Acordava | **5** Engrossar | **6** Que forma | **7** Transmitir de forma duradoura | **11** Implorar, rogar | **12** Busquemos proximidade | **13** Memorizar | **14** Líquido capaz de dissolver algo | **15** Que perdeu o calor | **16** Deduziram | **17** Dilapidar, destruir, extinguir |

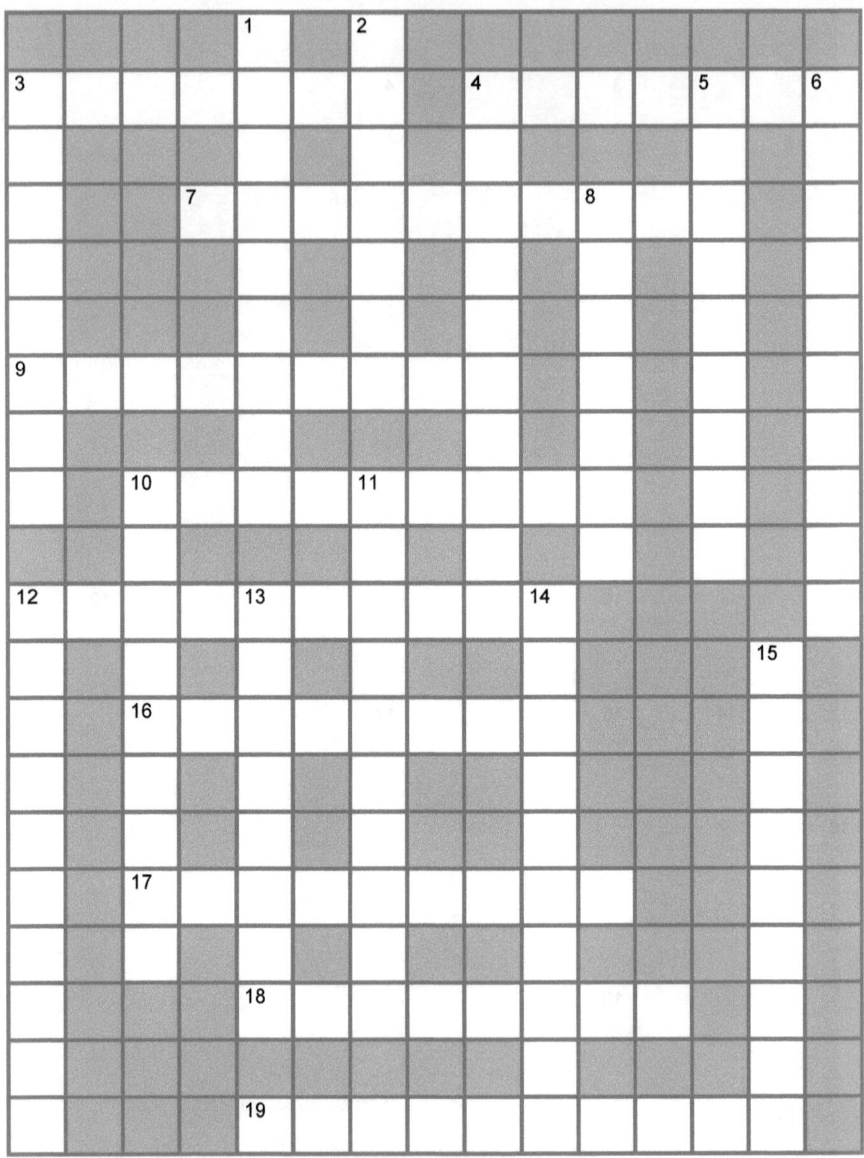

Horizontal: **3** Ligo | **4** Pronta-(?)", serviço imediato | **7** Esbanjamento | **9** Adivinharei, pressagiarei | **10** Parte posterior do pé | **12** Privará da posse de algo | **16** Desconsiderou | **17** Adulto que se comporta como criança | **18** Apontamento | **19** Que sente algum incômodo |

Vertical: **1** Mesmo que admissível | **2** Uma celebridade (inglês) | **3** Semelhante a caricatura | **4** Pisotear | **5** Progredirem | **6** Borrifarem | **8** Estará de acordo | **10** Meditativo | **11** Tornando destemido | **12** Obscurecerão | **13** Hormônio regulador da glicemia | **14** Volume de coisas reunidas | **15** Conduzo |

109

Horizontal: 2 Faziam perder o brilho | **7** Levemente fatigado | **8** Demitira | **9** Cordão para amarrar sapatos | **10** Curso breve referente ao ensino médio |

Vertical: 1 Referente ao poeta grego Homero | **2** Indivíduo | **3** Comeremos a última refeição do dia | **4** Por meio de (prep.) | **5** Abençoarei | **6** Cuidado com alguém mais fraco |

110

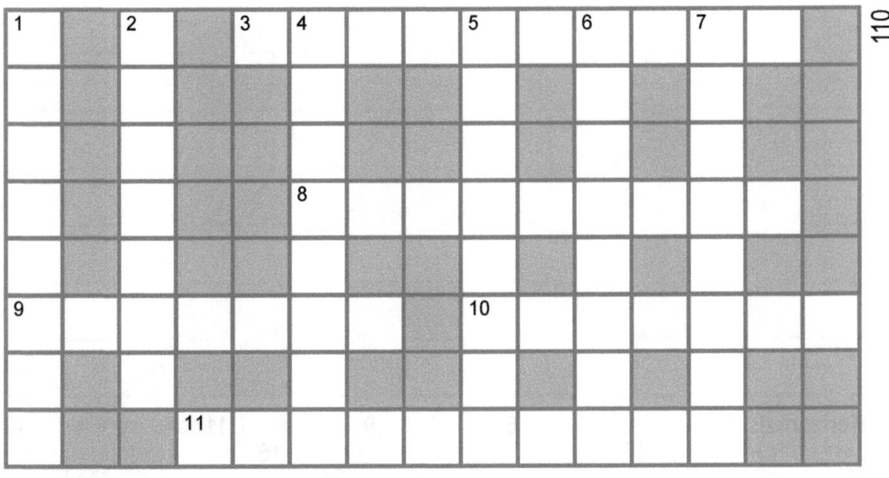

Horizontal: 3 Forma linguística reprovada por puristas | **8** Que não tem governo | **9** "Guardiões da (?)", filme estadunidense | **10** Evitar excessos | **11** Que é temporário |

Vertical: 1 Incitar, estimular | **2** Peça que realiza movimento de vaivém | **4** Que vive na água | **5** Tomaremos providências | **6** Incutir uma ideia em alguém | **7** Planeta mais interno do Sistema Solar |

111

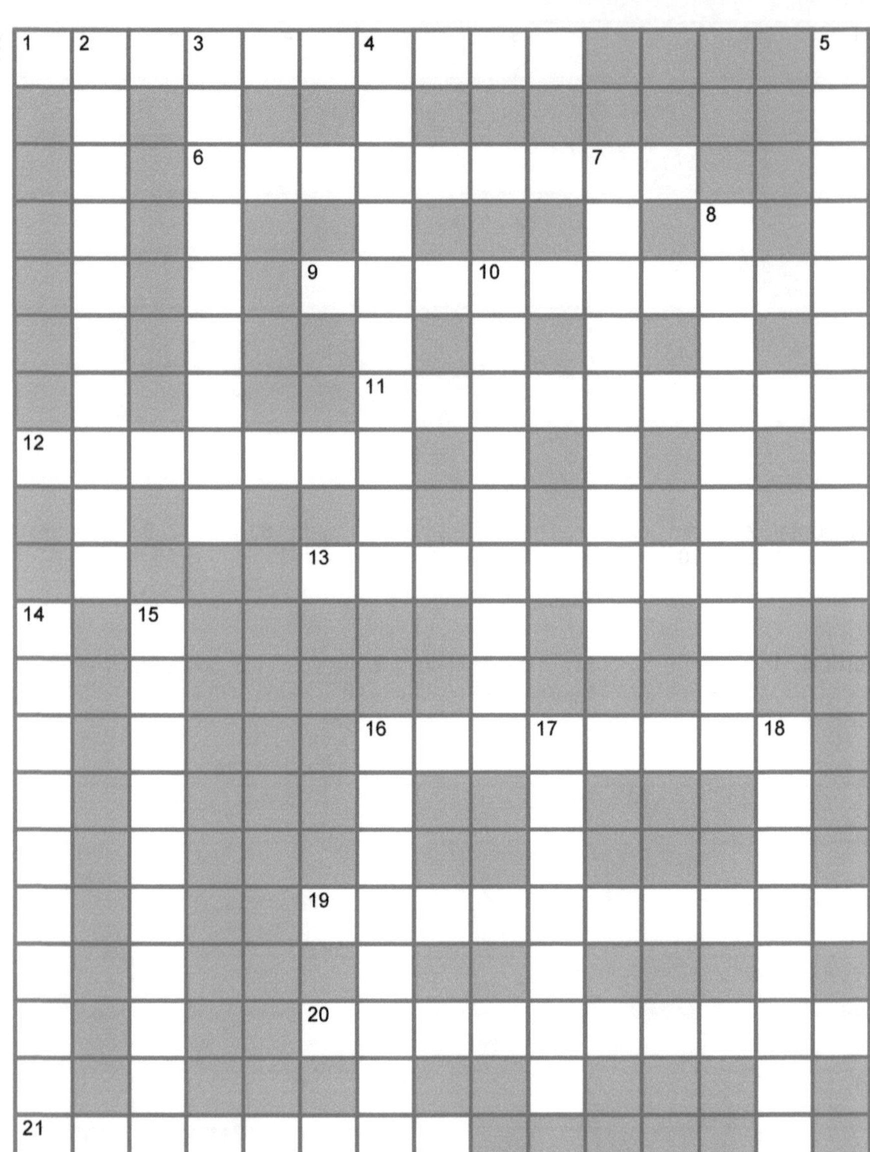

Horizontal: **1** Livrar de germes | **6** Demolido | **9** Murchava | **11** Não permitirei | **12** Declaramos falência | **13** Funcionário admitido no serviço | **16** Compromisso assumido | **19** Balbúrdia, confusão | **20** Desventura, infelicidade | **21** Conquistarem a atenção |

Vertical: **2** Animado | **3** Incitaria | **4** Pressentido | **5** Obediência a normas de comportamento | **7** Tomaram resolução | **8** Protegemos com barricada | **10** Adquirido em outro país | **14** Balbúrdia, barulhada | **15** Juntar em uma sequência lógica | **16** Natural do Pará | **17** Lenha | **18** Descerrarias, separarias |

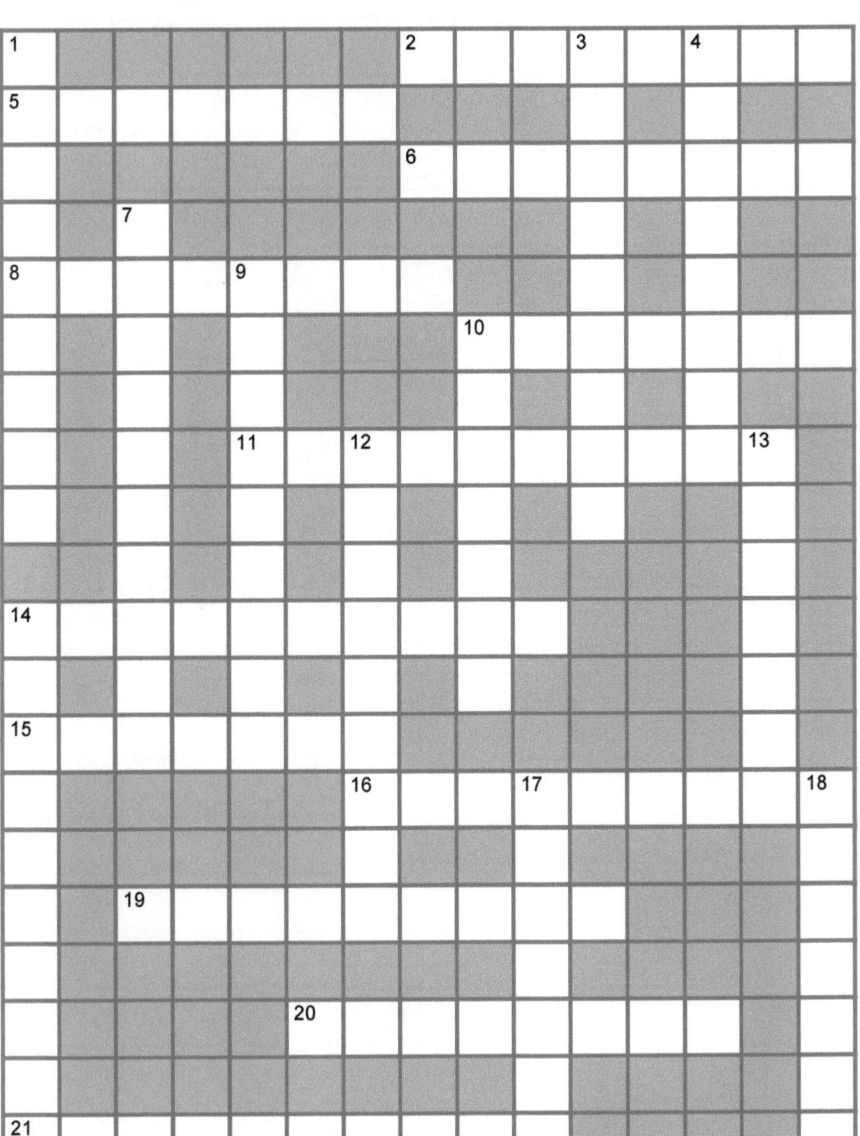

Horizontal: 2 Concordem | **5** Alegremente, em inglês | **6** Luta, guerra | **8** Lançava centelhas | **10** Solicitaram | **11** Chefiaram | **14** Diferenciou | **15** Recordar | **16** Aplicara capital | **19** Pessoa que engraxa sapatos | **20** Ato de dar voz a um personagem de animação | **21** Preceito |

Vertical: 1 Biselado | **3** Propagavam | **4** Série de gritos sucessivos | **7** Conduzissem um veículo | **9** Harmonizar coisas contraditórias | **10** Miséria | **12** Produto semelhante à manteiga | **13** Ser digno de | **14** Cometiam crime | **17** Substância extraída de outra | **18** Deformidade física |

113

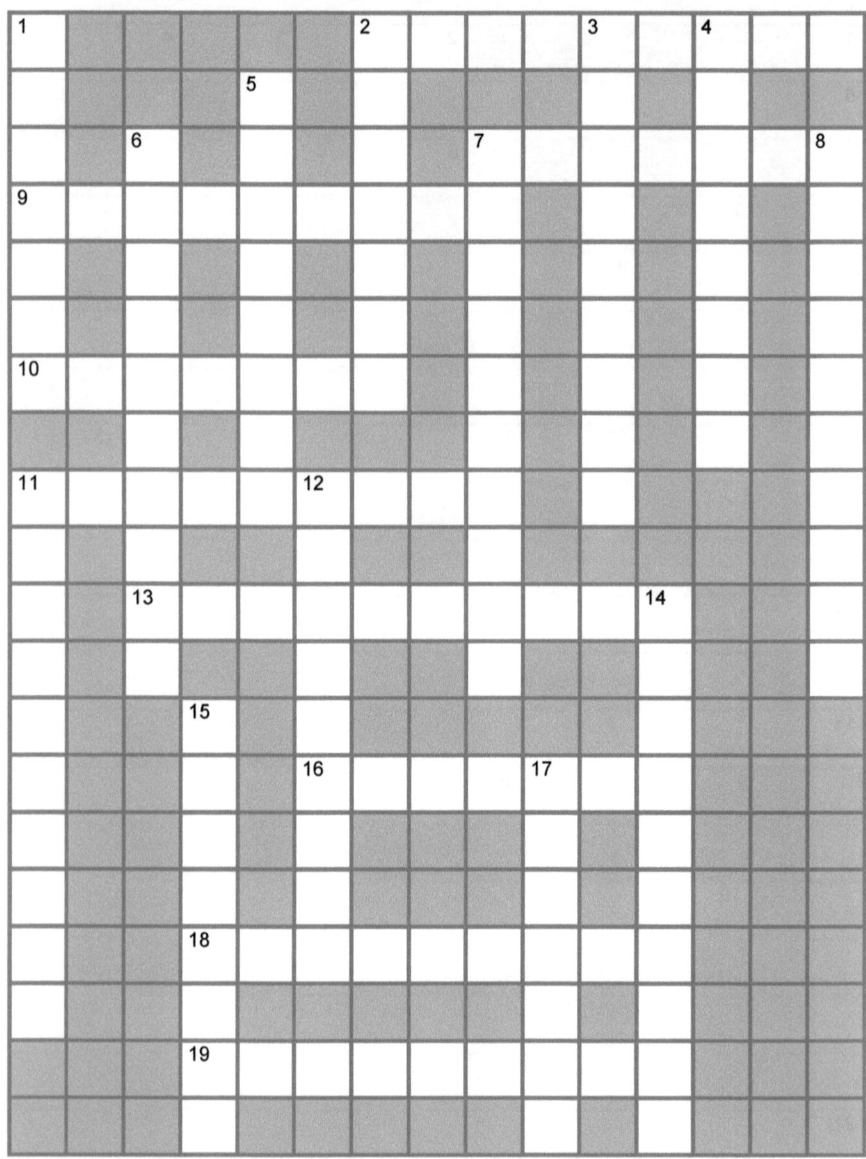

Horizontal: 2 Que está atraído, seduzido | **7** Extraem os pelos | **9** Pratiquei a medicina | **10** Recife perigoso para barcos | **11** Dava um beijo leve | **13** Demolirei | **16** Armazenou | **18** Chateava, incomodava | **19** Desavença, desacordo |

Vertical: 1 Competição em equipes com tarefas variadas | **2** Pessoa importante | **3** Que não serve para determinado uso | **4** Empenhado, zeloso | **5** Um dos tecidos do organismo humano | **6** Estado civil | **7** De um título proeminente | **8** Dar brilho a alguns fios ou tecidos | **11** Desordenamos | **12** Prisão | **14** Contestação | **15** Infração de ordens | **17** Esmagado, humilhado |

114

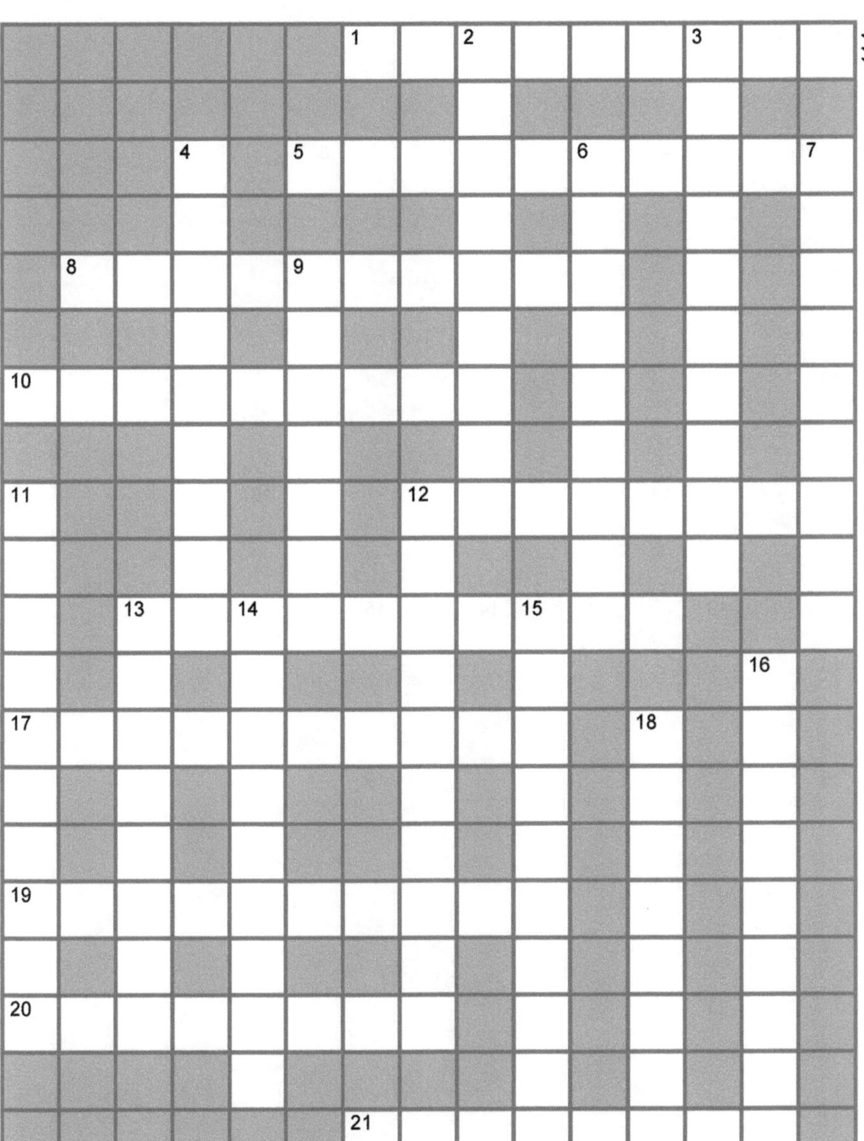

Horizontal: 1 Agitado, impetuoso | **5** Máquina de cortar | **8** Restituiremos à forma anterior | **10** Botaram | **12** Mesmo que roubar | **13** Liberar de obrigação | **17** Teimar de maneira obstinada | **19** Acusar alguém de crime | **20** Pensão alimentícia ao cônjuge | **21** Embala |

Vertical: 2 Sentimos afeição por alguém | **3** Acréscimo, adição | **4** Pequeno bastão | **6** Fazia sobressair | **7** Mesmo que aferventar | **9** Oculto, tapado, velado | **11** Contradirá | **12** Contendo, abarcando | **13** Exercício do magistério | **14** Tornar sonoro | **15** Agitar um líquido na boca sem engoli-lo | **16** Aterrorizava | **18** Relativo à parte posterior do pescoço |

115

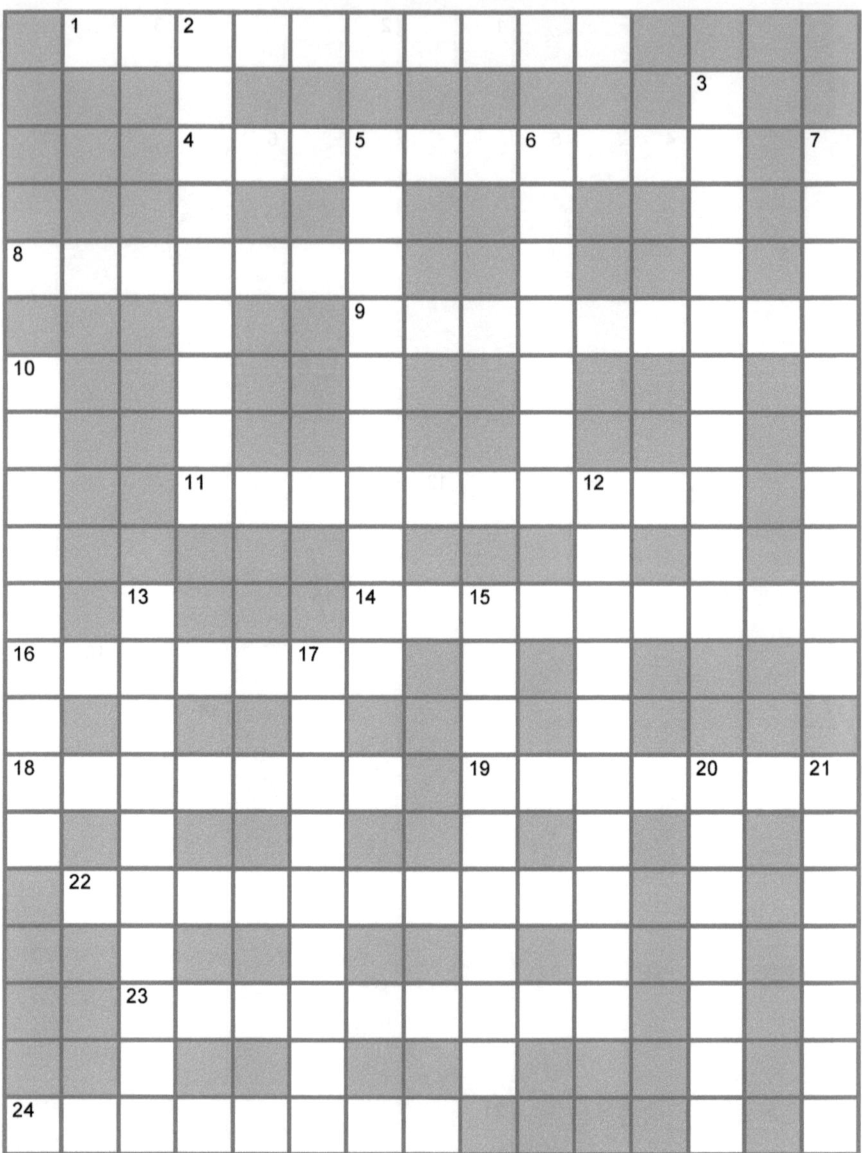

Horizontal: 1 Permanente, efetivo | **4** Ato de apresentar características femininas | **8** Danificar | **9** Embutido comum em sanduíches | **11** Encolerizava | **14** Rigidez da articulação | **16** De que ou de quem se gosta muito | **18** Excluído, eliminado | **19** Alçam voo | **22** Ajustariam, adaptariam | **23** Impeças o avanço | **24** Identificar semelhanças, cotejar |

Vertical: 2 Ação registrada no momento da ocorrência | **3** Contraditado, contrariado | **5** Mesmo que falatório | **6** Abdiquei, recusei | **7** Borrifarem | **10** Virei para baixo | **12** Praticamos a medicina | **13** Dilaceram | **15** Bando de ladrões ou assaltantes | **17** Interruptor de um circuito elétrico | **20** Extensão de terra cultivada | **21** Lugar onde se vendem mercadorias |

116

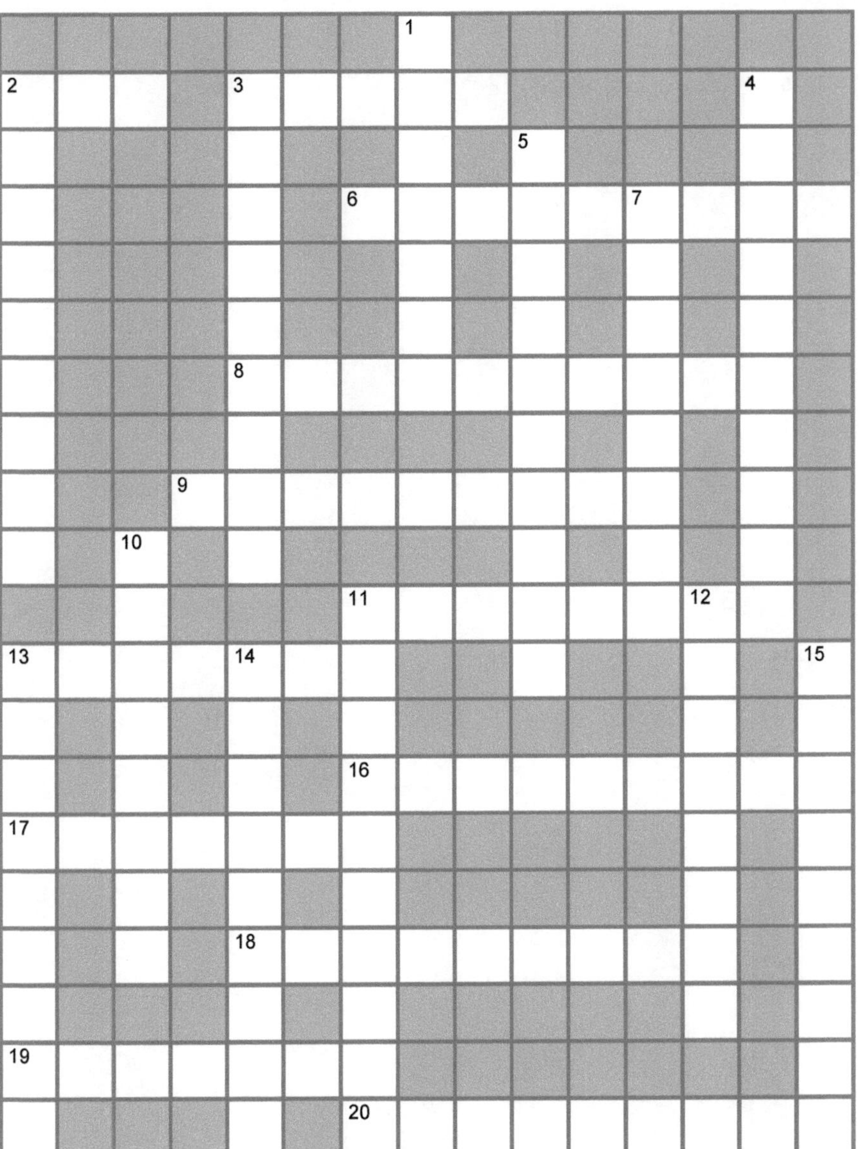

Horizontal: 2 A esposa de Adão no paraíso | **3** Sigla para Banco Central do Brasil | **6** Local em que algo ou alguém está | **8** Expulsar da Igreja católica | **9** Mesmo que proporcionar | **11** Realizava | **13** Apequenes | **16** Abdicara, recusara | **17** Modificar, mudar | **18** Apontei defeitos | **19** Adivinhava, pressagiava | **20** Dar aula, curso |

Vertical: 1 Envelhecido, decrépito | **2** Enfeitar | **3** Parte do carro que acomoda a bagagem | **4** Excesso de papelada e exigências | **5** Criador de histórias em quadrinhos | **7** Escolheria por votação | **10** Mesmo que antecipar | **11** Borrifaram | **12** Bravura, coragem | **13** Conservar em depósito | **14** Inclinava-se para a frente | **15** Rogar pragas |

117

Horizontal: 1 Inferiam | **8** Fritassem | **9** Fazem agir sob coação | **10** Variação de posição espacial de um objeto | **12** Jovem aprendiz | **14** Protetores | **19** Fixou | **20** Ponto de (!) | **21** Pessoa servil e bajuladora |

Vertical: 1 Deslizava sem controle pelo chão | **2** Caminhamos na passarela | **3** Desejarão com veemência | **4** Relativo à camada intermédia da pele | **5** Desgastamos | **6** Contradissera | **7** Que tem cor | **11** Edificada | **12** Enamorar | **13** Resultado de se expor ao sol | **15** Que não foi satisfeito | **16** Sujar de lama | **17** Assimilará | **18** Ato de medir |

118

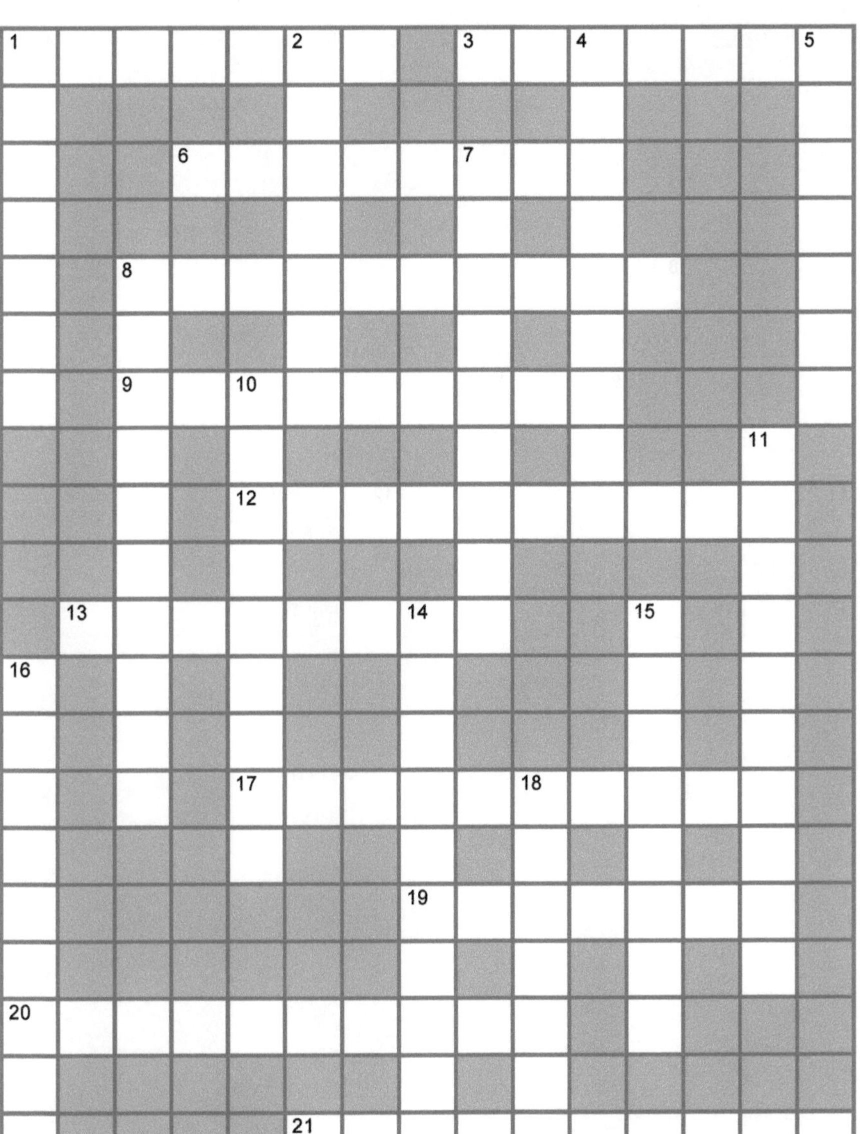

Horizontal: **1** Emitir latido doloroso (cão) | **3** Argumentavam | **6** Que carrega algo, carregador | **8** Conduziriam um veículo | **9** Ciência que trata da educação | **12** Solto barco que estava preso | **13** Arca pequena | **17** Desviarei a atenção | **19** Escoteiro principiante | **20** Reduzir a carvão | **21** Venciam alguém |

Vertical: **1** Tinha determinado preço | **2** Fixa | **4** Golpe com garrafa | **5** Apresentar, demonstrar | **7** Conduzindo um veículo | **8** Dobramos a quantidade | **10** Inferindo | **11** Convergimos | **14** Tratar com inimizade | **15** Feminino de padrinho | **16** Prova, teste | **18** (?) Santos Dumont, aeronauta e inventor |

119

Horizontal: **5** Ter mais peso ou valor | **8** Obscureceras | **9** Inferirão | **11** Feito à mão | **14** Função sensorial que permite reconhecer o som | **15** Esfregavam a pele com as unhas | **17** Andar intermediário entre dois pavimentos | **19** Revoltaram-se contra um poder estabelecido | **20** Apertamos para extrair suco | **21** Desgastávamos |

Vertical: **1** Que pertence à família | **2** Recusou | **3** Abençoaria | **4** Que divaga | **6** Desagregação | **7** Tipo de bandolim russo | **9** Pomos em desavença | **10** Dar caráter dinâmico a algo | **12** Inflamação da laringe | **13** Provínhamos, resultávamos | **16** Que come carne | **18** Faço sobressair |

120

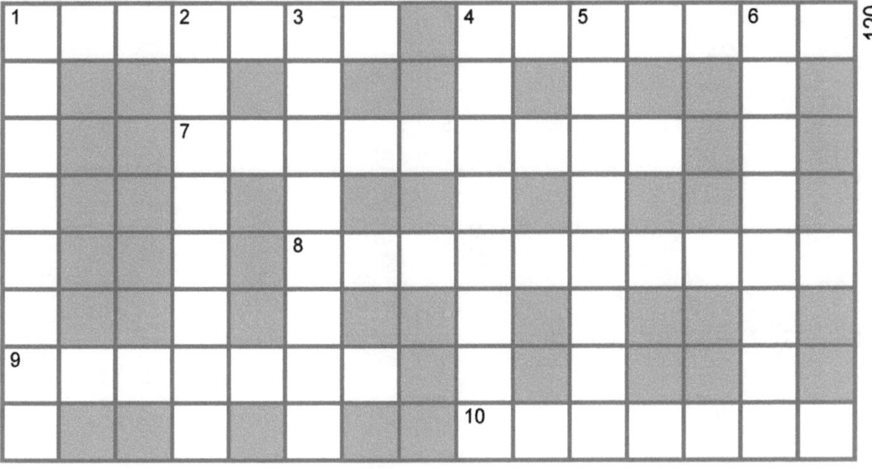

Horizontal: 1 Fruta alaranjada e com caroço | **4** Ferramenta usada para cortar lenha | **7** Particular, pessoal | **8** Convergiras | **9** Falando | **10** Chegada, em inglês |

Vertical: 1 Derrotado | **2** Abdicarei, recusarei | **3** Golpe com a cabeça | **4** Analogia, comparação | **5** Escavar | **6** Perdia o valor |

121

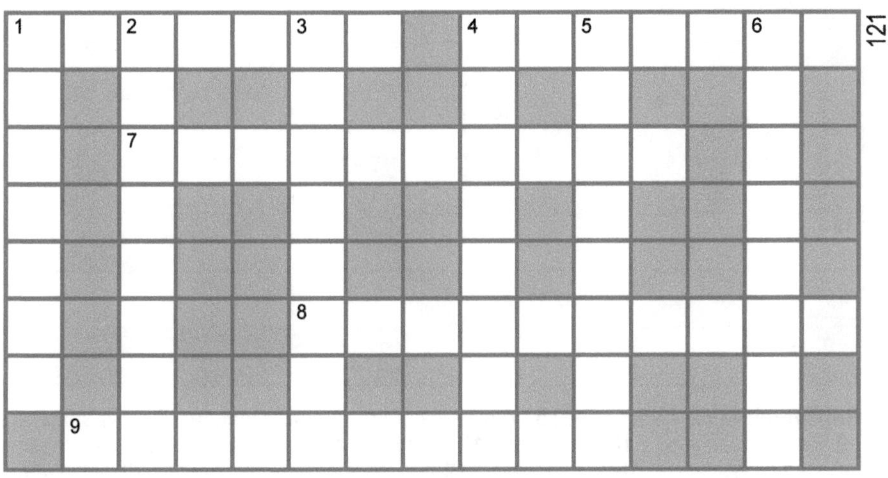

Horizontal: 1 Inclino-me para a frente | **4** Costas, dorso | **7** Que preserva sua autonomia | **8** Perdemos os sentidos | **9** Distúrbio da visão |

Vertical: 1 Atraso | **2** Estrutura do órgão respiratório dos peixes | **3** Sequência de chapadas | **4** Pudemos ser contidos em um lugar | **5** Condutor dos cavalos da carruagem | **6** Aquele que almeja algo |

122

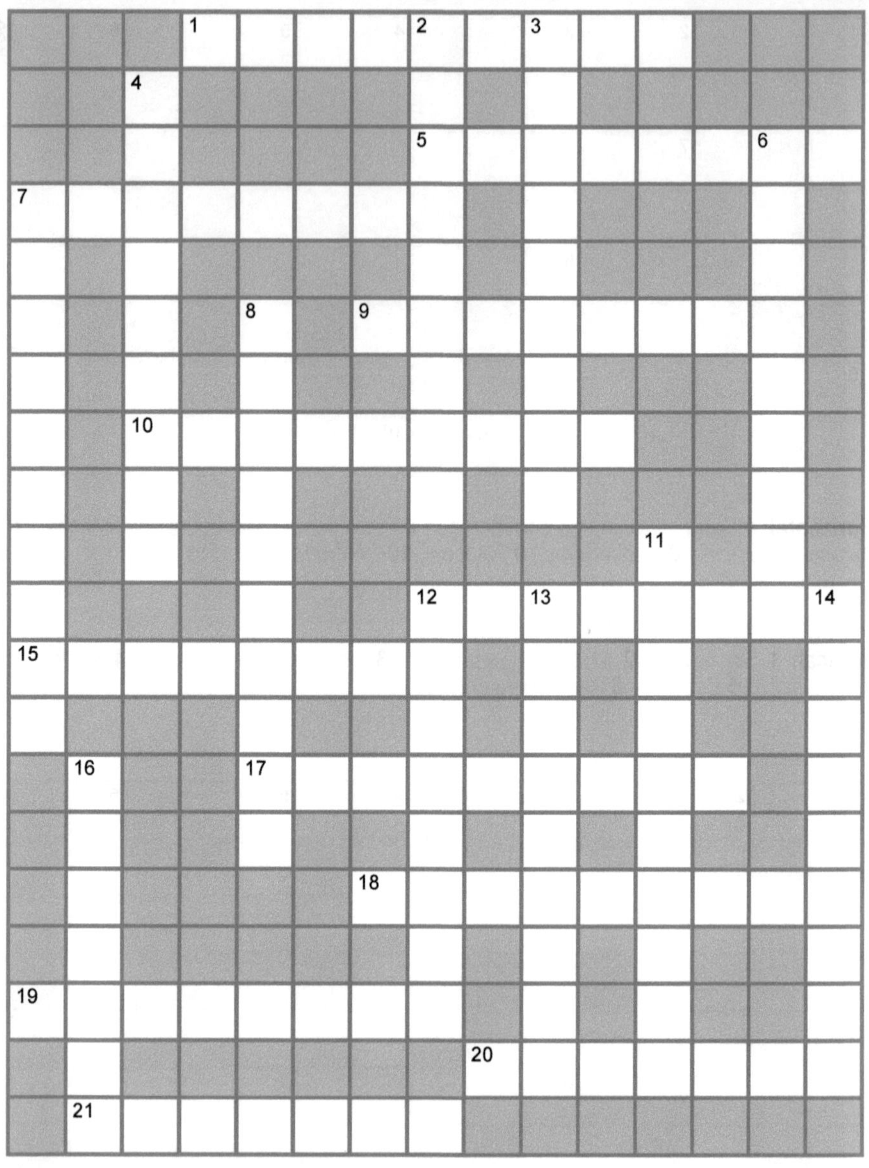

Horizontal: 1 Ocorrer antes de | **5** Dominado por um ente sobrenatural | **7** Falsa aparência | **9** Tornou destemido | **10** Prevenido | **12** Restituem à forma anterior | **15** Tem o mesmo valor | **17** Duvidarão | **18** Ter sucesso | **19** Vou para um mesmo ponto | **20** Alcance um objetivo | **21** Atacas fisicamente |

Vertical: 2 Coxeava | **3** Duvidando | **4** Antônimo de "ocupar" | **6** Moça que está festejando seus 15 anos | **7** Demolirem | **8** Conservado | **11** Colocaremos o sapato | **12** Jogo fora | **13** Contínuo, consecutivo | **14** Mesmo que pão-duro | **16** Casa rústica de palha |

123

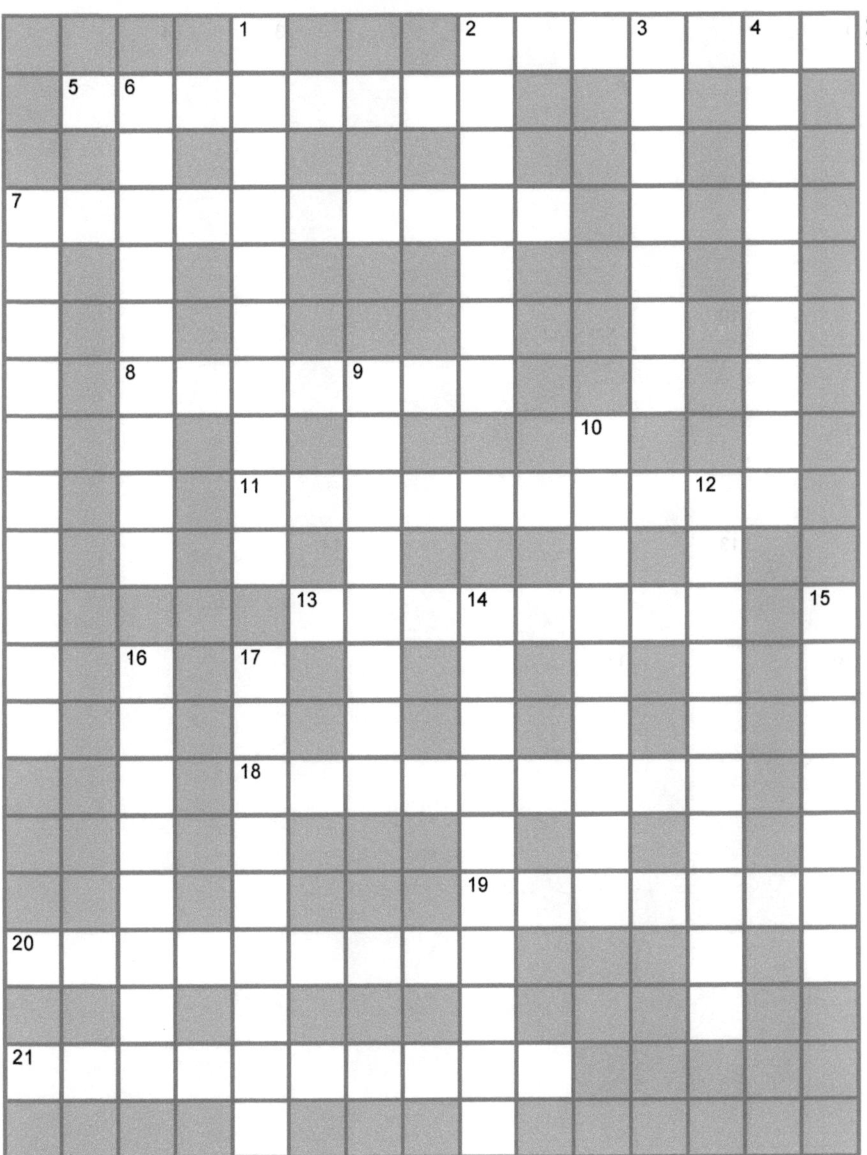

Horizontal: **2** Capital da Síria | **5** Objeto capaz de se conduzir no ar | **7** Que não é possível | **8** Desnortear | **11** Livram de germes | **13** Vadiar | **18** Murcham | **19** Que flui, corrente | **20** Extraí com força | **21** Transportaram |

Vertical: **1** Conquistado | **2** Atender ao que foi solicitado | **3** Alcunha | **4** Concordavam | **6** Utensílio de limpeza | **7** Fazer algo sem preparação | **9** Pressionamos os números de um telefone | **10** Murchou | **12** Ato de demarcar e abrir ruas | **14** Enobrecer | **15** Realizarem | **16** Estarem de acordo | **17** Que servem de testemunhas em casamentos |

124

Horizontal: 2 Devotar | **5** Delineado | **7** Expelira saliva | **9** Mesmo que atenuado | **10** Fritariam | **11** Transferência de calor através de fluido | **13** Estabelecido com firmeza | **16** Enfraquecemos | **19** Aborrecemos | **20** Ouvir, escutar | **21** Sentido afiado | **22** Fazer ficar debaixo d'água |

Vertical: 1 Destruição | **3** Desvio da rota planejada | **4** Veículo que ceifa as plantações | **6** Rodeareis | **7** Mulher que come muito | **8** Ato criminoso | **10** Os caça-(?), filme | **12** Brilho intermitente | **14** Dissimulava | **15** Pavimento de madeira | **16** Encolhias | **17** Livro sagrado do islamismo | **18** Fazer o que se prometeu |

125

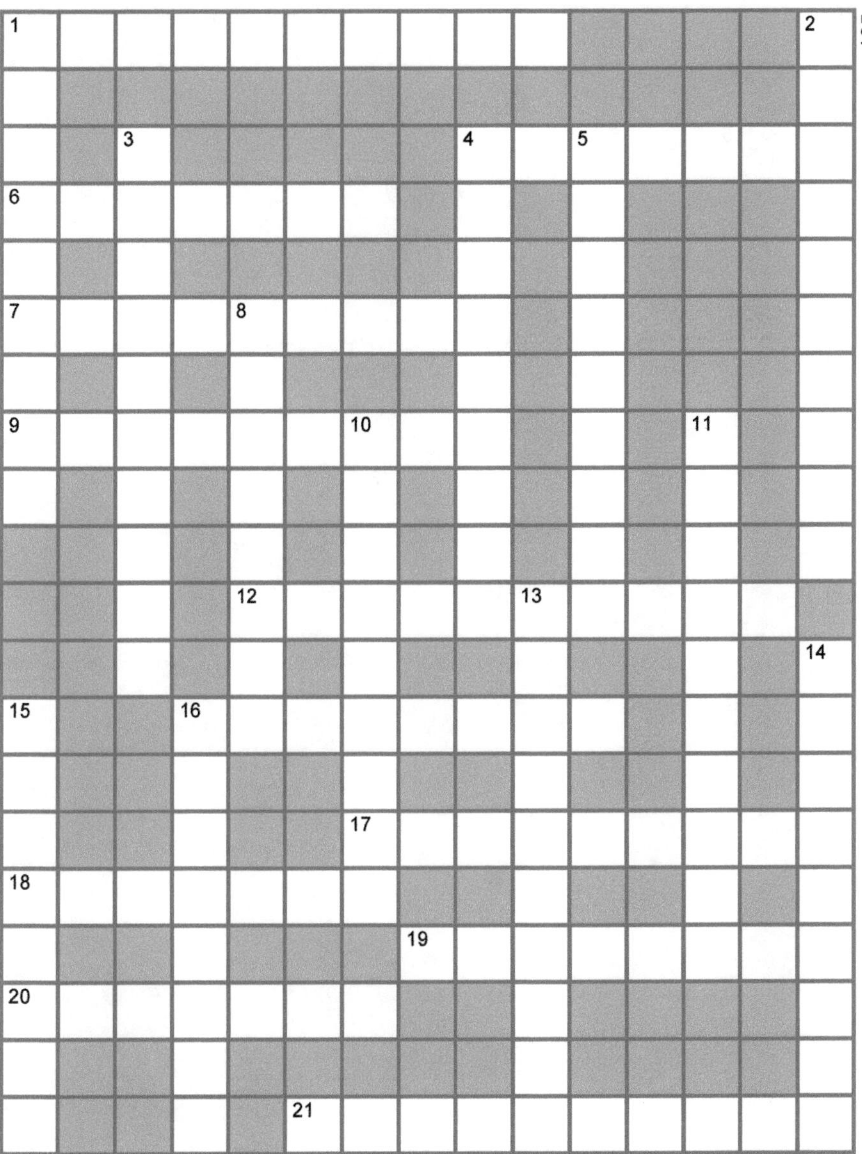

Horizontal: 1 Adivinharmos, pressagiarmos | **4** Erguerá | **6** Reclamar, lamentar | **7** Empolgar, extasiar | **9** Destituição de alguém de um cargo | **12** Elucidaram | **16** A menor partícula de uma substância | **17** Fazer ficar gigante | **18** Golpear com chicote | **19** Disseminar, espalhar | **20** Separar o joio do trigo | **21** Ulceraremos |

Vertical: 1 Ajustando, adaptando | **2** Convite | **3** Deslizavam sem controle pelo chão | **4** Ouvi vagamente | **5** Gripe | **8** Esboço | **10** Acrescentar a algo para torná-lo inteiro | **11** Colocar dentro de caixa ou caixote | **13** Letra de cada pessoa | **14** Poreis algo em cima para resguardar | **15** Colocar enfeites, adornar | **16** Relativo ao mar |

126

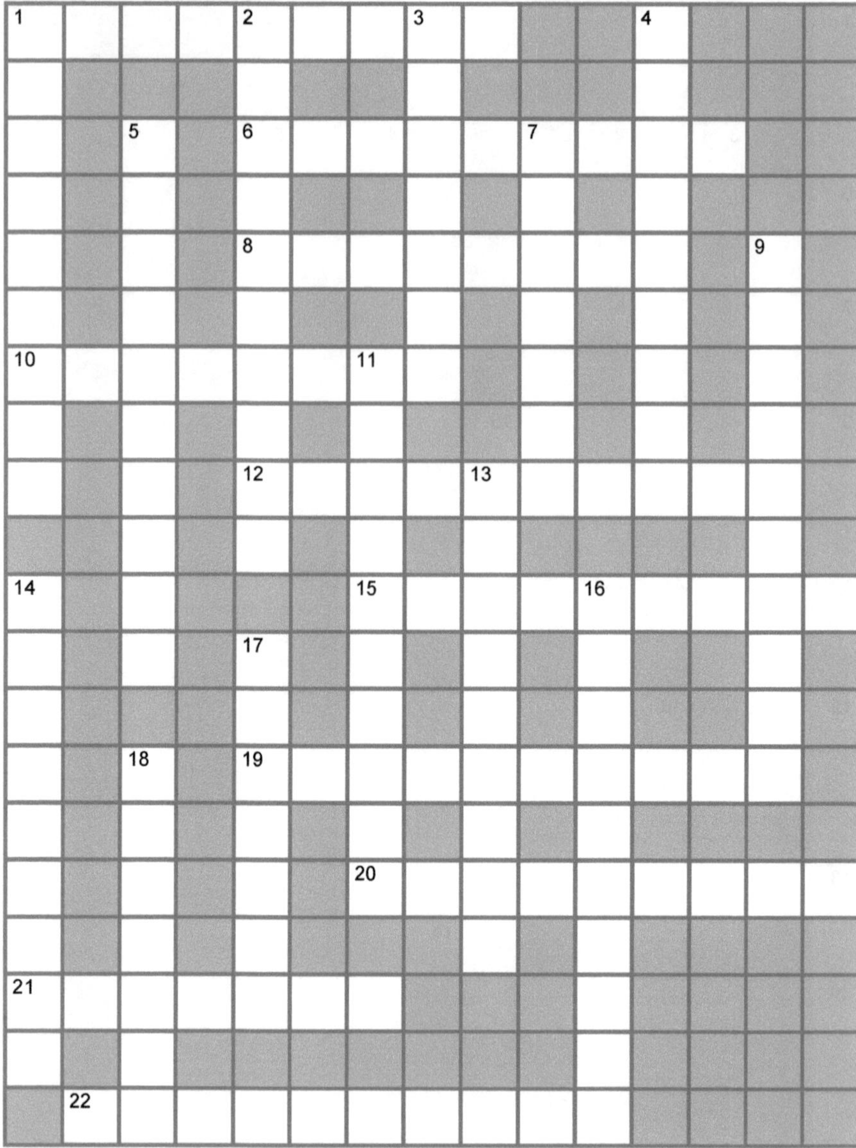

Horizontal: 1 Área destinada às aeronaves | **6** Vinagre (?), tempero de origem italiana | **8** Pôr de pé | **10** Lançado como dívida | **12** Depreciar a virtude de alguém | **15** Aplicara castigo | **19** Refrearemos | **20** Prevenir-se contra algo | **21** Bioma brasileiro com longos períodos de seca | **22** Que perdeu as telhas |

Vertical: 1 (?) de pó, aparelho de limpeza | **2** Enfraquecido fisicamente | **3** Mastigado | **4** Aumentou o preço | **5** Mesmo que despovoado | **7** Cismar, meditar, refletir (pop.) | **9** Assimilarmos | **11** Ensino, instrução e educação | **13** Inspiraram | **14** Torna mais resistente | **16** Lista discriminada de mercadorias | **17** Recita poema | **18** Prática esportiva, desporte |

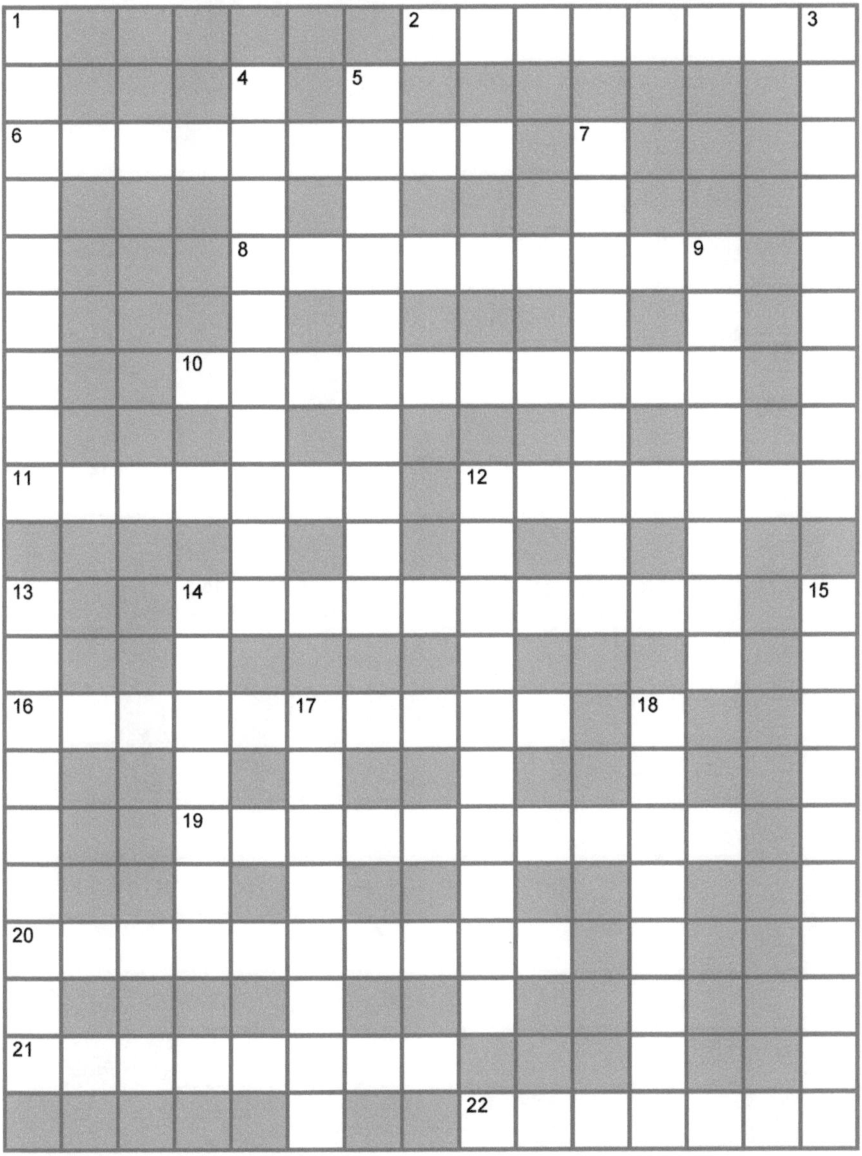

Horizontal: **2** Não permitirá | **6** Enviaram | **8** Pedido de compra | **10** Contabilizar | **11** Olham de frente | **12** Podemos ser contidos em algo | **14** Permitirá | **16** Doce de leite condensado e chocolate em pó | **19** Ter como aspiração | **20** Viraram para baixo | **21** Capital do Chile | **22** Conquistem a atenção |

Vertical: **1** País subdesenvolvido | **3** Adivinhamos, pressagiamos | **4** Rival, opositor | **5** Frearemos | **7** Colabora | **9** Reunir em grêmio | **12** Encolherão | **13** Ato de dar voz a um personagem de animação (pl.) | **14** Palavra que tem a mesma raiz que outra | **15** Terminaram | **17** Mesmo que zombar | **18** Prática de gente beata |

128

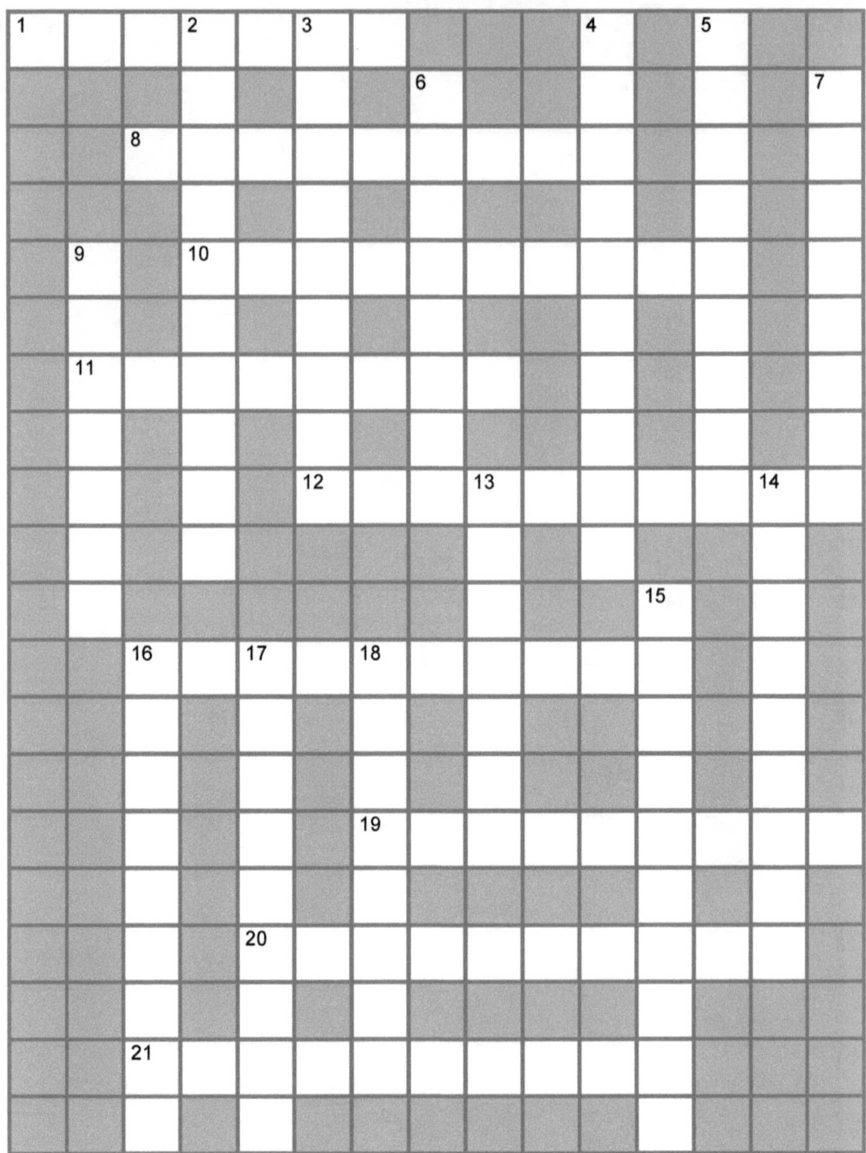

Horizontal: 1 Ombro | **8** Exercem autoridade sobre alguém | **10** Deram, conferiram | **11** Construção formada de diversos pavimentos | **12** Que gosta muito de alguma coisa | **16** Esticado | **19** Pertencente ao grupo 17 da tabela periódica (Quím.) | **20** Assaltante, salteador | **21** Irá para um mesmo ponto |

Vertical: 2 Perfumar | **3** Define | **4** Delimitamos | **5** Desfaz o nó | **6** Transportei | **7** Atormentado, apoquentado | **9** Brecamos | **13** Amigável, afável | **14** Imperfeito | **15** Fizeram agir sob coação | **16** Torna mais denso | **17** Que vive no subúrbio | **18** Cheia de rio que transborda |

129

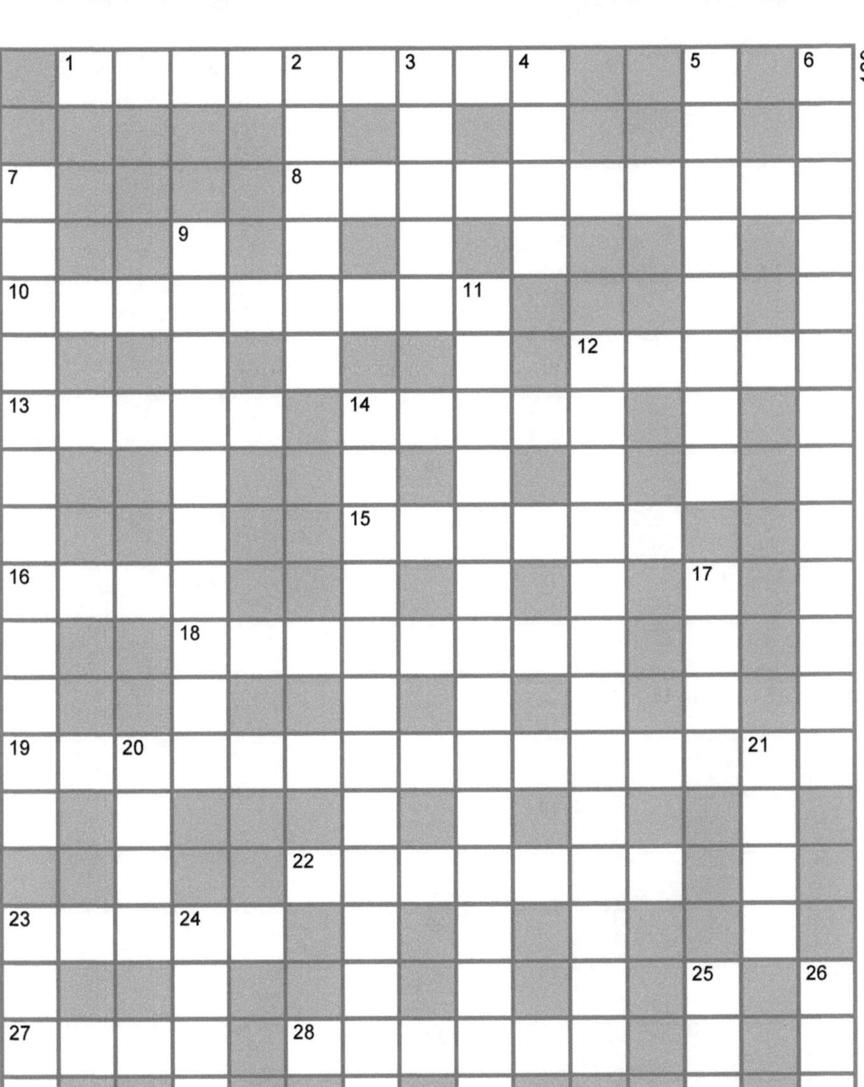

Horizontal: 1 Induzir, convencer | **8** Que não tem restrição | **10** Onde o delegado trabalha | **12** Caixa de metal com senha | **13** Sentimento de tristeza | **14** Homem de idade | **15** Atriz principal de teatro/cinema | **16** Estava dolorido | **18** É extraído da seringueira | **19** País europeu que existiu entre 1918 e 1992 | **22** Ex-jogador de futebol, jogou na copa de 2002 | **23** O diabo veste (?), filme | **27** Solo | **28** Jantar, em inglês | **29** Símbolo clicável na internet | **30** A (?) faz o ladrão (dit. pop.) |

Vertical: 2 Organização das Nações (?): ONU | **3** Oferecerei de presente | **4** Flor da roseira | **5** "Entrada (?)", entrar com festejo | **6** Local de trabalho do coordenador | **7** Que tem autonomia | **9** Notável, em inglês | **11** Adaptação a certas condições | **12** Introduzir/vender mercadoria ilegal | **14** Que não parecem verdadeiros | **17** Ave muito consumida no Natal | **20** Tempo equivalente a 60 minutos | **21** Sereia da mitologia brasileira | **23** Buraco cavado no fundo da terra | **24** Uso drogas | **25** Sílaba de traiçoeiro | **26** Que tem beleza, formoso, lindo |

130

Horizontal: **1** Todavia, contudo | **5** Engasto pedras preciosas | **8** Desprezava | **9** Abençoo | **10** Obrigaram alguém a fazer algo | **11** Realizam | **16** Mataremos por submersão | **19** Ponto de vista, opinião | **20** Expelir do corpo | **21** Patrulha de proteção e acompanhamento | **22** Obrigavam alguém a fazer algo | **23** Importunaram |

Vertical: **2** Severo | **3** Comparava duas ou mais coisas | **4** Capacitar | **5** Enfraqueceria | **6** Ato de dar ênfase em uma sílaba | **7** Grande massa de gelo | **10** De modo leal | **12** Mureta à altura do peito para proteção | **13** Pressentirá | **14** Desafinaram | **15** Abrir totalmente | **17** Escapasse | **18** Criadoras |

131

Horizontal: **1** Conjunto das leis de um país | **8** Resultado de devolver | **9** Acessório masculino preso no pescoço | **10** Que espalha luz | **11** Avaliando as respostas de uma prova |

Vertical: **2** Desfiar o tecido | **3** Não merecido | **4** Livro bíblico "Lv" | **5** Christina (?), cantora | **6** Criança que tem muito talento para a idade | **7** Arrancado |

132

Horizontal: **1** Torna alguém beato | **8** Negócio em que há fraude | **9** Tiram o sapato | **10** Limparemos |

Vertical: **1** Beber à saúde de alguém | **2** Ingresso de alguém em um emprego | **3** Permitir | **4** Parceiro, cúmplice | **5** Pilar decorativo | **6** Negação à mulher de direitos iguais aos do homem | **7** Ajudasse |

133

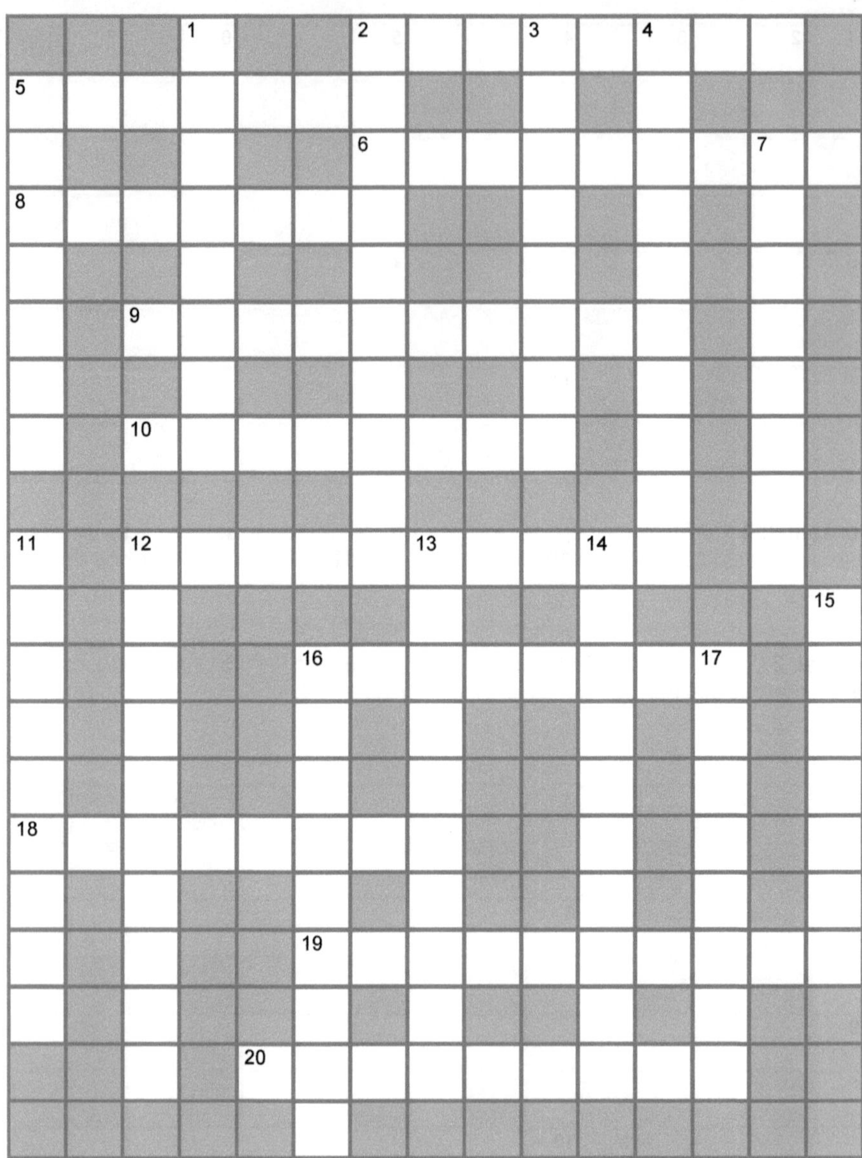

Horizontal: 2 Falta de cuidado | **5** Realizasse | **6** Obediência irrestrita | **8** Apara a barba | **9** Adubar a terra | **10** Cantor e compositor brasileiro | **12** Separado, divorciado | **16** Corrosão, envelhecimento | **18** Ramificou em duas partes | **19** Selecionamos | **20** Comemos com sofreguidão |

Vertical: 1 Anotação que se faz para lembrar | **2** Desarrumou | **3** Sujar de comida | **4** Insurgente | **5** Fevereiro, em espanhol | **7** Irritação da pele | **11** Vesgo, zarolho | **12** Tornar mais denso | **13** Aquilo que se dá a entender | **14** Punham em desavença | **15** Bananas de (?), série de TV infantil | **16** Duvidarem | **17** Erguemos |

134

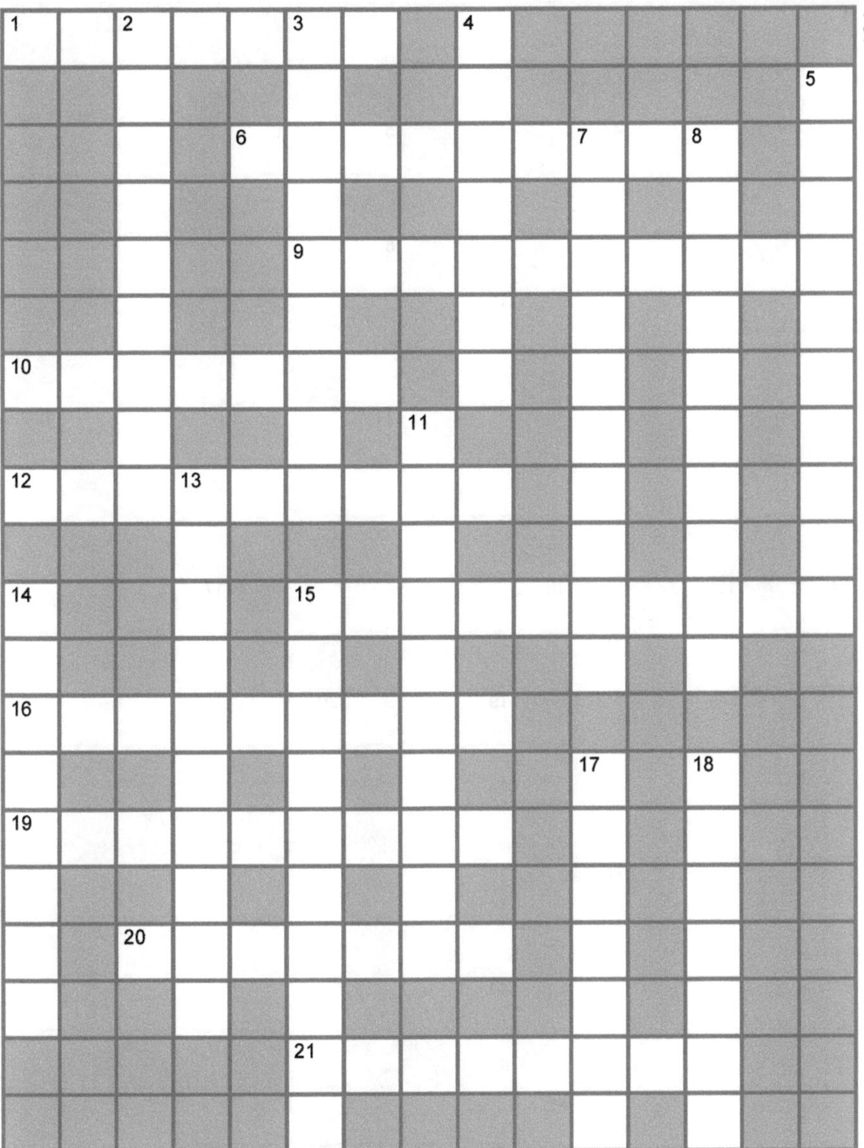

Horizontal: **1** Bisbilhotavam | **6** Envie para várias direções | **9** Que é feito em forma de texto | **10** Bateria, em inglês | **12** Livro que reúne textos selecionados | **15** Preparavam refeição | **16** Entornado (líquido) | **19** Aumentava o preço | **20** Declararam falência | **21** Discutir |

Vertical: **2** Capaz de sofrer contração | **3** Apequenaria | **4** Opinião especializada sobre algo | **5** Importunavam | **7** Cavidade pequena | **8** Que revela certeza | **11** Mulher que remenda tecido com pontos miúdos | **13** Distinguiram pela visão | **14** Operário que trabalha na construção | **15** Farás agir sob coação | **17** Pele caída e mole (pop.) | **18** Centro nervoso situado no crânio |

135

Horizontal: 1 Relativo a dinheiro | **5** Que não possui vaidade | **7** Contraído, constrito | **8** Poderei ser contido em algo | **9** Que não tem órgãos sexuais | **11** Mudança brusca de direção | **13** Desistir de aterrissar a aeronave | **16** Rodearás | **19** Ato de queimar | **21** Conjunto de bens deixados por alguém | **22** Chamavam para serviço militar | **23** Milésima parte do grama | **24** Desafinamos |

Vertical: 1 Reprodução não autorizada de filmes, livros, etc. | **2** Ser equivalente a | **3** Demoliam | **4** Ação de ranger os dentes durante o sono | **6** Tornar fraco, enfraquecer | **8** Reúnem | **10** Natural da Áustria | **12** Próprio da agricultura | **14** Borrifando | **15** Derramaram | **17** Abdicaram, recusaram | **18** Posto, situado | **20** Alimento assado feito com farinha |

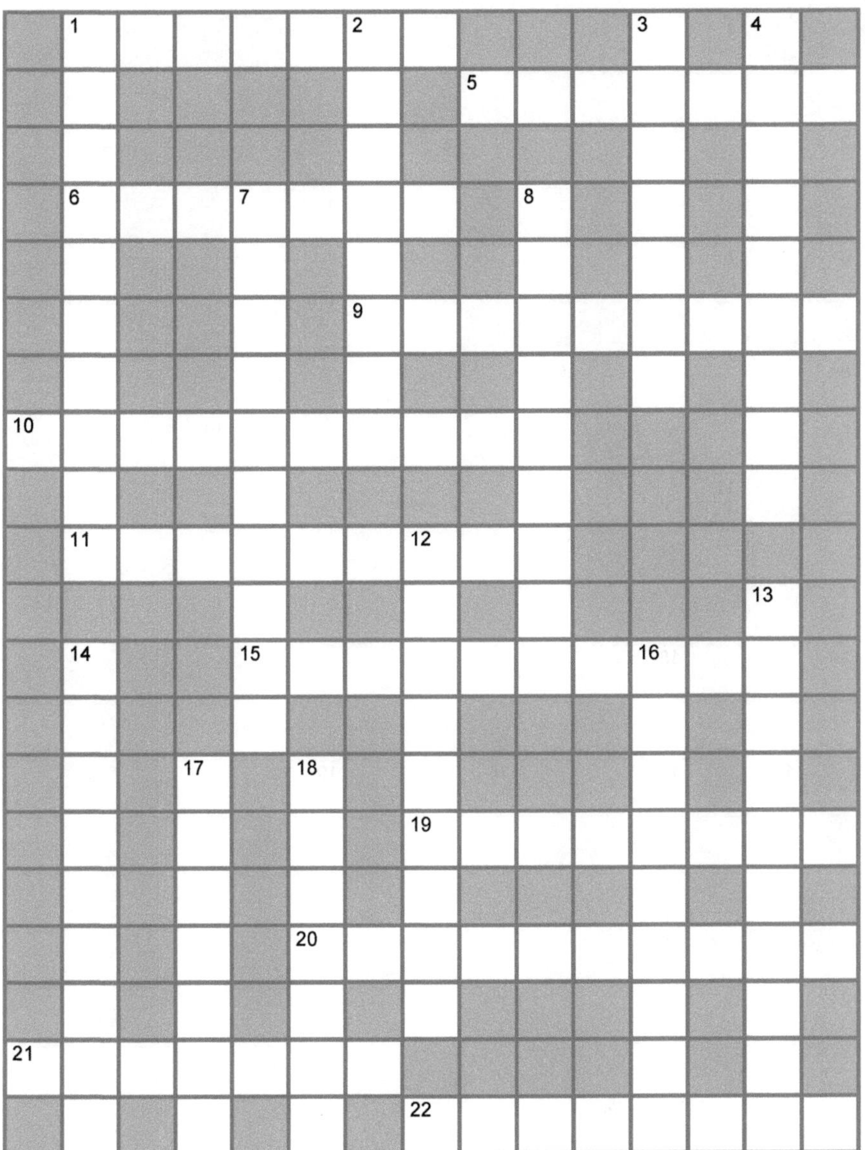

Horizontal: 1 Financiei | **5** Alcançam | **6** Grande coxim colocado sobre o estrado da cama | **9** Espécie de árvore | **10** Assombrar | **11** Pesar em balança | **15** Designado | **19** Prolongado | **20** Tornar ilustre, célebre | **21** Secam | **22** Consentirmos |

Vertical: 1 Indivíduo frio e interesseiro | **2** Dissipasse | **3** Adivinhar, pressagiar | **4** Romeiro | **7** Monitorado | **8** Assimilarei | **12** Grande réptil, semelhante ao jacaré | **13** Estímulo | **14** Calculista | **16** Juntar, aproximar, aglomerar | **17** Reduzo | **18** Parte de um todo |

137

Horizontal: 1 Trata com desprezo | **2** Embasbaco | **7** Difícil de satisfazer | **8** Esporte em que há duas cestas | **11** Entreterão | **12** Tristeza profunda | **14** Interceder | **17** Eliminou | **20** Repreenderas | **21** Termo usado no sentido figurado | **22** Que procura por meio do olfato |

Vertical: 1 Liberado | **3** Dedicar grande atenção a | **4** Alojei, hospedei | **5** Separa | **6** Antiga cidade da região da Mesopotâmia | **9** Tornar-se estabilizado no emprego | **10** Alcançavas um objetivo | **13** Borrifaras | **15** Elevador, em inglês | **16** Casa com alguém | **18** Pensar, suscitar | **19** Ser da mitologia tupi semelhante ao curupira |

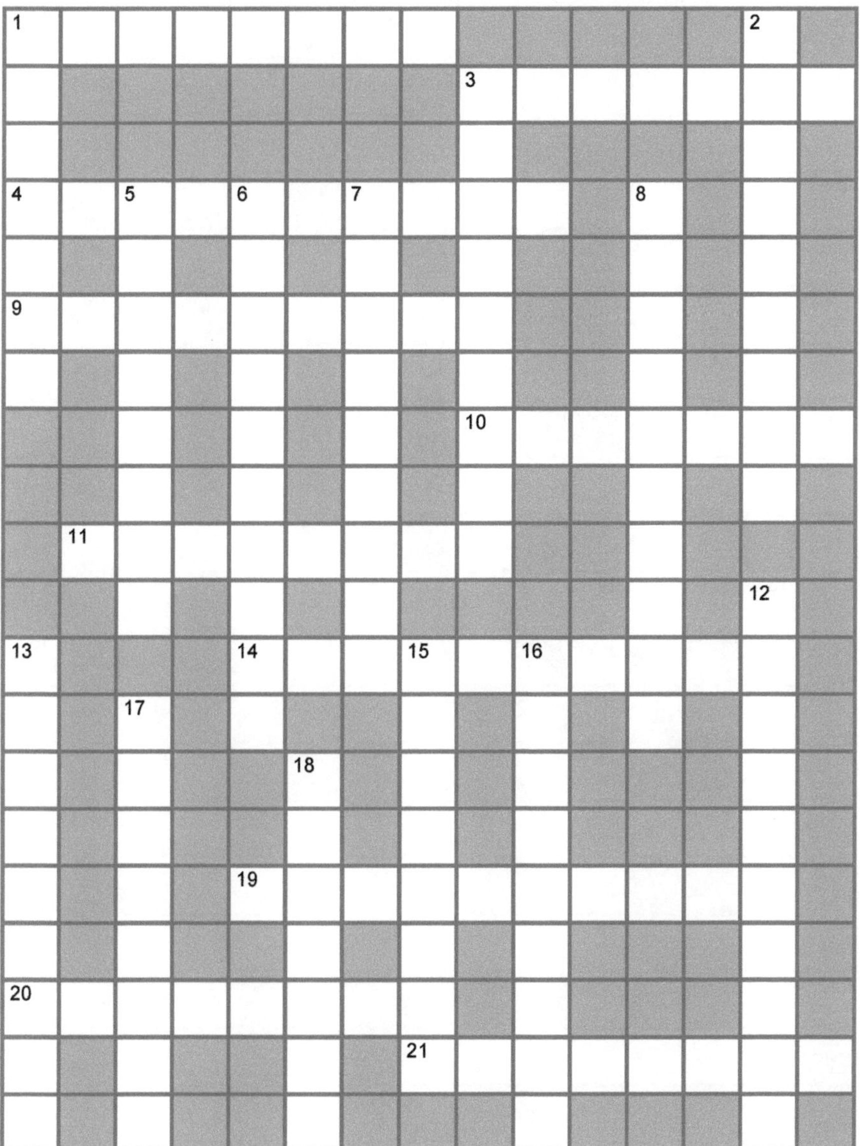

138

Horizontal: 1 Muito quente | **3** Desejara com veemência | **4** Recitavam poema | **9** Recusava | **10** Filme estadunidense de 1996 | **11** Fracassamos | **14** Livrou de germes | **19** Escultor | **20** Baixar o preço | **21** Acrescentáramos |

Vertical: 1 Cautela, precaução | **2** Estado de pupa das borboletas | **3** Acariciarmos | **5** Dormir por pouco tempo | **6** Que foi objeto de presságio | **7** Ampliamos | **8** Hipocrisia, falsidade | **12** Expeliremos saliva | **13** Abalar o estado de espírito de alguém | **15** Incitara | **16** Estudo de documentos antigos | **17** Mudança para melhor | **18** Expressão que qualifica um nome |

139

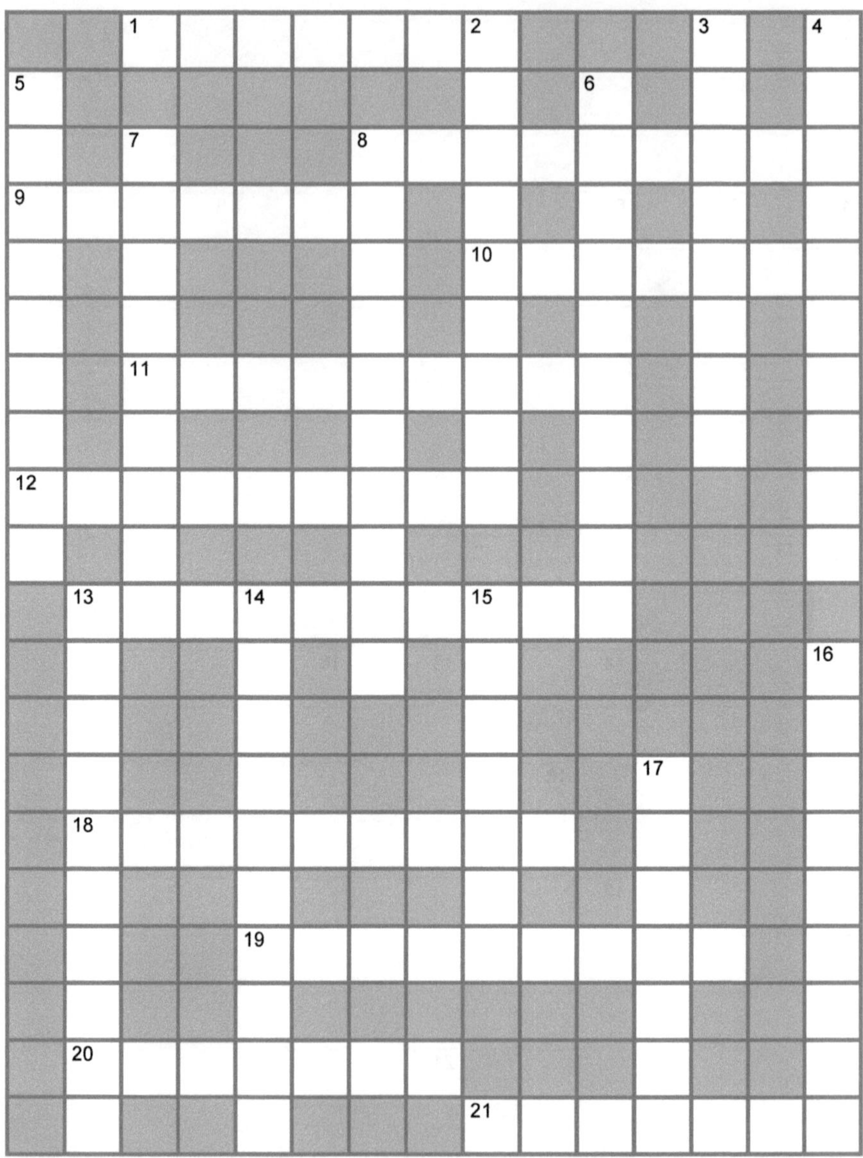

Horizontal: **1** Obra da imaginação, ilusão | **8** Divergir, discrepar | **9** Carne bovina salgada e seca ao sol | **10** Requebrara | **11** Viessem de algum lugar | **12** Infecção bacteriana transmitida sexualmente | **13** Que não tem zelo | **18** Que não é parcial | **19** Que é feito sem preparação prévia | **20** Capturar, aprisionar | **21** Cabine em que se abrigam vigias |

Vertical: **2** Profissional da música | **3** Masculino de madrinha | **4** Congresso, assembleia | **5** Dou tarefa a alguém | **6** Secreção que escorre de um órgão | **7** Que solta centelhas | **8** Perderia o valor | **13** Privavam da posse de algo | **14** Enfraquecerem | **15** Que foi apontado, denunciado | **16** País que faz fronteira com o México | **17** Lançar centelhas |

1	■	2	■	■	■	3	■	■	■	■	■	4	■	5
6										■	■		■	
	■		■	■	■		■	■	■	■	■		■	
7				8				■	■	9	■		■	
	■		■		■		■	10						
	■		■		■		■		■		■		■	
11									■		■		■	
	■		■		■		■	12						
	■	■	■		■		■		■		■		■	■
■	13								■		■		■	■
■		■	■		■	■	■		■		■	■	14	■
■		■	■	15										■
■		■	■		■	■	■		■		■	■		■
■		■	16	■	■	17	■	■	18	■	■	■		■
■		■		■	■		■	■		■	■	■		■
■	19										■	■		■
■		■		■	■		■	■		■	■	■		■
■	■	■		■	■		■	■		■	■	■		■
■	■	■		■	■	20								
21							■	■		■	■	■		■

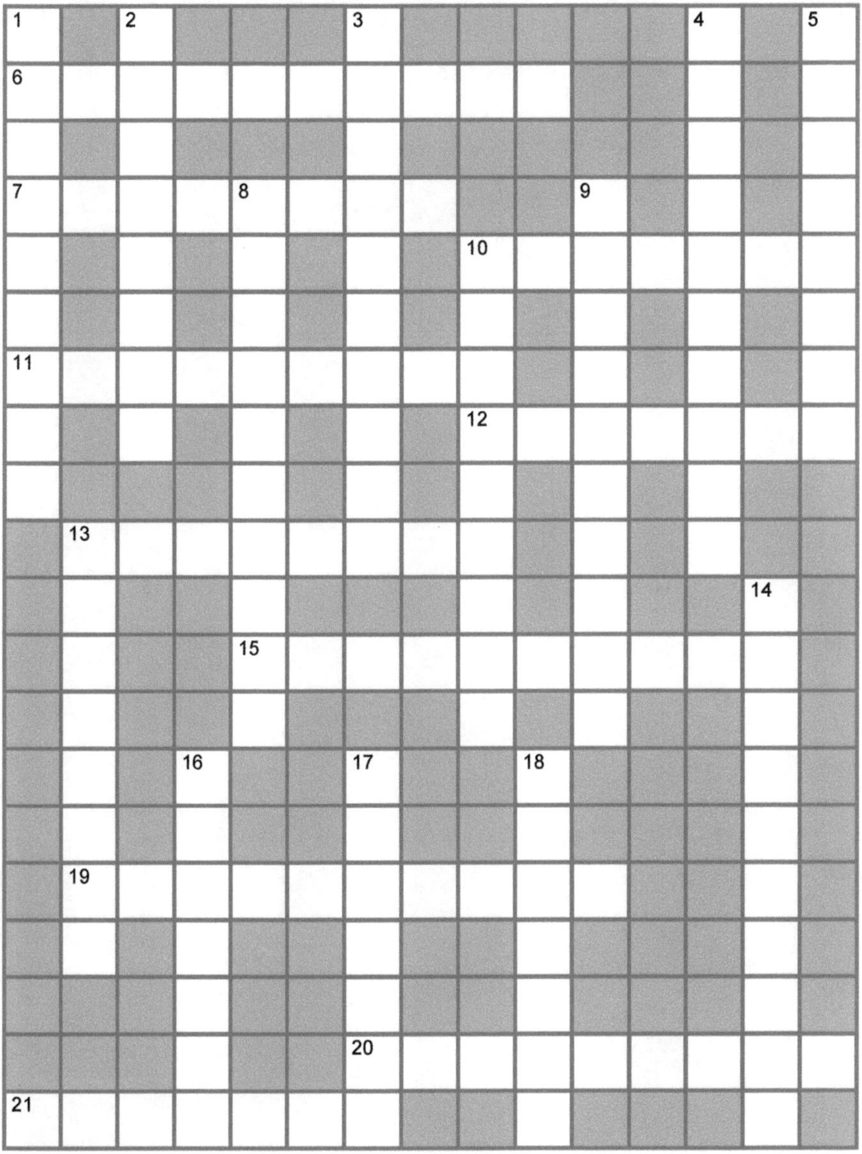

Horizontal: 6 Faremos amizade | **7** Cozimento | **10** Que se pintou | **11** Que tem pressa | **12** Local destinado aos atores | **13** Incomodávamos | **15** Perdemos o valor | **19** Desviado do rumo, afastado | **20** Adivinharem, pressagiarem | **21** Tombariam |

Vertical: 1 Anulado, suspenso | **2** Recipiente de metal, louça ou vidro | **3** Deterioravam | **4** Lugar reservado a conversas | **5** Transportam | **8** Separado | **9** Ficar inchado | **10** Marcha religiosa pelas ruas | **13** Gerado fora do casamento | **14** Que é possível prolongar | **16** Almejar, cobiçar | **17** Rodaram | **18** Inferem |

141

Horizontal: **1** Cortar a garganta de alguém | **5** Encolheu | **8** Sobrescritar | **10** Deixarás pender | **12** Estaremos de acordo | **14** Propagavam | **18** Pôr, colocar em | **20** Servir de fundamento a algo | **21** Removi um obstáculo | **22** Cobicei |

Vertical: **1** Que sofreu desilusão | **2** Que faz o bem para todos | **3** Enganador | **4** Realizavam | **6** Maneira de andar, balançando-se | **7** Situação difícil, aperto | **9** Diferencias | **11** Deturpam | **13** Mesmo que farmacêutico | **15** Medida ou medição em metros | **16** Sofrer distensão | **17** Pudeste ser contido em um lugar | **18** Cobiçam | **19** (?) em Marte, filme |

142

Horizontal: 3 Derramamos | **10** Conjunto de penas finas das aves | **11** Desejei intensamente | **12** Deixarei pender |

Vertical: 1 Funcionário do banco | **2** Que tem barba comprida (aum.) | **4** Parte mais alta de uma serra | **5** Mamífero feroz | **6** Vício de jogo de azar | **7** Árvore frutífera do México e da América Central | **8** Amigo do Scooby-doo | **9** Exagero |

143

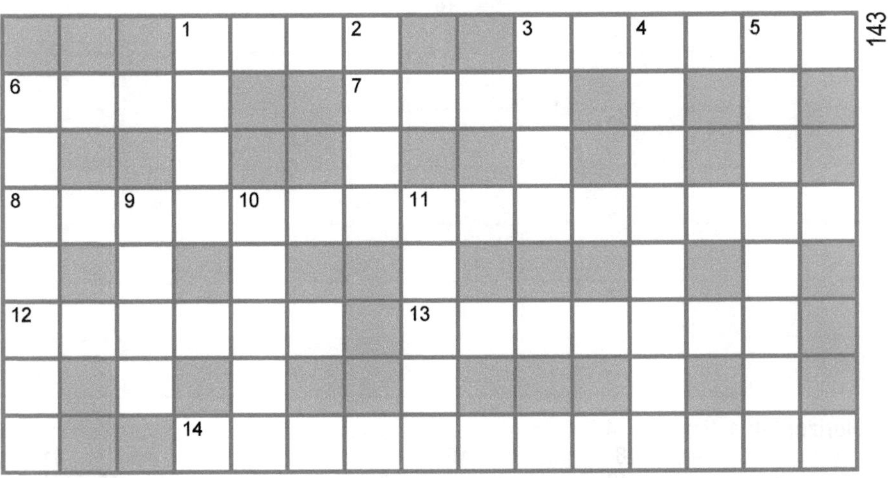

Horizontal: 1 Carro, em inglês (pl.) | **3** De sabor ácido | **6** Boneca, em inglês | **7** Aritmética (abrev.) | **8** Afinidade, semelhança | **12** Porção que cabe na boca | **13** Matar por asfixia | **14** Em que há declamação |

Vertical: 1 Sílaba de eclipse | **2** Personagem do folclore brasileiro | **3** Recife circular | **4** Instrução, cultura | **5** Abençoarei | **6** Nível sonoro "dB" | **9** Jovem | **10** Apóstolo de Jesus, irmão de Pedro (bíbl.) | **11** Mesmo que procura

Horizontal: **1** Brotava | **4** Tecido adiposo dos animais | **5** Político comprometido com a vontade da maioria | **8** Desmentirá | **10** Pessoa que mora perto de alguém | **11** Em companhia de (pron.) | **13** Tipo de motoneta | **16** Que gasta em excesso | **18** Conforto, alívio | **19** Relação de semelhança | **20** Contrapor | **21** Casaco pequeno |

Vertical: **1** Colavam | **2** Expressar gratidão | **3** Estender um prazo | **6** Alívio, conforto | **7** Hospedagem temporária | **9** Repousado | **12** Que separa | **14** Aniquilaram (fig.) | **15** Terminarás | **17** Desejáramos com veemência | **19** Relativo ao autor |

145

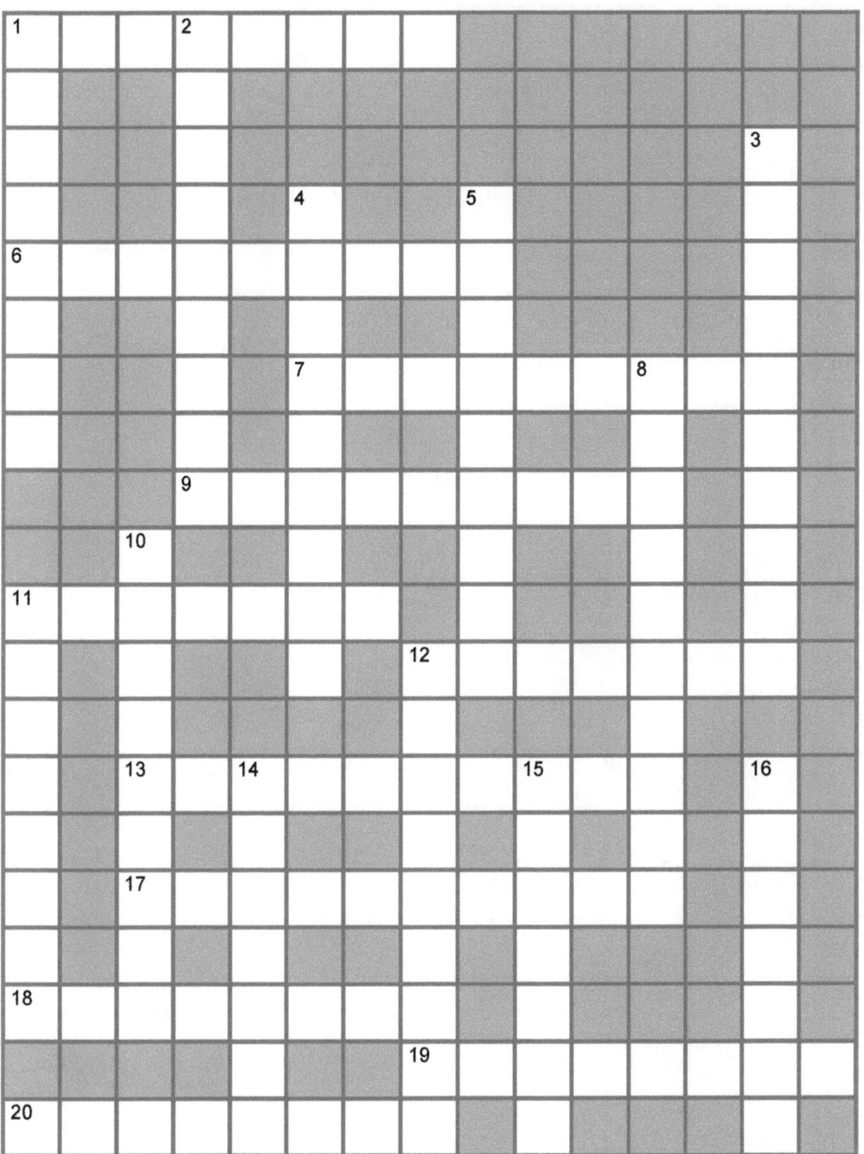

Horizontal: 1 Lutava contra alguém | **6** Expor em palavras | **7** Acontecer ao mesmo tempo | **9** “Up: Altas (?),” animação da Pixar | **11** Apego doentio a pessoa ou coisa | **12** Rocha ígnea abundante na crosta terrestre | **13** Tornar tosco | **17** Solidificaram pela ação do frio | **18** Extinguimos a luz | **19** Mudança na maneira de pensar | **20** Comovido |

Vertical: 1 Que age com moderação | **2** Pessoa do corpo de funcionários da burocracia | **3** Que purifica o organismo | **4** Duvidaram | **5** Qualidade da pessoa sincera | **8** Caminharam na passarela | **10** Demanda | **11** Fritaria | **12** Intoxicação alimentar grave | **14** Brejo, charco | **15** Gravata, em espanhol | **16** Pequeno aparelho de iluminação |

146

Horizontal: 1 Depreciou | **3** Que tem poder, força | **8** Discutir, debater | **10** Cobrimos com couraça | **11** Nativo da capital da Inglaterra | **13** Escarradeira | **17** Onde se vendem medicamentos | **20** Teve | **21** Que é instrutivo | **22** Desfaço | **23** Ingerimos líquido |

Vertical: 1 Cancelam compromisso | **2** Completamos | **4** Aproximamos | **5** Incentivei | **6** Tornar escorregadio | **7** Bebida que faz borbulhas | **9** Atribuíram a autoria | **12** Amputavam | **14** Elemento importante na coagulação do sangue | **15** Redução | **16** Natural de João Pessoa | **18** Fazemos perder a visão | **19** Incomodaste |

147

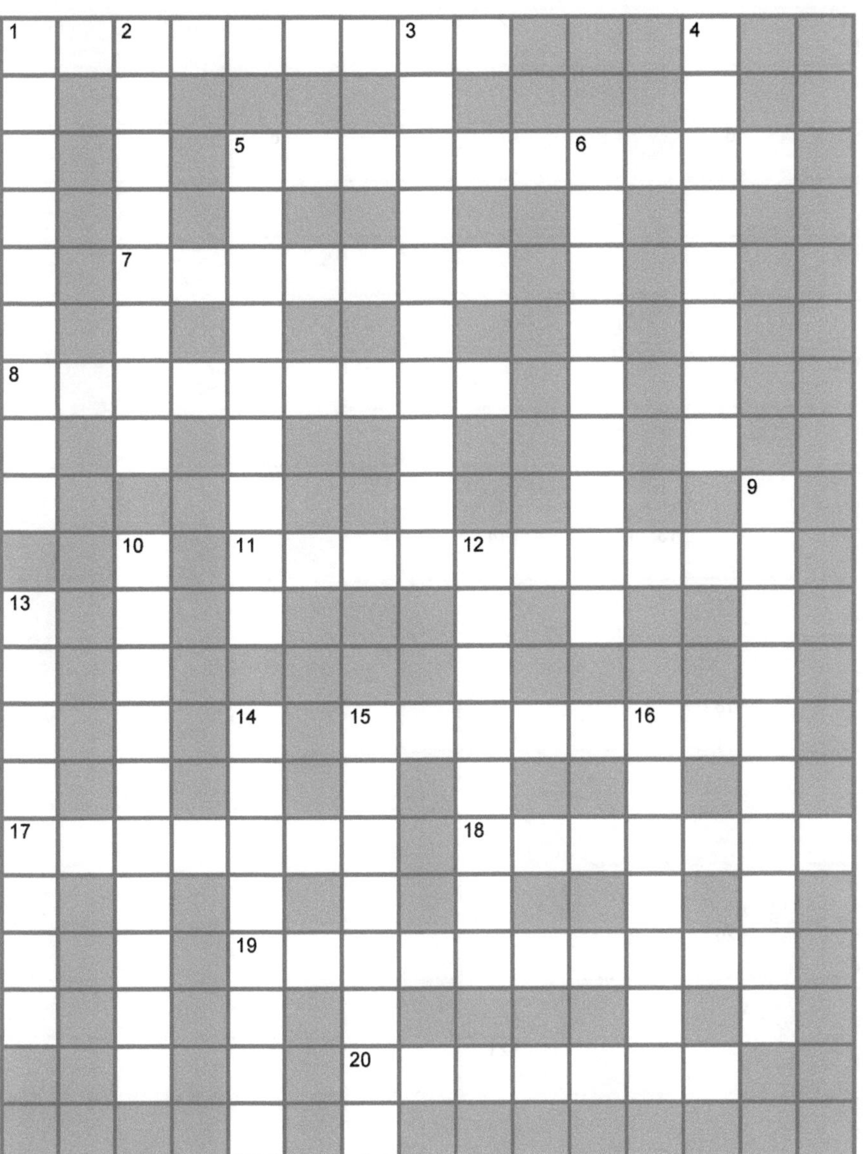

Horizontal: 1 Perdem peso | **5** Demitiria | **7** Junto textos em uma única obra | **8** Mau ator | **11** Permitiam | **15** Faz-se noite | **17** Arranquei as penas | **18** Cobrir a superfície com cera | **19** Recipiente côncavo onde se guarda compota | **20** Desfiguro |

Vertical: 1 Interpretar erroneamente alguma coisa | **2** Nativo da África | **3** Disseminamos | **4** Demandando | **5** Relativo a casa ou a família | **6** Que tem poder e prestígio | **9** Utilizaram | **10** Intimar a dar declaração em tribunal | **12** Nativo do país cuja capital é Liubliana | **13** Atacará fisicamente | **14** A parte mais elevada, cume | **15** Espantado, perplexo | **16** Escolhiam por votação |

148

Horizontal: 1 Concordando | **7** Referente à garganta ou ao pescoço | **9** Fugir, escapulir | **10** Avariada devido a choque | **11** Provido de arreios | **12** Ação exercida pelas geleiras na superfície terrestre | **18** Mesmo que assegurar | **19** Preparado com cânfora | **20** Separar-se judicialmente | **21** Indivíduo muito idoso (pop.) |

Vertical: 1 Ofegar | **2** Causar dano a alguém | **3** Ação de degustar, provar | **4** Completaram | **5** Grito de alegria, de entusiasmo | **6** Criação de gado | **8** Trabalhar | **12** Riem ruidosamente | **13** Alcançavam um objetivo | **14** Chamaram para serviço militar | **15** Desgastaras | **16** Que está em degradação | **17** Que trabalha em posto de gasolina |

149

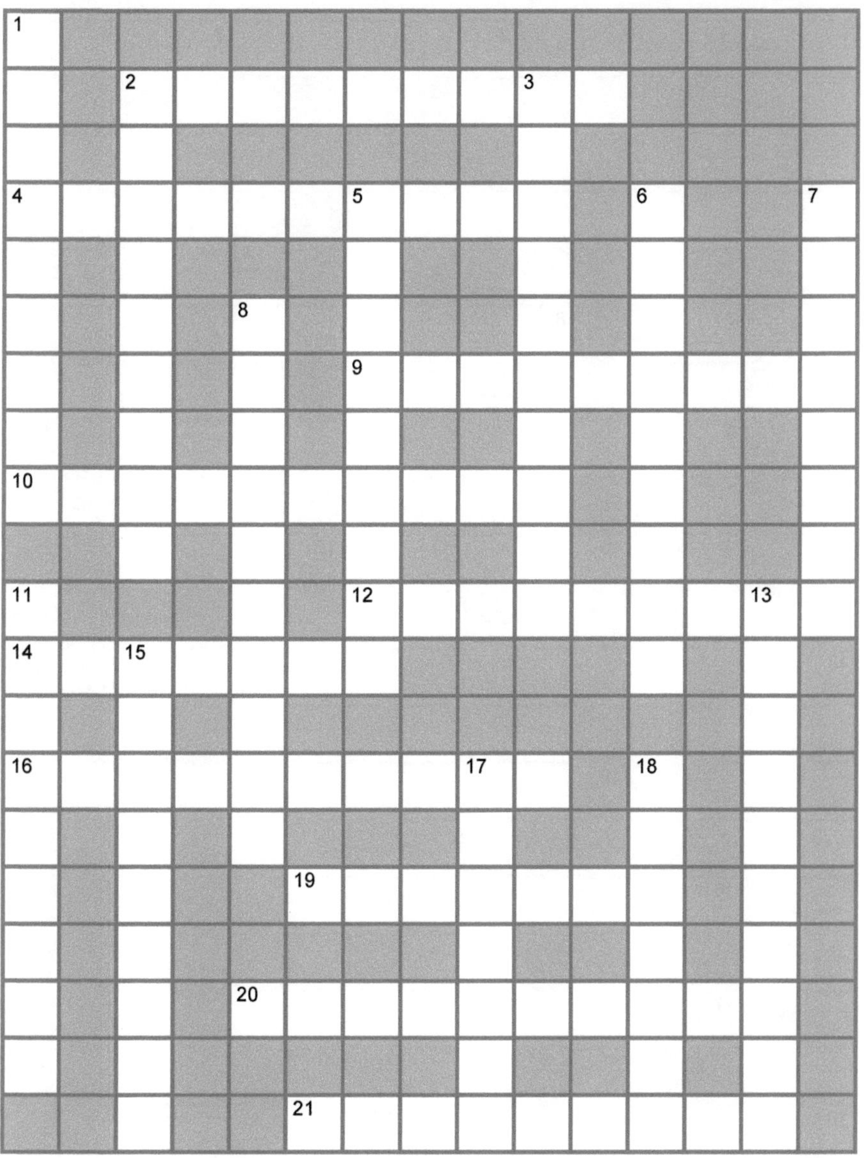

Horizontal: 2 Que perdeu a cor | **4** Recebemos o sacramento da Eucaristia | **9** Invólucro usado para proteger | **10** Fazer barulho | **12** Contradizer | **14** Oficial que redige documentos legais em tribunais (fem.) | **16** Reconfortaram | **19** Que causa pavor | **20** Falar irritadamente | **21** Local de pouso e decolagem de aeronaves |

Vertical: 1 Duvidaste | **2** Que detém o poder, a autoridade | **3** Desviaram a atenção | **5** Resumida, condensada | **6** Relativo ao Império Romano do Oriente | **7** Aniquilar | **8** Entretemos | **11** Tratar sem cuidado | **13** Aplicarão castigo | **15** Tornar mais denso | **17** Desejado com veemência | **18** Adquirir calos |

150

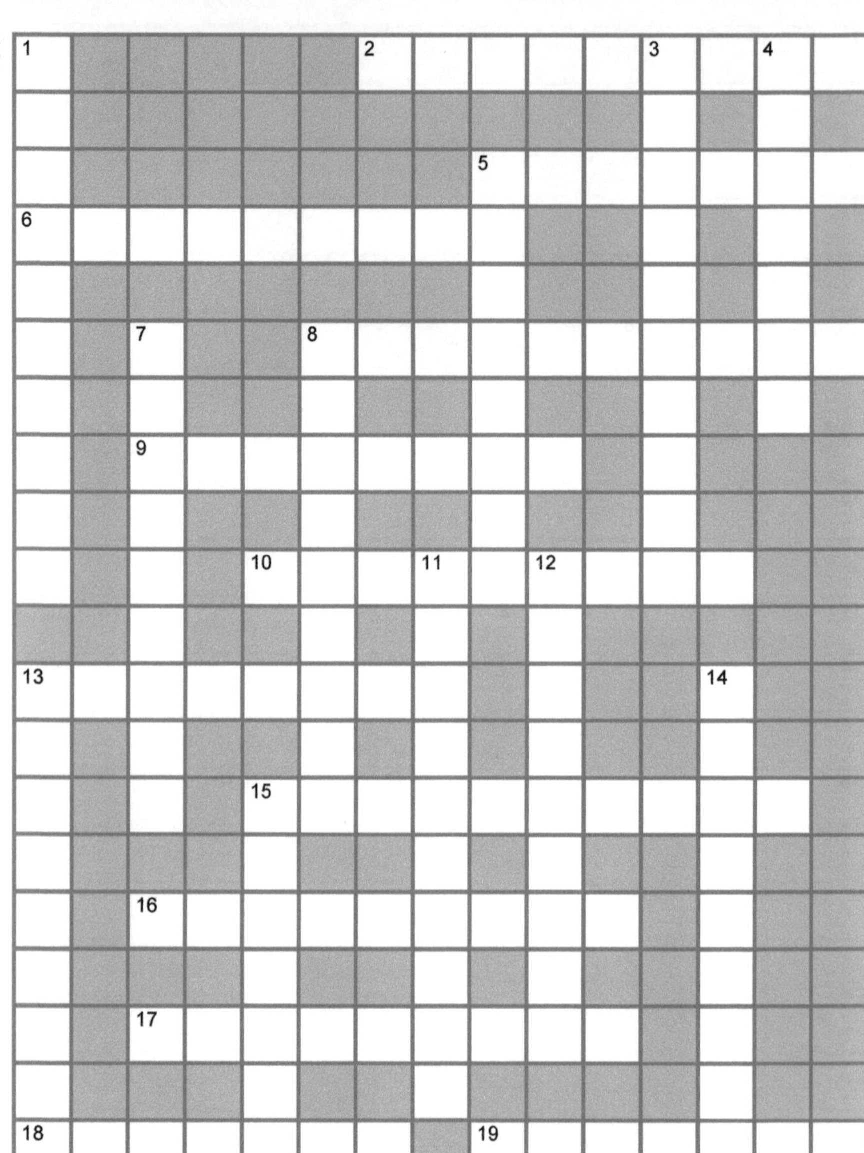

Horizontal: **2** Que se tornou fértil | **5** Magro, em espanhol | **6** Diferenciei | **8** Reduziria | **9** Corre atrás de alguém | **10** Religião da maior parte da Índia | **13** Marido e esposa (pl.) | **15** Provavam um prato | **16** Austero, rigoroso | **17** Pressentem | **18** (?) Caeiro, um dos heterônimos de Fernando Pessoa | **19** Fatigado |

Vertical: **1** Guiaram | **3** Assimilariam | **4** Chegar a conclusão | **5** Reduziu | **7** Estabelecimento sujo e mal frequentado | **8** Diferencia | **11** Que provoca interrupção | **12** Sem forças diante de uma situação | **13** Grupo de crianças | **14** Convertia líquido em vapor | **15** Depositar confiança em alguém |

151

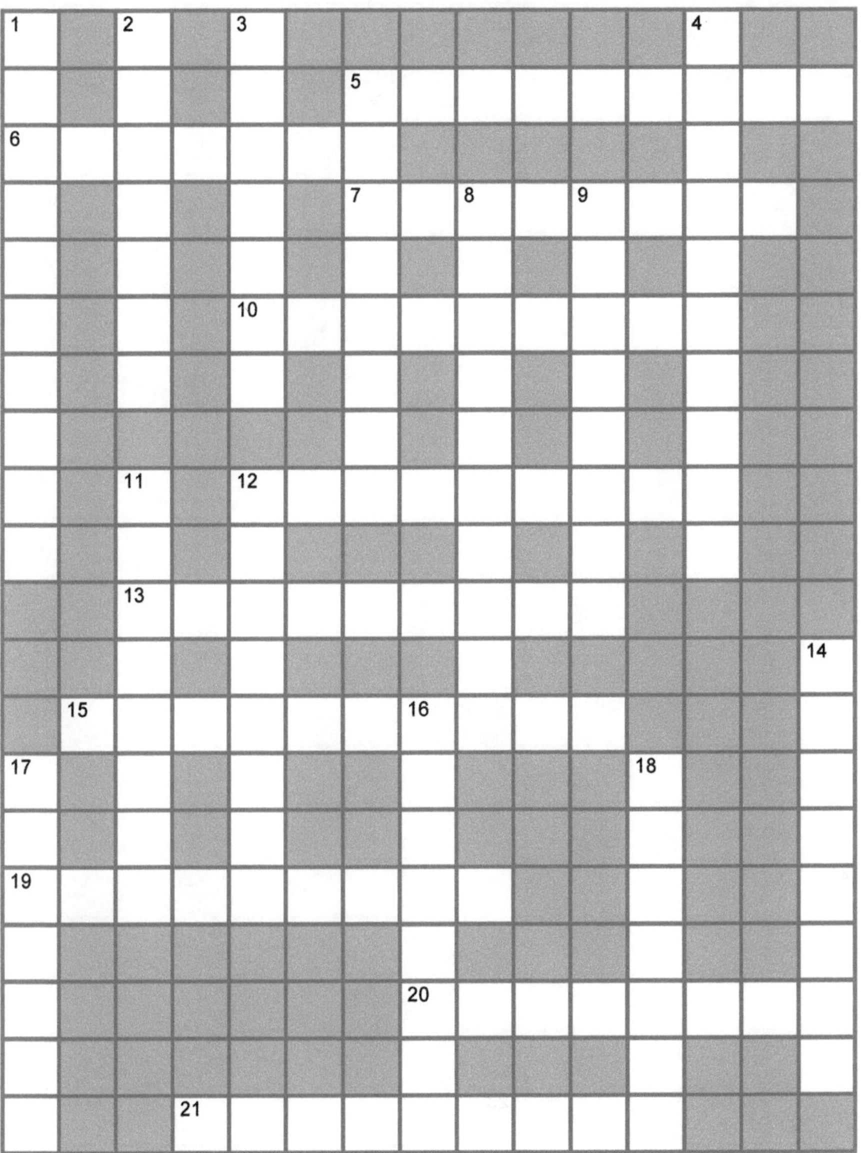

Horizontal: 5 Pedaço pequeno de algo que se dividiu | **6** País cuja capital é La Paz | **7** Árvore que dá uma fruta cítrica usada em doces | **10** Alcançável | **12** Mulher tagarela | **13** Dizer blasfêmias | **15** Espírito de camaradagem entre colegas | **19** Instalar-se em barracas | **20** Provocar, amolar | **21** Canto litúrgico católico |

Vertical: 1 Impedimos | **2** Smartphone, telefone móvel | **3** Flutuar no ar | **4** Bruxuleiem | **5** Que pode ser feito | **8** Deterioramos | **9** Desocupar | **11** Mulher que samba e participa do carnaval | **12** Atormentar, afligir | **14** Pessoa que herda | **16** Portador de problema físico/mental | **17** Assassinato coletivo | **18** Indiferente, apático |

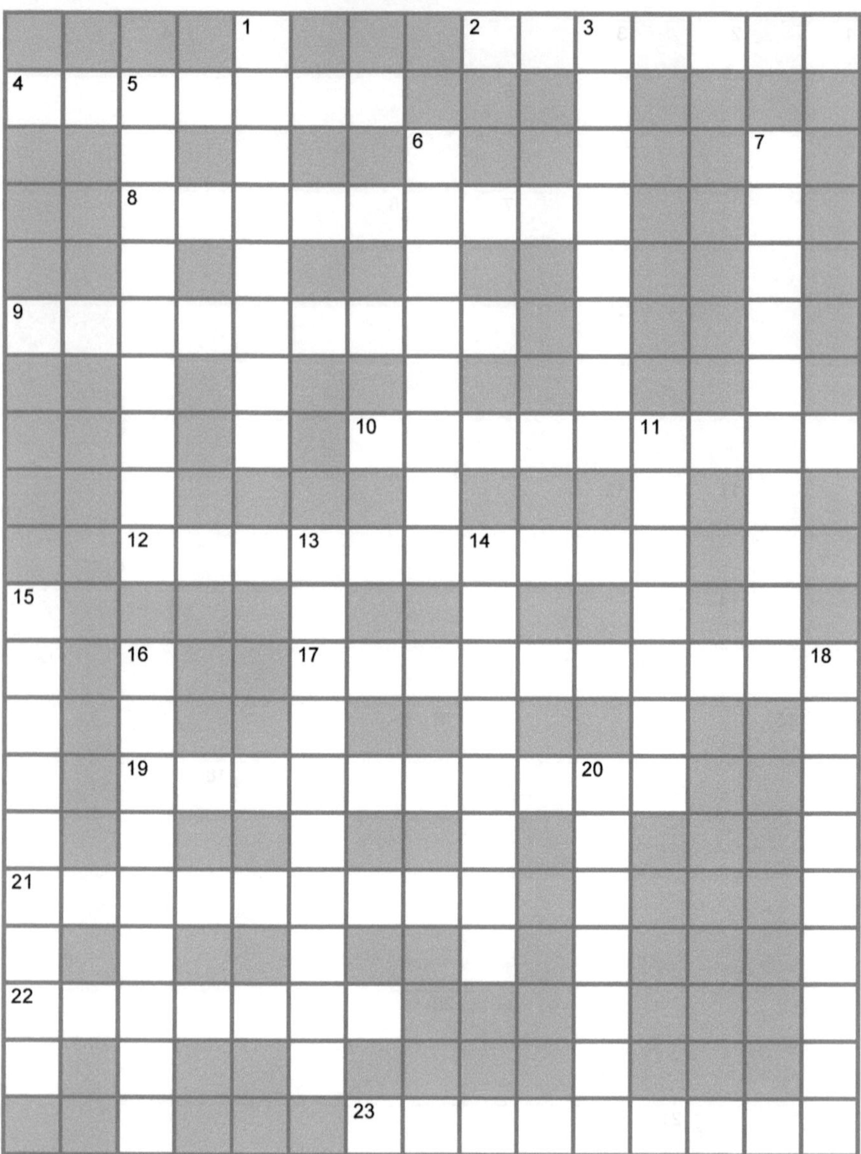

Horizontal: 2 Brecavam | **4** Forçara alguém a fazer algo | **8** Quitação parcelada de um débito | **9** Caíamos no sono | **10** Que se pôs abaixo | **12** Passavam água para tirar o sabão | **17** Ocultamos | **19** Ornar, enfeitar | **21** Adivinharia, pressagiaria | **22** Magia, feitiço | **23** Infestado de peste |

Vertical: 1 Instrução para a execução de um plano | **3** Entusiasmou | **5** Substância usada como adoçante | **6** Não pagou o que devia | **7** Simpatizante de um partido | **11** Fazer circular por um sistema | **13** Ato de se ligar a alguém | **14** Ficar enfermo | **15** Apequenares | **16** Dar propriedade como garantia de empréstimo | **18** Que está meio adormecido | **20** Conciliavas |

153

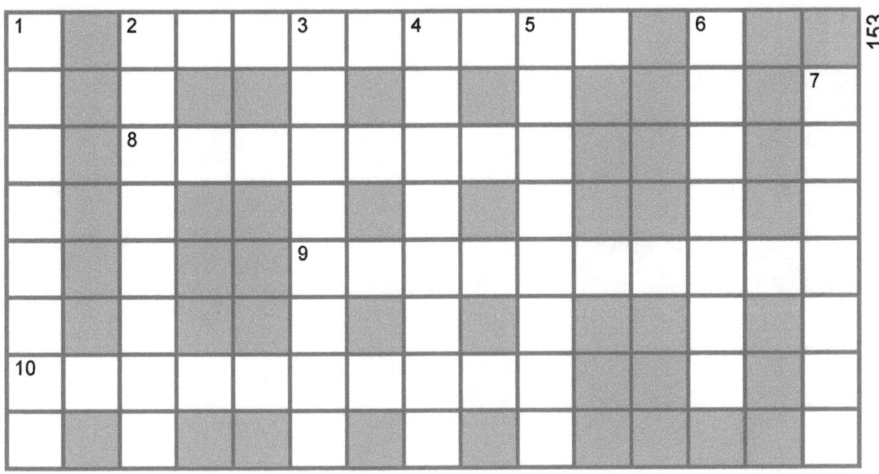

Horizontal: 2 Mesmo que coagido | **8** Exprimir surpresa ou admiração | **9** Obscurecemos | **10** Abria mão de algo |

Vertical: 1 Que tem cabeça grande | **2** Perfumado | **3** Cavaleiro andante da Idade Média | **4** Lastimar | **5** Conduzias um veículo | **6** Escapamos | **7** Tinha |

154

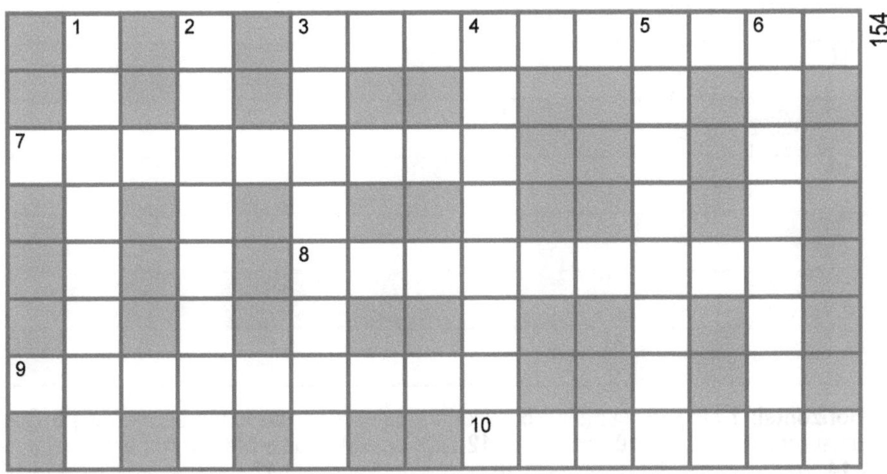

Horizontal: 3 Guiarão | **7** Embutir | **8** Que se revoltou contra um poder estabelecido | **9** Vários mamilos numa só mama | **10** Tratar com remédios |

Vertical: 1 Dissimulamos | **2** Tornar correto | **3** Expelirem saliva | **4** Deixam cair | **5** Transgredi | **6** Cobra gigante |

155

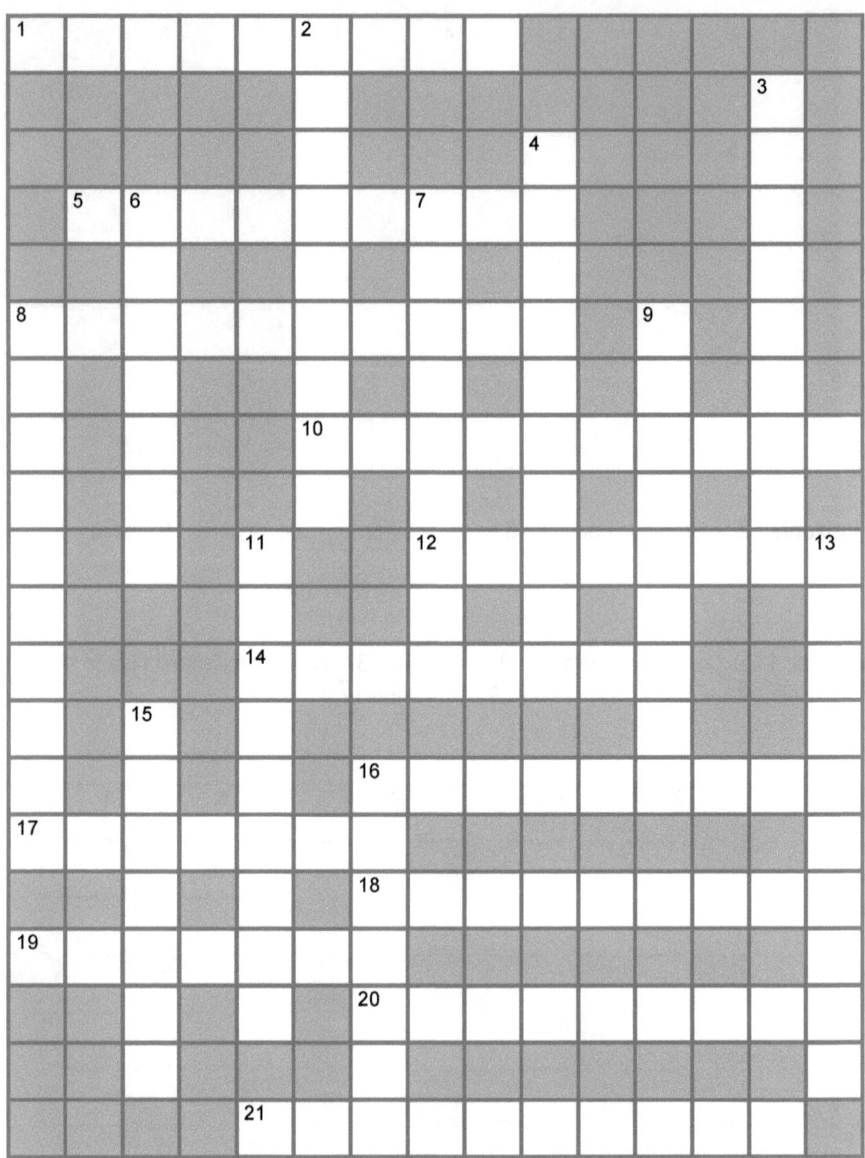

Horizontal: 1 Livro de germes | **5** Suporte arquitetônico em forma de mulher | **8** Que pode ser conquistado | **10** Comprimo | **12** Traje de metal que protege o corpo do guerreiro | **14** Tirar os ossos de um animal | **16** Contei um segredo | **17** Bacana, legal (pop.) | **18** Expressar-se com vigor para persuadir | **19** Chapéu quadrangular sem abas | **20** Ofensivo | **21** Disseminação |

Vertical: 2 Monumental | **3** Aumentar | **4** Ingerimos | **6** Aparência | **7** Criado | **8** Selecionaram | **9** Apequenarás | **11** Inferirem | **13** Fixamos | **15** Primata semelhante ao babuíno | **16** Indivíduo que abre covas em cemitérios |

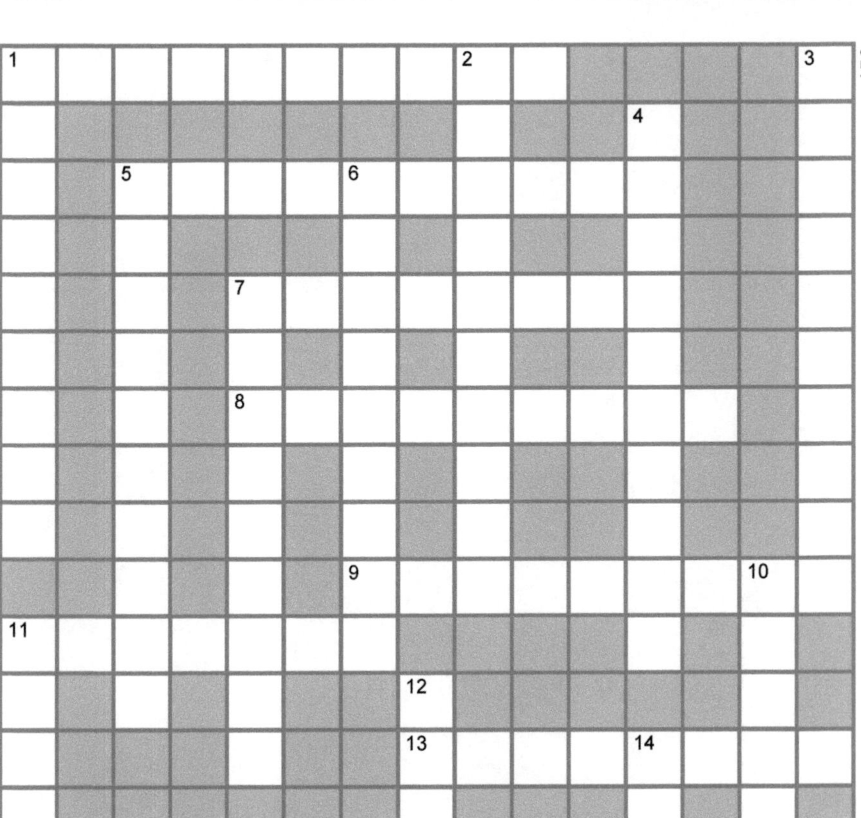

Horizontal: 1 Chamaram, invocaram | **5** Viverão próximos a alguém | **7** Que trata da saúde da criança | **8** Com quem se mantêm relação superficial | **9** Desconsideravas | **11** Tornar-se mais espesso, compacto | **13** Apertou para extrair suco | **15** Ato de colocar barras | **16** Queimar excessivamente | **17** Cosemos |

Vertical: 1 Responder afirmativamente a um pedido | **2** Argumentaremos | **3** Adivinhávamos, pressagiávamos | **4** Nativas do país cuja capital é Amsterdã | **5** Convergirem | **6** Compensar financeiramente | **7** Movimento dos que se opõem a guerras | **10** Concordarão | **11** Mesmo que esperar | **12** Espoliou | **14** Posto em ação |

157

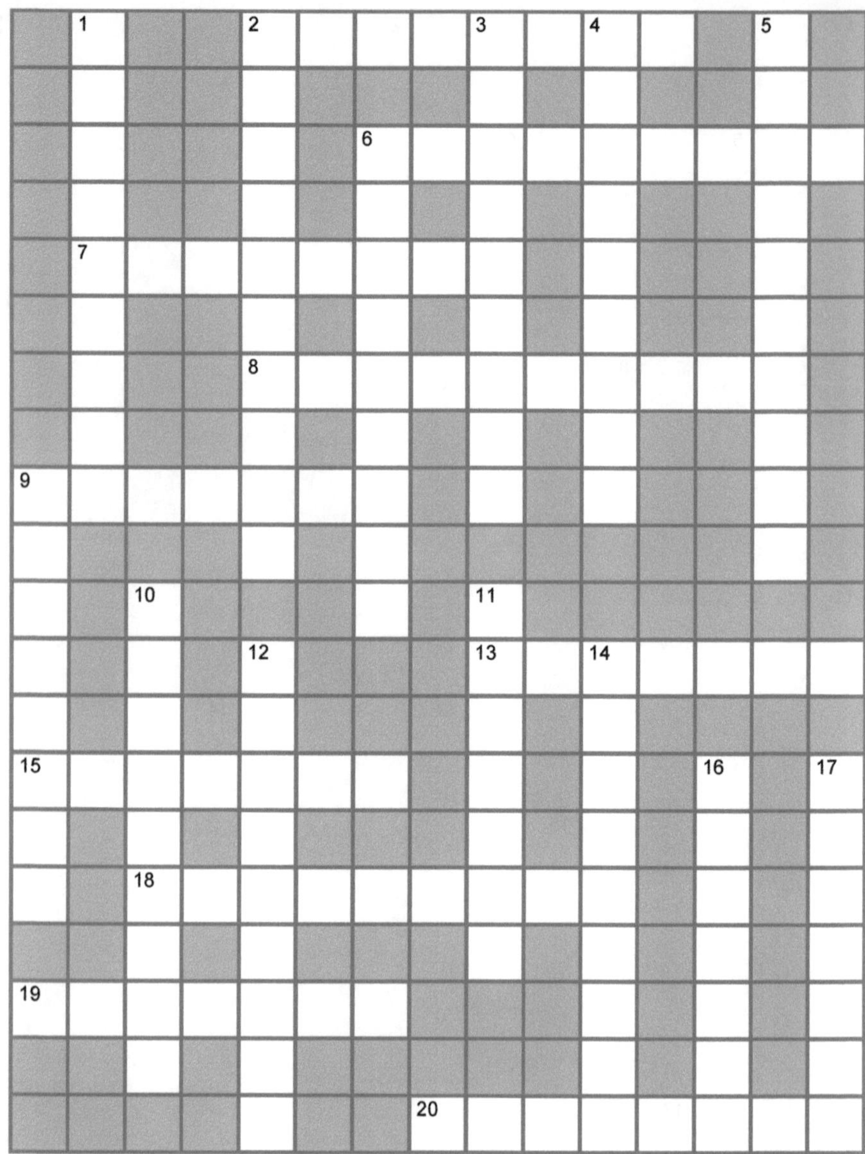

Horizontal: 2 Estava de acordo | **6** Constituído de basalto | **7** Local sem árvores em uma floresta | **8** Obter o grau de bacharel | **9** Deslocavam-se velozmente | **13** Restringir | **15** Autêntico, verdadeiro | **18** O cão do Cebolinha (Lit.) | **19** Ordem vinda de autoridade superior | **20** Com grande decote |

Vertical: 1 Palavra própria da língua francesa | **2** Colaboras | **3** Montado, pronto para ser usado | **4** Nativa do país cuja capital é Amsterdã | **5** Expulsariam | **6** Entretemo-nos com jogos e passatempos | **9** Recebeu o sacramento da Eucaristia | **10** Enobreço | **11** Estágio embrionário dos peixes | **12** Açoito | **14** Fragmento de meteoroide que atinge a Terra | **16** Tomba ao chão subitamente | **17** Camada |

158

Horizontal: 1 Alterava | **6** Cresço como uma árvore | **8** Argumentarei | **9** Que se encontra sem nacionalidade | **11** Anunciou | **14** Delataram | **17** Pai, indivíduo que gera | **19** Cometeu um crime | **20** Que provoca exaustão | **21** Pessoa que toca flauta |

Vertical: 1 Em estado de alucinação | **2** Requebravas | **3** Atar a boca | **4** Usufruía | **5** Relativo ao rio | **7** Guiara | **10** Ato de bordar | **11** Resultado de descer | **12** Que é prudente, cuidadoso | **13** Que tem o dom da adivinhação | **15** Provaram um prato | **16** Namorada do Pato Donald | **18** Revoltou-se contra um poder estabelecido |

159

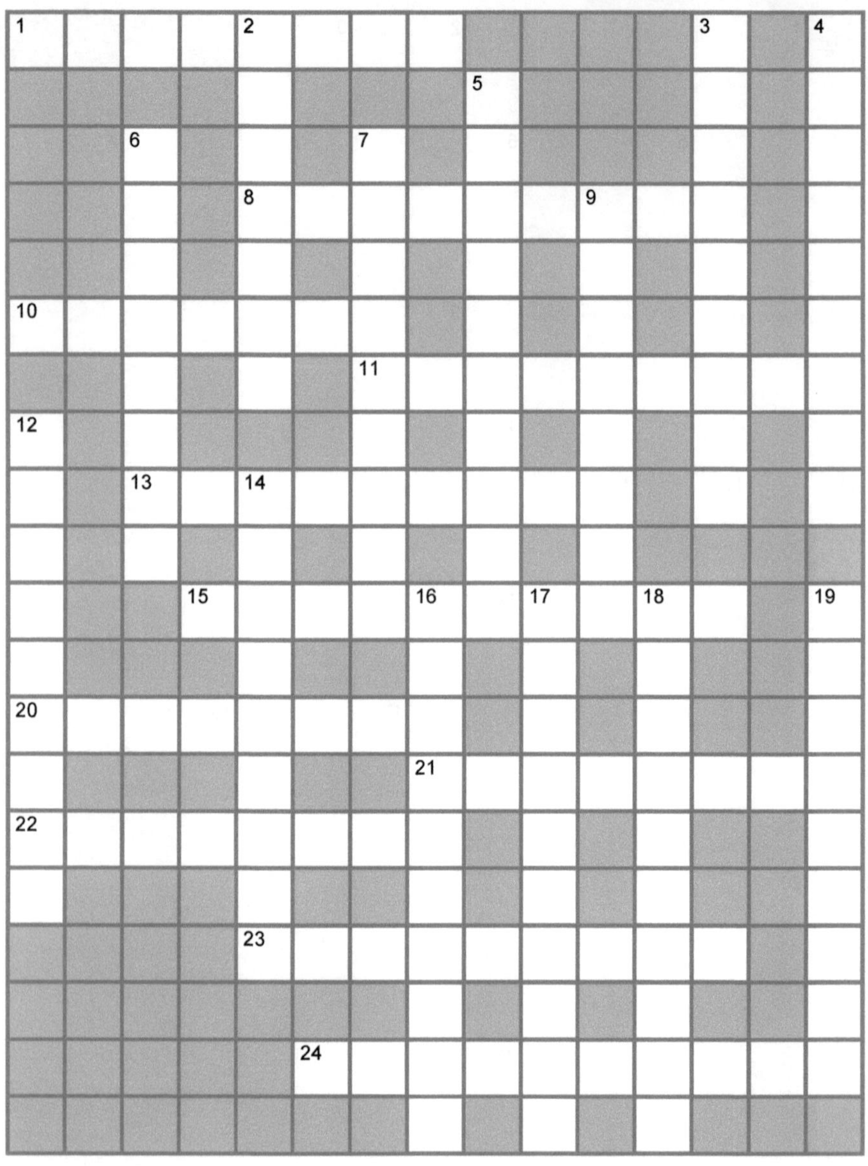

Horizontal: 1 Enfraquecer | **8** Flutuávamos na água | **10** Local afastado (pl.) | **11** Armazenaram | **13** Inspirarei | **15** Recitaram poema | **20** Gerou | **21** Escolherem por votação | **22** Antônimo de "adorar" | **23** Agoniaria, angustiaria | **24** Ação de preparar |

Vertical: 2 Aparo a barba | **3** Planejar algo contra alguém | **4** Aguardamos | **5** Repreenderam | **6** Leite de (?): substância de ação laxante | **7** Próprio de ambos os sexos | **9** Um dos três reis magos | **12** Que se deu mal | **14** Mesmo que clientela | **16** Tornarem destemido | **17** Repreenderás | **18** Repreenderão | **19** Alemão |

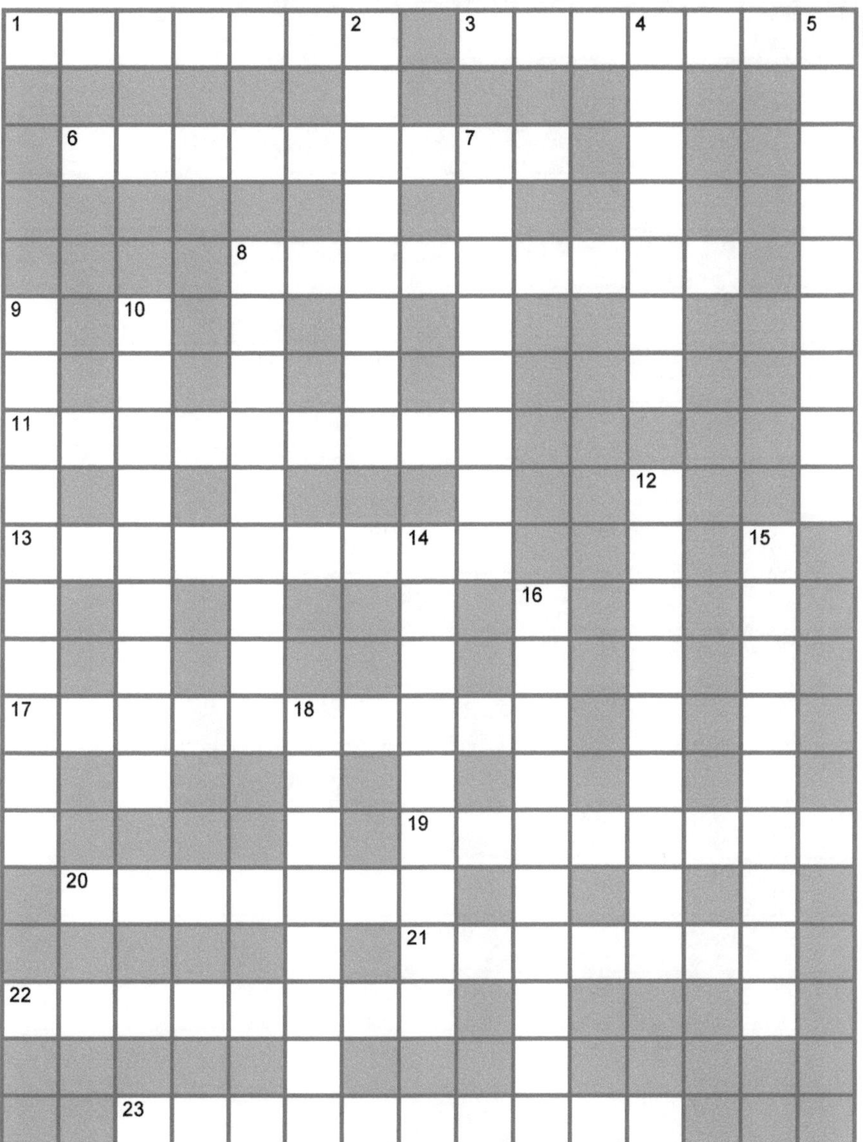

Horizontal: 1 Região entre a boca e o esôfago | **3** Remexia em terra, gravetos | **6** Que se enforcou | **8** Ato de aquecer, aquecimento | **11** Não possuímos | **13** Reduzir a intensidade | **17** Compraram | **19** Profissional de vendas | **20** Miniatura que retrata alguns ambientes | **21** Composto químico que contém o grupo ciano | **22** Extraí a casca de cereais | **23** Anunciamos |

Vertical: 2 Selecionam | **4** Móvel onde se mantêm as crianças | **5** Ameno, agradável, delicioso | **7** Protetor | **8** Açoitou | **9** Proclamação oficial | **10** Papel muito usado em atividades escolares | **12** Enfurece | **14** Enfureci | **15** Livrou do excesso de peso | **16** Andavam | **18** Posto mais alto do exército |

161

Horizontal: **1** Forçarão alguém a fazer algo | **3** Uso do outro para locomoção (animal) | **5** Pessoa arrasada emocionalmente | **8** Acrescentastes | **10** Rocha sedimentar usada na pavimentação | **12** Existimos | **14** Extremamente pobre | **17** Ação de acalantar, de embalar | **19** Conservar | **21** Impulsionaram com força | **22** Muito, em alto grau |

Vertical: **1** Barata, em espanhol | **2** Entalhar | **4** Ajudante, auxiliar | **6** Cidade em Flandres, Bélgica | **7** Delícia | **9** Resistência natural ou adquirida de um organismo | **11** Expresso por signos gráficos | **13** Entravam em contato com | **15** Esgotavam | **16** Expelirá saliva | **18** Composto inorgânico binário que contém carbono | **20** Batalhei |

162

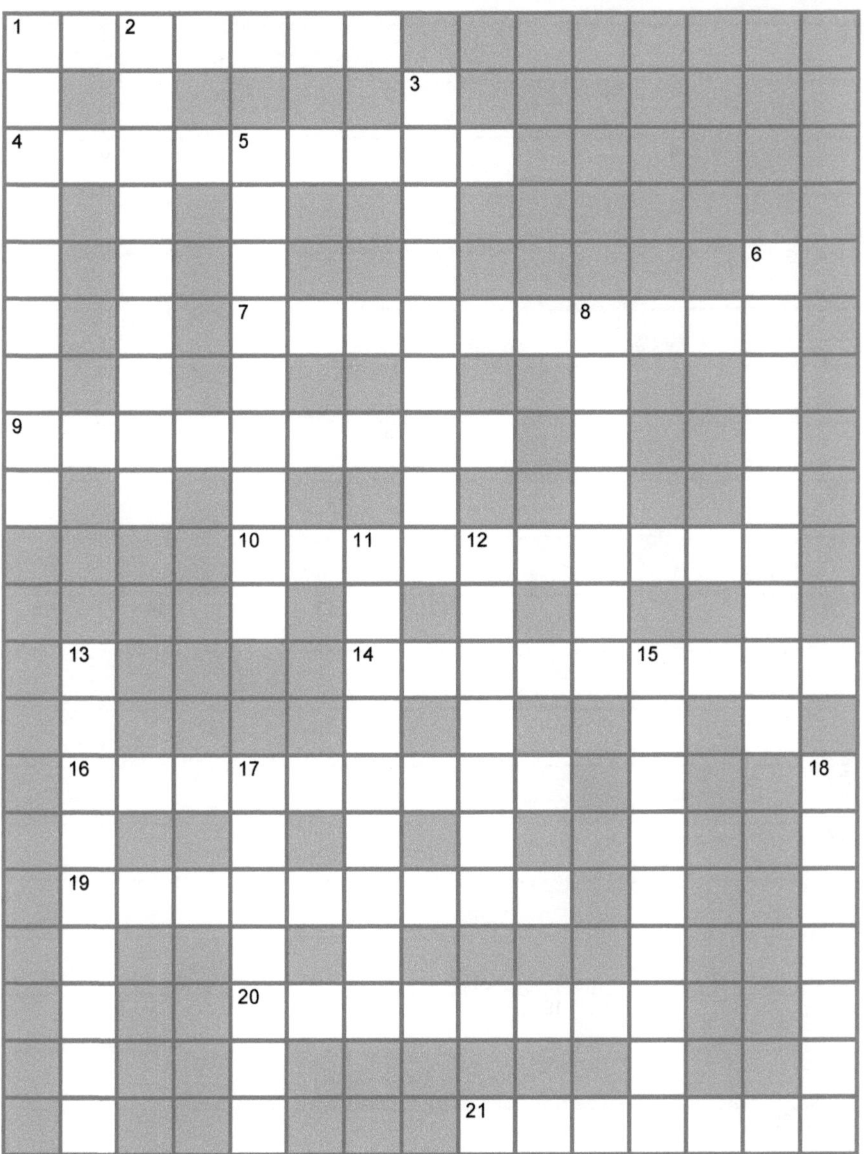

Horizontal: 1 "Aparar as (?)", superar as diferenças | **4** Que sobra | **7** Dedicamo-nos com afinco | **9** Tornar menor | **10** Defendamos | **14** Domino pela força | **16** Anda mexendo os quadris | **19** Revelas, exprimes | **20** Apaixonar | **21** Resultado ruim |

Vertical: 1 Engraçado, divertido | **2** Tendência para fugir da realidade | **3** Ocupado | **5** Conferiram poder a outra pessoa | **6** Estranha | **8** Curvou em aro | **11** Cantor de uma banda | **12** Tecido que envolve as arcadas dentárias | **13** Relativo à ambiente | **15** Engolirão | **17** Fazer a barba, aparar os pelos do rosto | **18** Avalio as respostas de uma prova |

163

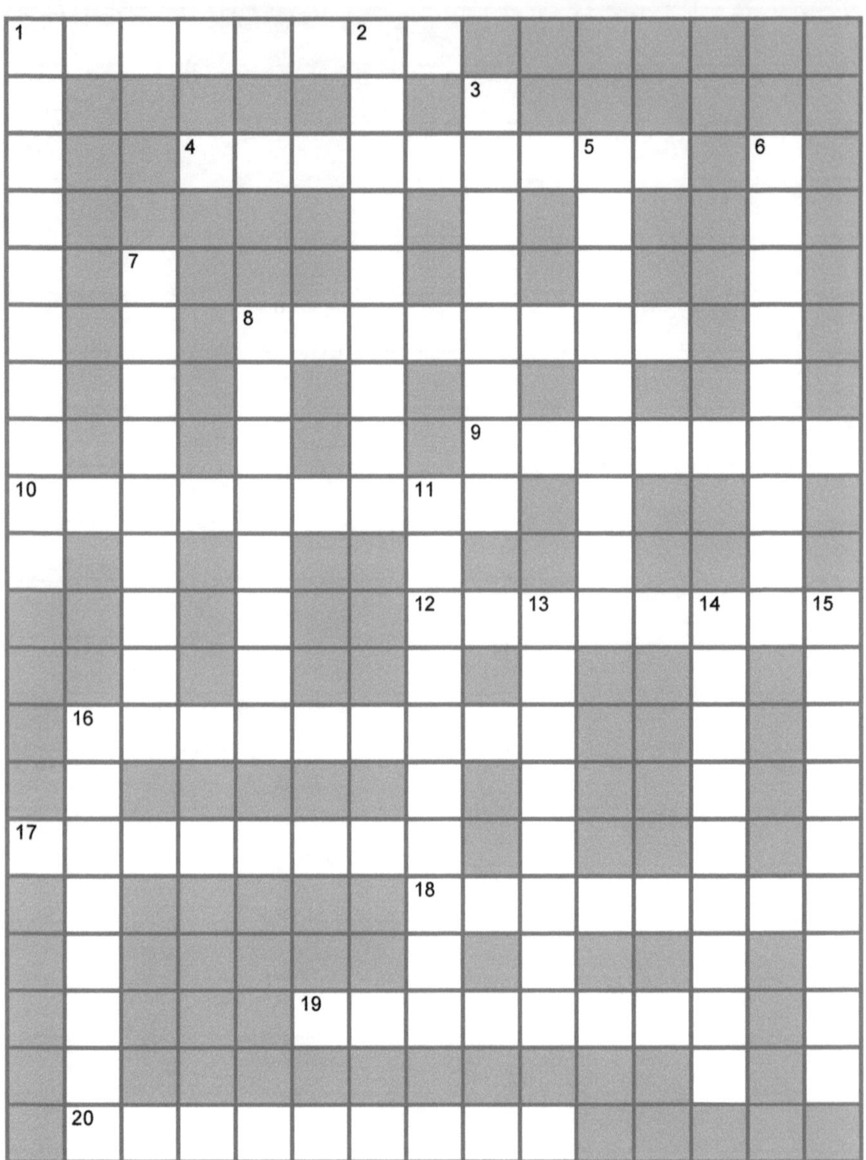

Horizontal: 1 Longo, extenso | **4** Edificava uma casa | **8** Palmeira que produz fruto comestível | **9** Negar, indeferir | **10** Árido e despovoado | **12** Desordenei | **16** Delatou | **17** Prestação anual | **18** Elemento químico de símbolo Hg | **19** Que se assumiu | **20** Nicolau (?), filósofo italiano |

Vertical: 1 Que mudou de crença religiosa | **2** Mudei de lugar | **3** Levantando | **5** Transgrediu | **6** Ator/atriz de papel insignificante | **7** Raça canina | **8** Levou com ele | **11** Poremos algo em cima para resguardar | **13** Colaram | **14** Refrearmos | **15** Importunar, perturbar | **16** Bailaram |

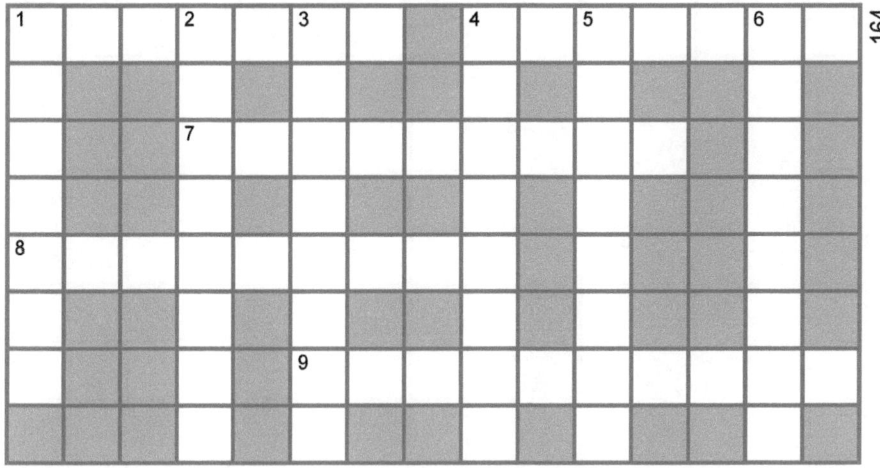

Horizontal: 1 País cuja capital é Bruxelas | **4** Sacerdote de uma capela | **7** Dissimulassem | **8** Não permitirão | **9** Concordamos |

Vertical: 1 Minério de alumínio | **2** Salão popular de dança (gír.) | **3** Alcances um objetivo | **4** Cliente, em inglês | **5** Apresenta, em inglês | **6** Prestamos socorro |

165

Horizontal: 3 Fizeras agir sob coação | **7** Viera de algum lugar | **8** Desavença | **9** Margem, borda | **10** Restituíram à forma anterior |

Vertical: 1 Fabricar, criar, gerar | **2** Tinham | **3** Consente | **4** Ocultou | **5** Que não se pode ler | **6** Juntar para procriação |

166

Horizontal: **1** Tornar puro, depurar | **6** Reivindicava | **8** Planejar algo cuidadosamente | **9** Lugar que produz carvão vegetal | **10** Mesmo que gastar | **15** Natural de Manaus | **17** Borrifavas | **18** Prometer algo a uma divindade | **19** Estudo de mitos | **20** Ocupar lugar como colono |

Vertical: **1** Fétido, infecto | **2** Abastecido | **3** Incomodar continuamente | **4** Cheirariam mal | **5** Lustrar | **7** Adivinharem, pressagiarem | **11** Olharam de frente | **12** Discordamos | **13** Dado | **14** Fogão portátil | **15** Que sente repulsa ou aversão às mulheres | **16** Afugentar, repelir |

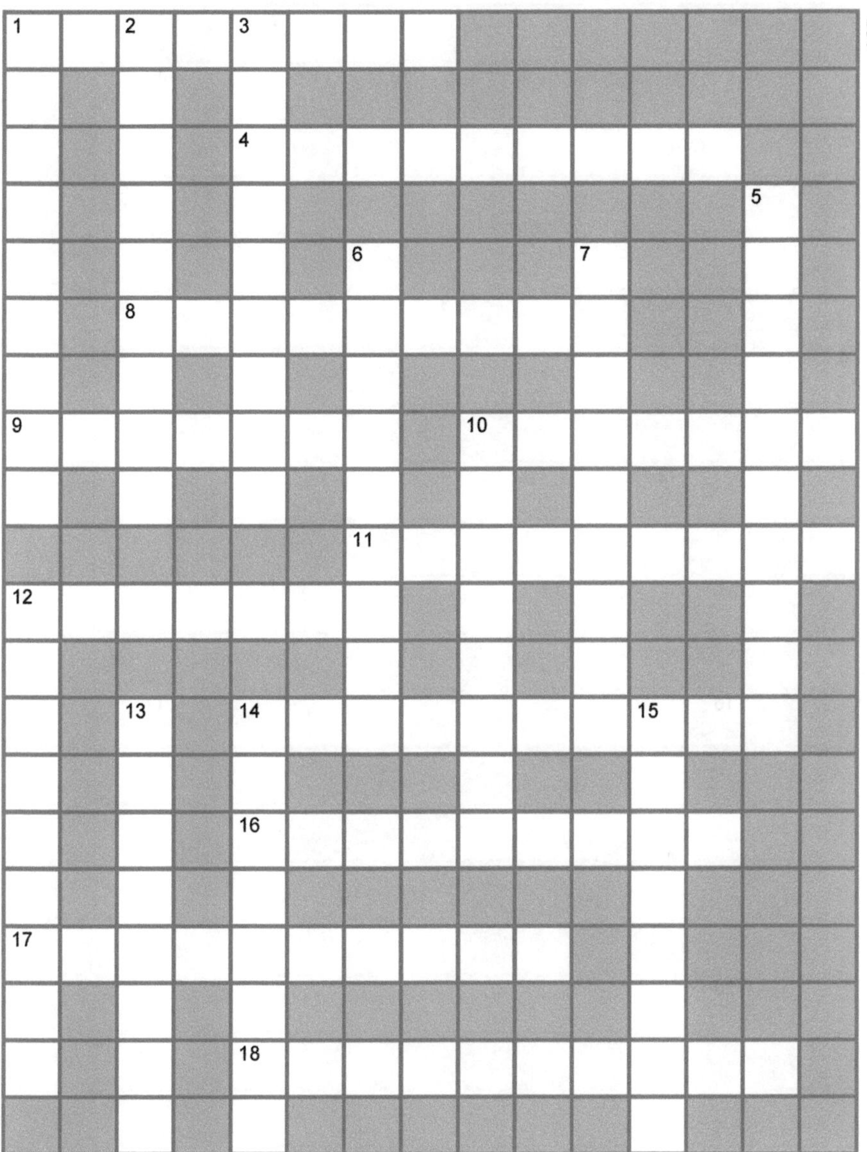

Horizontal: 1 Que atingiu um nível alto de desenvolvimento | **4** Triturado pelos dentes | **8** Indivíduo que estuda a influência dos astros na vida | **9** (?) Unidos, país da América do Norte | **10** Panificadora, onde vendem pães | **11** Incitaram | **12** Denunciar alguém | **14** Reivindicavam | **16** Pessoa facilmente manipulável (pop.) | **17** Preparamos refeição | **18** Fazer perguntas |

Vertical: 1 Argumentasses | **2** Apequenaste | **3** Coberto com material aglomerante | **5** Elucidavam | **6** Tiveram | **7** Guiará | **10** "As caçadas de (?)", livro de Monteiro Lobato | **12** Funcionamento anormal | **13** Inferira | **14** Reduzia | **15** Que causa despigmentação da pele |

168

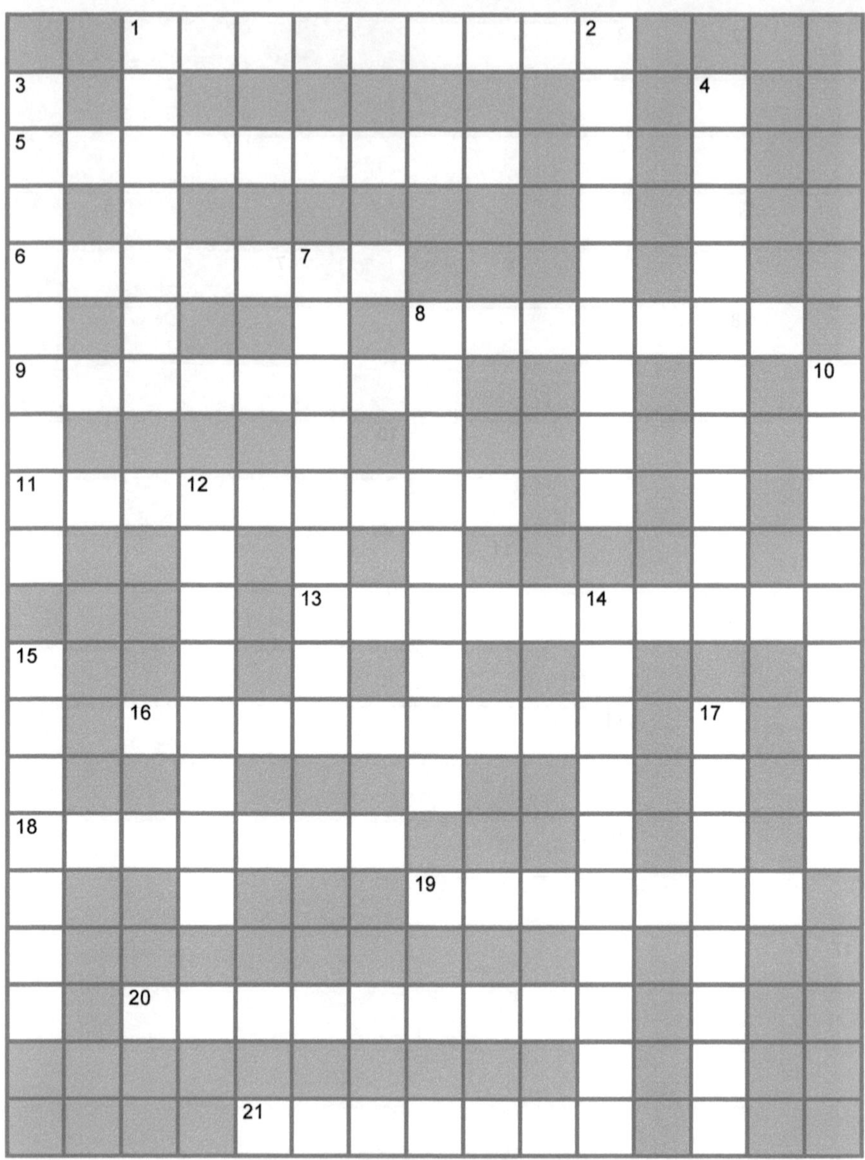

Horizontal: **1** Sinal de pontuação usado para acrescentar informação | **5** Encolerizo | **6** Quem bebe com frequência (pop.) | **8** Local com salão de jogos de azar | **9** Vontade de desenvolver alguma coisa | **11** Relativo ao câncer | **13** Desordenemos | **16** Impediram | **18** Desvia a atenção | **19** Encher, abarrotar | **20** Rede social | **21** Grudamos |

Vertical: **1** Pais, em inglês | **2** Semblante, feição | **3** Dilacero | **4** Faziam uma observação | **7** Colaborei | **8** Alcançar, obter | **10** Destruía | **12** Que é palpável | **14** Fazemos agir sob coação | **15** Recebido de alguém que morreu | **17** Tabela com as respostas da prova |

169

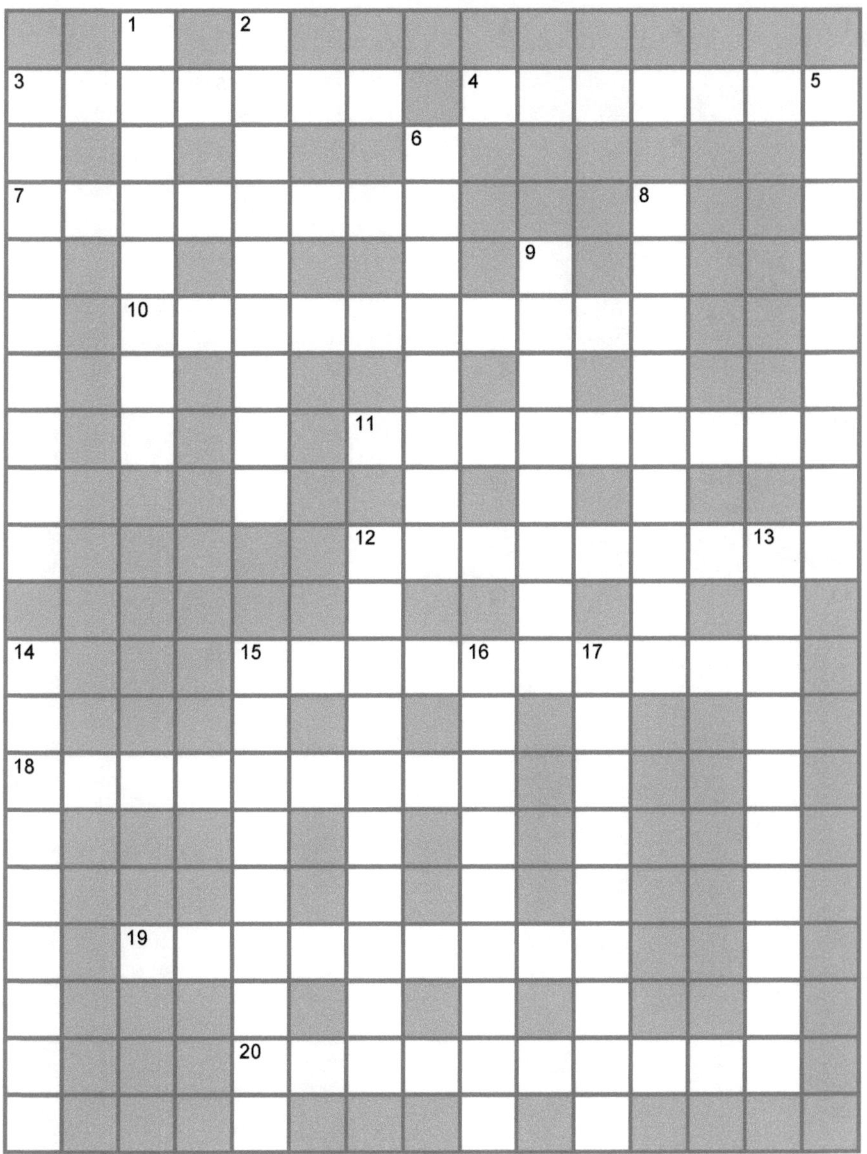

Horizontal: **3** Cometia descuido | **4** Peça redonda com fundo de tela | **7** Chama de grandes proporções | **10** Cometias crime | **11** Decepciono | **12** Inclinado para frente | **15** Restituímos à forma anterior | **18** Adivinhares, pressagiares | **19** Instrumento que mede a intensidade da luz | **20** Puseram em desavença |

Vertical: **1** Dar forma arqueada | **2** Vigiar ou fazer ronda | **3** Equilibrar | **5** Coberto de andrajos | **6** Refeição sofisticada | **8** Alteram | **9** Marca deixada por ferida | **12** Demolimos | **13** Derramavam | **14** Queimar ligeiramente | **15** Que alegra | **16** Ofendia | **17** Embalei |

170

Horizontal: 1 Repartido | **6** Chamado pela alcunha | **7** Obter algo através de ameaça | **8** Órgão dirigente cujos membros têm poderes iguais | **11** Caí violentamente | **12** Que provoca o apetite | **13** Vivemos próximos a alguém | **18** Friccionam | **20** Grande, elevado, nobre | **21** Comprou | **22** Pessoa que ama sua região e menospreza as demais |

Vertical: 1 Galeria coberta por peças de madeira | **2** Forçariam alguém a fazer algo | **3** Ponto de convergência de rios | **4** Chute forte contra o gol | **5** Sucesso, êxito em algo | **9** Enlevar | **10** Destruímos | **14** Distinguimos pela visão | **15** Expelir líquido por abertura estreita | **16** Decoro, honestidade, asseio | **17** Administrar um país | **19** Bandeira |

171

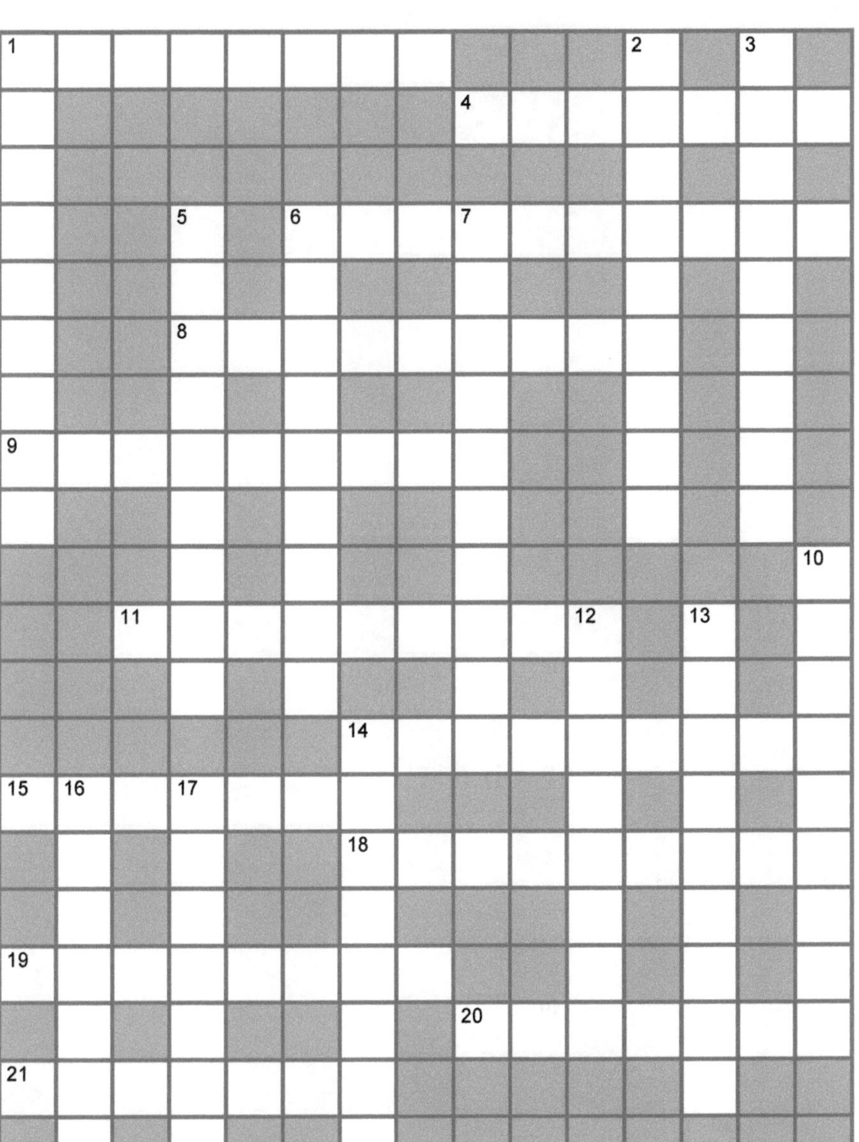

Horizontal: 1 Franco-(?), combatente | **4** Aumentativo de fogo | **6** Guiamos | **8** Impedira algo ou alguém | **9** Entrar em conflito | **11** Romance de (?), gênero literário | **14** Mulher que fabrica ou vende camisas | **15** Duvidou | **18** Inflamação das meninges | **19** Vivem próximos a alguém | **20** Em situação difícil (pop.) | **21** Obter a estima, a amizade |

Vertical: 1 Acíclico | **2** Moraram | **3** Tirava sarro | **5** Proferir em altas vozes | **6** Declaração de culpa | **7** Discordarem | **10** Mesmo que encurralamento | **12** Concordar com a cabeça | **13** Refrearias | **14** Parte mais alta do telhado | **16** Perder o gume | **17** Serviço gratuito prestado ao rei na França feudal |

172

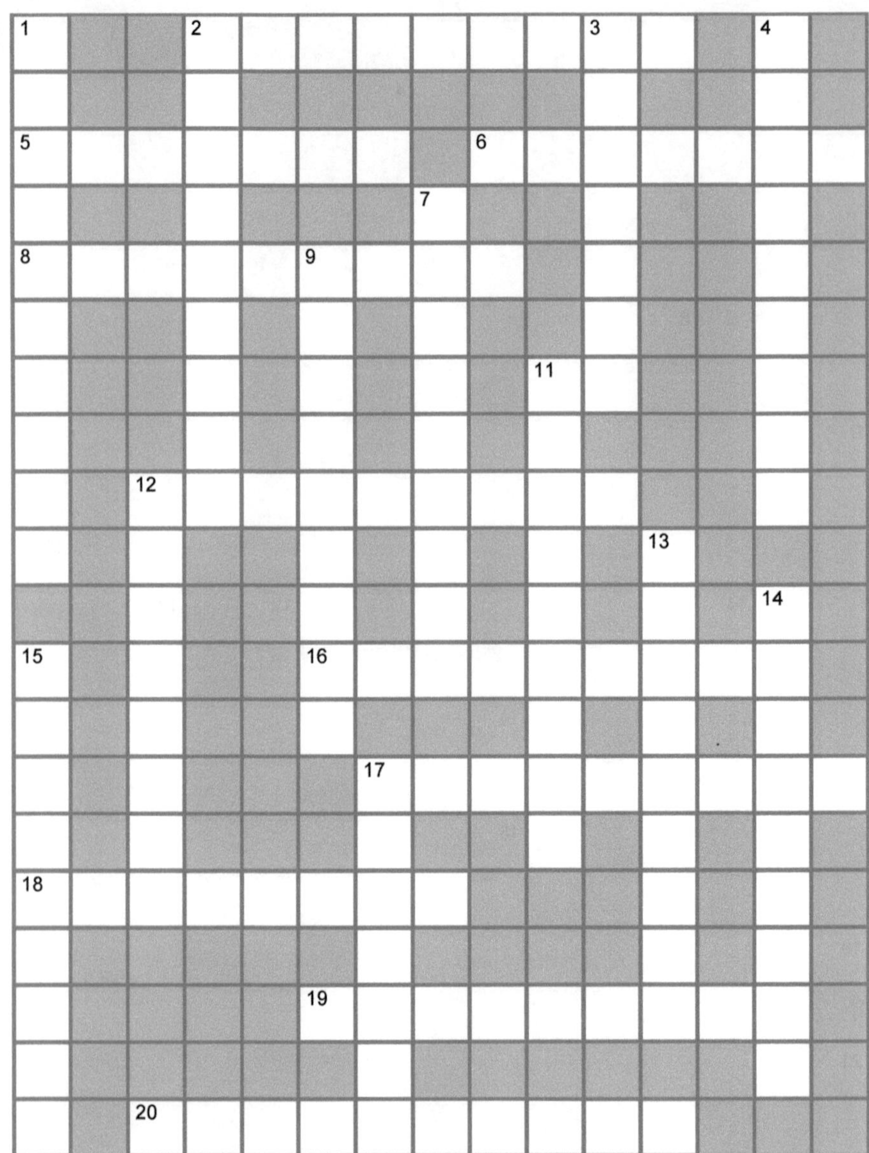

Horizontal: **2** Relativo a operação | **5** Pessoa que não tem uma das pernas (perj.) | **6** Sustentado financeiramente | **8** Objeto triangular usado para traçar ângulos (pl.) | **12** Grandioso, importante | **16** Prazer em fazer o mal | **17** Distinguir | **18** Divisão da pauta musical em partes iguais | **19** Time de futebol espanhol | **20** Enfraqueceras |

Vertical: **1** Utilizavam | **2** Lesionam | **3** Mas, porém, todavia (conj.) | **4** Espalhar dedetizador | **7** Reuniu | **9** Que sofre de anomalia na visão de cores | **11** Banda estadunidense de heavy metal | **12** Intercedi | **13** Cabos para amarrar uma embarcação | **14** Parabenizar alguém | **15** Fazemos diminuir a intensidade | **17** Faz sobressair |

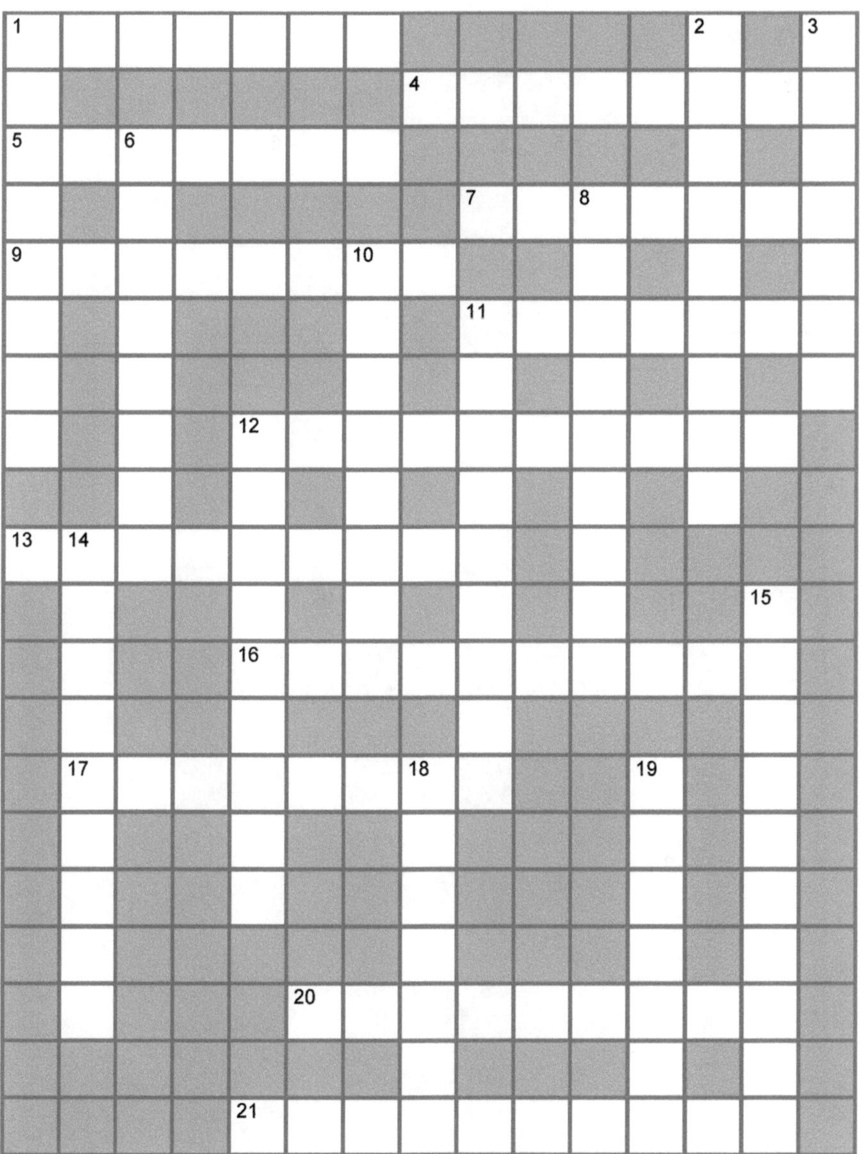

Horizontal: **1** Desejava com veemência | **4** Picada, picadura | **5** Oculto | **7** Envasilhar | **9** Chuva fina e passageira | **11** Pescado | **12** Repreendemos | **13** Destruiu | **16** Farão agir sob coação | **17** Guarda-chuva, em espanhol | **20** Causar acidente, Vitimar | **21** Comprarão |

Vertical: **1** Servir de intermediário | **2** Aparamos a barba | **3** Tombarmos | **6** Demos um pontapé | **8** Puni | **10** Chamam para serviço militar | **11** Corrosão do ferro em presença de oxigênio (pl.) | **12** Estimado | **14** Forneceram material | **15** Convergirão | **18** Conquistes a atenção | **19** Furar com objeto pontiagudo |

174

Horizontal: 1 Discordara | **4** Que não é digital | **9** Livra de germes | **11** Propaga | **12** Transformado em cinzas | **14** Magnético, fascinante | **15** Poeta grego, autor de "Medeia" | **18** Gostoso | **20** Comovem | **21** Meio de comunicação através de signos | **22** Infectam |

Vertical: 2 Que está sob vigia, observado | **3** Relacionar-se com outras pessoas | **5** Provocar alguém (pop.) | **6** Estivesse de acordo | **7** Empurrar sem levantar do chão | **8** (?) de chuva: doce frito polvilhado com açúcar | **10** Ponha fogo | **13** Torno dez vezes maior | **16** Deformam | **17** Leproso | **19** Às escondidas, oculto |

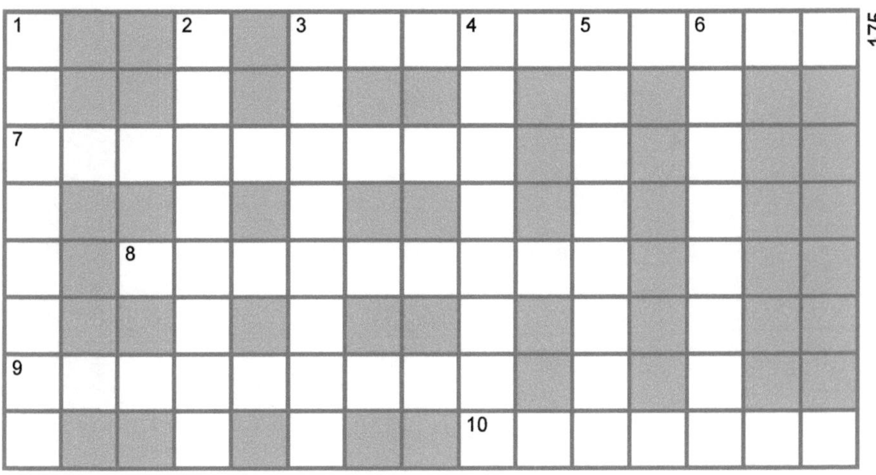

175

Horizontal: 3 Reivindicamos | **7** Viviam próximos a alguém | **8** Que costuma se envolver em brigas | **9** Livrar de uma obrigação | **10** Descerraram, separaram |

Vertical: 1 Que tem experiência | **2** Opostos | **3** Caminhei sem rumo | **4** Amêndoa, em espanhol | **5** Alterar parte de uma lei | **6** Aborrecer, importunar |

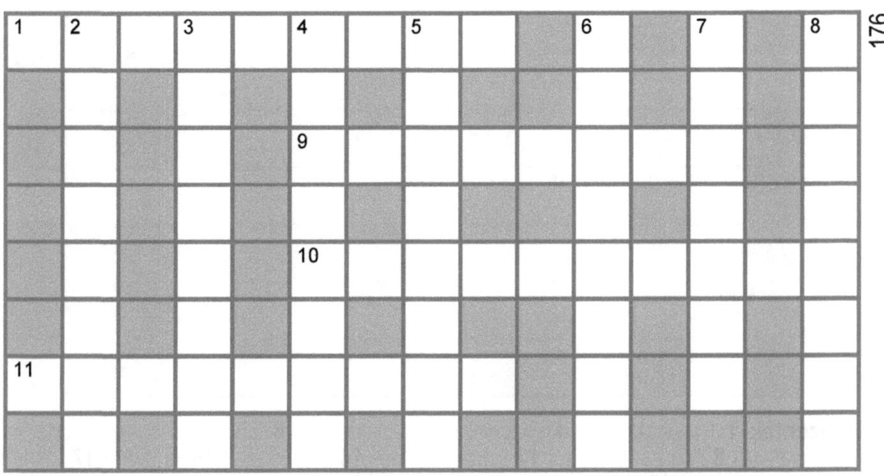

176

Horizontal: 1 Que foi impedido | **9** Repreender | **10** Demoliram | **11** Geravam |

Vertical: 2 Pilão | **3** Reunido em grupo | **4** Nobreza de caráter | **5** Destruir violentamente | **6** Ronda de soldados | **7** Restabeleceram a saúde | **8** Posto em cima |

177

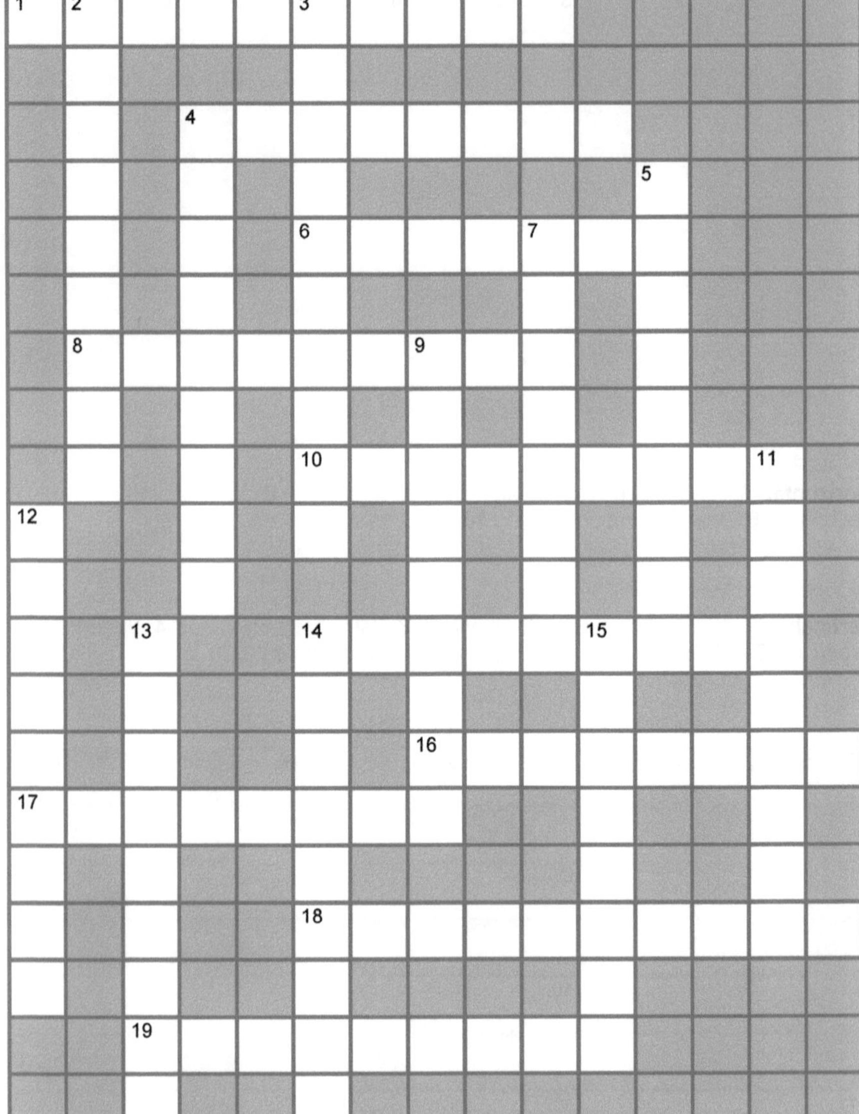

Horizontal: 1 Propagaram | **4** Examinar com cuidado | **6** Comentário engraçado ou depreciativo | **8** Argumentareis | **10** Embebedam | **14** Amontoar | **16** Enlevo | **17** Cantei como um pássaro | **18** Fizeram uma observação | **19** Refutar |

Vertical: 2 Que foi informado | **3** Obscurecerem | **4** Que fala várias línguas | **5** Registrar por escrito | **7** Expeliram saliva | **9** Embalei | **11** Inscrição em um curso | **12** Tirar o inchaço | **13** Executado com arte | **14** Mesmo que alpargata | **15** Carrasco |

178

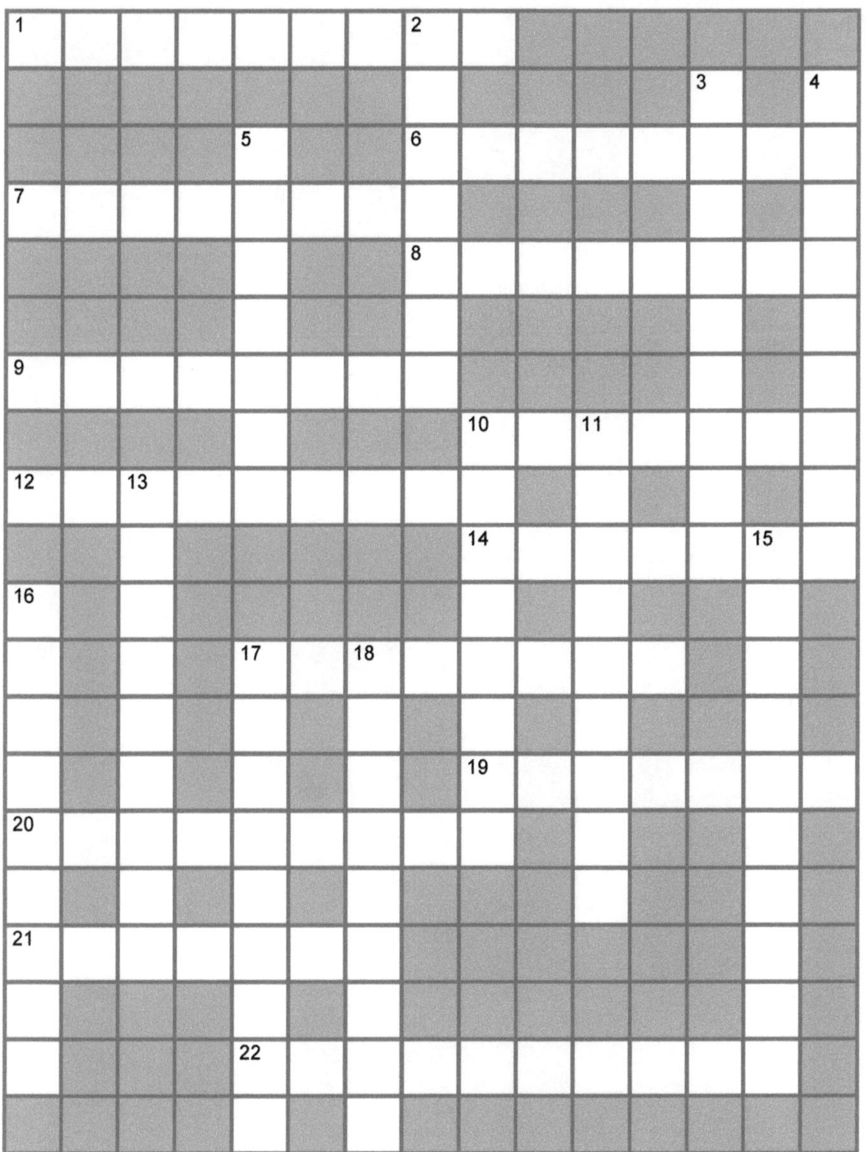

Horizontal: 1 Verdadeiro, legítimo | **6** Desprezou | **7** Reconfortou | **8** Alcancei um objetivo | **9** Desfazia um nó | **10** Subir montanha | **12** Atendemos ao que foi solicitado | **14** Que tem pontas | **17** Terminou | **19** Próprio da roça, do interior | **20** Polígono de cinco lados | **21** Esmaguei com o pé | **22** Flexionavam um verbo |

Vertical: 2 Capuz, em espanhol | **3** Abertura na parte dianteira de calças | **4** Relativo à arte de cozinhar | **5** Realizar troca | **10** Que tem forma de bola | **11** Indivíduo que produz carvão | **13** Prático, útil | **15** Entreterem | **16** Sagaz | **17** Dor intensa na cabeça | **18** Relativo ao poeta Luís Vaz de Camões |

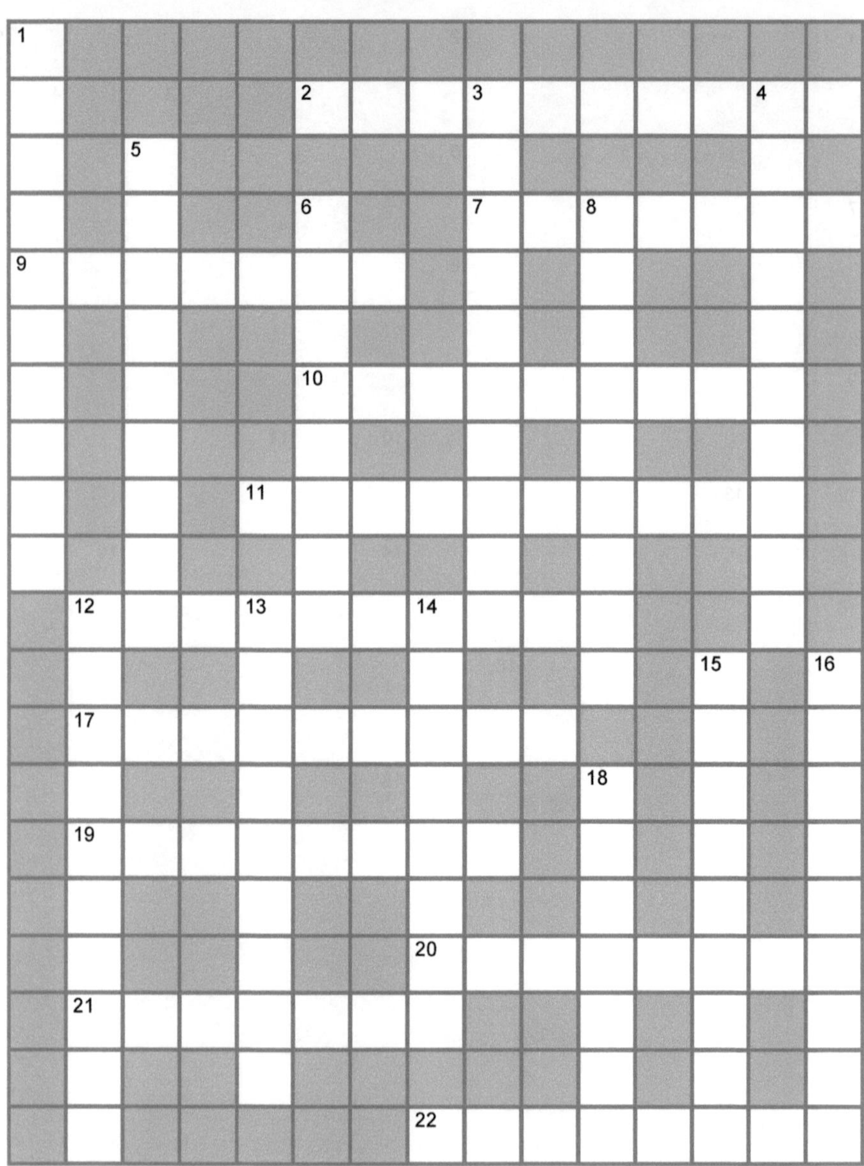

Horizontal: 2 Terminarão | **7** Parte não ossificada do crânio dos bebês | **9** Desejo intenso de obter riquezas | **10** Espoliar | **11** Discordaram | **12** Perfuraremos com broca | **17** Aplicavam capital | **19** Ajudaras | **20** Tornar inteiro ou completo | **21** Vaso bojudo com gargalo estreito | **22** Ouvia com atenção |

Vertical: 1 Lutaram contra alguém | **3** Procuraram semelhanças e diferenças | **4** Conquistáramos a atenção | **5** Plantar árvores em um lugar | **6** Manuel (?), poeta brasileiro | **8** Lascivo | **12** Discutiremos acaloradamente | **13** Sistema de venda a crédito | **14** Tipo de percepção intuitiva | **15** Corrida desenfreada | **16** Impulsionava com força | **18** Adivinhou, pressagiou |

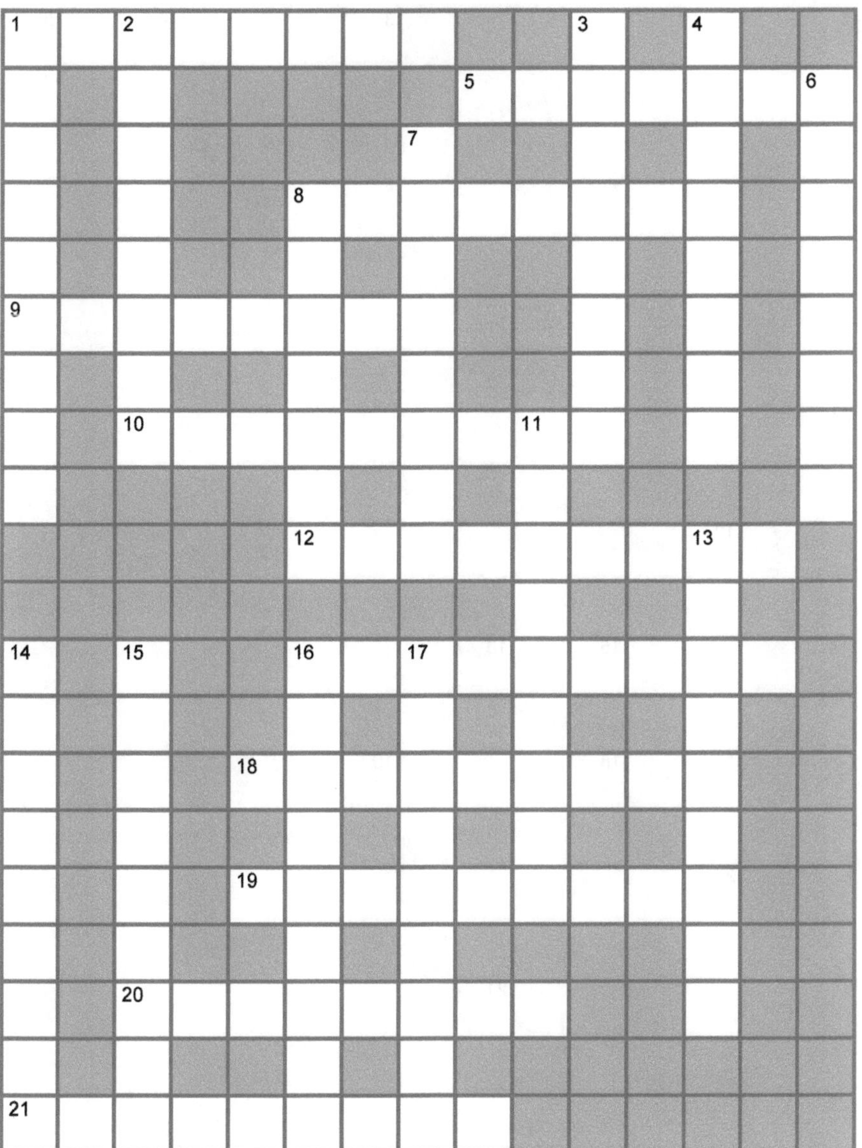

Horizontal: 1 Dobrou a quantidade | **5** Prato de peixe cozido ou ensopado | **8** Mulher que explora prostitutas | **9** Emitiu | **10** Assinatura de pessoa famosa | **12** Desconsideres | **16** Mesmo que adaptação | **18** Faziam agir sob coação | **19** Requebrávamos | **20** Encolho | **21** Conquistarmos a atenção |

Vertical: 1 Demitiam | **2** Dançarino nos desfiles de escolas de samba | **3** Nativo do país cuja capital é Manila | **4** Peça que oscila e transmite movimento a outras peças (Tec.) | **6** Repreendas | **7** Convergires | **8** Desgastava | **11** Ramo de árvore bifurcado | **13** Pessoa que propaga boatos inquietantes | **14** Atribuía a autoria | **15** Entregar-se ao ócio | **16** Defender, encobrir alguém | **17** Dedicado |

181

Horizontal: 1 Período de dez anos, década | **3** Fornecem material | **6** Friccionaram | **10** Que transporta carga | **11** Aparência, fisionomia | **12** José (?), o Patriarca da Indepência | **15** Borrifamos | **17** Praguejar | **20** Ouviram com atenção | **21** Falar de maneira confusa e hesitante | **22** Que se editou |

Vertical: 1 Assimilasse | **2** Verificam | **4** Complexo de perseguição | **5** Que se mostrou | **7** Muito bom | **8** Consentir, aprovar, concordar | **9** Equipe presidida pelo diretor | **12** Abençoareis | **13** Disseminaram | **14** Ausência de verdade | **16** Admiração, respeito | **18** Veneno de alguns animais | **19** Anuncio em voz alta |

182

Horizontal: 2 Proteção usada na perna em esportes | **6** Demitiu | **8** Morreram | **9** Revigorado | **10** Tomava conta | **13** Que chegou à última etapa da competição | **15** Inferiria | **18** Estabelecimento que repara lataria de carros | **19** Dança da aristocracia francesa | **20** Feito de prata | **21** Personagem do folclore brasileiro | **22** Sentimento de prazer diante de algo |

Vertical: 1 Estimado pelo povo | **3** Consentiria | **4** Feixe fibroso que liga ossos articulados | **5** Personagem de 'X-men' | **7** Anunciavam | **8** Enfocar | **11** Introduziam | **12** Escondido, disfarçado | **14** Poderemos ser contidos em algo | **15** Obscureciam | **16** Adiamos | **17** Incentivar |

183

Horizontal: 1 Fornecia material | **6** Drogado (gír.) | **8** Distingo pela visão | **9** Mesmo que destacar | **10** Que mora e/ou trabalha no campo | **11** Reúne | **14** Plugue múltiplo (pop.) | **17** Pintou com cores | **18** Ouvido interno (Biol.) | **20** Escavamos | **21** Aquele que acusa |

Vertical: 1 Expelido do corpo | **2** Superfície elevada e plana | **3** Que acontece muitas vezes | **4** Quem passa o "conto do vigário" (pop.) | **5** Definem | **7** Agoniasse, angustiasse | **11** Obcecado, obsessivo | **12** Chefiado | **13** Sentia compaixão | **14** Cor adquirida no sol | **15** Que se refere às leis | **16** Dava | **19** Primata africano que vive em campos abertos |

184

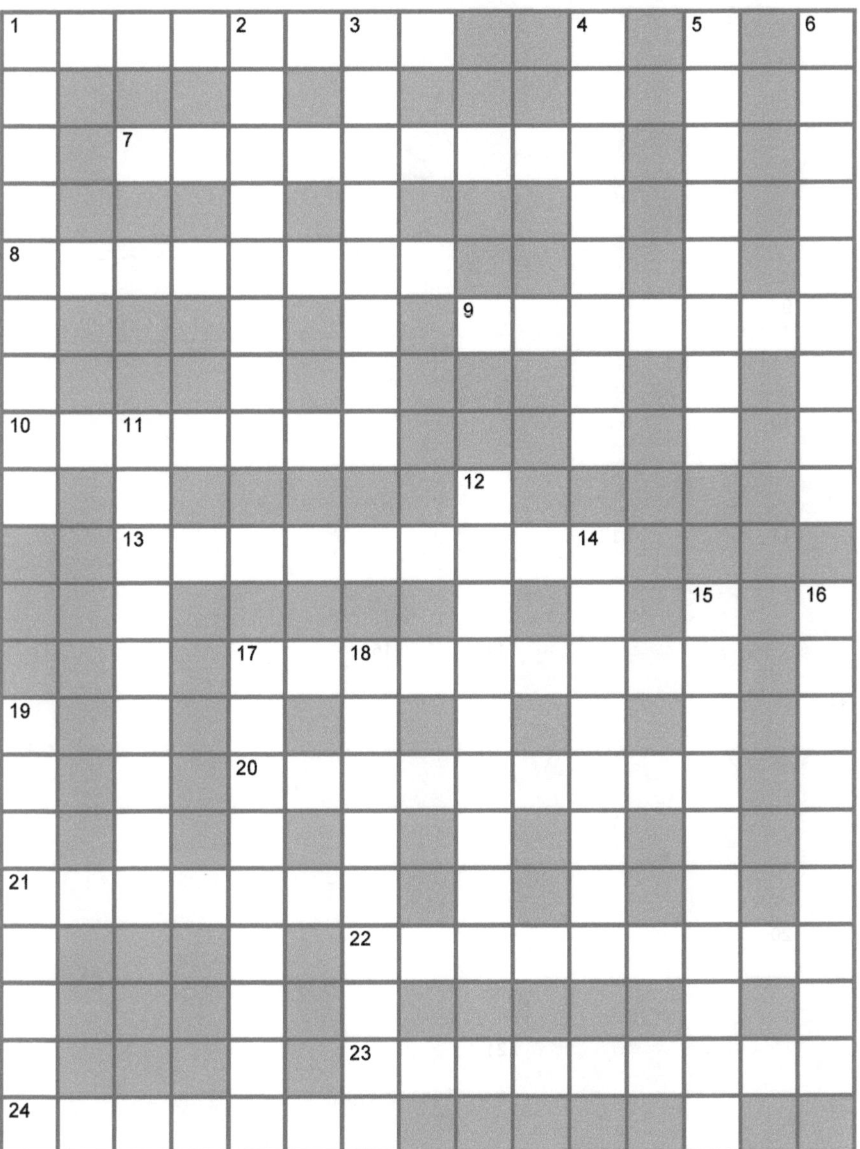

Horizontal: **1** Instrumento óptico que amplia objetos distantes | **7** Nascente de água | **8** Deduzirei | **9** Acusação, denúncia | **10** Produz estalos devido ao fogo | **13** Tomava um pelo outro | **17** Apertei com a ponta dos dedos | **20** Corpo celeste que se move ao redor do Sol | **21** Atacar, assaltar | **22** Relativo à geologia | **23** Unido por agulha e linha | **24** Grosso, denso |

Vertical: **1** Torno alguém beato | **2** Concordarei | **3** Lâmpada portátil | **4** Fazer conta | **5** Endeusou | **6** Destroem | **11** Ser o líder | **12** Que foi treinado | **14** Coberto de nuvens | **15** Entretiveram | **16** Inseto saltador geralmente de cor verde | **17** Erguemos (arma) | **18** Desanimado, apático | **19** Abacate, em espanhol |

185

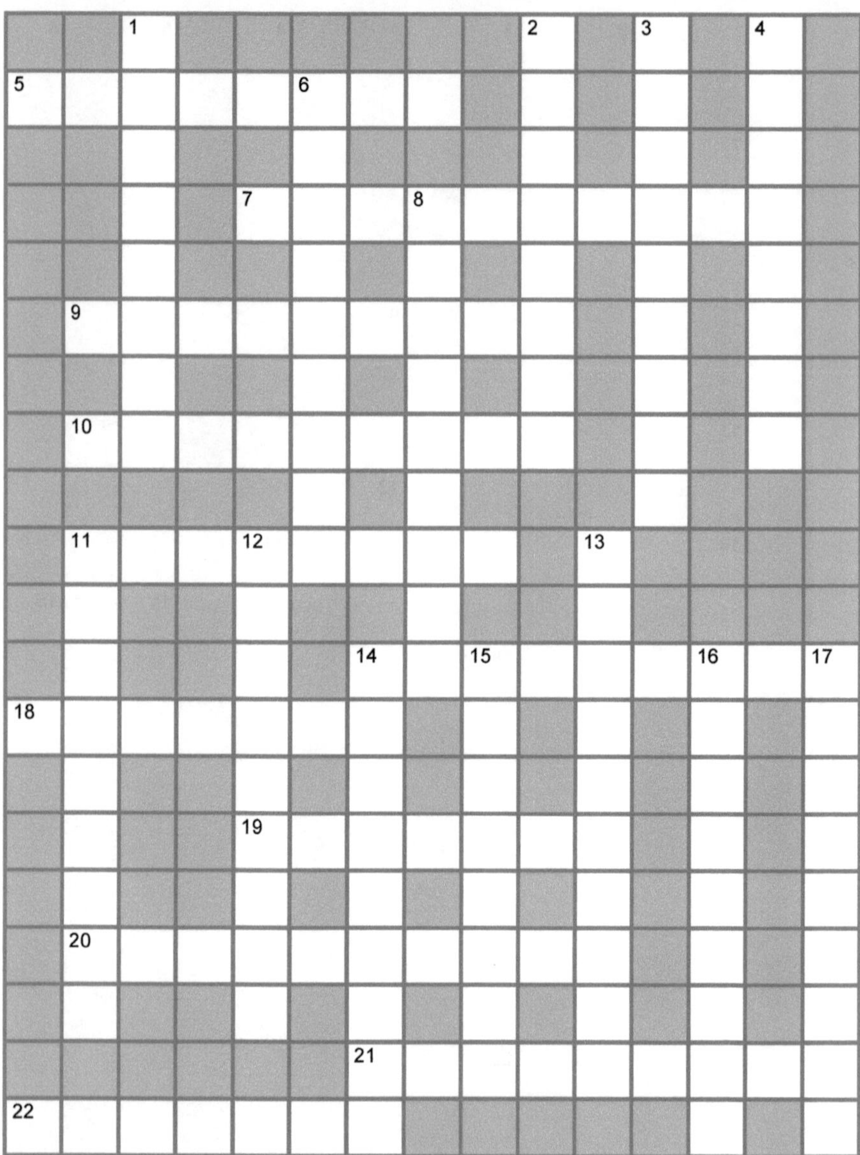

Horizontal: 5 Manifestação de um espectro | **7** Consentiríamos | **9** Caiu de muito alto | **10** Chefia | **11** Dizer bem de | **14** Jornada que se faz a pé | **18** Cutucada forte | **19** Tocou instrumento percussivo | **20** Interromperam o funcionamento do aparelho | **21** Que agride | **22** Flutuaram na água |

Vertical: 1 Quantia insignificante, barato | **2** Pele que contorna as unhas | **3** Contradigam | **4** Lugar por onde se passa | **6** Refutei | **8** Põe fogo | **11** Murmurado | **12** Atleta de lançamento de disco na Grécia antiga | **13** Terminamos | **14** Transmitem doença | **15** Esconder, dissimular | **16** Ofício do pedreiro | **17** Cravamos |

186

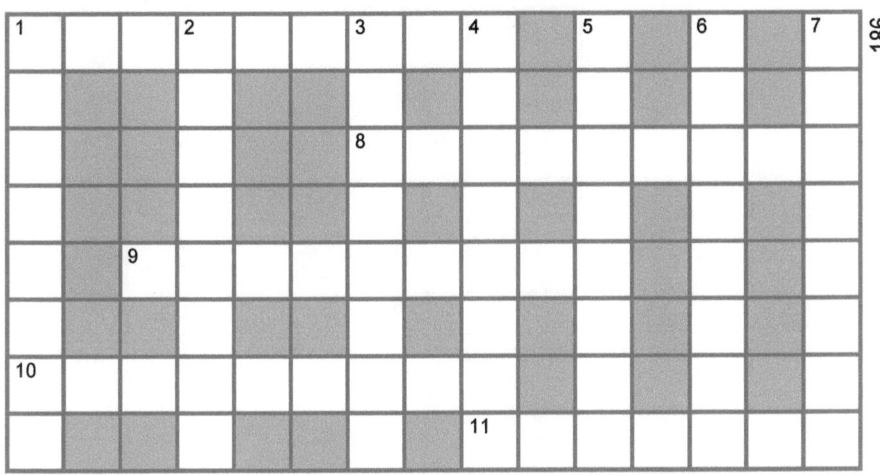

Horizontal: 1 Negligenciam | **8** Alucinavam | **9** Bebê pequeno | **10** Consentem | **11** Desejem com veemência |

Vertical: 1 Dissimulo | **2** Persuado | **3** Inferido | **4** Tipo de câncer de pele | **5** Desgastavas | **6** Dissiparei | **7** Delimitam |

187

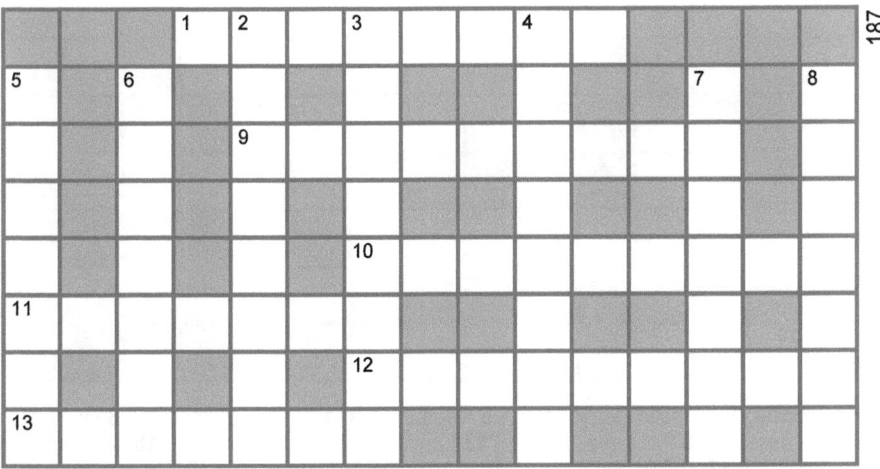

Horizontal: 1 Perdão por erro ou falta cometida | **9** Um dos bois folclóricos do Festival de Parintins | **10** Mamífero que possui bolsa ventral | **11** Ave de cores brilhantes, beija-flor | **12** Instrumento que abre buracos no solo | **13** Parte da estatística que lida com cálculo de seguros |

Vertical: 2 Reunir ou incluir num todo | **3** Fabricação de louça de barro cozido | **4** Comer um pouco | **5** Estabelecimento que presta serviço como intermediário | **6** Físico que descobriu os anéis de Saturno | **7** Reunião pública, assembleia | **8** Inscrever em um partido, associação, etc. |

188

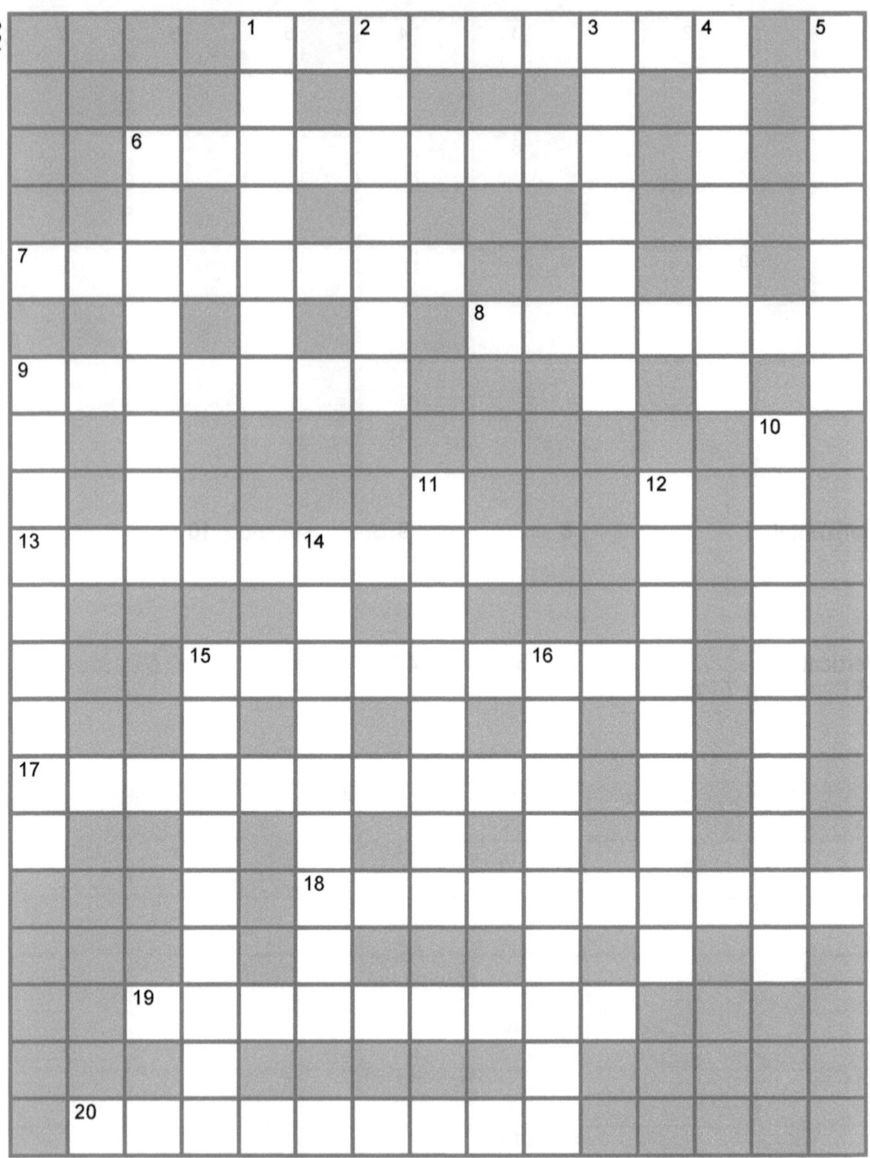

Horizontal: 1 Variação de clarinete | **6** Causamos atraso | **7** Memorizava | **8** De que se tirou o excesso | **9** Falar mal, atacar | **13** Lançamento da bola à cesta | **15** Comiam com sofreguidão | **17** Solidificamos pela ação do frio | **18** Transportarás | **19** Relativo aos sapos e às rãs | **20** Agitar líquido com os pés |

Vertical: 1 Obtêm algo mediante pagamento | **2** Dar consentimento | **3** Cobrir com sebo | **4** Empertigar | **5** Tombou ao chão subitamente | **6** Descobrir, resolver | **9** Que apoia a monarquia | **10** Interrompiam o funcionamento do aparelho | **11** Apertam para extrair suco | **12** Separar elementos que formam um todo | **14** Tornar mau | **15** Deteriorava | **16** Inspecionar, examinar |

189

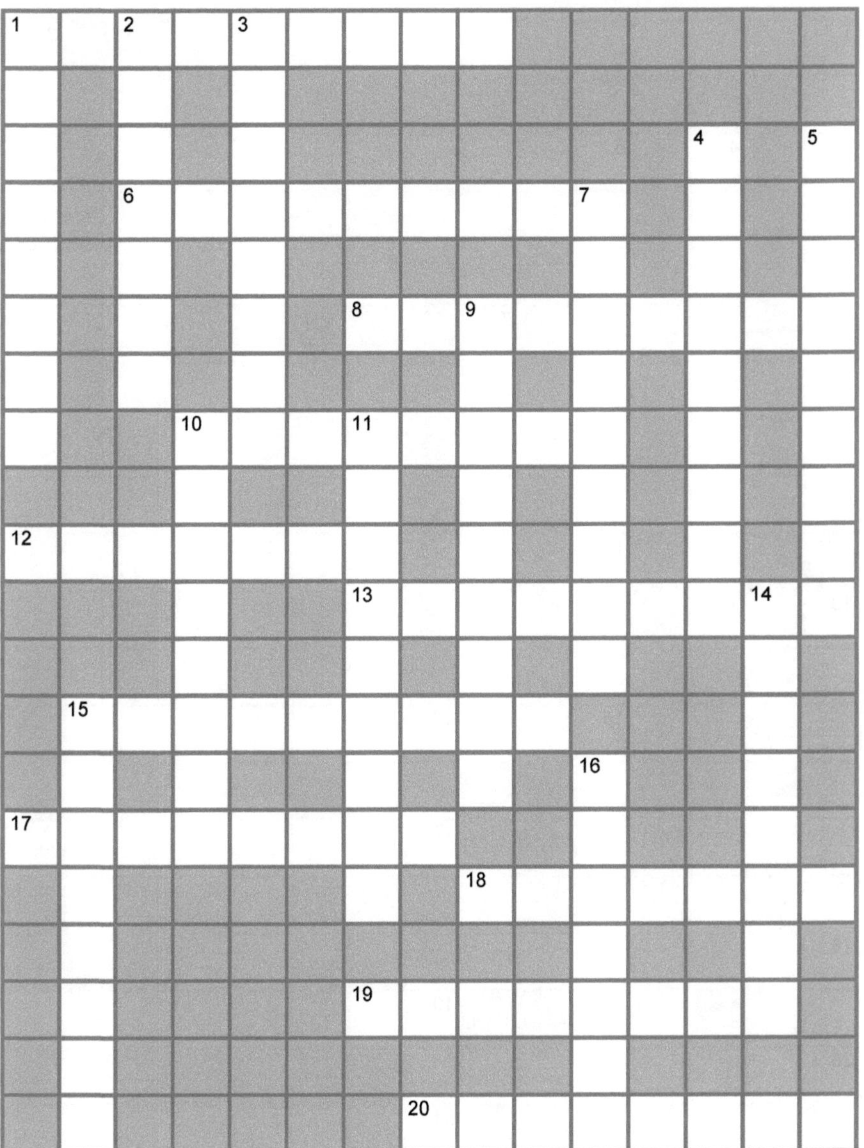

Horizontal: **1** Relativo a glândula | **6** Par romântico do Coringa | **8** Utilizava | **10** Mamífero notável pela corrida | **12** Que deixou uma região por outra | **13** Rasgam com força | **15** Abençoavas | **17** Picada de abelha | **18** Abençoe | **19** Amuar | **20** Indicado para fazer parte do time |

Vertical: **1** Girar sob efeito de gravitação | **2** Local para criação de abelhas | **3** Interrompeu o funcionamento do aparelho | **4** Tornar-se muito vaidoso | **5** Desfizeram um nó | **7** Carro (?), comum em desfiles de carnaval | **9** Repartir, dividir, distribuir | **10** Brotar, desabrochar | **11** Cultivado, gerado | **14** Conter, abarcar | **15** Brincalhão | **16** Deusa romana da sabedoria (mit.) |

190

Horizontal: 1 Indicado, apontado | **5** Fazer alguém mudar de ideia | **6** Disputei com alguém | **8** Transportaras | **11** Convergirás | **15** Tornarás destemido | **17** Prolongou | **18** Atacara fisicamente | **19** Vocês, em espanhol | **20** Aguardava | **21** Conspirar, tramar |

Vertical: 1 Ato de cortar o pescoço | **2** Desfazer em fios | **3** Espalhar, dissipar | **4** Falou mal de alguém | **5** Tirânico | **7** Desordenou | **9** Tranquilizar | **10** Expelissem saliva | **12** Difícil de digerir | **13** Cor vermelha muito viva | **14** Mesmo que considerar | **15** Apequenara | **16** Erguiam |

191

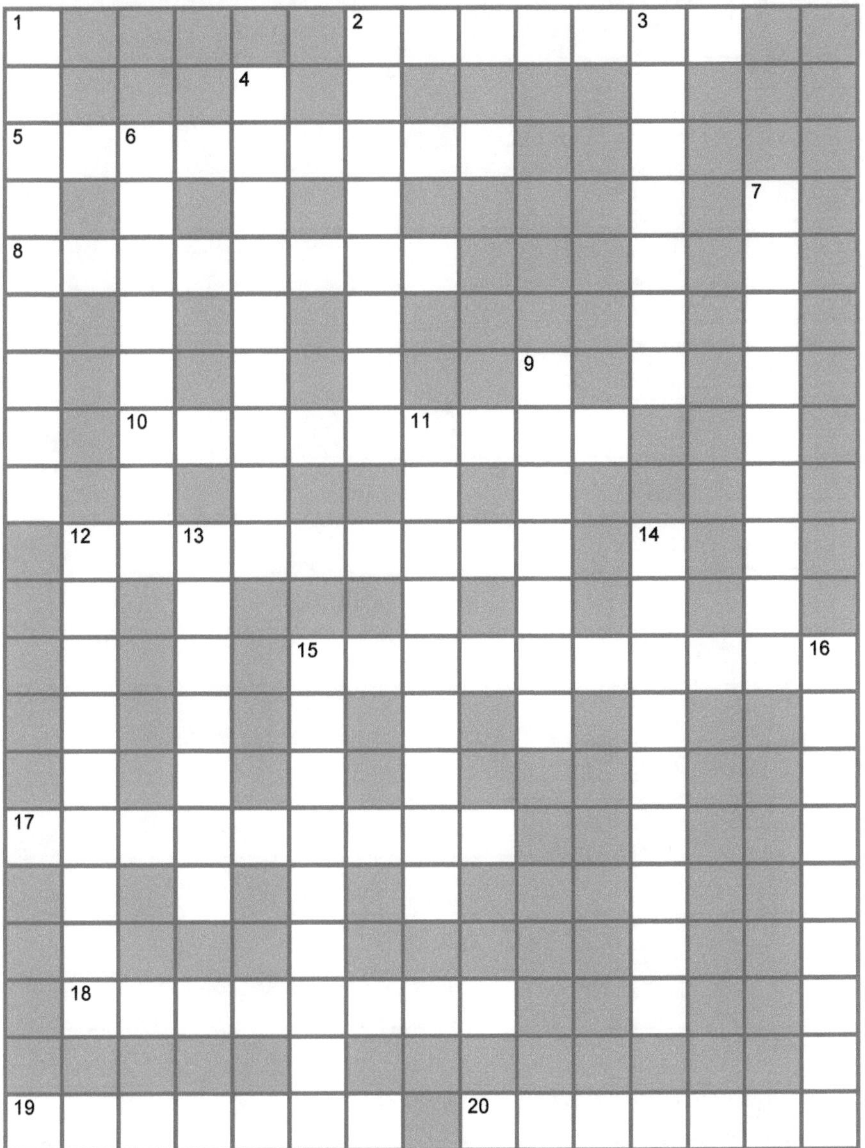

Horizontal: 2 Organismo em desenvolvimento inicial | **5** Recompensa | **8** Peça, como um biombo, usada para resguardo | **10** Descontentamento, desagrado | **12** Ensino Superior | **15** Distinguiam pela visão | **17** Lançaram centelhas | **18** Forma de relevo de elevada altitude | **19** Dizemos | **20** Configuração física de uma coisa |

Vertical: 1 Explicada | **2** Concluir, terminar | **3** Aconchegar de forma confortável | **4** Espalhou | **6** Prolongava | **7** Embasbaca | **9** Novilho, vitelo | **11** Sentir, amor, paixão | **12** Boiavam | **13** Estátua muito grande | **14** Quebrado (osso) | **15** Surpreso | **16** Peça metálica usada em alpinismo |

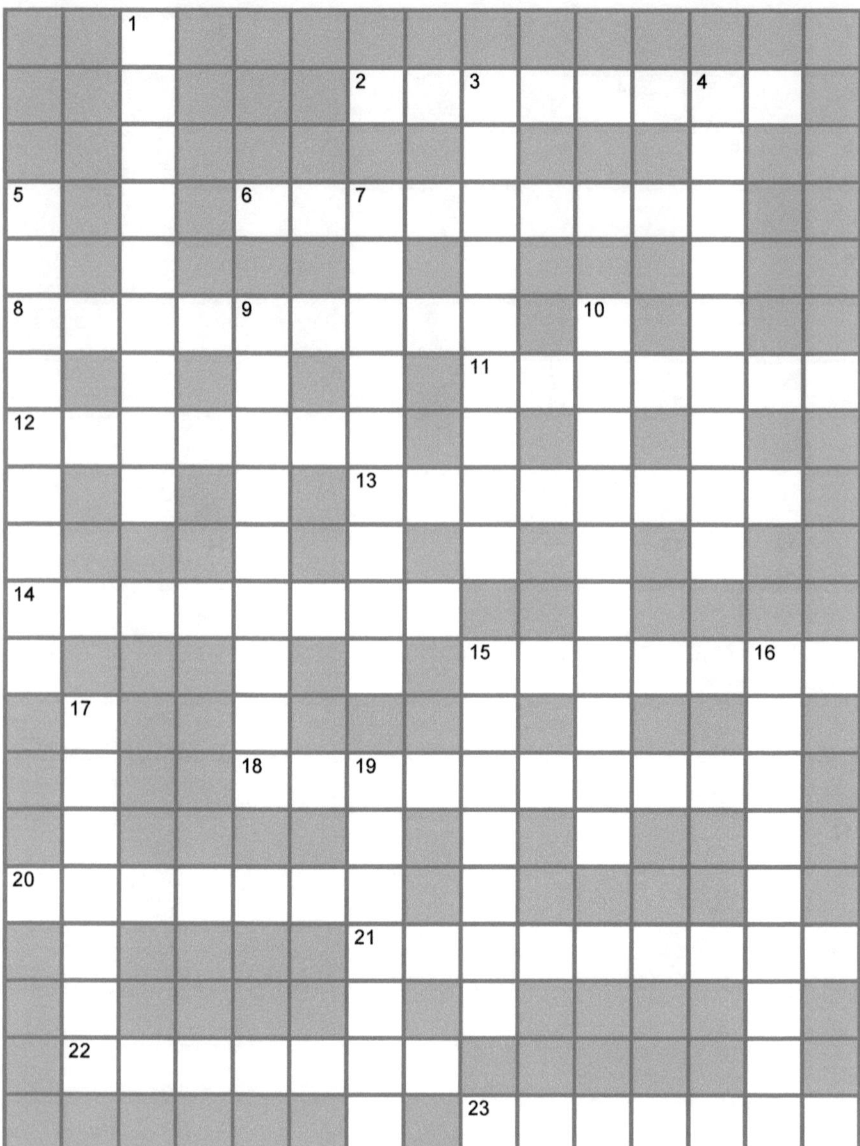

Horizontal: 2 Que resulta da prática e da observação | **6** Adornado | **8** Parte do lucro | **11** Som feito para tirar o muco da garganta | **12** Cheirarem mal | **13** Usava algo pela primeira vez | **14** Fazer entrar o ar nos pulmões | **15** Aponto defeitos | **18** Disseminavam | **20** Ponto mais importante, fundamental | **21** Influenciar alguém | **22** Pessoa com transtorno que afeta a interação | **23** Mesmo que crítica |

Vertical: 1 Imprudente, inconsequente | **3** Que sofre de um distúrbio mental | **4** Colaborava | **5** Atração sexual de adulto por criança | **7** Que causa admiração | **9** Conduziste um veículo | **10** Tornaras destemido | **15** Ítalo (?), escritor italiano | **16** Aquele que adquire algo em troca de dinheiro | **17** Dissolvera | **19** Alimento extraído de palmeiras |

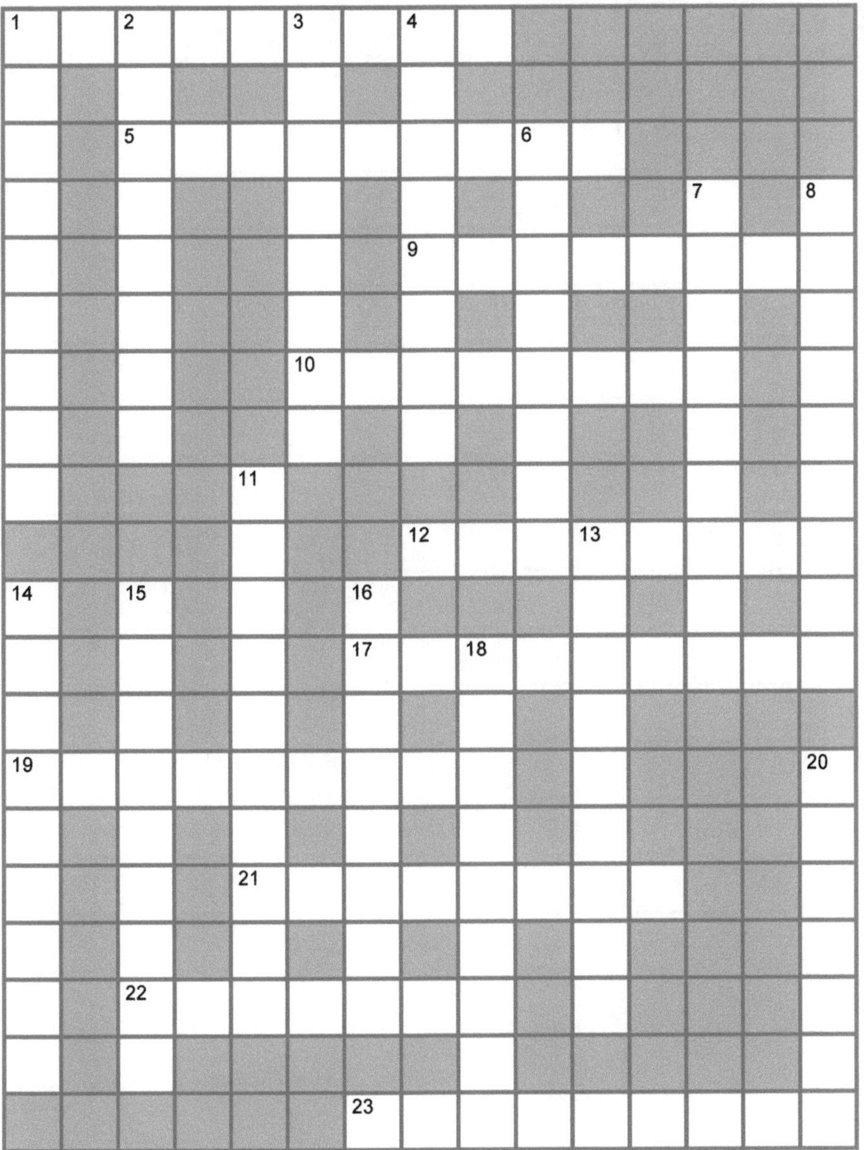

Horizontal: 1 Enviarei | **5** Chamado para serviço militar | **9** Incomodareis | **10** Cometi um crime | **12** Enunciar ou expor um a um | **17** Sentimento de revolta | **19** Ter, gozar de | **21** (?) Carioca, grupo de funk | **22** Deixo pender | **23** Progredindo |

Vertical: 1 Acabamento de portas e janelas | **2** Maior oceano da Terra | **3** Que é muito apreciado | **4** Arca que também serve de banco | **6** Adiou | **7** Região afastada do centro da cidade | **8** Lado direito de uma embarcação | **11** Locaremos | **13** Fase da Lua | **14** Superioras de uma abadia | **15** Que se dissipou, desfeito | **16** Leguminosa muito consumida no Oriente Médio | **18** Que trata com ternura | **20** (?) de Assis, escritor brasileiro |

194

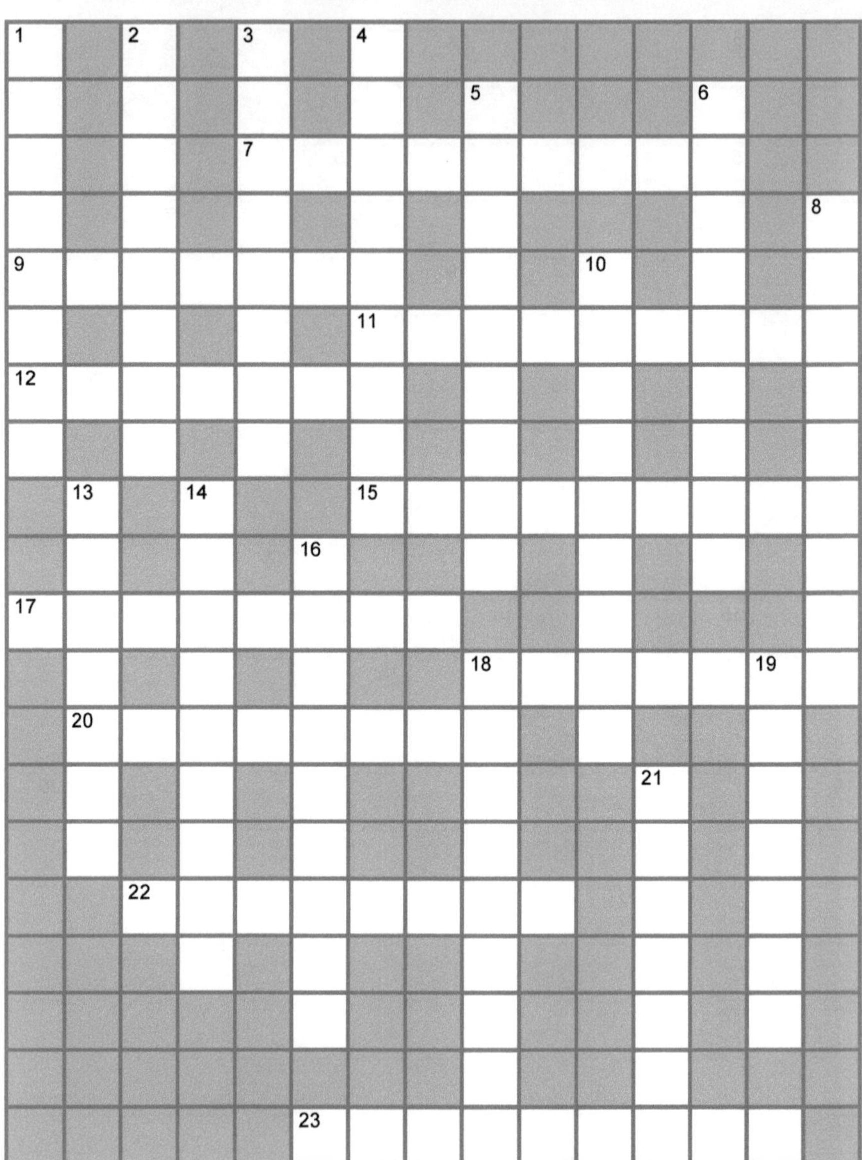

Horizontal: 7 Apoiado em algo | **9** Corpo celeste com luz própria | **11** Vencia alguém | **12** Executou | **15** Deu permissão | **17** Sentença que define um preceito moral (Fil.) | **18** Pressionar, puxar | **20** Imitador | **22** Entreteve | **23** Excluído |

Vertical: 1 Cai de muito alto | **2** Habituo | **3** Chefe do Poder Executivo nos municípios | **4** Dispositivo de metal que tranca portas | **5** Doença causada por falta de vitamina C | **6** Capital do Ceará | **8** Defender as laterais de uma construção | **10** Conjunto de pessoas do mesmo ofício | **13** Fricciono | **14** Induzir, convencer | **16** Lance do futebol | **18** Argumentariam | **19** Causem agonia, angústia | **21** País cuja capital é Madri |

195

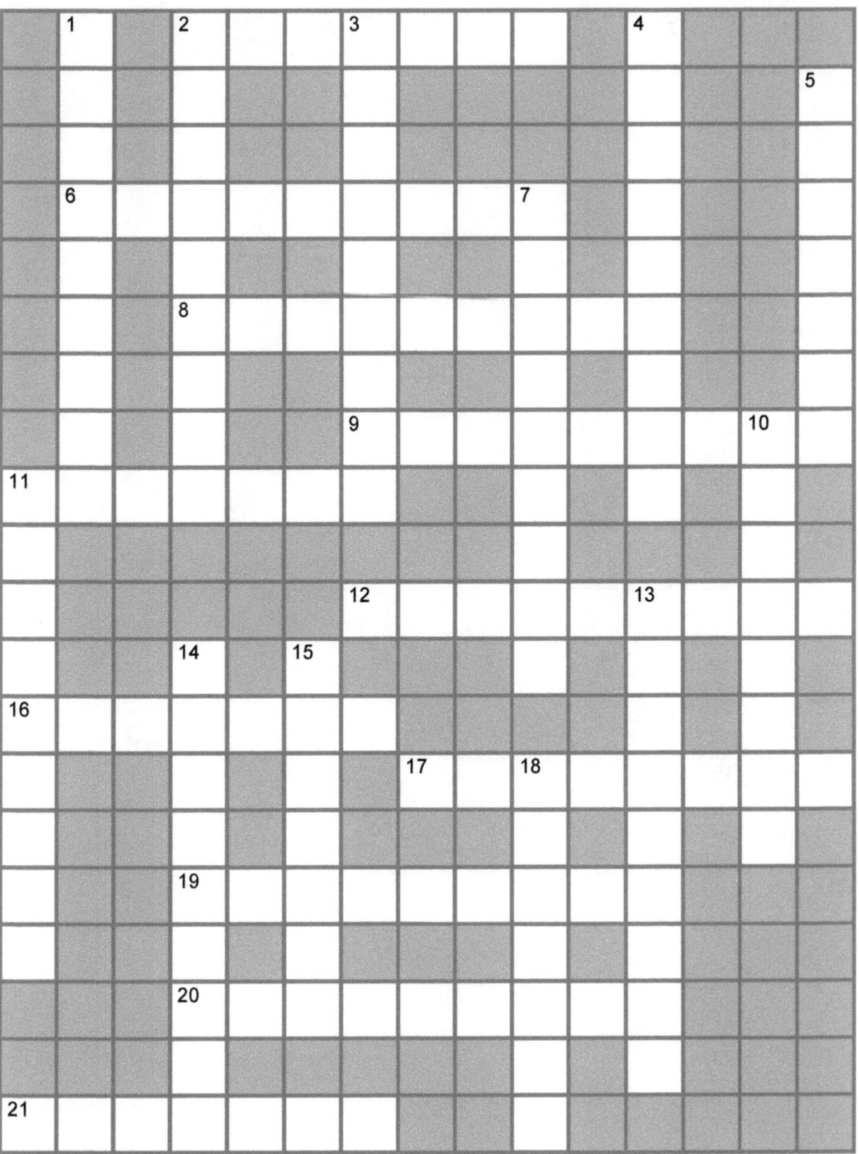

Horizontal: **2** Caíra no sono | **6** Que solta fumaça | **8** Ordem ou grau da hierarquia judiciária | **9** Doutrina contrária à propriedade privada individual | **11** Fruto rasteiro, de cor vermelha | **12** Disseminava | **16** (?) da Gama, poeta brasileiro | **17** Esparramar | **19** Alcançarão | **20** Faixa de cabelo que cresce junto às orelhas | **21** Tocam com os dedos para chamar a atenção |

Vertical: **1** Muito atarefado | **2** Perdia os sentidos | **3** Relativo a monge | **4** Estância de águas medicinais | **5** Que está ou vem do lado de fora | **7** Expulsaram | **10** Ilhas (?), arquipélago sul-americano | **11** Aquele que está morrendo | **13** Que tem seis lados e seis ângulos | **14** Dissimulou | **15** Rodeavas | **18** Que é muito bonito |

196

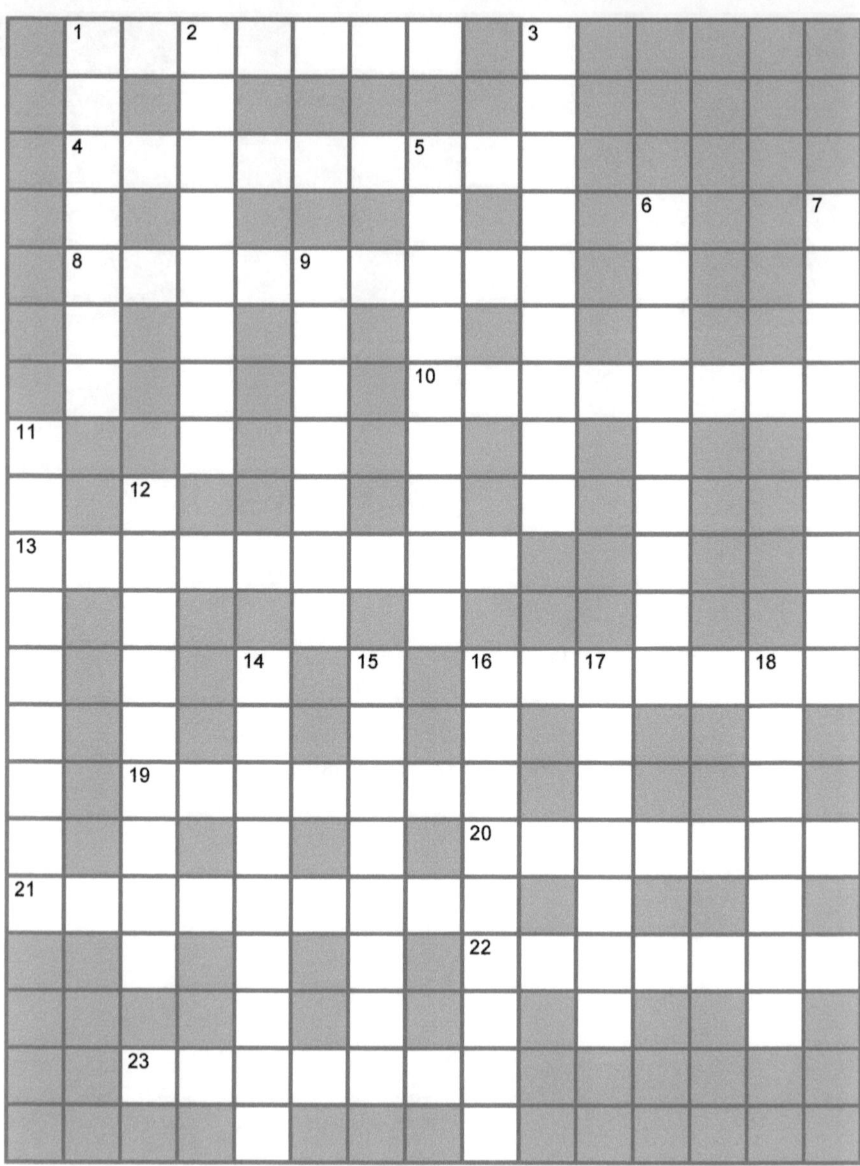

Horizontal: **1** Bisbilhotamos | **4** Dispositivo que inverte o sentido da corrente (eletr.) | **8** Resultado de arrumar | **10** Prova de corrida | **13** Mofado | **16** Primeiro dia da semana | **19** Costuramos | **20** Desfrutaram | **21** Bruxuleei | **22** Diminuir a altura | **23** Vário, variado |

Vertical: **1** Antônimo de "aberto" | **2** Tecido translúcido de algodão ou linho | **3** Desgastarão | **5** Declaração escrita de prova/título | **6** Envia para várias direções | **7** Funcionário que arruma os quartos do hotel | **9** Gerente, em inglês | **11** Morador | **12** Sacerdócio | **14** Derramava | **15** Orçar, calcular | **16** Desfazemos em fios | **17** Aplicar maquiagem | **18** Conduziram |

197

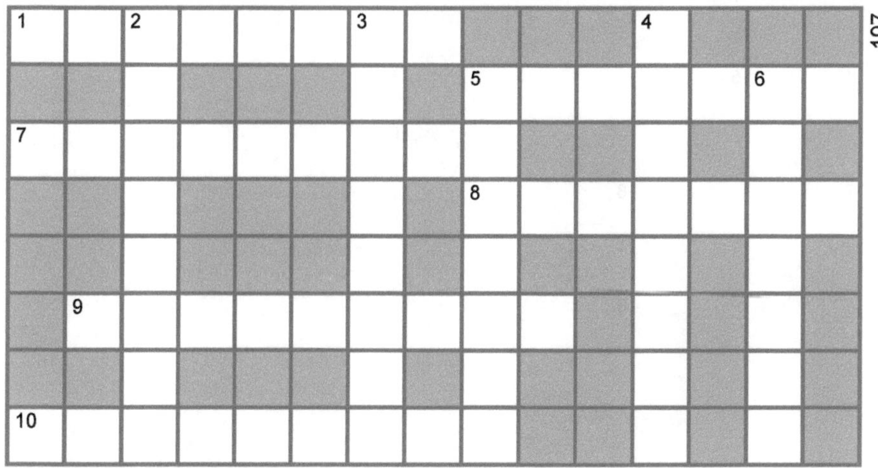

Horizontal: 1 Diminui a espessura | **5** Caminham sem rumo | **7** Transferi imagem de uma superfície para outra | **8** Estar viçoso, ter viço | **9** Barreira feita com barricas, pneus | **10** Progrediram |

Vertical: 2 Penteado com escova | **3** Cobrir com couraça | **4** Coxear | **5** Separam em partes | **6** Leque, em espanhol |

198

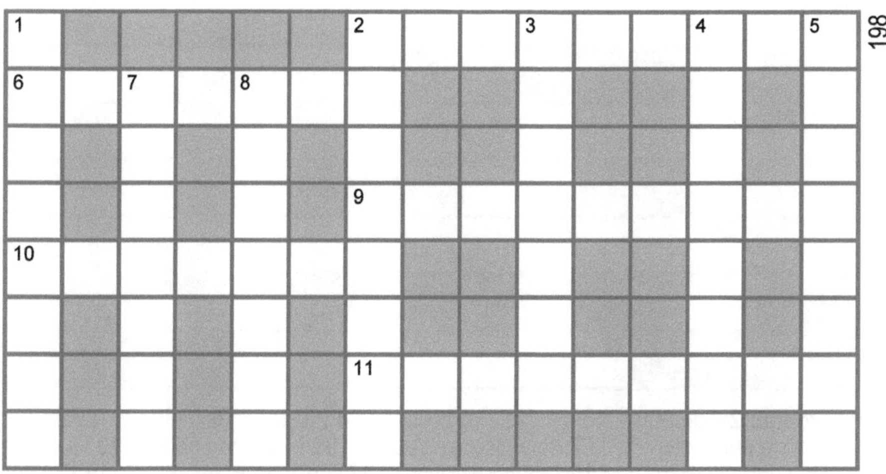

Horizontal: 2 Transportará | **6** Caçoada | **9** Valorização do ser humano (fil.) | **10** Exibição em passarela | **11** Terreno plano diante de um edifício |

Vertical: 1 Que foi atacado fisicamente | **2** Encontrar pela primeira vez | **3** Plantação de bananeiras | **4** Perdoar, desculpar | **5** Sibilar, silvar | **7** Depor, testemunhar | **8** Órgão pontiagudo de algumas plantas |

199

Horizontal: **2** Que tem o número dez como base | **4** Elucidou | **6** Efeito (?), fenômeno que ocorre em ondas (Fís.) | **7** Autêntico, verdadeiro | **9** Em que há malícia | **13** Fazemos planos com outra pessoa | **15** Cortam a cabeça | **17** Produzir fermentação | **19** Planície localizada entre montanhas | **20** Comunicado, notícia | **21** Examinar minuciosamente | **22** Estouravam | **23** Damos brilho |

Vertical: **1** Cerâmica fina, dura e brilhante | **3** Mesmo que ardiloso | **4** Tornei-me idoso | **5** Completam | **8** Excessivo | **10** Aquele que recebe uma doação | **11** Conter-se | **12** Relativo às condições meteorológicas | **14** Tornar duro, endurecer | **16** Referente a cabeça | **18** Transmitimos saber |

200

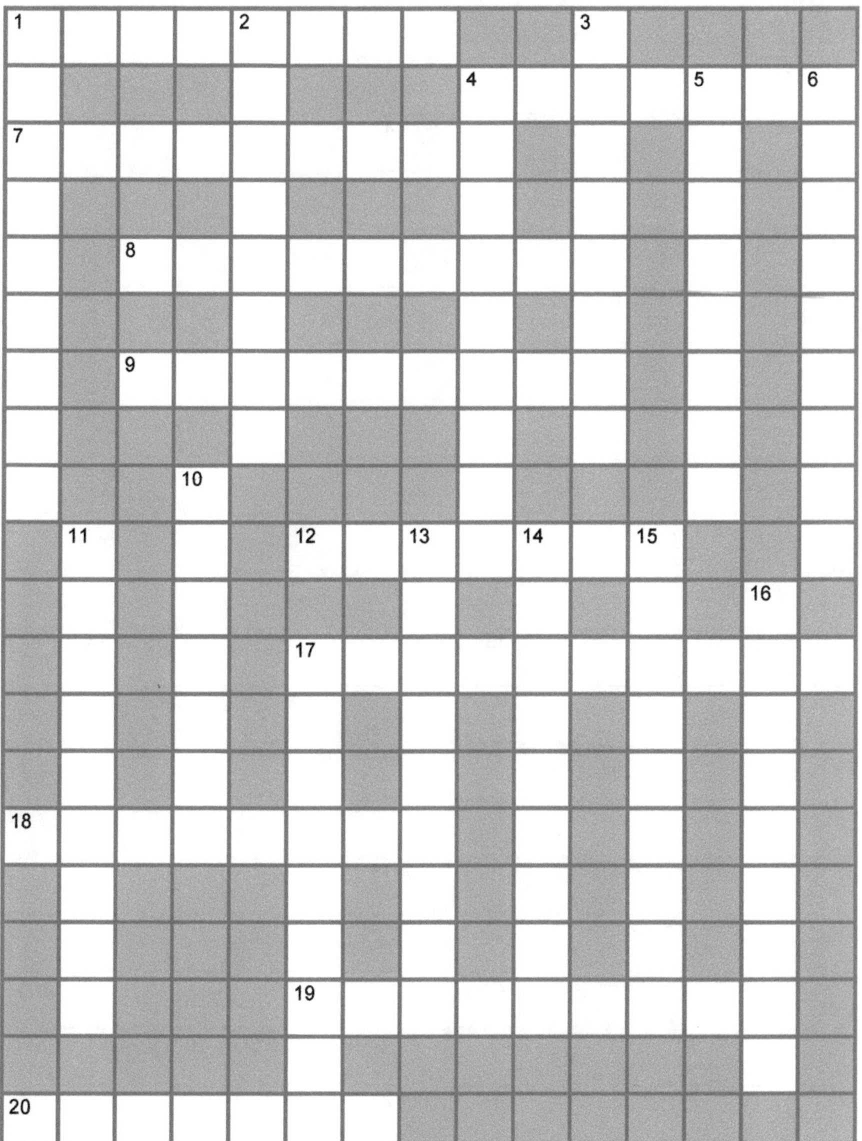

Horizontal: 1 Abençoou | **4** Pensava insistentemente em algo | **7** Capacidade animal de se camuflar no ambiente | **8** Produzir sons de folhas agitadas | **9** Antônimo de permissão | **12** Exigia pagamento | **17** Chamamos, invocamos | **18** Deslizar sem controle pelo chão | **19** Repousar | **20** Verifico |

Vertical: 1 Meneio dos quadris | **2** Relativo à parte de dentro | **3** Importunou | **4** Falar em voz murmurada | **5** Afirmação categórica | **6** Concordará | **10** Próprio de estrela | **11** Que não presta atenção | **13** Abençoarias | **14** Tornara destemido | **15** Acariciemos | **16** Fizera agir sob coação | **17** Aquele que se destaca no campo de batalha |

201

Horizontal: **2** Dissipado | **5** Tinha o mesmo valor | **8** Persuadia | **10** Cometia crime | **12** Flutuaras na água | **13** Arrumado em pilha | **15** Tombarias | **18** Bailamos | **19** Tornar maior ou mais intenso | **20** Tinta solúvel em água | **21** Cuja natureza é ruim | **22** Flutuamos na água |

Vertical: **1** Dissolução da sociedade conjugal | **3** Cometer um crime | **4** Sacerdote encarregado de uma capela (pl.) | **6** Estudo sistemático de uma língua | **7** Muito velho, decadente | **8** Rodearei | **9** Que ama cinema | **10** Que se sobressai | **11** Relativo à Libéria | **13** Acompanhado de seguranças | **14** Moralmente degradado | **16** Aldeia, vilarejo | **17** Recipiente para servir azeite |

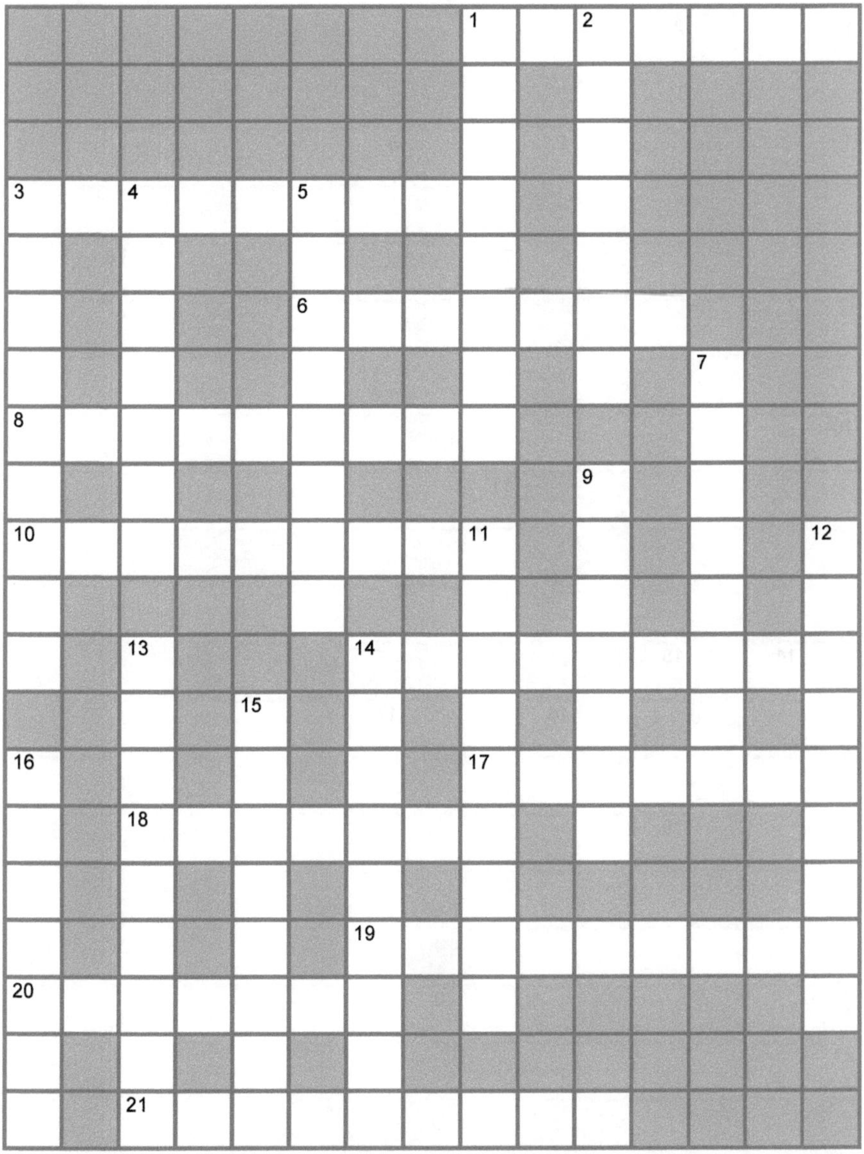

Horizontal: **1** José de (?), escritor brasileiro | **3** Habilitar | **6** Camila (?), atriz brasileira | **8** Estranho | **10** Inflamação do pulmão causada por bactérias | **14** Colocar uma empresa sob domínio do Estado | **17** Tudo o que ata, liga ou aperta | **18** Marido, mulher | **19** Inferiram | **20** Tornar mais grave | **21** Aeronave mais leve que o ar |

Vertical: **1** Irritado, exasperado | **2** Monstro lendário da Grécia antiga (mit.) | **3** Observa longamente | **4** Estado de quem se embriagou | **5** Embusteiro | **7** Guiou | **9** Conjunto de cem elementos | **11** Adivinhando, pressagiando | **12** Cidade da Paraíba | **13** Deixaria pender | **14** Conjunto de navios de guerra (pl.) | **15** Impedir algo ou alguém | **16** Perda temporariamente dos sentidos |

Horizontal: **1** Caminharam sem rumo | **4** Sentirás compaixão | **6** Esconde as próprias intenções | **9** Escrito de uma composição musical | **10** Entreti | **11** Virava para baixo | **12** Apequenavas | **16** Ato de descrever alguma coisa | **18** Lesionou | **19** Simples, modesto | **20** (?) Oriente, subregião da Ásia | **21** Incomum, esquisito, insólito (gír.) |

Vertical: **1** Lançado | **2** Começar a noite | **3** Perder os sentidos | **5** Enviei para várias direções | **7** Falta de compaixão | **8** Resumido, condensado | **13** Endeusar | **14** Fazer perder a esperança | **15** Aborrecer, provocar, irritar | **16** Descobrir o corpo, desnudar | **17** Que tem o exterior curvo |

204

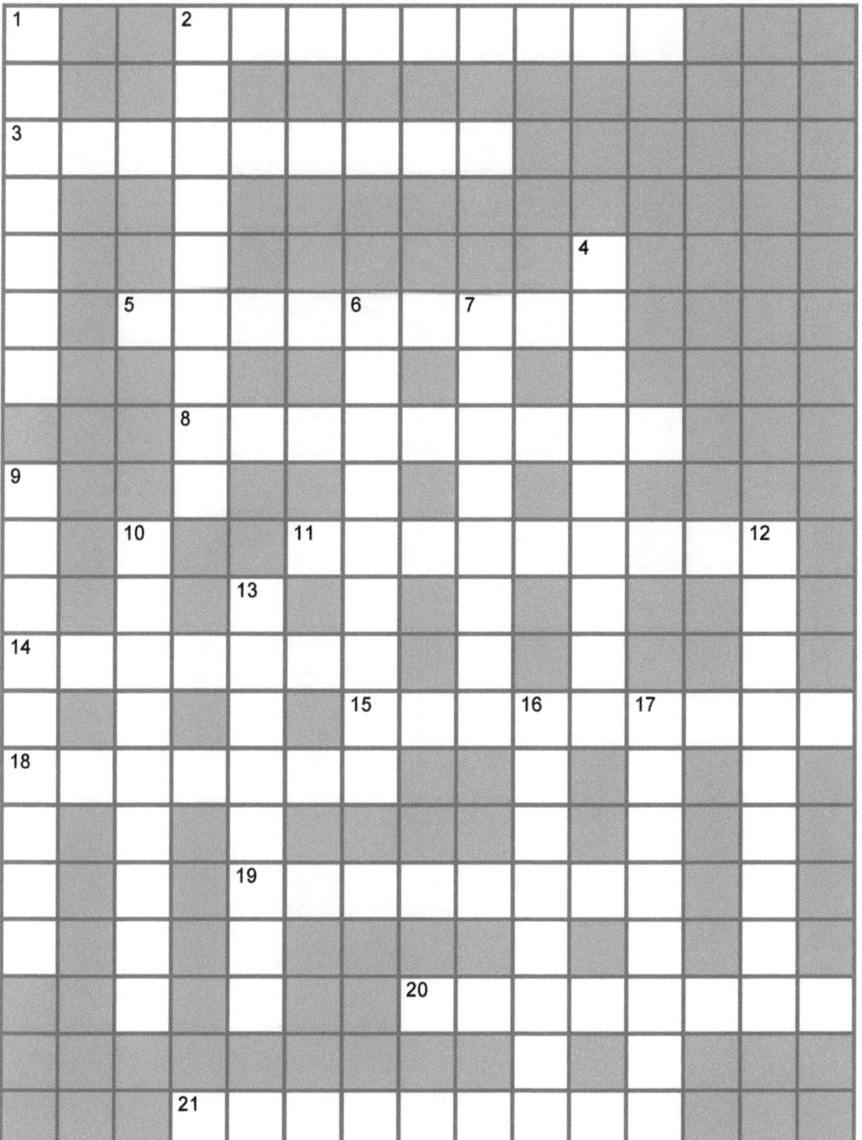

Horizontal: **2** Refreassem | **3** Que tem forma de grãos | **5** Que recebeu graça, contemplado | **8** Dei | **11** Espaço que a vista abrange | **14** Nativa do país cuja capital é Pequim | **15** Enviam | **18** Repouso por motivo religioso ou civil | **19** Objeto usado para traçar ângulos retos | **20** Autor de uma obra literária | **21** Que se alimenta de vegetais |

Vertical: **1** Assimilou | **2** Alcançam um objetivo | **4** Repartição pública arrecadadora de impostos | **6** Morro onde fica o Cristo Redentor | **7** Argumentarás | **9** Adoço | **10** Amor a sua região e menosprezo às demais | **12** Recheado de palha | **13** Inimigo, adversário | **16** Tudo o que é criado, feito | **17** Emocionado |

205

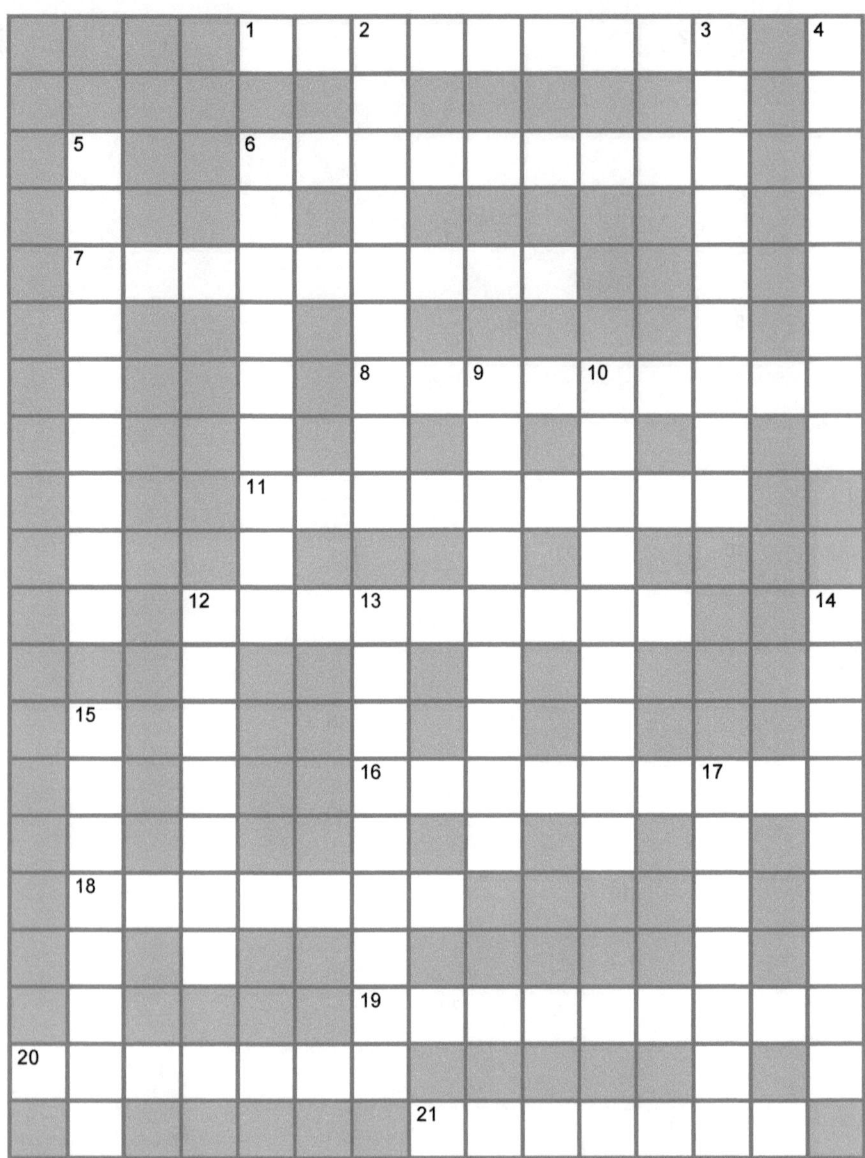

Horizontal: 1 Hormônio que tem efeito analgésico | **6** Biscoito cônico em que se serve sorvete | **7** Conversa sem importância | **8** Vestir roupas mais quentes | **11** Passar dos limites | **12** Falham | **16** Não acreditavam | **18** Língua falada na Bulgária | **19** Renunciar a uma religião | **20** Levantavam | **21** (?) Duff, atriz e cantora estadunidense |

Vertical: 2 Que se descolou | **3** Desmoralizar, ridicularizar (pop.) | **4** Parte do banheiro destinada ao banho | **5** Friccionado | **6** Escarnecer | **9** Relativo a arbusto (fem.) | **10** Substância que combate a acidez | **12** Resultado de um cálculo | **13** Concordariam | **14** Que nasceu antes do esperado | **15** Profissional que barbeia e corta cabelo | **17** Viver sem atividade mental |

206

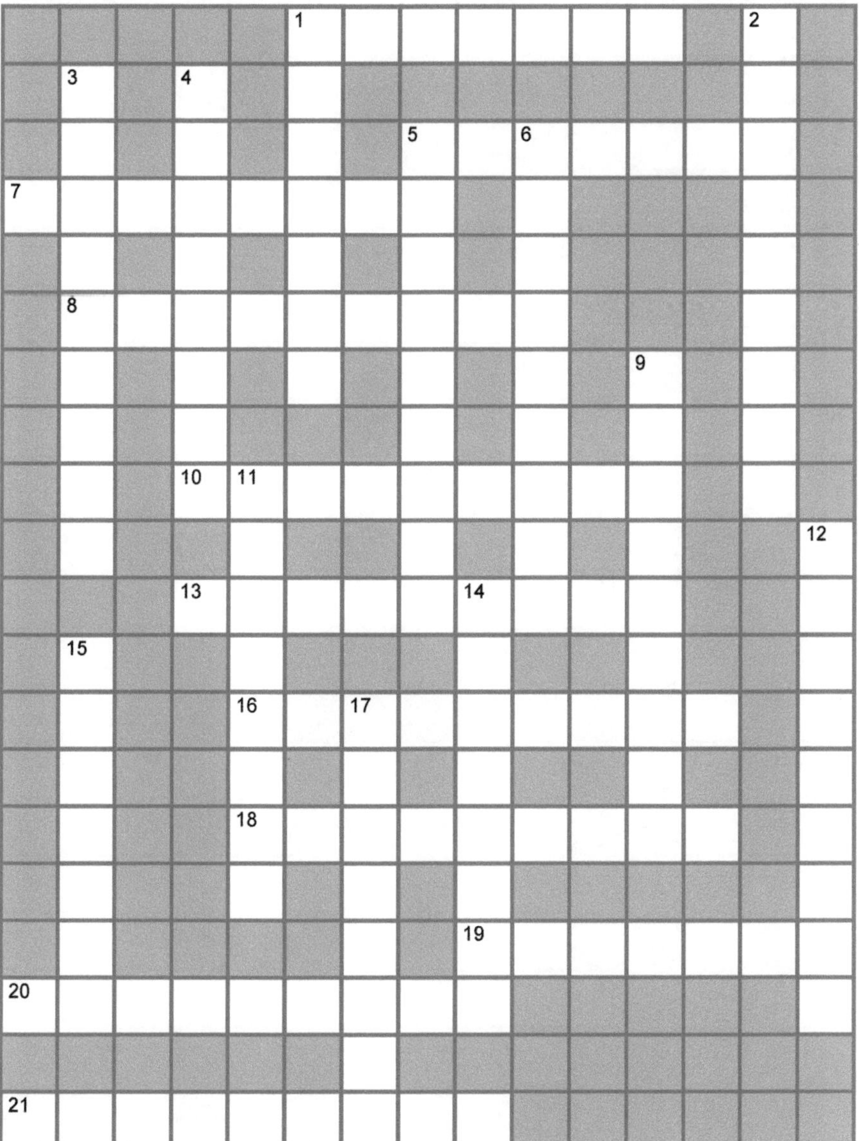

Horizontal: 1 Mesmo que digerido | **5** Deglutam | **7** Bradamos | **8** Pançudo, que tem barriga grande | **10** Abdicariam, recusariam | **13** Desabado | **16** Ajustavam, adaptavam | **18** Moramos | **19** Anda a cavalo | **20** Mesmo que pressentimento | **21** Engoliria |

Vertical: 1 Perde os sentidos | **2** Loja onde se vendem miudezas | **3** Cooperar, ajudar, auxiliar | **4** Obtinha algo mediante pagamento | **5** Estrutura de ossos que sustenta o corpo | **6** Gulodice, geralmente um doce | **9** Transportado | **11** Tecido branco muito fino | **12** Passariam a um estado inferior | **14** Que corrói | **15** Mexericar | **17** Impedir |

207

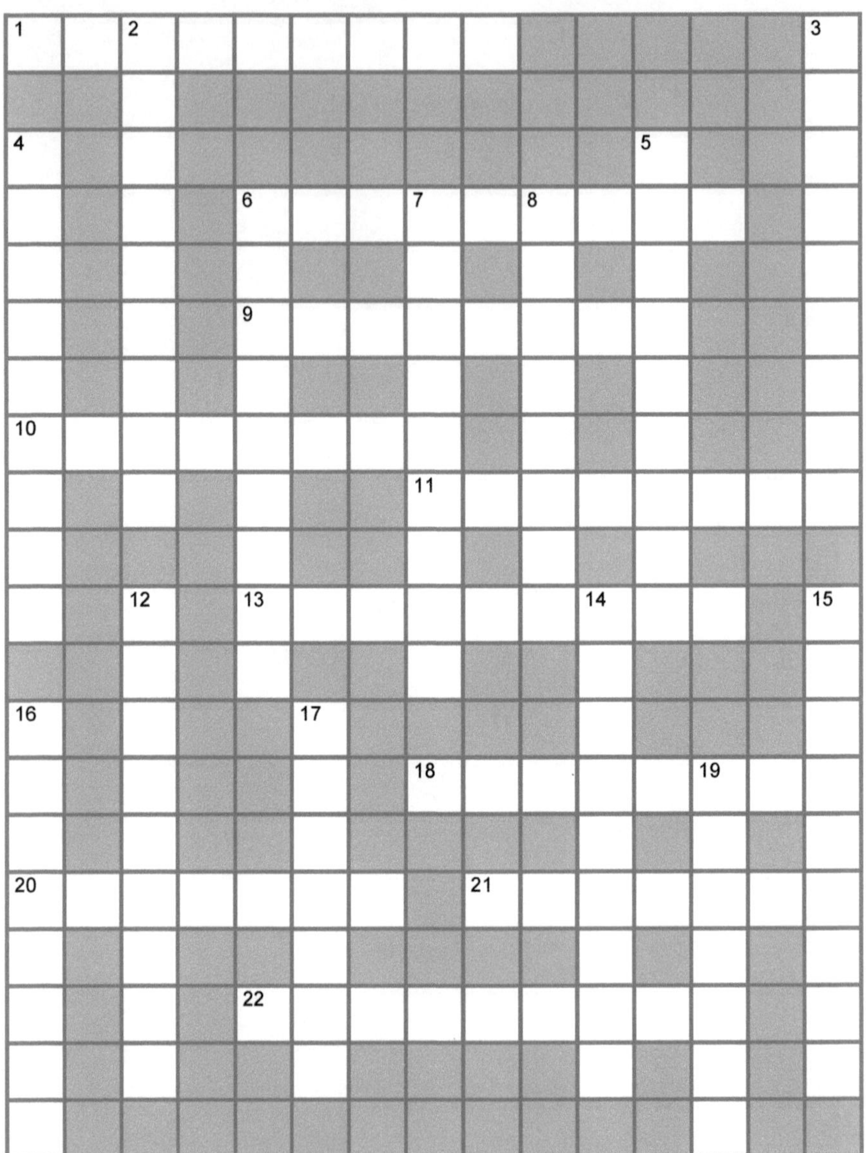

Horizontal: 1 Atormentado | **6** Esclarecimento | **9** Escritor e filósofo francês | **10** Elemento químico de símbolo K | **11** Glândula conhecida por produzir insulina | **13** Lugar para construir/consertar navios | **18** Contaminação, contágio | **20** Fugia da polícia | **21** Aquele que mata um deus | **22** Máquina de preparar concreto |

Vertical: 2 Recurso usado para convencer alguém | **3** Dissolvermos | **4** Que é destemido, corajoso | **5** Criar | **6** Que pode ser dividido | **7** Mutilar | **8** Ervilha, em espanhol | **12** Torrente de água pluvial | **14** Não permitiria | **15** Quem põe algo em ação | **16** Tumulto, falta de ordem | **17** Matéria preta que vem da queima de combustível | **19** Furado em muitos pontos |

208

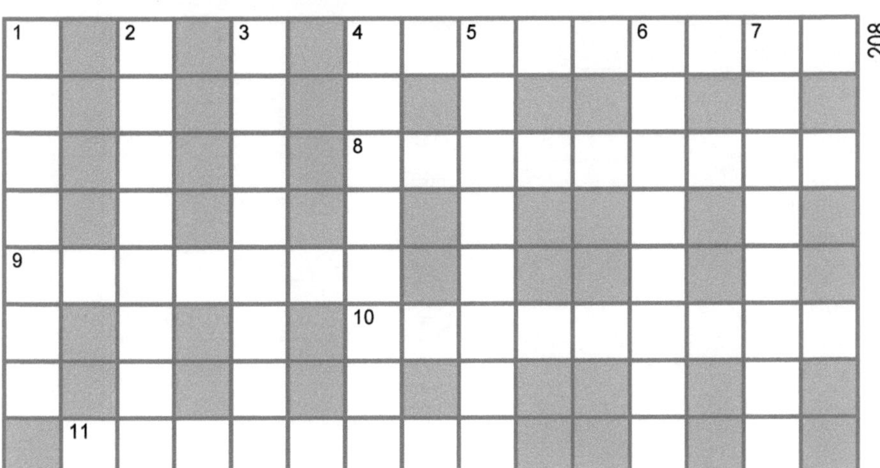

Horizontal: **4** Emitir som parecido ao da galinha | **8** Ornamentar bolo | **9** Desviei a atenção | **10** Linguiça, em espanhol | **11** Piloto auxiliar do comandante de avião |

Vertical: **1** Sair da casca do ovo | **2** Galeria coberta de um convento | **3** Aumentei o preço | **4** Faca, em espanhol | **5** Moradia das freiras | **6** Excluí | **7** Delimitar, demarcar |

209

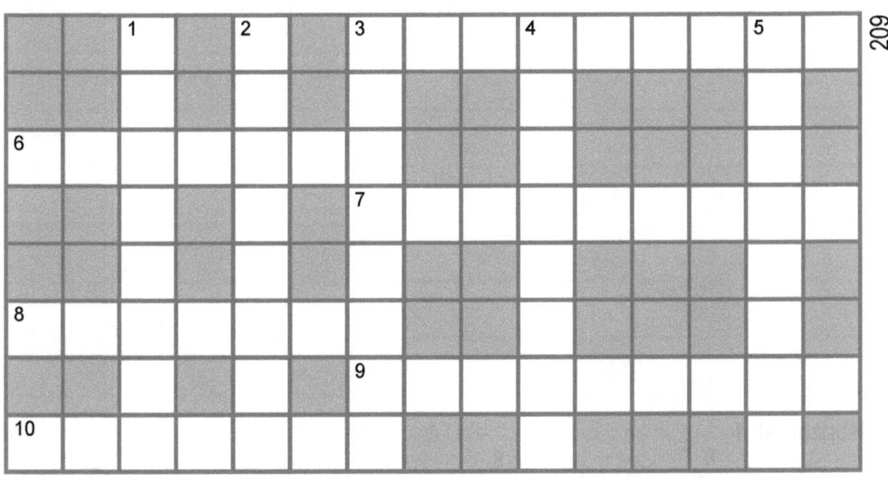

Horizontal: **3** Gás (?): CO_2 | **6** Cidade que serve como sede do governo | **7** Conciliaríamos | **8** Avisar, advertir | **9** Culto | **10** Forçará alguém a fazer algo |

Vertical: **1** Pessoa inquieta, agitada (pop.) | **2** Odiei | **3** Região ao sul da Itália | **4** Cheio de barro | **5** Artéria que leva o sangue à cabeça |

210

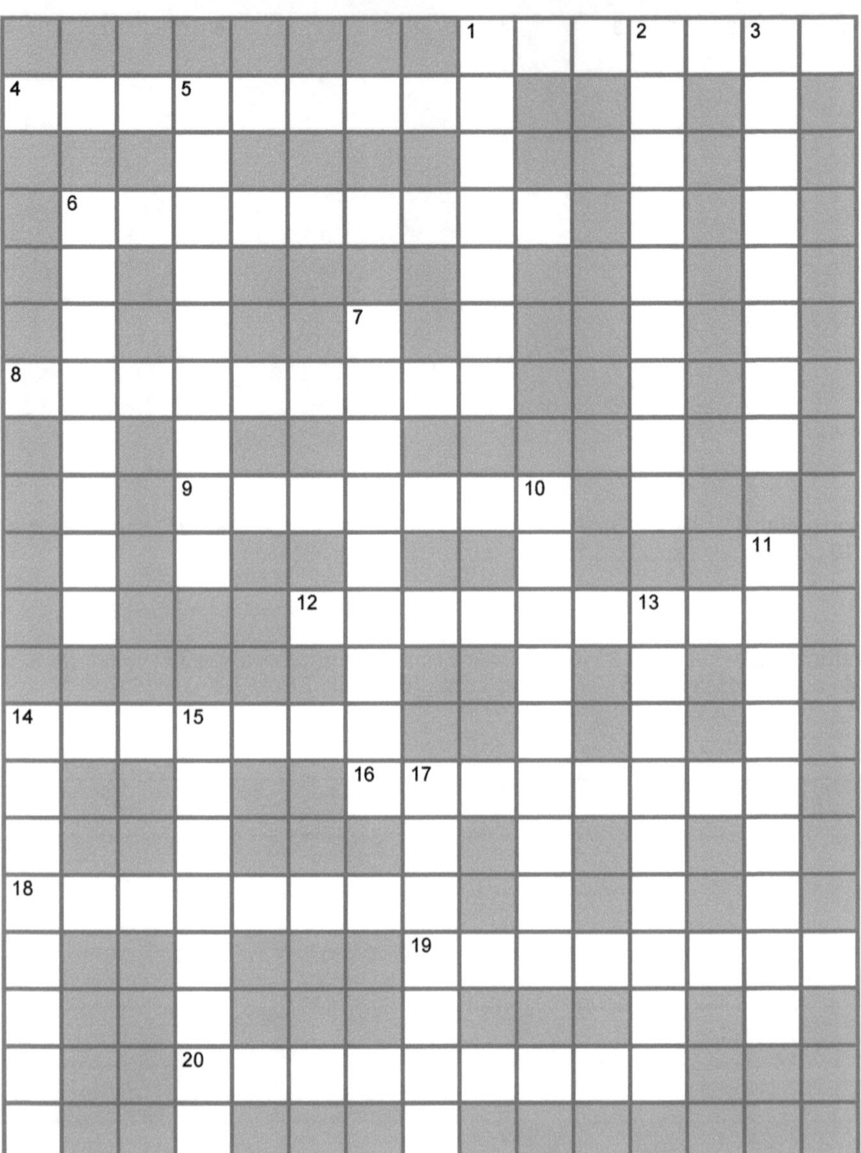

Horizontal: 1 Atendia ao que foi solicitado | **4** Amy (?), cantora e compositora britânica | **6** Enfraquecem | **8** Chuva muito forte | **9** Ave migratória de plumagem branca | **12** Esboçar | **14** Terminei | **16** Ocorre | **18** Abdicarás, recusarás | **19** Itinerário fechado de uma prova esportiva | **20** Apequenasse |

Vertical: 1 Grupo de dez pessoas | **2** Encravado em metal | **3** Que não é constante | **5** Enfureço | **6** Me dá um (?) aí", marchinha | **7** Mesmo que doença | **10** Mesmo que enxotar | **11** Que é adepto, seguidor | **13** Fase da vida | **14** Calha | **15** Desfrutaram | **17** Pancada na cabeça com mão |

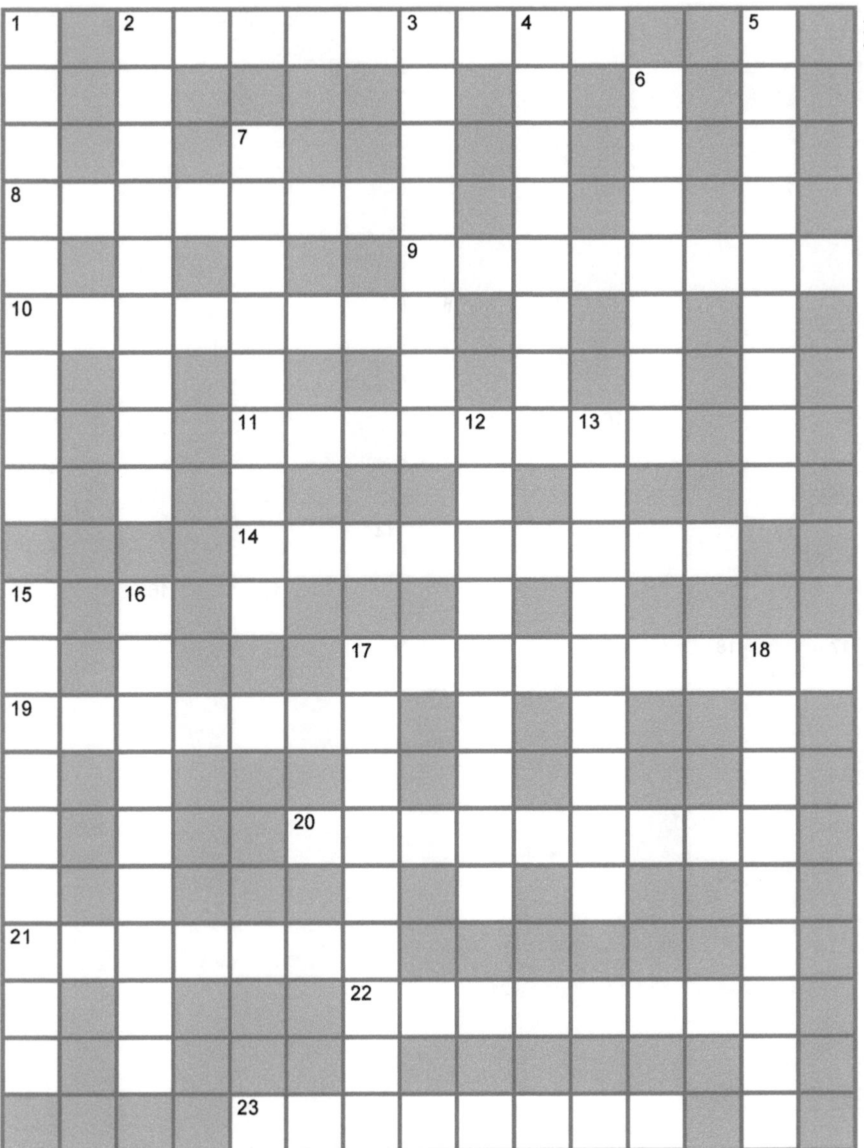

Horizontal: **2** Nossa Senhora (?), padroeira do Brasil | **8** Próprio de circo | **9** Diminutivo de beato | **10** Aparelho que identifica a existência de algo | **11** Temporal repentino muito intenso | **14** Fugiu | **17** Especialista em caligrafia | **19** Limpava | **20** Desviara a atenção | **21** Sair de um país para viver em outro | **22** Novato, principiante, iniciante | **23** Buscar algo perdido |

Vertical: **1** Permitido | **2** Que vem antes da refeição | **3** Festejar, comemorar | **4** Ofereceríamos de presente | **5** Colmeia de abelha | **6** Grupo de cães | **7** Tomam conhecimento de algo | **12** Mede o tempo pelo escoamento de areia | **13** Aliança para um fim comum | **15** Tornar alvo | **16** Perdiam o valor | **17** Que se calibrou | **18** Tornar-se excessivamente devotado a algo |

212

Horizontal: **1** Tomava conhecimento de algo | **7** Coletivo de discos | **8** Forma geométrica redonda | **9** Caindo no sono | **13** Revelar um segredo | **18** Alucinar | **19** Realizaram troca | **20** Lutar em defesa de algo | **21** Agressor | **22** Coisa ou fato surpreendente |

Vertical: **2** Comprem | **3** Introdução de uma coisa em outra | **4** Fora de moda | **5** Exerço autoridade sobre alguém | **6** Amassar, amarfanhar | **7** Alterei | **10** Invadido | **11** Suplantou | **12** Colocamos o sapato | **14** Mordacidade, causticidade | **15** Desprezavam | **16** Acreditaríamos | **17** Apequenaram | **18** Mesmo que degolar |

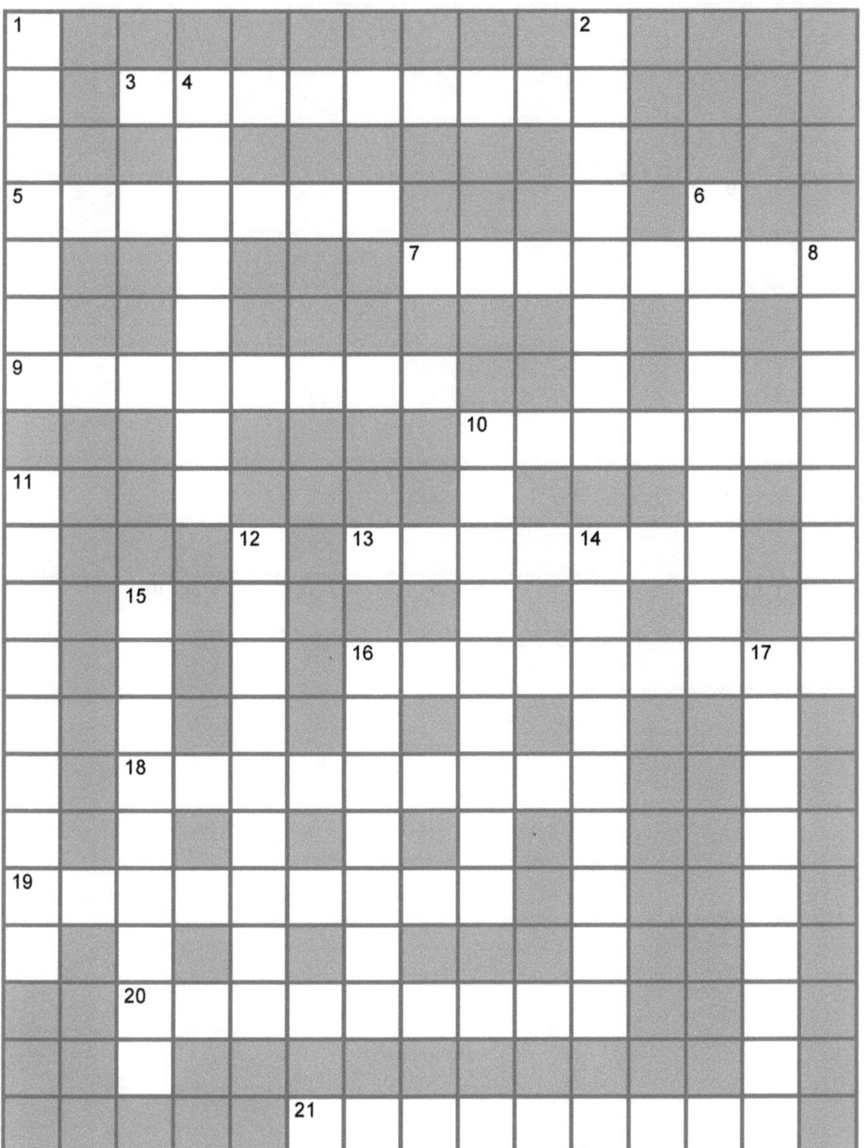

Horizontal: 3 Indivíduo que busca ajudar o próximo | **5** Alcancem | **7** Distúrbio na capacidade de leitura | **9** Diminuído, reduzido | **10** Converso exaltadamente | **13** Segregar em formas de gota | **16** Relativo à divindade, divino | **18** Inferiste | **19** Ato de cozer | **20** Rude | **21** Encontrávamonos em certo lugar |

Vertical: 1 Fazem perder o brilho | **2** Naturais da Catalunha | **4** Mesmo que genealogia | **6** Expulsarei | **8** Spray | **10** Desapontamento, decepção | **11** Assevero | **12** Acondicionamos | **14** Demitias | **15** Que se conduziu, levado | **16** Preparo refeição | **17** Conquistemos a atenção |

214

Horizontal: **1** Ocorram, aconteçam | **8** Chamativo | **11** Emissão violenta de lavas | **12** Contaminei | **13** Estabeleceram o preço | **14** Entretivera | **18** Orgulhoso, insolente | **20** Acordei | **21** Nascido por aborto |

Vertical: **2** Endureceu | **3** Desconsideravam | **4** Família de plantas como arroz, trigo e bambu | **5** Transportar | **6** Transmitir informação, fazer saber | **7** Joguei fora | **9** Sair por descuido, escapar | **10** Amedrontado | **15** Mesmo que achar | **16** Reconheço como verdadeiro | **17** Instituição criada para fins comerciais | **18** Desejar profundamente, almejar | **19** Acertar, alcançar |

215

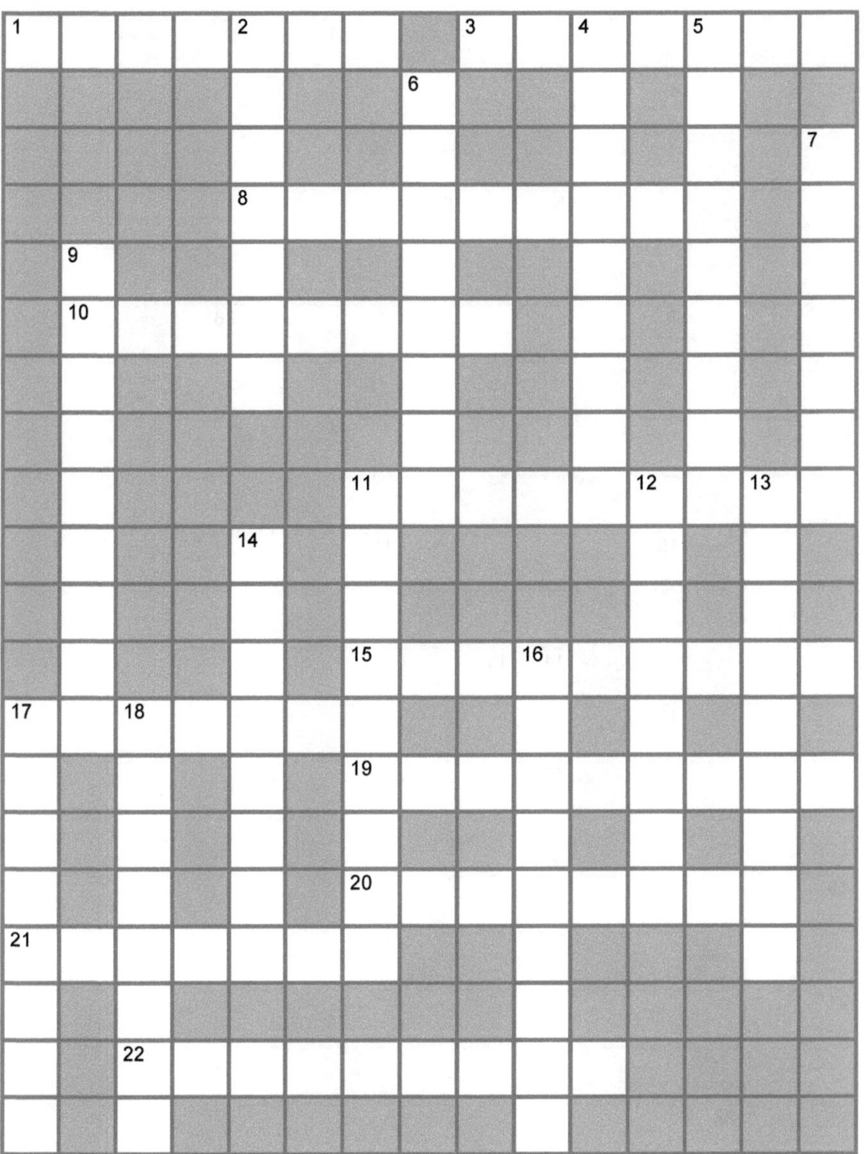

Horizontal: **1** Armazenam | **3** Aumentou de tamanho | **8** Esclarecido | **10** Proteína que dá pigmentação à pele | **11** Memorizaram | **15** Tornará destemido | **17** Relativo a dedo | **19** Planta comestível cultivada em horta | **20** Dissolveria | **21** Que se fuma | **22** Posto em fuga desordenada |

Vertical: **2** Poderão ser contidos em algo | **4** Ludibriador | **5** Certificar ou proclamar alguém santo | **6** Plataforma ou estrado bastante alto | **7** Convergiam | **9** Utilizei | **11** Pormenorizado | **12** Ficar com medo de fazer algo (gír.) | **13** Afagar, acarinhar | **14** Transmitiu conhecimento | **16** Explodido | **17** Desrespeito a alguém ou norma | **18** Elegante |

216

Horizontal: **3** Incitarão | **5** Memorizavam | **7** Conjunto de vasilhas | **9** Adquiria tom moreno ao tomar sol | **10** Modo hábil de enganar alguém | **14** Conservavam | **17** Estiverem de acordo | **19** Comparar um texto com outro | **20** Consentirão | **21** Nomeiam | **22** Inseto que é símbolo da transformação |

Vertical: **1** Primas cujos pais são irmãos | **2** Par romântico do Aladdin | **3** Engolirem | **4** Ponha em desavença | **5** Acordam | **6** Grudavam | **8** Mostrar-se hostil | **11** Adivinhem, pressagiem | **12** Festeja | **13** Endeusado | **15** Que traz maus presságios | **16** Que quer mal a alguém, pernicioso | **18** Um dos cantos do cruzamento |

217

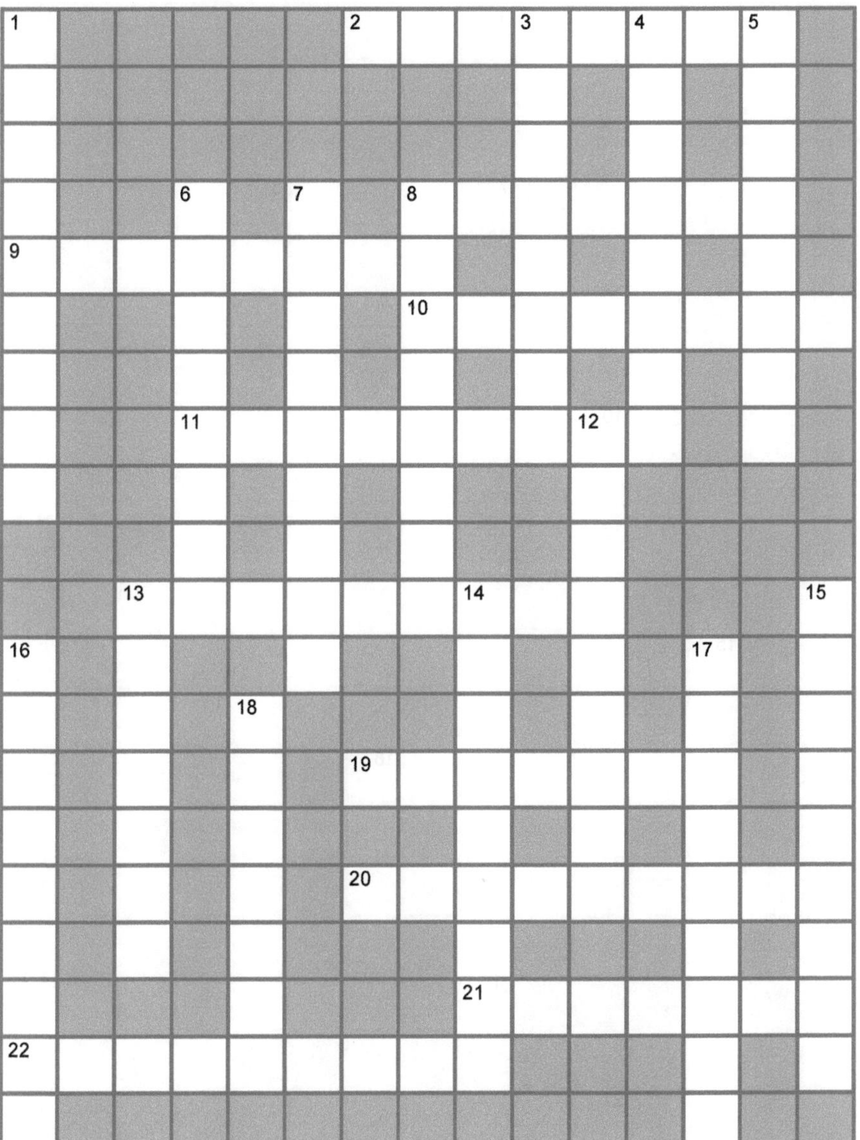

Horizontal: 2 Lugar onde se está ou se permanece | **8** Parte da cama | **9** Parar de progredir, estancar | **10** Mesmo que gravidez | **11** Muito cheio, repleto | **13** Negligenciou | **19** Dissolviam | **20** Enfiei | **21** Ousado, atrevido (pop.) | **22** Descongelavam |

Vertical: 1 Abdiques, recuses | **3** Variedade de quartzo de cor arroxeada | **4** Natural de Cuiabá | **5** Pessoa que estudou ciências jurídicas | **6** Pequeno palácio | **7** Doentio, enfermo | **8** Levantarei | **12** Propagado | **13** Separar em partes | **14** Ingeriam | **15** Não permitimos | **16** Grande quantidade de cavalos | **17** Calculado, avaliado | **18** “Fortaleza (?)”, primeiro livro de Dan Brown |

218

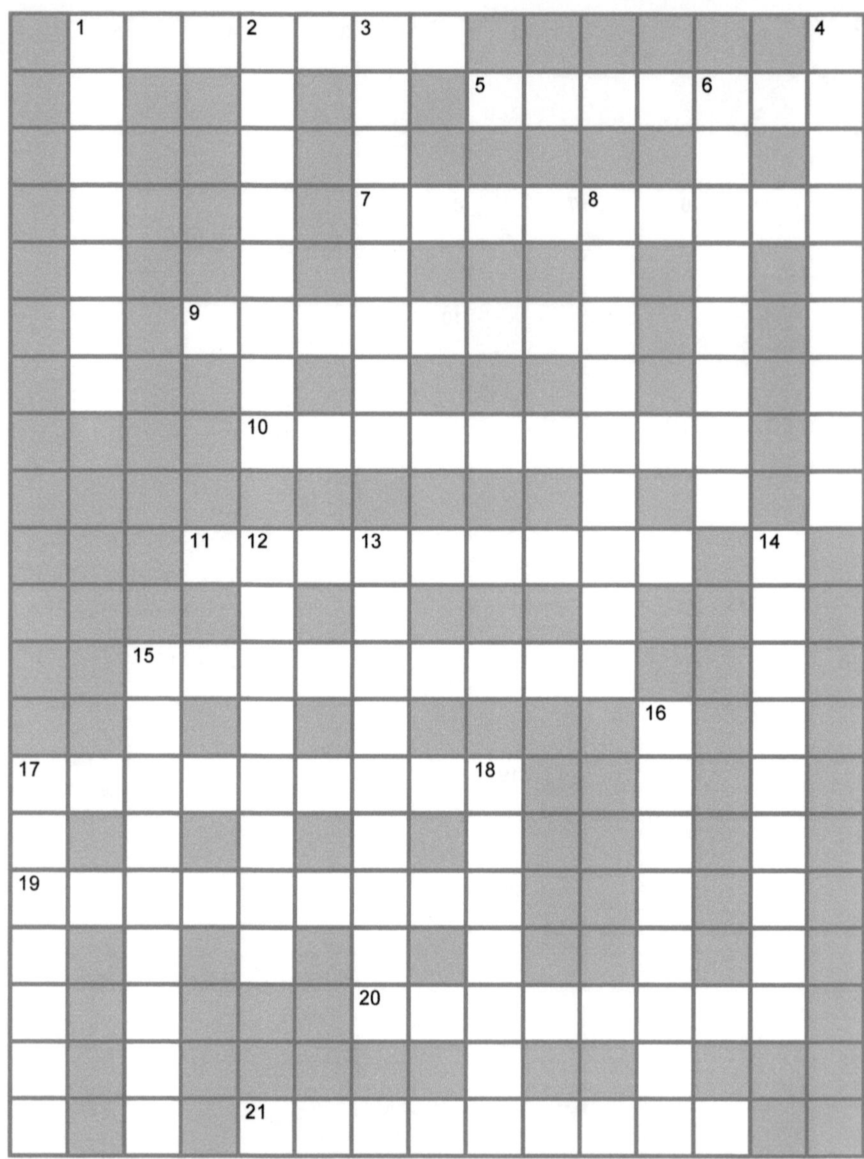

Horizontal: 1 Esfregação | **5** Não possuía | **7** Desvendado, descoberto | **9** Antônimo de “loyal” | **10** Eliminar, destruir | **11** Vitalidade, energia | **15** Desfazemos um nó | **17** Mudavam de direção | **19** Sentimento de amizade | **20** Conservando | **21** Arrancarem |

Vertical: 1 Fritavam | **2** Que contribui no crime de alguém | **3** Adicionar ácido | **4** Aparelho que mede o grau de embriaguez (pop.) | **6** Profissional que faz cópias de chaves | **8** Morremos | **12** Estabeleço | **13** Adivinharam, pressagiaram | **14** Convergido | **15** Liberto o que está preso | **16** Contradiz | **17** Em situação inferior | **18** Variedade de abóbora |

219

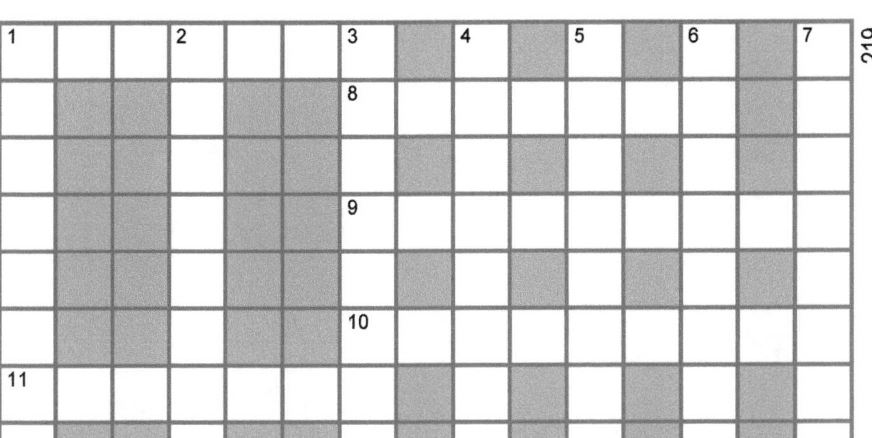

Horizontal: 1 Ingresso, entrada | **8** Erva nociva | **9** Levava com ele | **10** Assimilarem | **11** Demandado |

Vertical: 1 Faixa, atadura, compressa | **2** Que se equivale a outro | **3** Aquele que instrui | **4** Deixar curioso | **5** Terminam | **6** Palavra ofensiva | **7** Tirar as armas de |

220

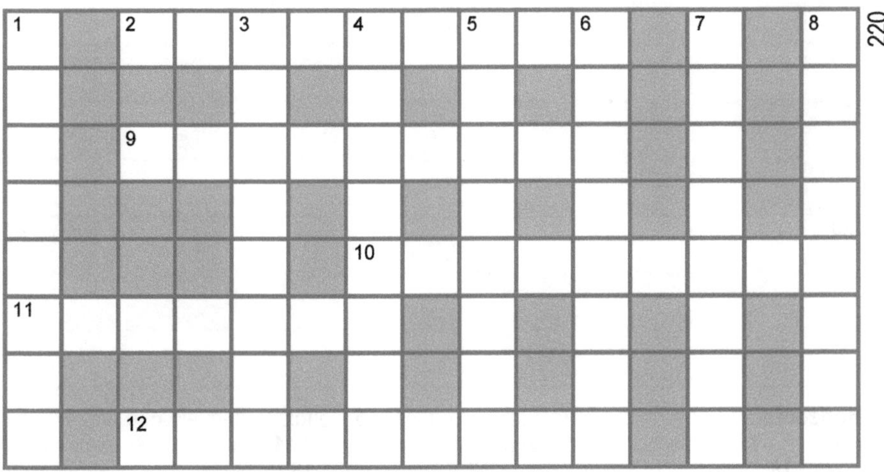

Horizontal: 2 Enfraqueciam | **9** Que merece confiança | **10** Filósofo considerado o pai da dialética | **11** Escultura que representa uma pessoa | **12** Desgastaria |

Vertical: 1 Baixa o preço | **3** Amarrar as mãos de alguém | **4** Quem tem um padrinho ou madrinha | **5** Pôr em ordem ou sentido contrários | **6** Bando de crianças | **7** Argumentaria | **8** Caixas grandes |

221

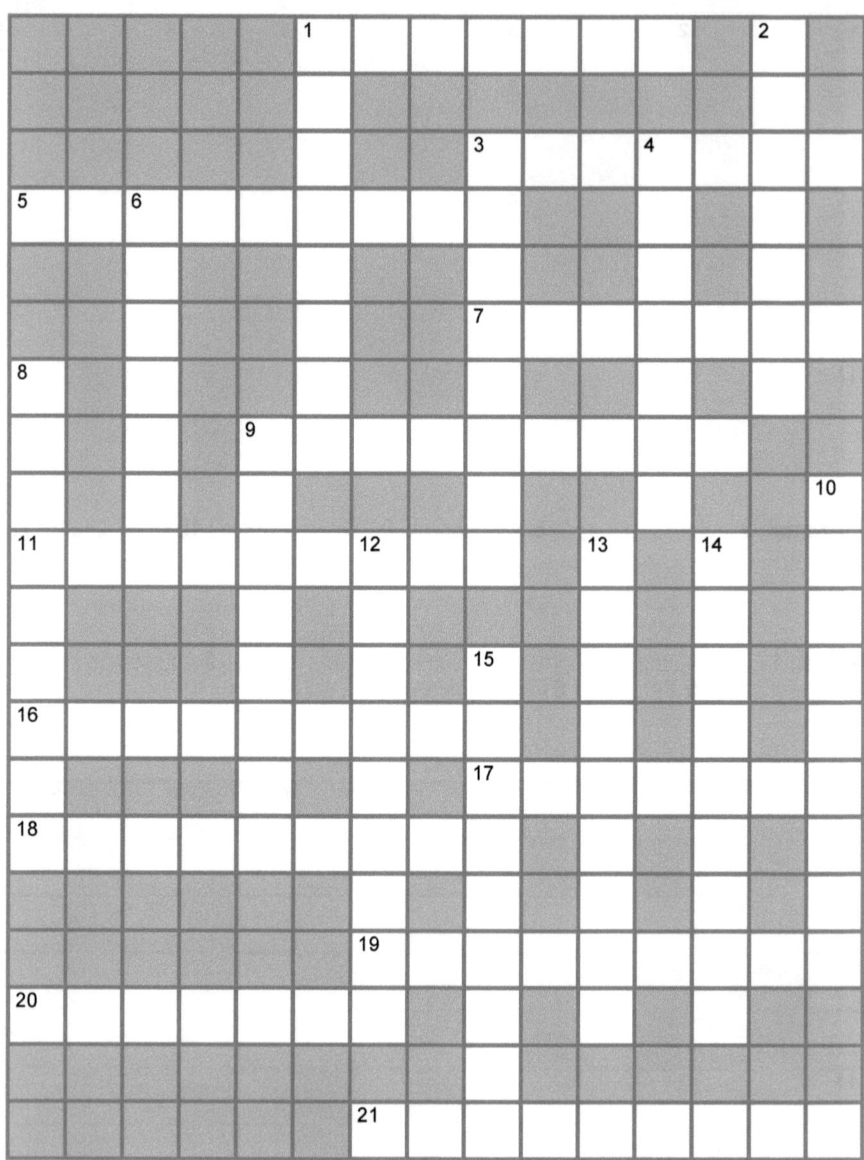

Horizontal: 1 Espantado | **3** Resultado de dosar | **5** Condição daquele que não vive em cativeiro | **7** Escapando | **9** Aquele que não é generoso | **11** Aquele que se submeteu a outro | **16** Belo (?), cidade brasileira | **17** Sentir o odor | **18** Borrifara | **19** Construído | **20** Produzimos | **21** Contado um a um |

Vertical: 1 Que ainda não foi resolvido | **2** Amaneirado, empolado | **3** Usufruo | **4** Criança tranquila, obediente (diminutivo) | **6** Incomodaram | **8** Pequena raça canina | **9** Praguejar | **10** Deturpo | **12** Alcançares | **13** Contradizia | **14** Representação esquemática de algo | **15** Cortou a cabeça |

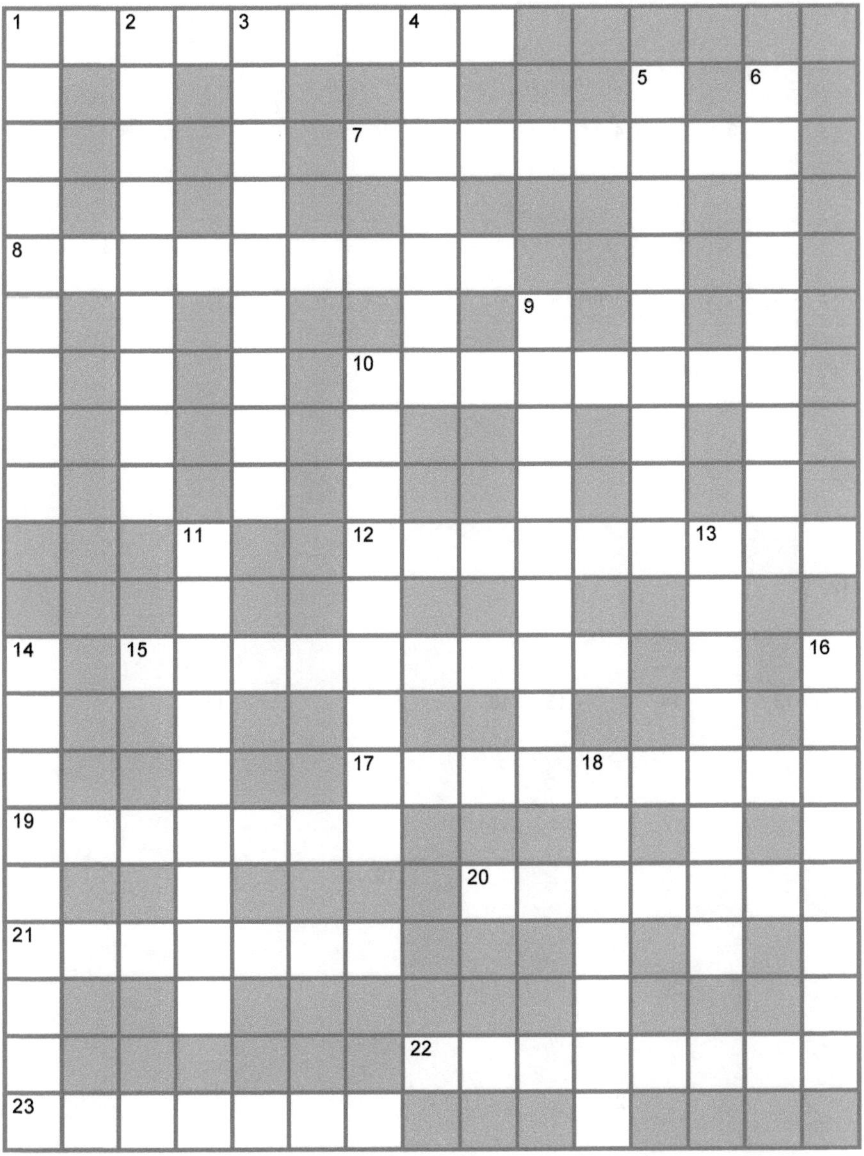

Horizontal: 1 Que atrai o ferro | **7** Cansado, exausto | **8** Família de Romeu | **10** Rito próprio da monarquia | **12** Conjunto de plantas que cobre uma área | **15** Instituição de ensino que recebe apenas alunos externos | **17** Fazer frente a | **19** Mentir, enganar | **20** Passar a escova | **21** Descerrarão, separarão | **22** Dor de cabeça | **23** Pertencente à época atual |

Vertical: 1 Edifício grandioso, digno de admiração | **2** Dirigir, gerir, administrar | **3** Pressentira | **4** Em que se cuspiu | **5** Protegia com barricada | **6** Estudo científico do pé | **9** Permitir | **10** Transformar, fazer mudar | **11** Que vexa, humilhante, vergonhoso | **13** Inventivo | **14** Arrancaram as penas | **16** Mesmo que rã | **18** Encostar, apoiar |

223

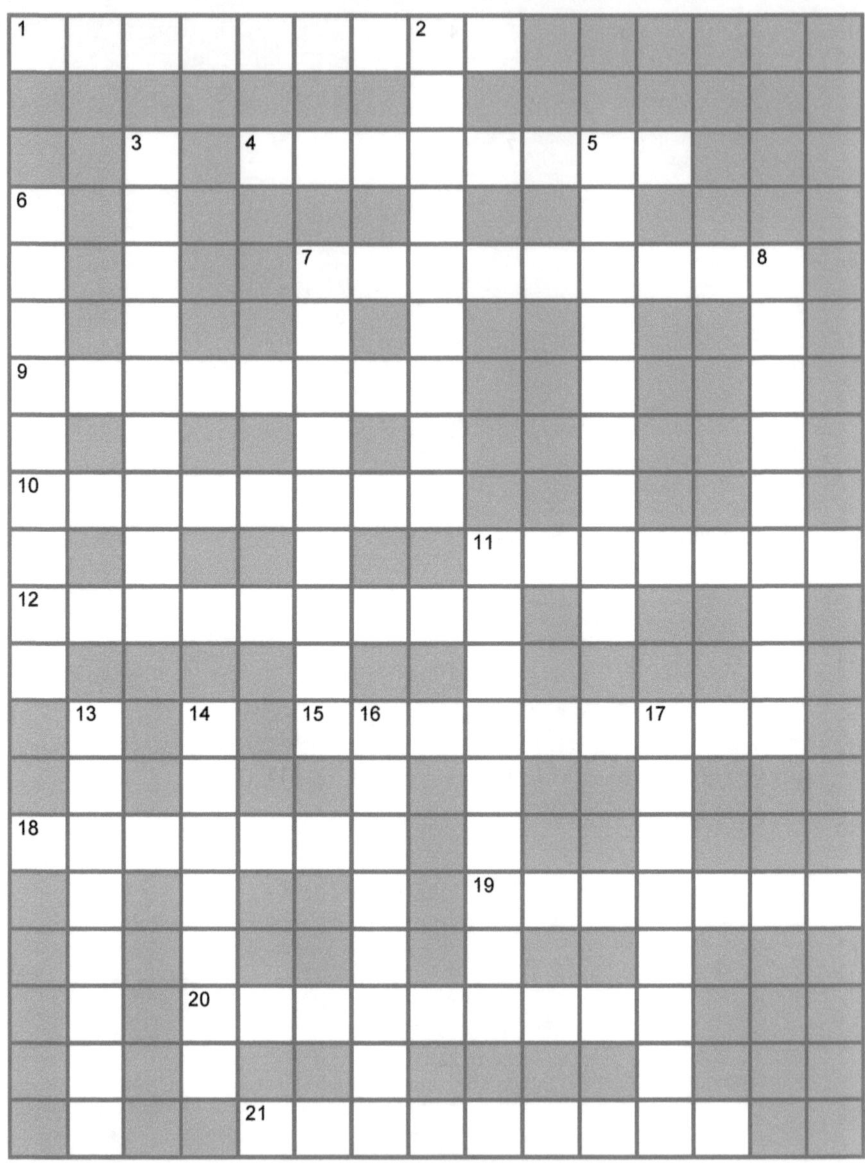

Horizontal: 1 Que se apresenta como verdade absoluta | **4** Relativo aos quanta | **7** Harmonia entre dois fatos | **9** Conciliaremos | **10** Chefiar | **11** Canal | **12** Teve opinião contrária | **15** Que termina em acume | **18** Tomariam providências | **19** Argumentado | **20** Registrar e organizar em catálogo | **21** Melhoria, avanço |

Vertical: 2 Dispositivo que transforma corrente contínua em alternada | **3** Convergirmos | **5** Infecto | **6** Extraído à força | **7** Moderaria, refrearia | **8** Vítima de assalto | **11** Que chegou ao auge | **13** Ingerem | **14** Tonel pequeno de madeira | **16** Adquirido com dinheiro | **17** Argumentaras |

224

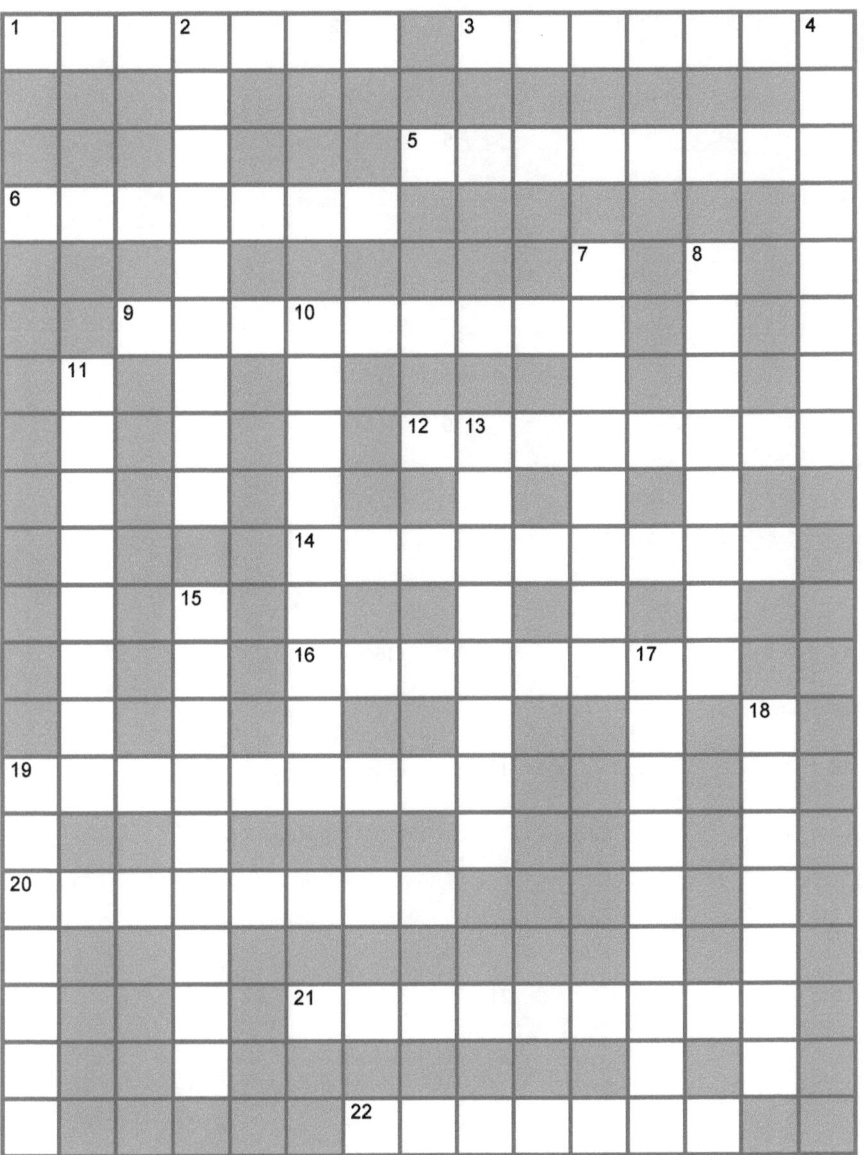

Horizontal: **1** Que chama atenção para si | **3** Osso dos dedos | **5** Estabelece | **6** Dar diferentes gradações de cor | **9** Aberto como a palma da mão | **12** Agilidade, habilidade | **14** Jogam fora | **16** Enraivecido, furioso | **19** Fica frente a frente | **20** Aniquilar | **21** Adivinharás, pressagiarás | **22** Mulher que escreve poesias |

Vertical: **2** Ótimo | **4** Marca, rótulo, adesivo | **7** Cosi | **8** Iniciado | **10** Lanço maldição | **11** Diferencio | **13** Matéria expelida do corpo | **15** Convergirá | **17** Estiveras de acordo | **18** Relativo a foro judicial | **19** Colarinho, gravata |

225

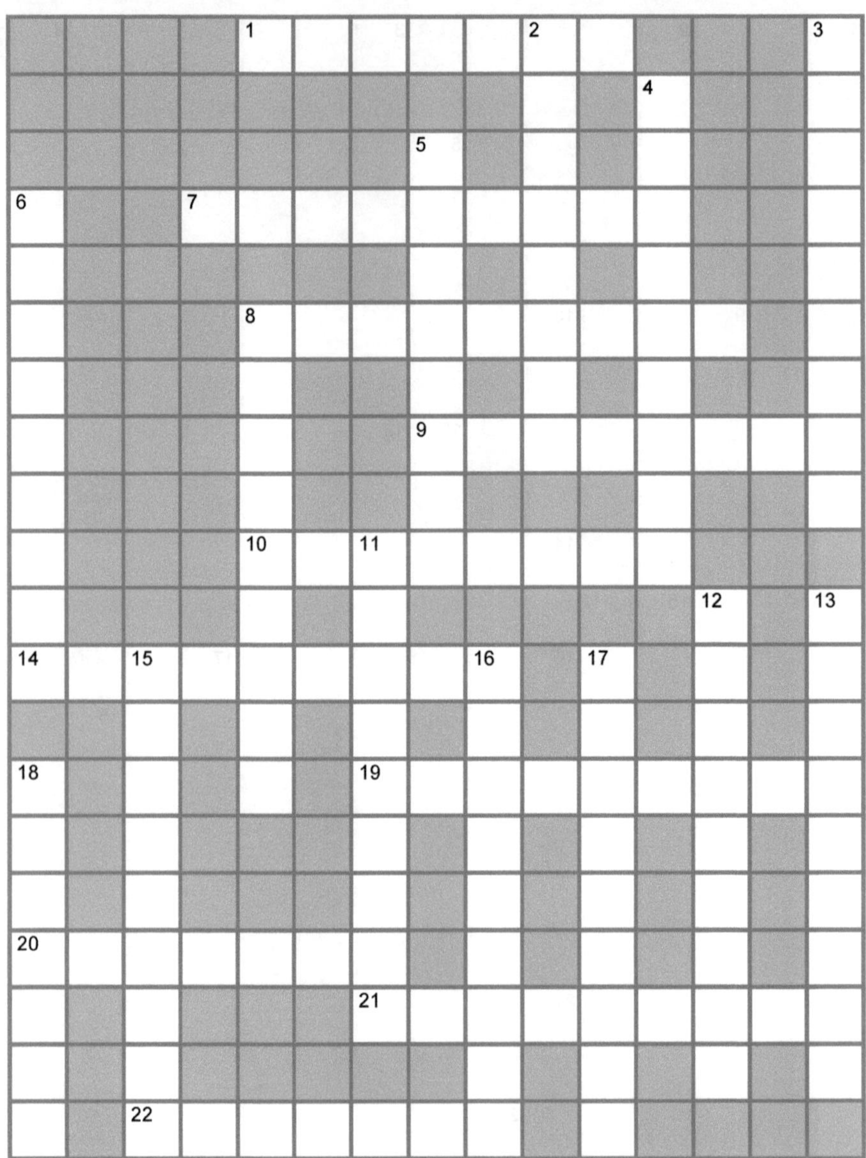

Horizontal: 1 Marido da sua irmã | **7** Desejarias com veemência | **8** Permitiu | **9** Poeta romano, autor da "Eneida" | **10** Dobram a quantidade | **14** Inteligência, perspicácia | **19** Demandassem | **20** Convergi | **21** Entregue em arrendamento | **22** Apequenem |

Vertical: 2 Ilustrador, em inglês | **3** Tomou algo de alguém como punição | **4** Retiravam o que afirmaram | **5** Suscetível de certas ações | **6** Que visita alguém ou lugar | **8** Moderarão, refrearão | **11** Urgência | **12** Separar, desunir | **13** Separou elementos que formam um todo | **15** Ninguém tem (?) comigo", seriado "Chaves" | **16** Apequenarem | **17** Reluzente | **18** Que foi objeto de procura |

226

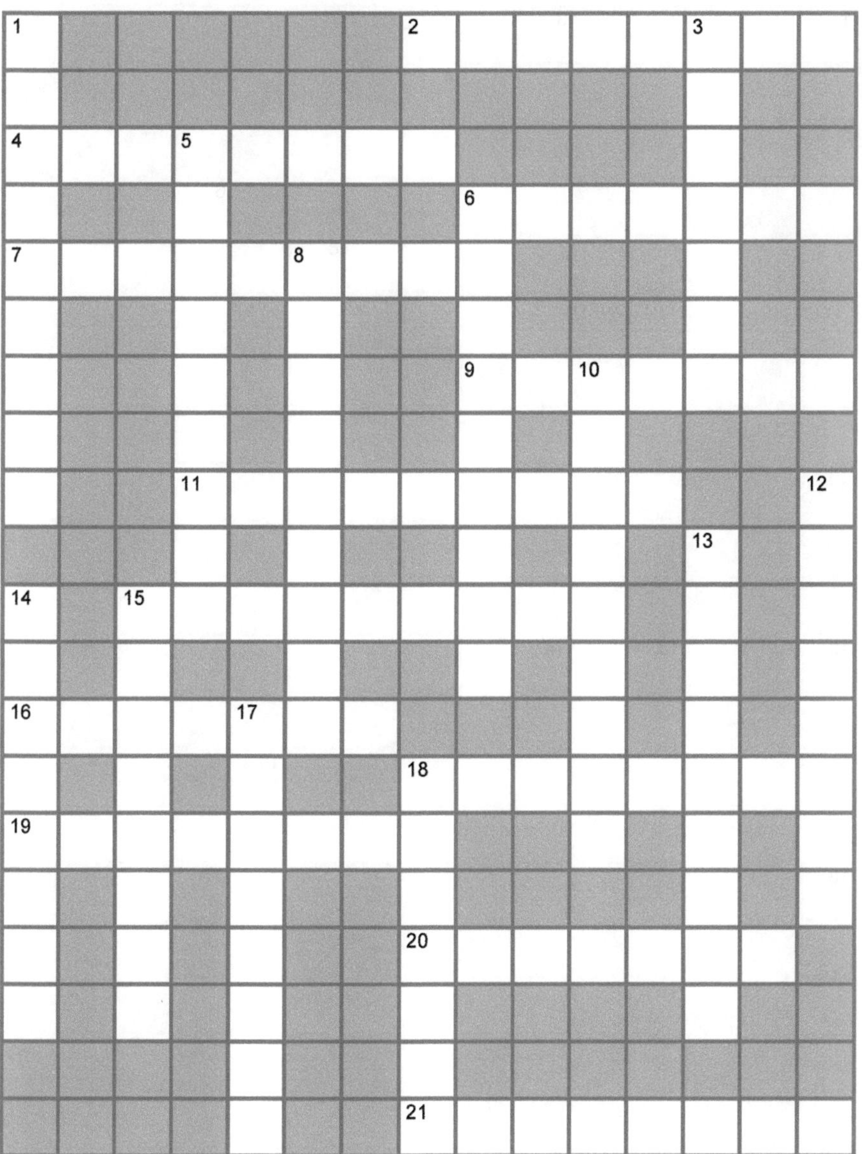

Horizontal: **2** Sair do grupo | **4** Corredor especialista em longa distância | **6** Revestido de camada de ouro | **7** Que se mostra permanente | **9** Vitória, em inglês | **11** Que dança profissionalmente | **15** Impedi | **16** Incomodemos | **18** Maria (?), discípula de Jesus (bíbl.) | **19** Borrifava | **20** Tirar uma parte de algo | **21** Entrar, penetrar |

Vertical: **1** Estéril | **3** Destruo | **5** Têm opinião contrária | **6** Deturpa | **8** Prateado | **10** Forte confiança em alguma coisa | **12** Imparcialidade, neutralidade | **13** Entram | **14** Cometemos descuido | **15** Ofuscou | **17** A que se fez jus | **18** Malária |

227

Horizontal: **1** Descongelar | **5** Expelireis saliva | **7** Representante de um país junto ao governo de outro | **9** Toquei com os dedos para chamar a atenção | **11** Dirige-se para um ponto comum | **13** Indivíduo que mora em imóvel alugado | **15** Praticar adultério (pop.) | **17** Barreira que impede o fluxo de água | **18** Filho da sua neta ou neto | **19** Adivinhes, pressagies | **20** Que é para uso exclusivo de alguém |

Vertical: **1** Ordenam | **2** Enviara | **3** De pelos eriçados | **4** Que tem duas faces côncavas opostas | **6** Aquele que conduz uma embarcação | **8** Governo em que um indivíduo tem poder absoluto | **10** Transgridem | **12** Ocultavam | **13** Que não tem uma base firme | **14** Conjunto de quatro pessoas | **16** Triturada (pedra) |

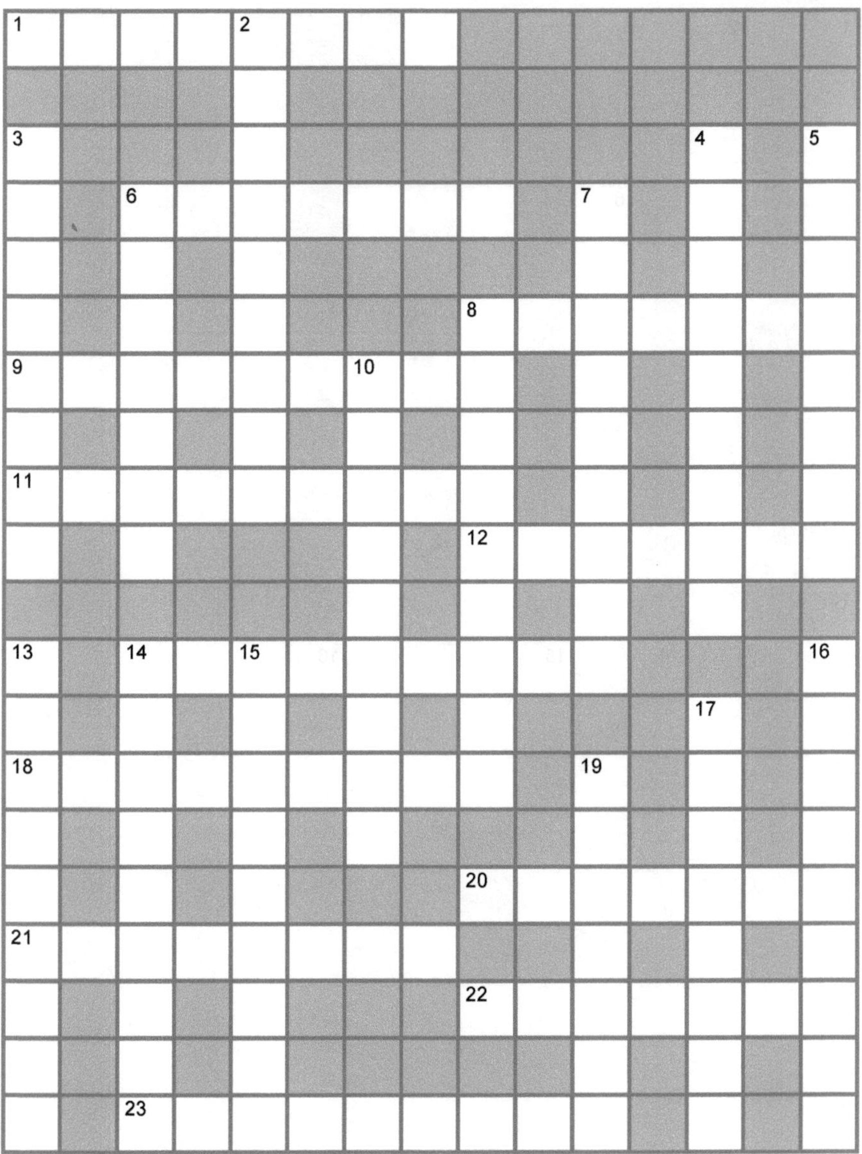

228

Horizontal: **1** Não permitira | **6** Sugado | **8** Tecido que cobre a polpa do dente | **9** Simpatia ou entendimento entre pessoas | **11** Assimilaria | **12** Relativo à planta, procedente de planta | **14** Personagem de "Chaves" | **18** Que levou beliscão | **20** Comparam duas ou mais coisas | **21** Que está em conformidade com | **22** Combinar os elementos gráficos da obra na página | **23** Embelezar |

Vertical: **2** Delatar | **3** Gíria característica de Buenos Aires | **4** Aquela que busca a igualdade entre os sexos | **5** Relativo a crianças | **6** Principal arqui-inimigo do Batman | **7** Dirigia-se para um ponto comum | **8** Posto em desavença | **10** Davam, conferiam | **13** Abrir buracos | **14** Não pagava o que devia | **15** Ensino | **16** Falaram mal de alguém | **17** Grupo, coleção | **19** Causar fadiga a, cansar |

229

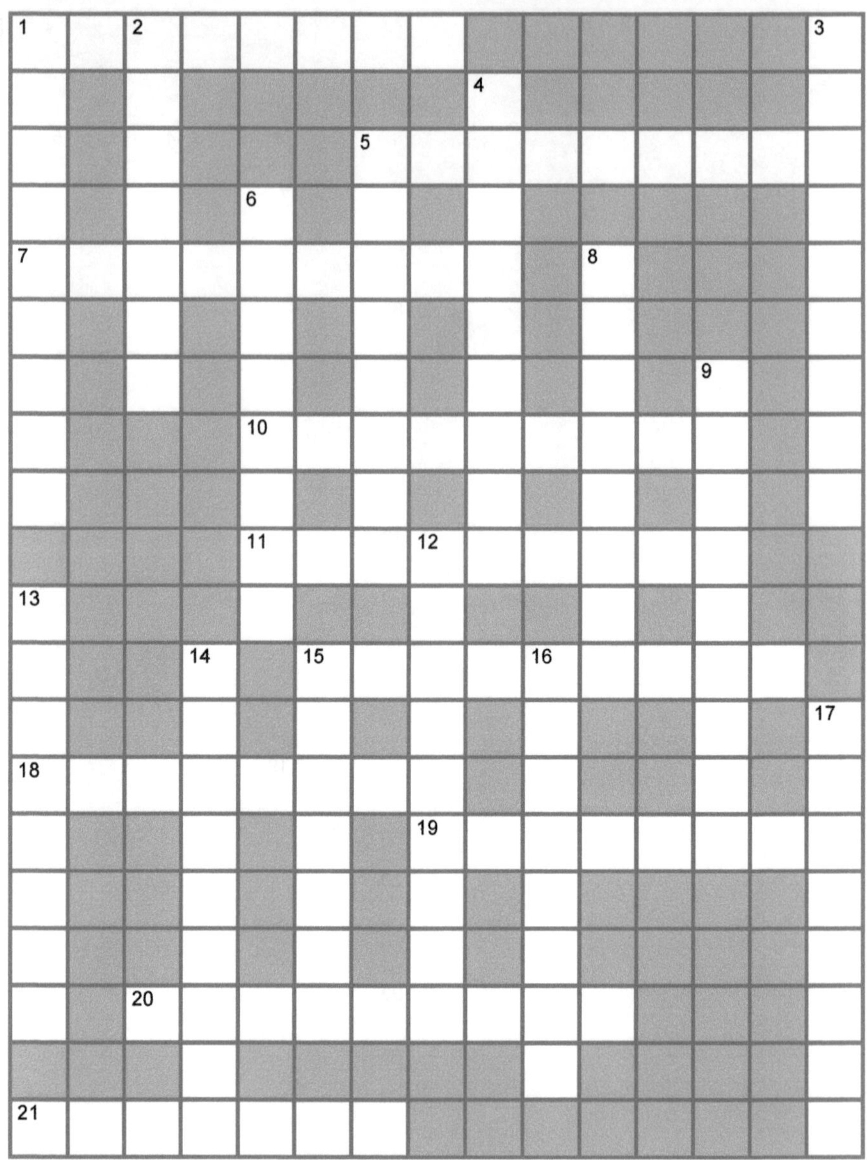

Horizontal: 1 Experimentar o sabor, provar | **5** Avariou | **7** Vingar | **10** Habitante de Albi na França | **11** Retirou a casca | **15** Dissipariam | **18** Estabelecimento que trata doentes e feridos | **19** Deduzimos | **20** Substância expelida por certos animais | **21** Fechava |

Vertical: 1 Ato de descobrir o corpo | **2** Atleta que faz exercícios no solo, argolas, trave, etc. | **3** Forneciam material | **4** Transgredia | **5** Deixas cair | **6** Aquele que está para se formar no colégio | **8** Praticar a medicina | **9** Capital de Israel | **12** (?) de pau, brinquedo | **13** Tomou consciência de algo | **14** Contaminar | **15** Que se manifesta intensamente | **16** Dar instrução a, ensinar | **17** Espetáculo, evento |

230

1			2			3		4		5				6
						7								
8														
						9								
		10												

Horizontal: 2 Faculdade de apreender a realidade através dos sentidos | **7** Que instrui, ensina | **8** Diz-se do dedo mais curto e grosso da mão | **9** Aniquila | **10** Vencerá alguém |

Vertical: 1 Opinião, suposição | **2** Documento que dá posse a alguém | **3** Tombaremos | **4** Esmagar com os pés | **5** Descerrariam, separariam | **6** Logo, consequentemente |

231

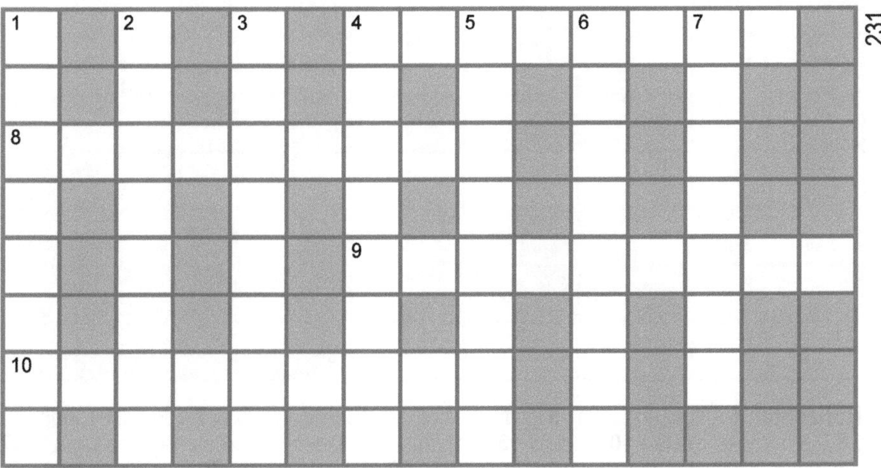

Horizontal: 4 Escrita em muros | **8** Sentiram afeição por alguém | **9** Que gosta de se gabar, fazer alarde | **10** Que é versado na arte de governar |

Vertical: 1 Tomar medidas para prevenir algo | **2** Apertado demais | **3** Que tem limites ou limitações | **4** Peça metálica cilíndrica filetada em hélice | **5** Ato de realizar alguma coisa em conjunto | **6** Ajudando | **7** Oposto de verso/reverso |

232

Horizontal: 1 Aflige, angustia | **5** Pequeno bolso integrado à roupa | **7** Adquirir experiência | **8** Delimitação exata | **10** Ousar | **13** Termina | **16** Transporte de carga por aluguel | **17** Instrumento que mede a pressão de fluidos | **19** Tipo de pirata | **20** Que se alimenta do sangue de animais | **21** Insurgente |

Vertical: 2 Erguessem | **3** Profetizou | **4** Chefe político que tem sua própria força militar | **6** Reduz a intensidade | **8** Discutiram | **9** Que não é estabelecido por regras fixas | **11** Corria atrás de alguém | **12** Profissão de quem publica no Youtube | **14** Sal do ácido carbônico | **15** Gás incolor usado em fertilizantes | **16** Resultado do processo de criação | **18** Prestarem socorro |

233

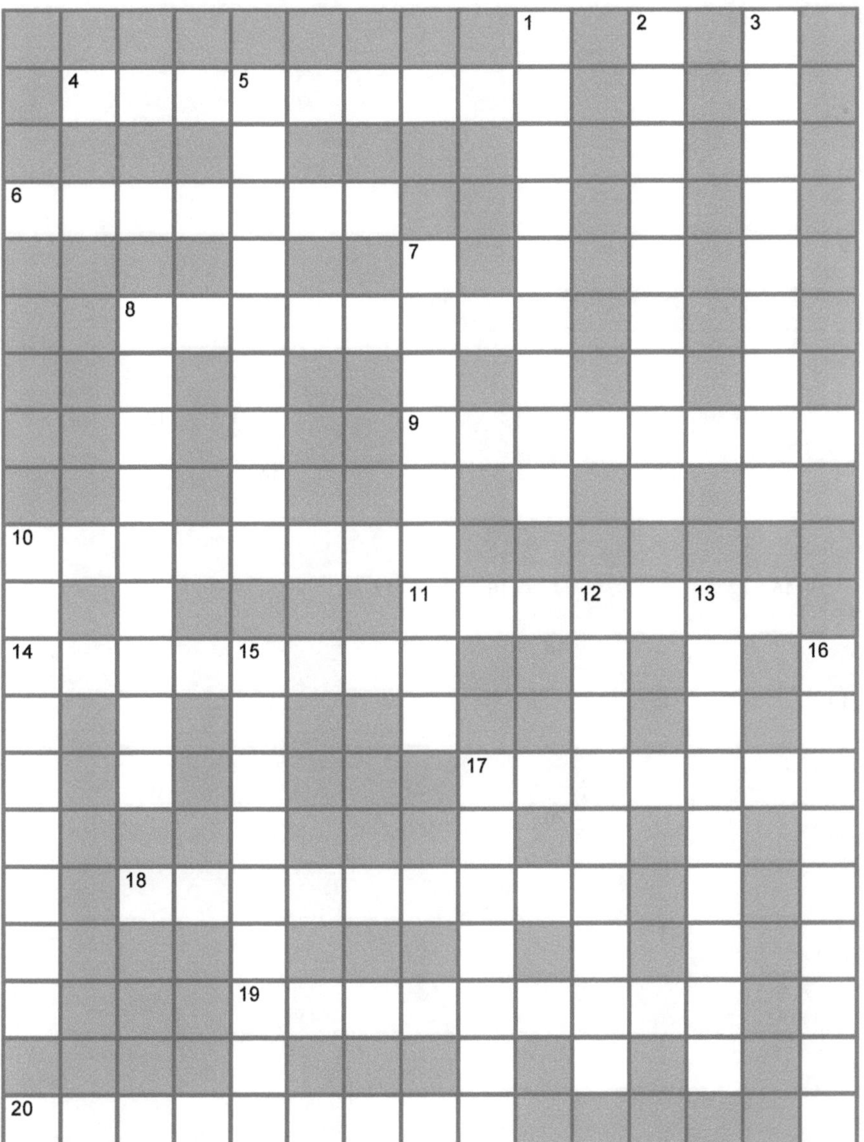

Horizontal: 4 Mesmo que surrado | **6** Festejar os 15 anos de idade | **8** Duvide | **9** Relativo a manhã | **10** Receber o grau de doutor | **11** Concorde | **14** Microrganismo procarionte | **17** De som harmonioso | **18** Reparado, retificado | **19** Concordara | **20** Que vende livros de porta em porta |

Vertical: 1 Que não é vogal | **2** Decomposto | **3** Construções que impedem o fluxo da água | **5** De estatura muito elevada | **7** Cancelar compromisso | **8** Separação, desunião, divisão | **10** Enfraqueceu | **12** Que delimita um espaço | **13** Cortejar | **15** Amuado | **16** Pagar em prestações | **17** Tornar alheio, desatento |

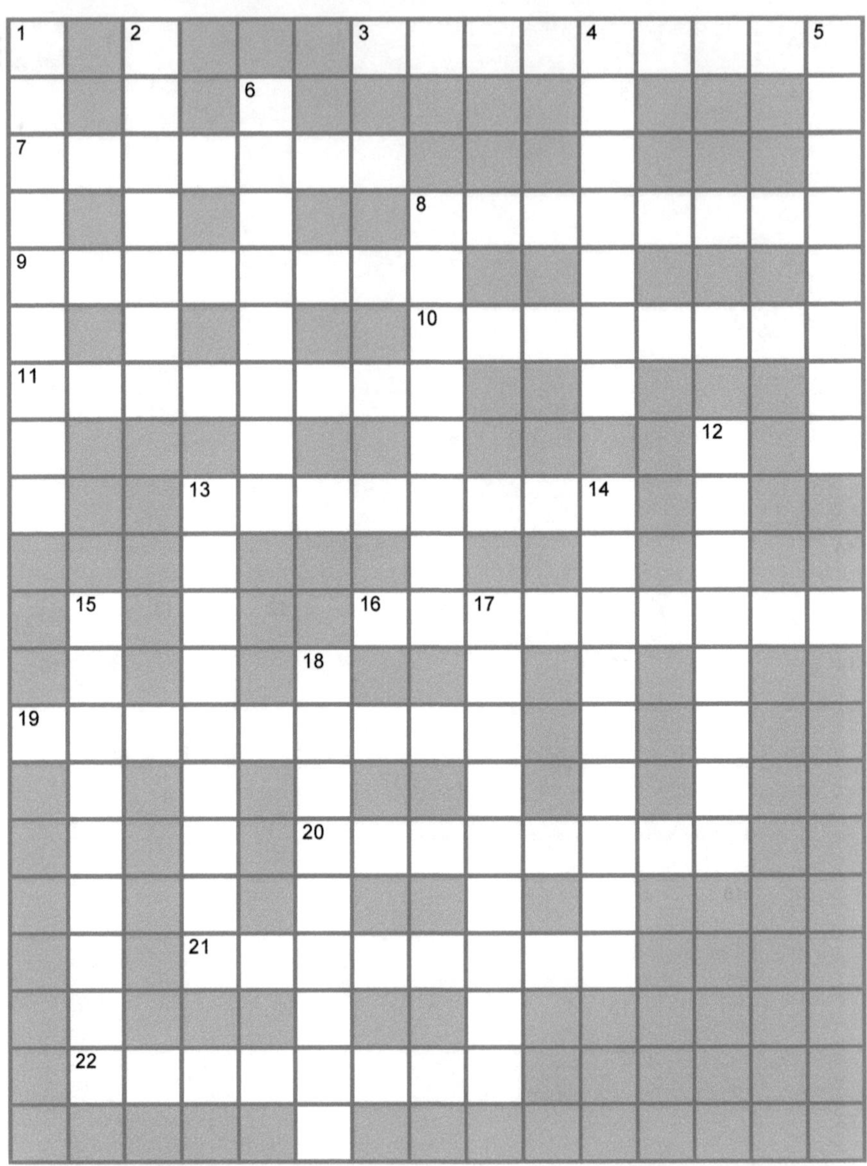

Horizontal: 3 Dará, conferirá | **7** Agoniava, angustiava | **8** Chegou ao auge | **9** Dissimula | **10** Dissimularam a verdade | **11** Fechava à chave | **13** Repara | **16** Forçarmos alguém a fazer algo | **19** Argumentarmos | **20** Cavalo destinado à reprodução | **21** Sobrenome, em espanhol | **22** Argumentaram |

Vertical: 1 Coxear, mancar | **2** Relevo escarpado causado pela erosão marinha | **4** Elemento químico de símbolo Bi | **5** Argumentamos | **6** Mostro gratidão | **8** Lagarto que muda de cor | **12** Natural de Flandres | **13** Cosia | **14** Aquele que julga saber tudo | **15** Faiscava | **17** Desejariam com veemência | **18** Avançar |

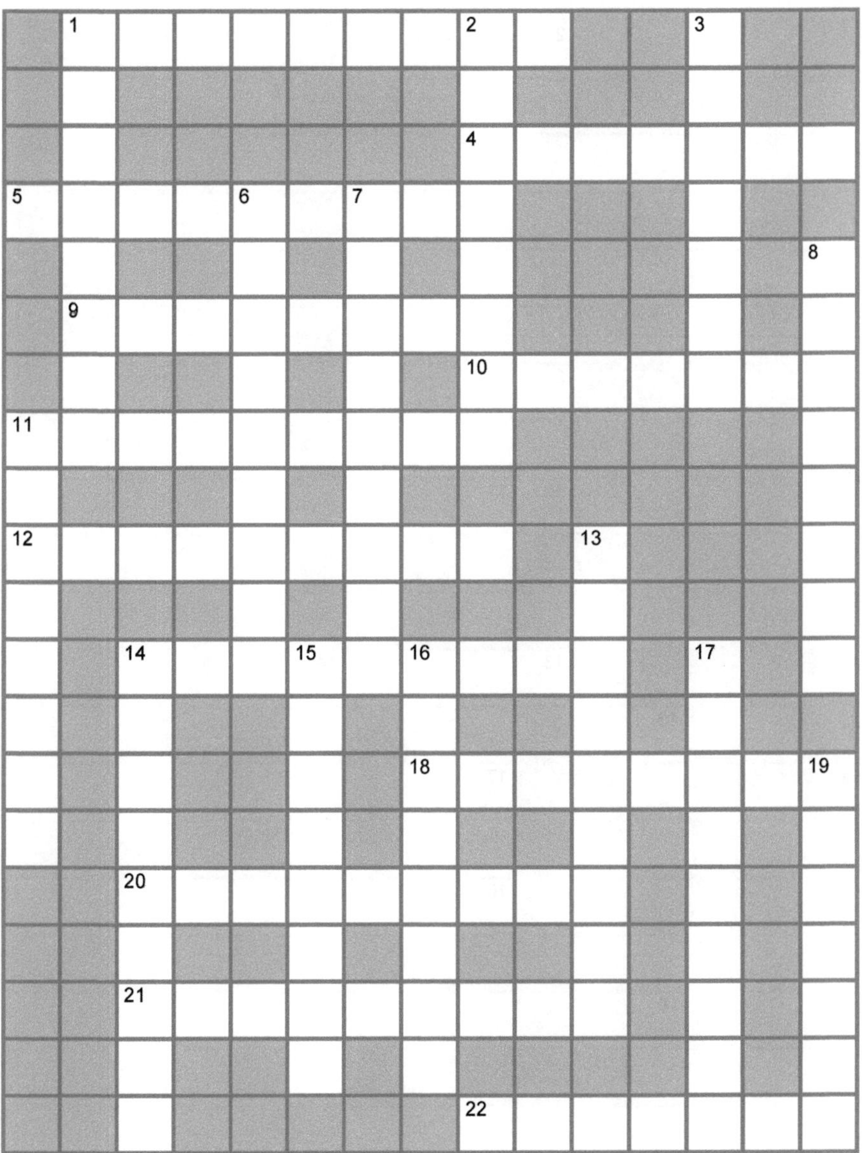

Horizontal: 1 Falei diante de plateia | **4** Posterior à morte de alguém | **5** Punha à prova | **9** Requebrarem | **10** Consentirem | **11** Afirmar, declarar com firmeza | **12** Estiveres de acordo | **14** Reduziu a um volume menor | **18** Óxido que se forma em metais | **20** Não permitiram | **21** Engolimos | **22** Operação que reparte igualmente o número |

Vertical: 1 Descoberta | **2** Abrir a mão, estendendo os dedos | **3** Linha imaginária que divide a Terra em dois polos | **6** Dissimulariam | **7** Aperfeiçoar, esmerar | **8** (?) Montagner, ator | **11** Aborrecer | **13** Manaremos | **14** Concordavas | **15** Defendem | **16** Atribuir, impor | **17** Assimilamos | **19** Muito feio |

236

Horizontal: 1 Calças típicas do gaúcho do campo | **6** Bebida típica do Sul do Brasil | **7** Arrebatado, encantado | **8** Contêm, abarcam | **10** Absorto, concentrado (fig.) | **13** Persuadiu | **17** Gostoso, em espanhol | **18** Mesmo que alfandegário | **19** Ramificava em duas partes | **20** Ruptura, rompimento |

Vertical: 1 Grande abertura de um canal | **2** Juntava textos em uma única obra | **3** Atacarás fisicamente | **4** Morrem | **5** Flexionava um verbo | **6** Ato de mencionar | **9** Aquele que aconselha, orienta | **11** Feminino de barão | **12** Conduzirei um veículo | **14** Disputa | **15** Financiam | **16** Deixar cair |

237

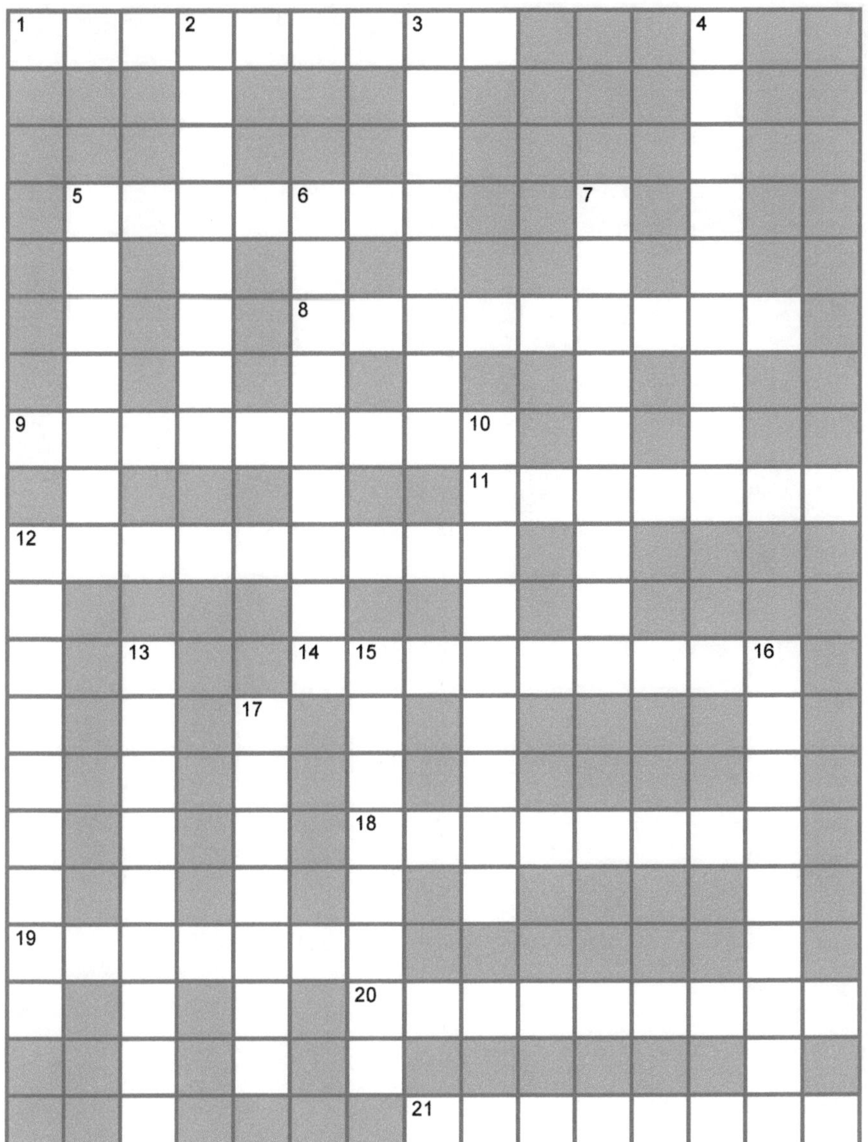

Horizontal: 1 Dissipassem | **5** Afeiçoado | **8** Fábrica, empresa | **9** Borrifara | **11** Atribuo a autoria | **12** Reparou | **14** Circunstância que intensifica o dolo do criminoso | **18** Discordou | **19** País alemão | **20** Deformo | **21** Caminhou na passarela |

Vertical: 2 Permissão para a realização de algo | **3** Mesmo que ocultar | **4** Ressaltei | **5** Que faz trabalhos manuais | **6** Alcançaria | **7** Qualidade de apresentar boa imagem em fotos | **10** Função sintática de objeto direto (gram.) | **12** Sentiram compaixão | **13** Diminuir gradativamente | **15** Dividida em graus | **16** Unidade militar | **17** Signo do zodíaco |

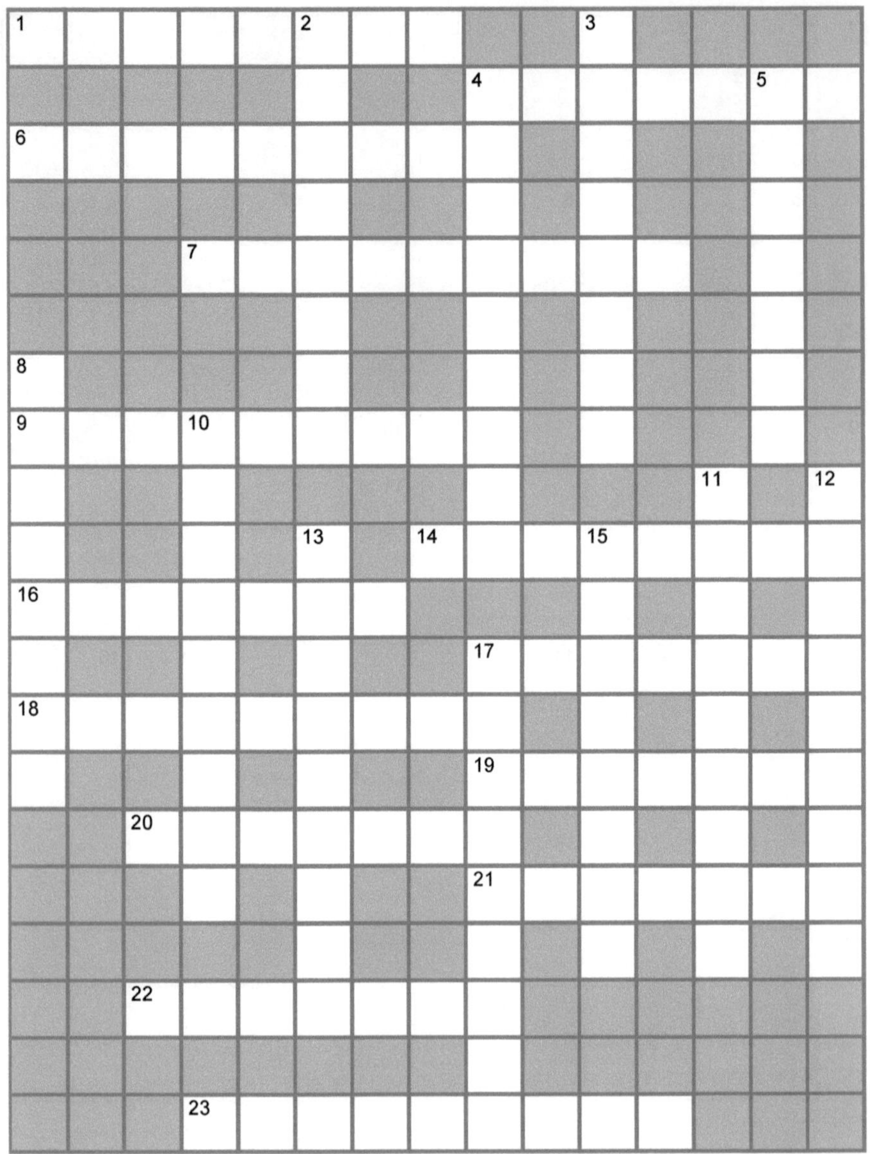

Horizontal: 1 Engolido | **4** Representação de um objeto a lápis ou à tinta | **6** Resultado de discutir | **7** Mesmo que empreguismo | **9** Que se adiciona, acrescenta | **14** Faço a vontade de alguém | **16** Acrescentariam | **17** Sensato | **18** Contestação | **19** Praguejo | **20** Pacote, em espanhol | **21** Chega ao auge | **22** Abrigo para automóveis | **23** Diz-se de curso contínuo e de pouca duração |

Vertical: 2 Encho um corpo de água com areia | **3** Estrutura vegetal que permite a troca de gases | **4** Residência, habitação, morada | **5** Menta | **8** "La la Land (?) estações", musical de 2016 | **10** Desgastaram | **11** Perda da capacidade de movimento | **12** Reconhecer por vias oficiais | **13** Bagunça, desordem | **15** Que mantém uma atividade junto a outra | **17** Iniciamos |

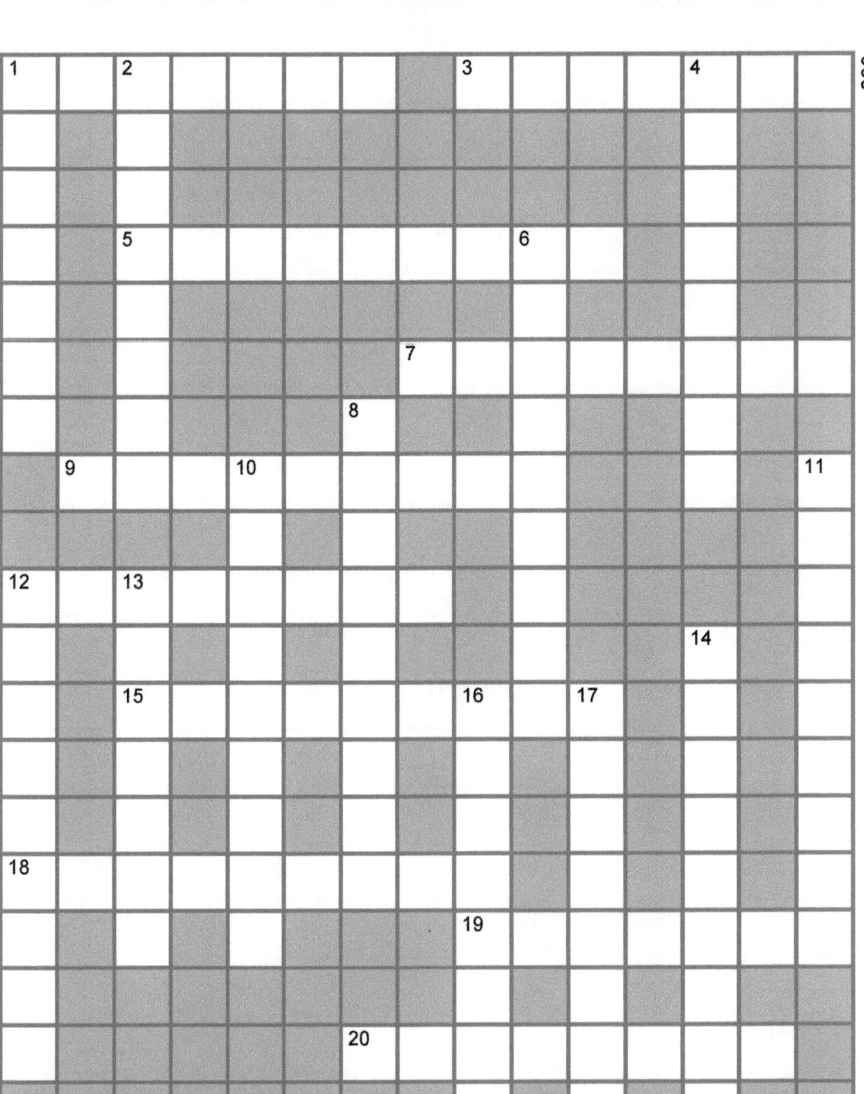

Horizontal: 1 Que não possui escrúpulo, canalha | **3** Interromper subitamente | **5** Quebra em pedacinhos | **7** Unir, ligar | **9** Luminária | **12** "Teoria do (?)", conto de Machado de Assis | **15** Obtinham algo mediante pagamento | **18** Entrava em contato com | **19** Feminino de búlgaro | **20** Obscurecer | **21** Equipamento de lazer |

Vertical: 1 Próprio da pele | **2** Adivinhe, pressagie | **4** Mesmo que lutar | **6** Reconfortava | **8** Causa reação desfavorável | **10** Demarcar | **11** Reduzirá | **12** Aquele que mata a mãe | **13** Recuso | **14** Inverso de | **16** Que é vadio | **17** Falar só para si |

240

Horizontal: 2 Chefiado | **7** Tio do Pato Donald | **8** Enviar, remeter | **10** Tocamos com os dedos para chamar a atenção | **11** Consinto | **17** Que se opõe à passagem | **19** Mesmo que profissão | **20** Eriçar os pelos | **21** Desarruma | **22** Cobriu com couraça |

Vertical: 1 Cadeia de montanhas | **3** Óculo de uma lente | **4** Abandono do posto pelo militar | **5** Tiramos a roupa | **6** Que tem má sorte | **9** Suprimiu uma parte | **12** Diminuído | **13** Obscurecera | **14** Recusa | **15** Que possui propriedades laxativas | **16** Encolhimento | **17** Movimento pulsatório | **18** Enfeitar com exagero |

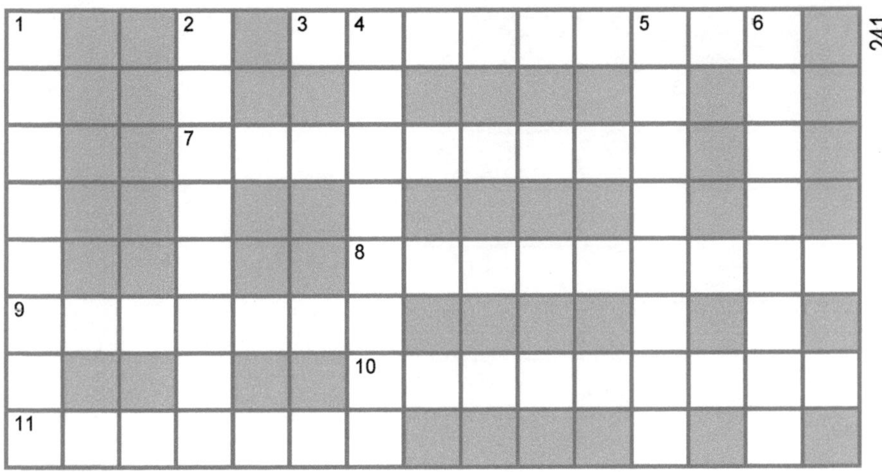

Horizontal: **3** Acostumava | **7** Digressão | **8** Claro, evidente | **9** Plagiará | **10** Mandado embora do emprego | **11** Dificuldade, aperto |

Vertical: **1** É extraido da seringueira | **2** Que sofreu um mal | **4** Que se avaliou | **5** Que sofreu aborto | **6** Em que houve assentimento |

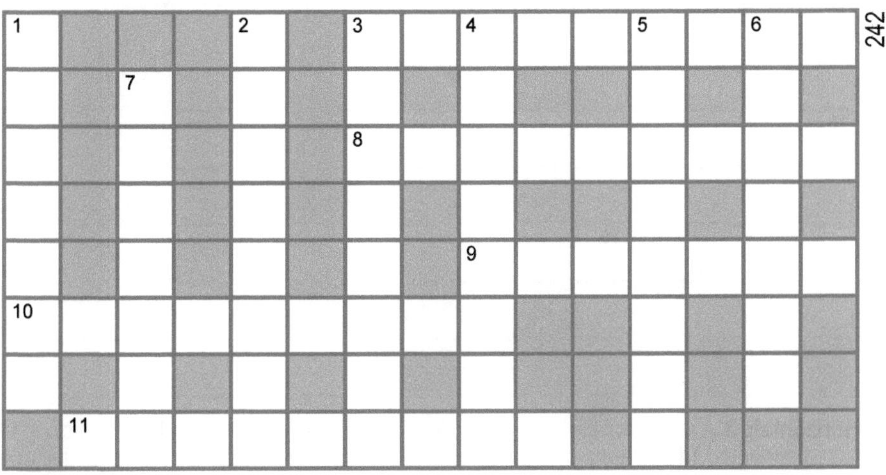

Horizontal: **3** Entusiasmo | **8** Padrão, referência | **9** Espécie de transplante | **10** Edifiques uma casa | **11** Mesmo que opressor |

Vertical: **1** Pequeno burro | **2** Privei da posse de algo | **3** Utensílio de cozinha | **4** Frequentador da corte do rei | **5** Que gruda | **6** Friccionar | **7** Resguardo |

243

Horizontal: **3** Assado na grelha/chapa | **5** Terminei | **9** Assimilava | **10** Exercício | **11** Aborrecimento | **14** Separam elementos que formam um todo | **16** Diz-se de indivíduo que age sem refletir | **18** Passarias a um estado inferior | **19** Relativo ao homem | **20** Erro tolo |

Vertical: **1** Restituíam à forma anterior | **2** Contornado, traçado | **3** Acondicionavam | **4** Método contraceptivo cirúrgico | **6** Descomedido | **7** Remuneração | **8** Aumento, ampliação | **11** Expelirias saliva | **12** Que é duro, cruel | **13** Expedir, enviar | **14** Dissolvíamos | **15** "Dona (?)", conto infantil tradicional | **17** Elevar, erguer |

244

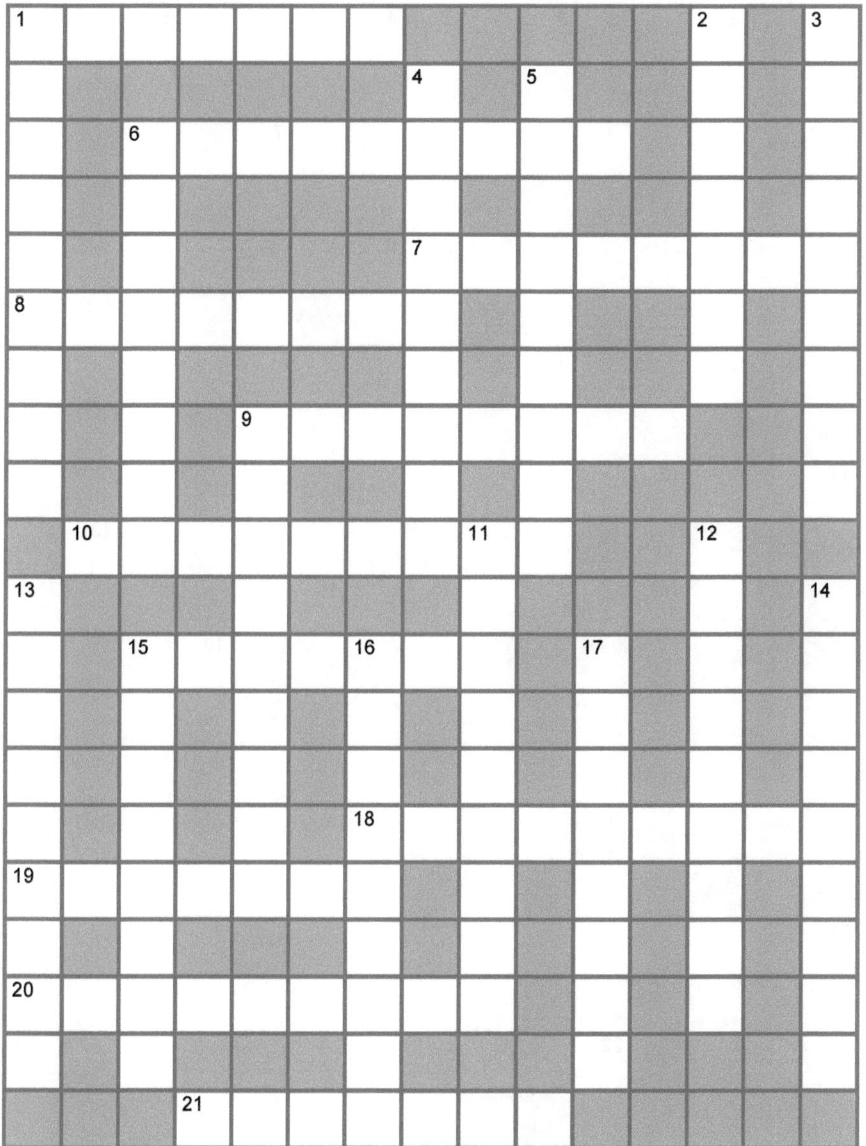

Horizontal: 1 (?) Cuarón, diretor de "Roma" | **6** Rodeávamos | **7** Aplicar capital ou recursos | **8** Conquistaras a atenção | **9** Realizassem | **10** Que recebeu um convite | **15** Máquina que produz energia | **18** Admitido em emprego | **19** Produzir estalido | **20** Que viaja sem bagagem | **21** Gastar tudo, acabar |

Vertical: 1 Abrir muito os olhos | **2** Mesmo que "teclar" | **3** Repreendera | **4** Núcleo central da Terra, centrosfera | **5** Contração violenta dos músculos | **6** Carro de brinquedo | **9** Que é a favor | **11** Que deslizou sem controle pelo chão | **12** Inscrição num partido | **13** Fazer desaparecer | **14** Guiar ao pasto | **15** Estudo da hereditariedade e dos genes | **16** Defino | **17** Processo que converte alimento em substâncias absorvíveis |

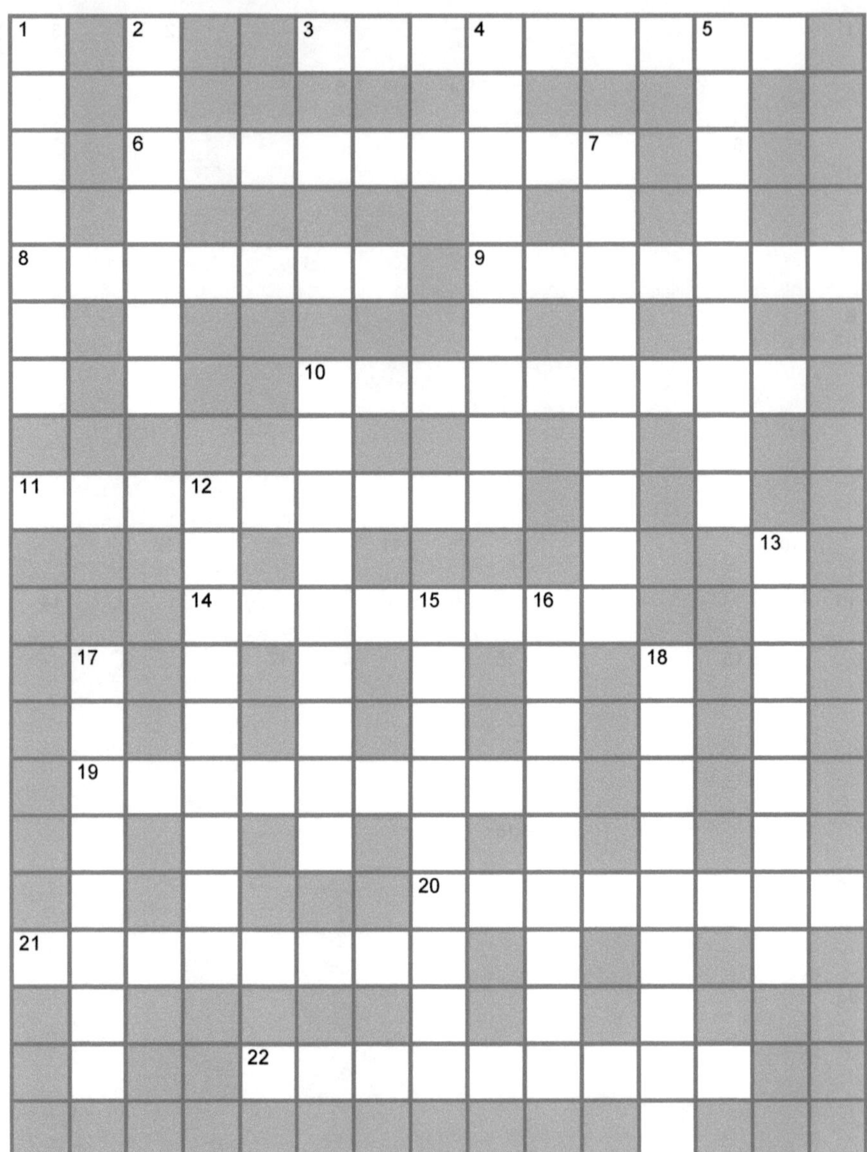

Horizontal: 3 Suspenso, pendente | **6** Responsável por coluna de jornal | **8** Transmitir, conceder tarefas | **9** Cidade fundada pelos fenícios localizada na Tunísia | **10** Deixará cair | **11** Profissional que é bom ouvinte | **14** Cuja base não é estável | **19** Que faz acusações falsas | **20** Maquiar, passar maquiagem | **21** Dá permissão | **22** Colocam o dinheiro no banco |

Vertical: 1 Não acreditam | **2** Relativo a escola | **4** Falta de acerto, erro | **5** Arder intensamente | **7** Concedido, imputado | **10** Relativo a dilúvio | **12** Imposição interna irresistível | **13** Fugiam da polícia | **15** Mesmo que desconfigurado | **16** Escavei | **17** Fugi | **18** Pousar na água |

246

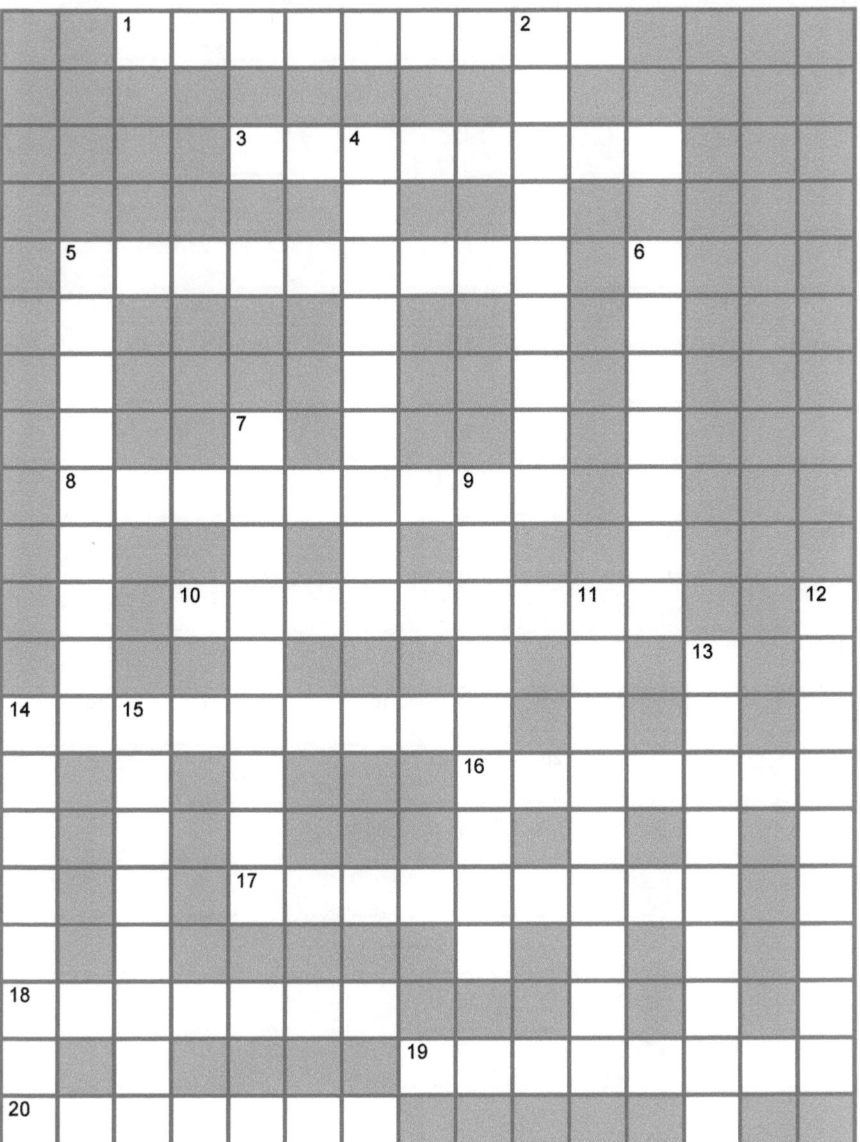

Horizontal: 1 Mecanismo simples | **3** Pequeno animal | **5** Buscar informação, fazer pesquisa em | **8** Esfolado | **10** De textura macia | **14** Espiar ou observar às escondidas | **16** Que se tornou ativo | **17** Exaltado, impulsivo (pop.) | **18** Terreno plantado de vinhas | **19** Passam dos limites | **20** Tomado em aluguel |

Vertical: 2 Voz feminina de timbre mais grave | **4** Informal | **5** Mulher que possuía condado em seu nome (pl.) | **6** Trabalho feito em tecido/tela | **7** Estiveste de acordo | **9** Delatamos | **11** Avariam | **12** Alçaram voo | **13** Tomado de pavor | **14** Pressentia | **15** Precaveu |

247

Horizontal: **3** Prestarias socorro | **7** Pó obtido de grãos de cereais | **9** Espécie de árvore | **11** Nomearam alguém como rei | **12** Que tem vício de fumar | **13** Aquele que almeja algo | **15** Busquei informação | **16** Mulheres que praticam artesanato | **19** Alucinaram | **22** Interpretação de um papel | **23** Bem proporcionado, coerente |

Vertical: **1** Usaram algo pela primeira vez | **2** Terminará | **4** Troquei palavras com alguém | **5** Dobrava a quantidade | **6** Infecta | **8** Objeto pontiagudo | **10** Verificavam | **14** Castigar | **17** Crescido, alto | **18** Sibilar, silvar | **19** Interrompo o funcionamento do aparelho | **20** Nivelar, aplainar | **21** Conquistado |

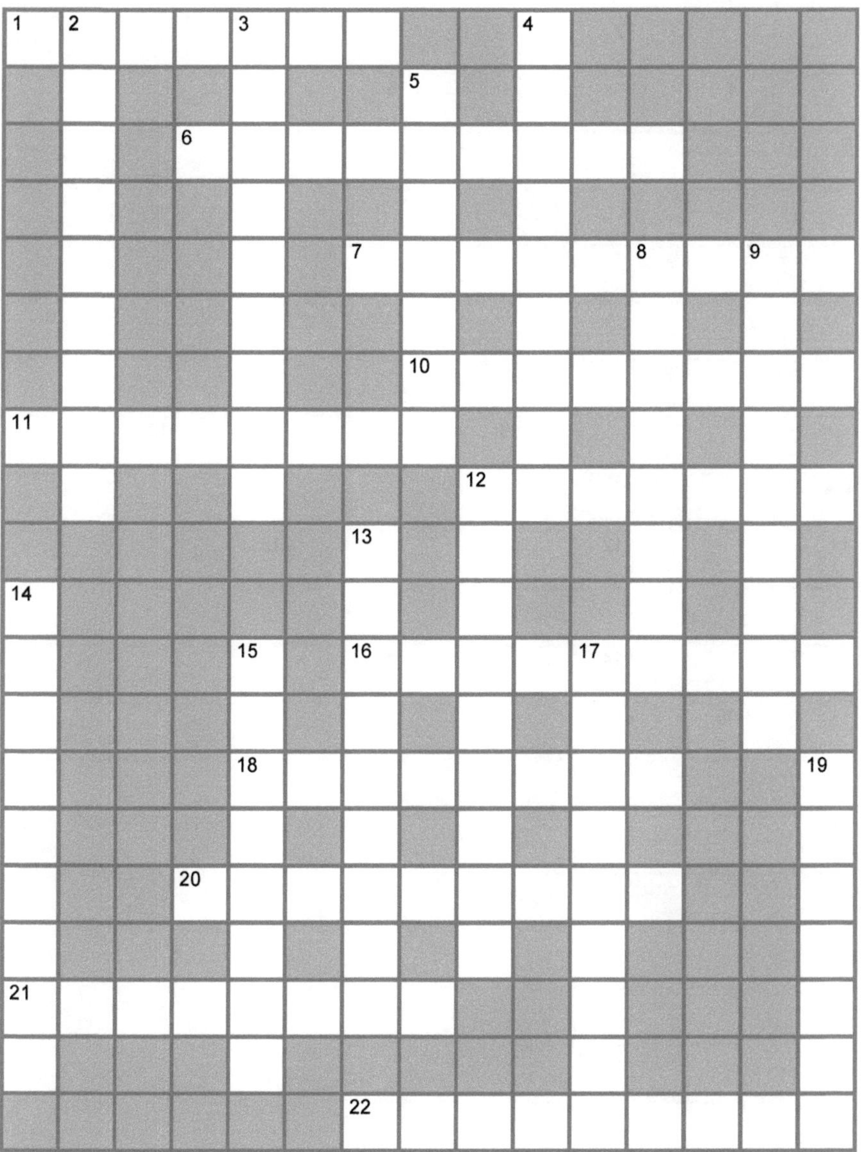

Horizontal: 1 Sem civilização, cruel | **6** Repousou | **7** Prolongavam | **10** Abria mão de algo | **11** Segundo mês do calendário republicano francês | **12** Povo próximo ao Ártico | **16** Tempo verbal que expressa ação no passado | **18** Referente ao estado de São Paulo | **20** Pertencente à Eurásia | **21** Deteriorou | **22** Desfazer substância em líquido |

Vertical: 2 Dera, conferira | **3** Diminuir a espessura | **4** Desatentos | **5** Provocado, gerado | **8** Revelar o corpo | **9** Ato de transferir para outra ocasião | **12** Enviaria | **13** Preso | **14** Avermelhado | **15** Prender | **17** Esticado, aberto | **19** Separar |

249

Horizontal: **5** Dissimulavam | **6** Alterar, falsificar | **7** Mesmo que despedaçar | **9** Tornou complexo | **11** Financiamos | **14** Guisado de carne picada | **17** Cruz pequena | **18** Preparava refeição | **19** Privam da posse de algo | **20** Muito barato |

Vertical: **1** Relativo a irmãos | **2** Fritar ovos sem mexer | **3** Inteiro, total, global | **4** Não acreditamos | **5** Desfrutaremos | **8** Cobria com couraça | **9** Iniciava | **10** Dialeto chinês falado na cidade de Cantão | **11** Chamava para serviço militar | **12** Explicado | **13** Flexionou um verbo | **15** Volume correspondente a dez litros | **16** Preparar refeição |

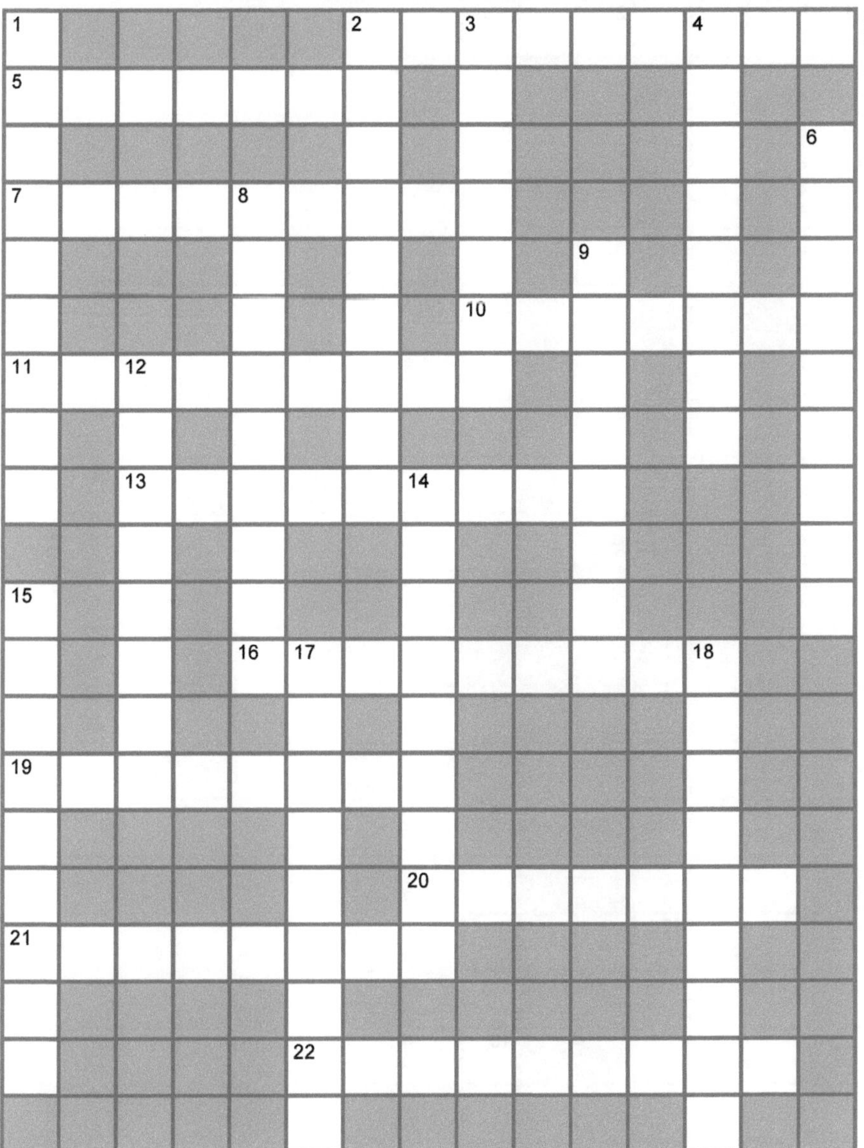

Horizontal: **2** Delatavam | **5** Que ofusca | **7** Que se detectou | **10** Lavagem para purificar o corpo | **11** Não respeitar nem obedecer, violar | **13** Contato voluptuoso | **16** Ajustaste, adaptaste | **19** Defendia | **20** Convergira | **21** Desconsideras | **22** Avançado no tempo |

Vertical: **1** Prestariam socorro | **2** Abrir mão de | **3** Comer com sofreguidão | **4** Perpendicular ao plano do horizonte | **6** Desfigurava | **8** Navio em que viaja o chefe da força naval | **9** Órgão do aparelho genital feminino | **12** Feijão-(?): também conhecido como feijão-de-corda | **14** Ajustaras, adaptaras | **15** Reunido em uma única obra | **17** Ato de pressionar teclas com os dedos | **18** Vendido para outro país |

251

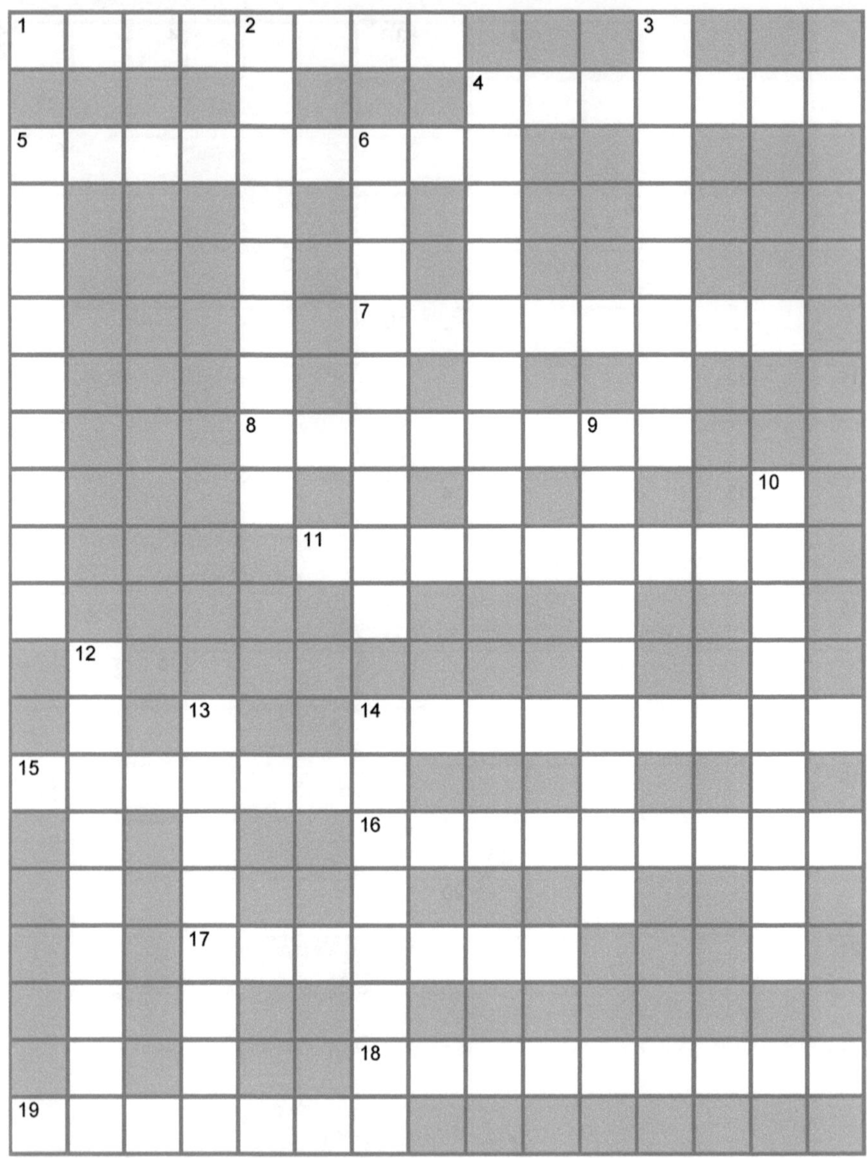

Horizontal: 1 Confusão, tumulto | **4** Contagem | **5** Liquefeito | **7** Composição poética satírica | **8** Muito dedicado a algo | **11** Falta de concordância | **14** Fazer a vontade de alguém | **15** Entortar a madeira devido a calor ou umidade | **16** Arrancaria | **17** Gíria para drogas à base de anfetamina | **18** Mesmo que espalhado | **19** Emaranhar |

Vertical: 2 Mesmo que favorito | **3** Lotado | **4** Permitas | **5** Ponho em desavença | **6** Intercedeu | **9** Obscurecias | **10** Líquido para corrigir erros de caneta | **12** Demonstração de apreço/admiração | **13** Parte do cérebro responsável pelo equilíbrio | **14** Produzir estalos devido ao fogo |

Horizontal: 6 Produzia estalos devido ao fogo | **7** Realizando | **8** Defendiam | **9** Praguejava | **10** Polígono de seis lados |

Vertical: 1 (?) Volpi, pintor ítalo-brasileiro | **2** Objeto que se põe sobre o animal para carregar carga | **3** Meteorito composto de silicatos | **4** Avaria | **5** Tipo de queijo | **6** Criado que cuida da copa |

Horizontal: 3 Borrifavam | **7** Local onde ocorriam disputas de gladiadores | **8** Inferirás | **9** Administração | **10** Refreastes |

Vertical: 1 Seleciono | **2** Que é experiente | **3** Prestaras socorro | **4** Cauteloso, sensato | **5** Administrarão | **6** Conquistarás a atenção |

254

Horizontal: 6 Valente, corajoso | **7** Eletricidade (?), gerada por fricção | **9** Ejetavam saliva | **10** Formava grupo | **14** Friccionou | **16** Solidificado | **18** Rodearias | **20** Levantado | **21** Tomamos resolução | **22** Cada um itens de um contrato | **23** Cose |

Vertical: 1 Apontará defeitos | **2** Permissão para realizar algo | **3** Diz-se de palavra própria da língua grega | **4** Unia | **5** Flutuarias na água | **8** Perdeu o sapatinho de cristal (Lit.) | **11** Técnico em agronomia | **12** Tornam um mecanismo inoperante | **13** Convergisses | **15** Delatam | **16** Que tem ou mostra cuidado, zelo | **17** Coleção de filmes | **19** Defecamos |

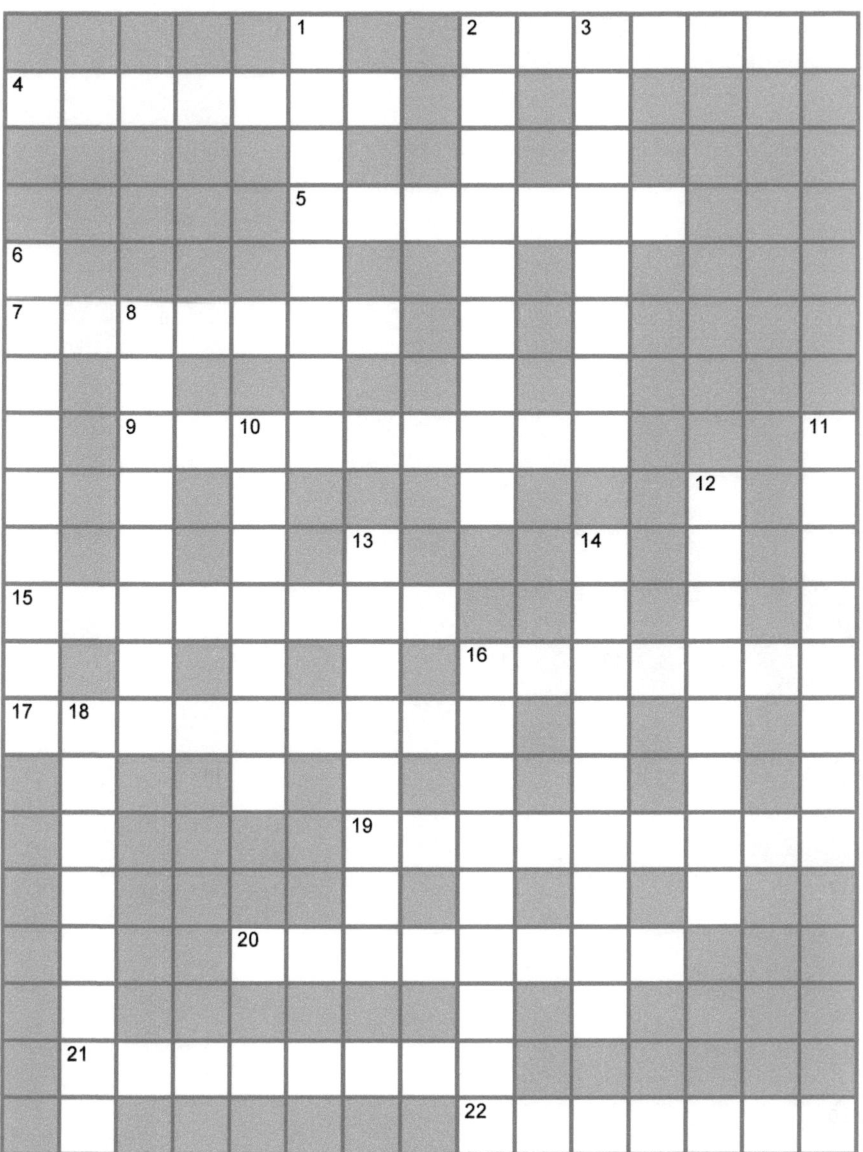

Horizontal: **2** Ocupação, possessão | **4** Desfrutarem | **5** Sem roupas | **7** Termino | **9** Que gosta de trabalhar | **15** Denunciador | **16** Ando a cavalo | **17** Apequenarão | **19** Fugindo da polícia | **20** Com abrigo, moradia | **21** Ferir com as unhas | **22** Convergirá |

Vertical: **1** Abençoarão | **2** Abriu mão de algo | **3** Dedo mínimo | **6** Deixava cair | **8** Botei | **10** Flutuando na água | **11** Formado por mais de um elemento | **12** Puro e cândido como Abel (bíbl.) | **13** Regar, molhar | **14** Apartado, separado | **16** Avaliará as respostas de uma prova | **18** Coletivo de pessoas |

256

Horizontal: 2 Prevenção, prudência | **6** Apresentar conferência sobre um tema | **9** Desordenava | **11** Que se destaca (fem.) | **14** Doce de banana típico da cozinha caipira | **15** Assentimento | **17** Multidão, povão | **18** Levantariam | **19** Atingido com arpão | **20** Poderás ser contido em algo |

Vertical: 1 Bloqueio do sangue por algum vaso | **2** Conjunto de habitantes de um lugar | **3** Nativo do país cuja capital é Bratislava | **4** Espantar, aterrorizar | **5** Avaliavas as respostas de uma prova | **7** Desviará a atenção | **8** Adorno | **10** Percebem | **12** Permaneciam | **13** Encher em demasia | **14** Mulher de classe média em situação social confortável (pl.) | **16** Aguçado, atento |

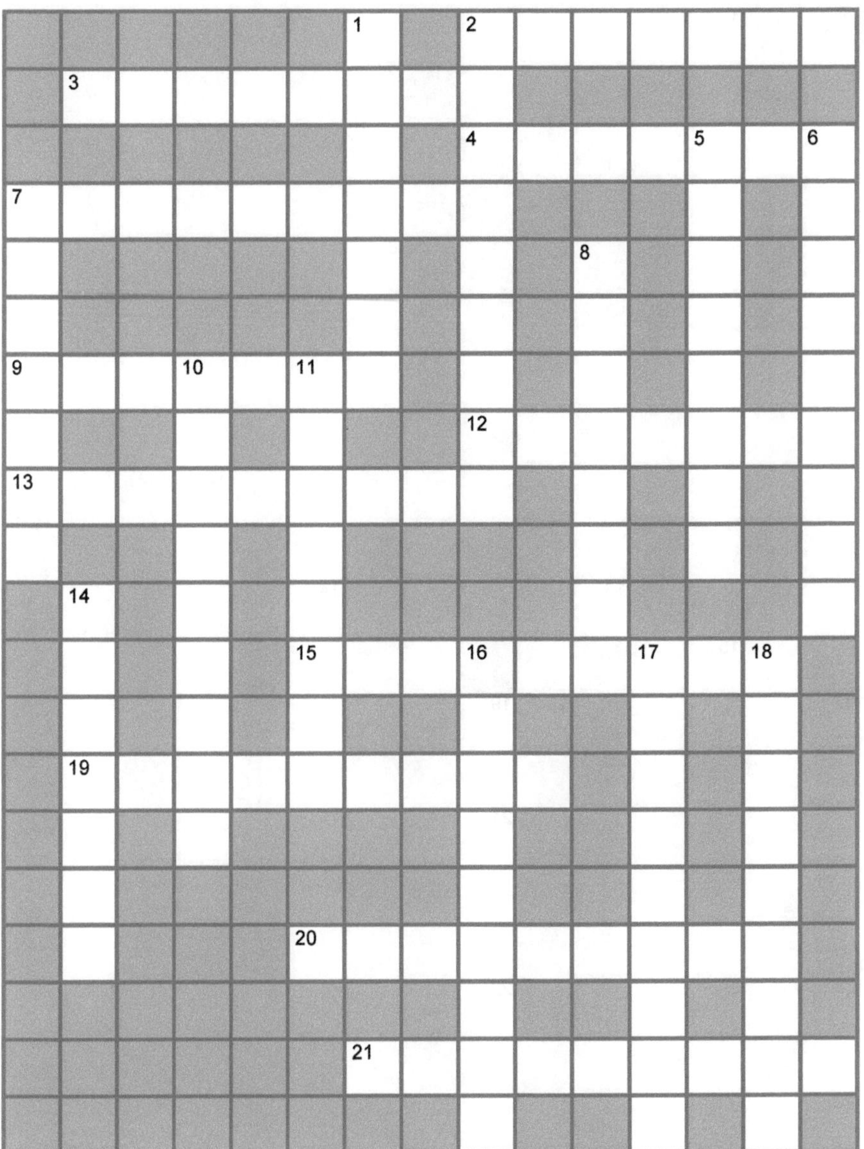

Horizontal: **2** Rio com pouco volume de água | **3** Menino de madeira (personagem) | **4** Atingia algo com arma de fogo | **7** Reunir | **9** País cuja capital é Amsterdã | **12** Agente de polícia | **13** Viriam de algum lugar | **15** Grande quantidade de bezerros | **19** Que solta muita fumaça | **20** Elucidei | **21** Modificação |

Vertical: **1** Resplandece | **2** Pusessem algo em cima para resguardar | **5** Aumentar a velocidade ou o movimento | **6** Pilotos de avião (fem.) | **7** Tomo consciência de algo | **8** Deixar acertado | **10** Caracteres que representam os números | **11** Demolir | **14** Caminho na passarela | **16** Situação de prestígio de um artista | **17** Afligir | **18** Adivinharas, pressagiaras |

258

Horizontal: 1 Avaliavam as respostas de uma prova | **6** Dar murros em | **8** "(?) das trevas", livro de Joseph Conrad | **10** Persuadir | **11** Perdeu os sentidos | **13** Demitem | **18** Atacarei fisicamente | **21** Lugar que vende bebidas (dim.) | **22** Desagradável, incômodo | **23** Ter em excesso |

Vertical: 1 Mulheres que comem muito | **2** Festa carnavalesca fora do período do carnaval | **3** Alongar | **4** Mesmo que revidar | **5** Que está fora do seu ambiente | **7** Cantiga suave | **9** Deformar o sentido | **12** Local destinado aos atores (pl.) | **14** Inferimos | **15** Transmitiu uma mensagem | **16** História evolutiva de uma espécie | **17** Erguesse | **19** Acerta todas as respostas da prova | **20** Que fala em excesso |

259

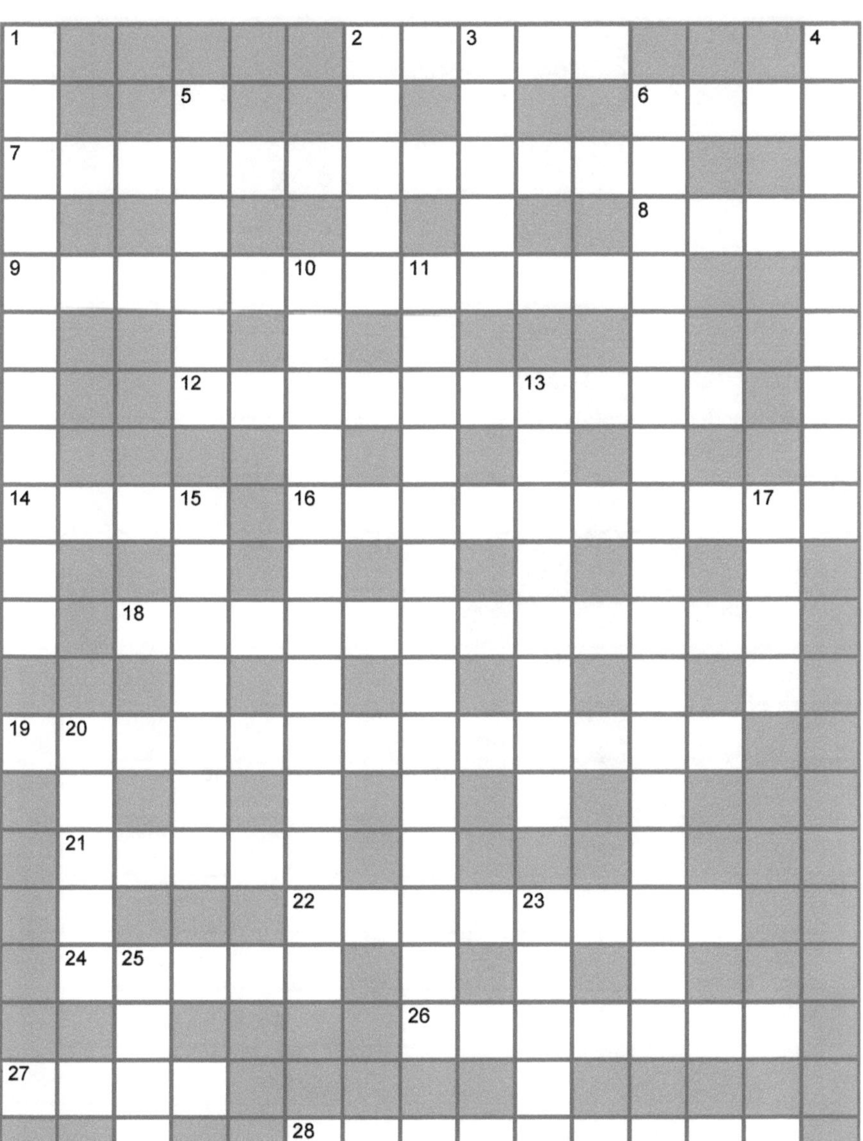

Horizontal: 2 Hidrocarboneto presente no gás natural | **6** Ao deus-(?), feito à sorte | **7** De maneira súbita | **8** Um dos nomes do diabo | **9** Exageraram | **12** Fanático por algo | **14** Conciliei | **16** Equipamento que produz cópias | **18** Desvio do que é considerado certo | **19** Que contém prova | **21** Vínculo | **22** Que sofre de asma | **24** Tocar ou soar o tambor | **26** Sinal, figura que representa um conceito | **27** Produzir som | **28** Repreendiam |

Vertical: 1 Castigado, abominado | **2** Teste, prova | **3** Botei fogo | **4** Doutrina que crê que tudo é ditado pelo destino | **5** Tinta feita de corantes, água, goma | **6** Desintegração da matéria | **10** Transformar uma coisa em outra | **11** Desfazemos os nós | **13** Fizemos cessar, revogamos | **15** Luva de ferro da armadura | **17** Membro de ordem religiosa | **20** Guarnecer com borda | **23** Aumento anormal de tecido no corpo | **25** Estado no oeste dos EUA |

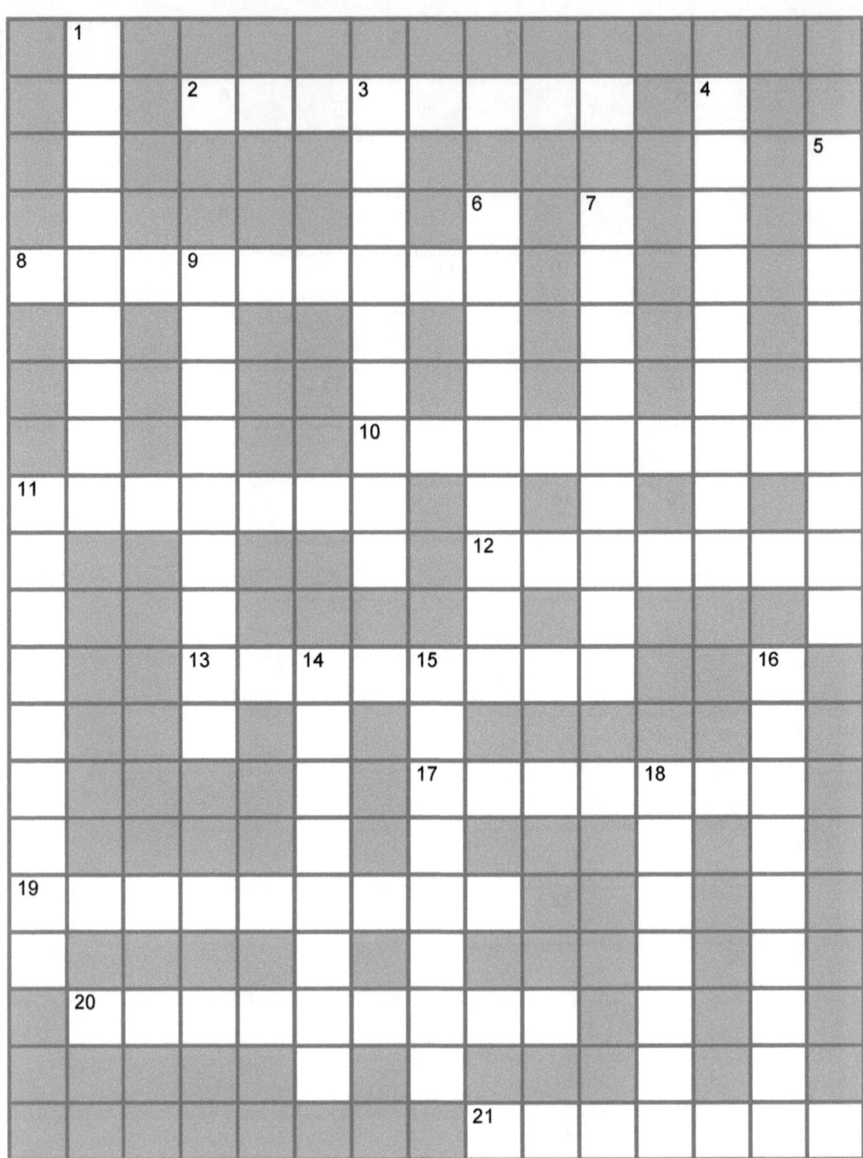

Horizontal: 2 Arremessar dardo em alguém | **8** Chilique | **10** Casa ou lugar imundo (pop.) | **11** Maior espécie de arraia | **12** Existiria | **13** Lavarás, purificarás | **17** Quantidade que caiba em uma das mãos | **19** Atacamos fisicamente | **20** Enfraquecido | **21** Comeu com sofreguidão |

Vertical: 1 Procurava semelhanças e diferenças | **3** Extração de pelos do corpo | **4** Troçar | **5** Formar caroços, bolotas | **6** Cobrir, salpicar de pó | **7** Ajustavas, adaptavas | **9** Estabelecer | **11** Nativas do país cuja capital é Tóquio | **14** Demora, vagareza | **15** Estourar para dentro | **16** Obstruído | **18** Vinda, chegada |

261

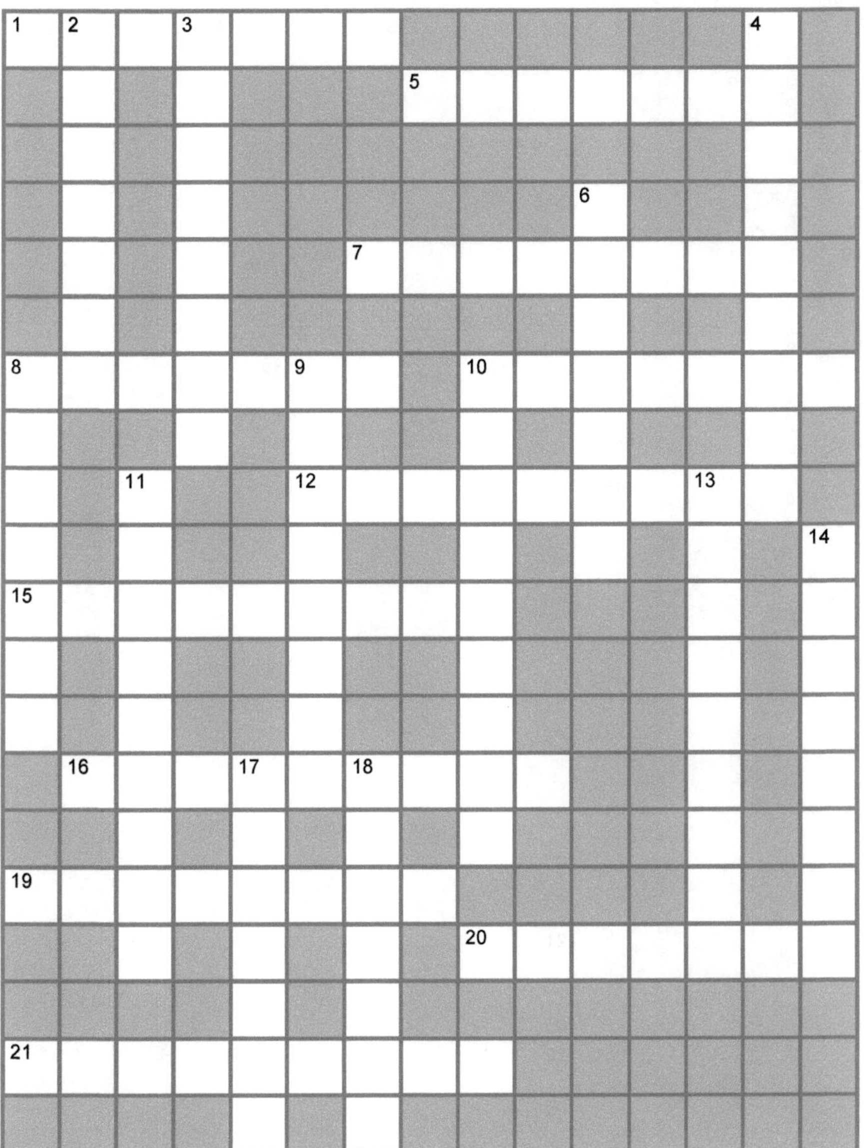

Horizontal: 1 Panorama, cena | **5** Aumentar as dimensões de um corpo | **7** Que tem força | **8** Agasalho feito com lã ou tecido, suéter | **10** Inundação provocada por águas correntes | **12** Impulso para a frente | **15** Desferir uma facada | **16** Privado do direito de receber herança | **19** Rapidez | **20** Que se colocou à mostra | **21** Conversar |

Vertical: 2 Secou | **3** Acorrento | **4** Arquitetado | **6** De + aquilo | **8** Peça presente em alguns instrumentos de sopro | **9** Cobrir com penas | **10** Borrifado | **11** Zangar | **13** Argumentávamos | **14** Lugar onde se urina | **17** Pessoa que incomoda, importuna | **18** Falarem |

262

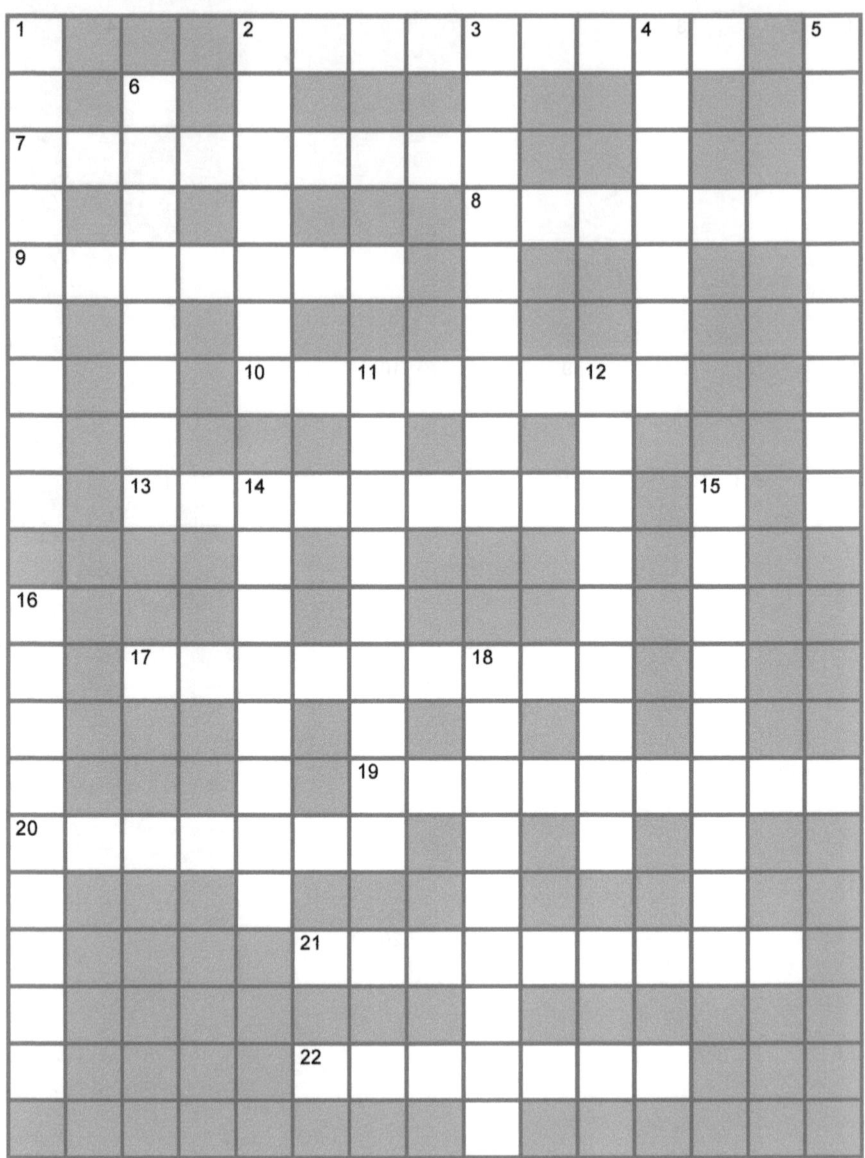

Horizontal: 2 Revestimento resistente | **7** Clientes | **8** Faço uma observação | **9** Patrick (?), personagem de Bob Esponja | **10** Enfeitado, ornado | **13** Inspiramos | **17** Convergira | **19** Falta de cuidado | **20** Agregado a um grupo | **21** Obra feita por escultor, estátua | **22** Silenciamos |

Vertical: 1 Friccionava | **2** Grosseria | **3** Conversavam exaltadamente | **4** Esguio | **5** Aquele que expõe seu trabalho | **6** Priva da posse de algo | **11** Que se estreita na ponta | **12** Cobiçaram | **14** Ter relação sexual | **15** Não dar importância a | **16** Sair do tom (mús.) | **18** Transmitiam conhecimento |

263

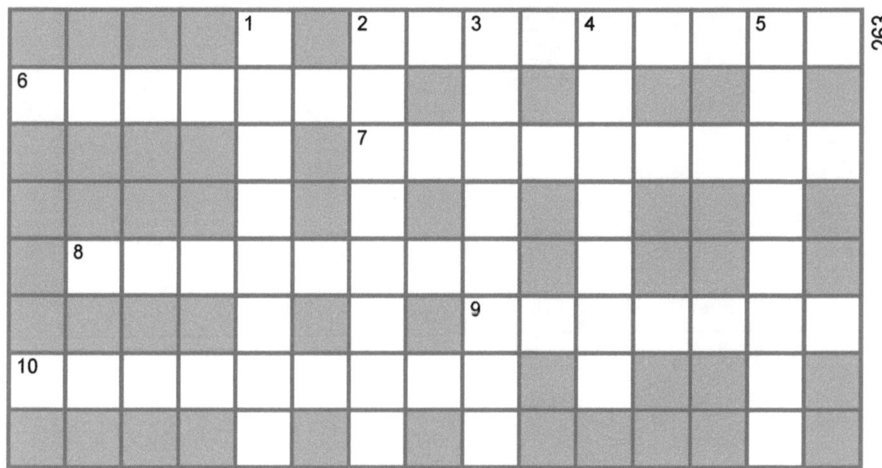

Horizontal: **2** Vaidade exagerada | **6** Mesmo que alucinar | **7** Elucidava | **8** Pessoa que faz roupas masculinas | **9** Administraram | **10** Suplicado |

Vertical: **1** Discutimos acaloradamente | **2** Deixar pronto para uma tarefa | **3** Utilizou | **4** Erguera | **5** Atingido por arma de fogo |

264

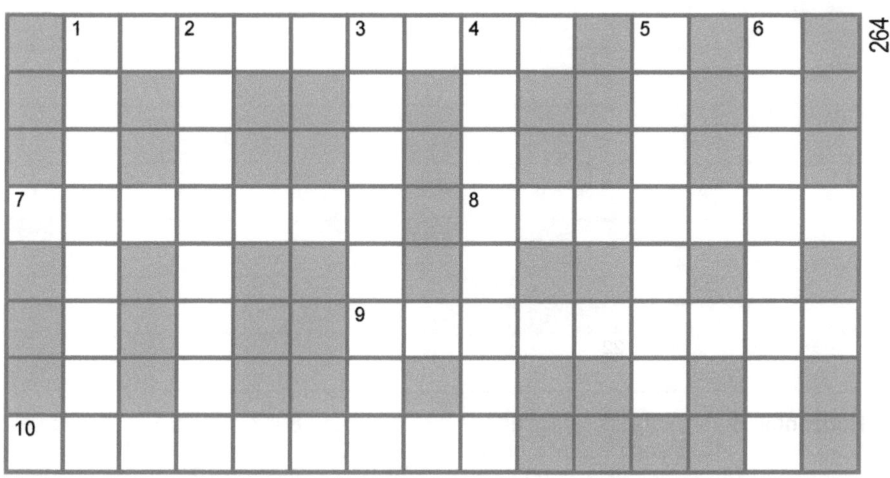

Horizontal: **1** Expulsando | **7** Parte saliente de alguns animais | **8** Que é ilegítimo, desonesto | **9** Concordavam | **10** Lugar onde ocorrem corridas de cavalos |

Vertical: **1** Armazenei | **2** Cozinheiro, em espanhol | **3** Irritado, enraivecido (pop.) | **4** Que distrai, diverte | **5** Que auxilia o titular do cargo | **6** Sobre quem se tem poder |

265

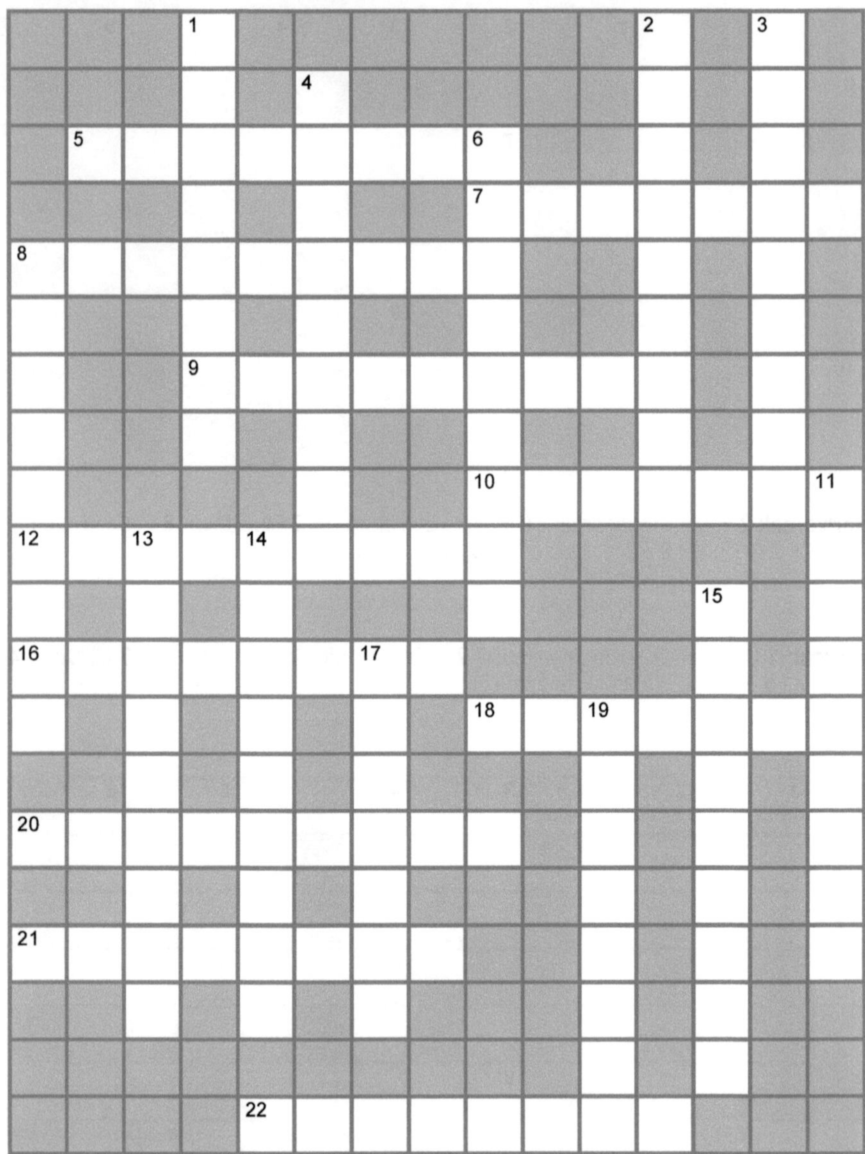

Horizontal: **5** Vivia próximo a alguém | **7** Incomodarão | **8** Inferiras | **9** Solidificava pela ação do frio | **10** Encontravam-se em certo lugar | **12** Ir embora, deixar | **16** Diminuo a espessura | **18** Destituir alguém do emprego | **20** Afagar, acariciar | **21** Que se abordou | **22** No basquetebol, jogada que vale pontos |

Vertical: **1** Embutido em forma de salsicha | **2** Preparará refeição | **3** Borrifará | **4** Asseado, limpo | **6** Inocentará, perdoará | **8** Aumento do volume de um corpo | **11** Excessivamente pobre | **13** Ajustamos, adaptamos | **14** Assimilando | **15** Faremos parar | **17** Apanhado | **19** Famosa pintura que se encontra no Louvre |

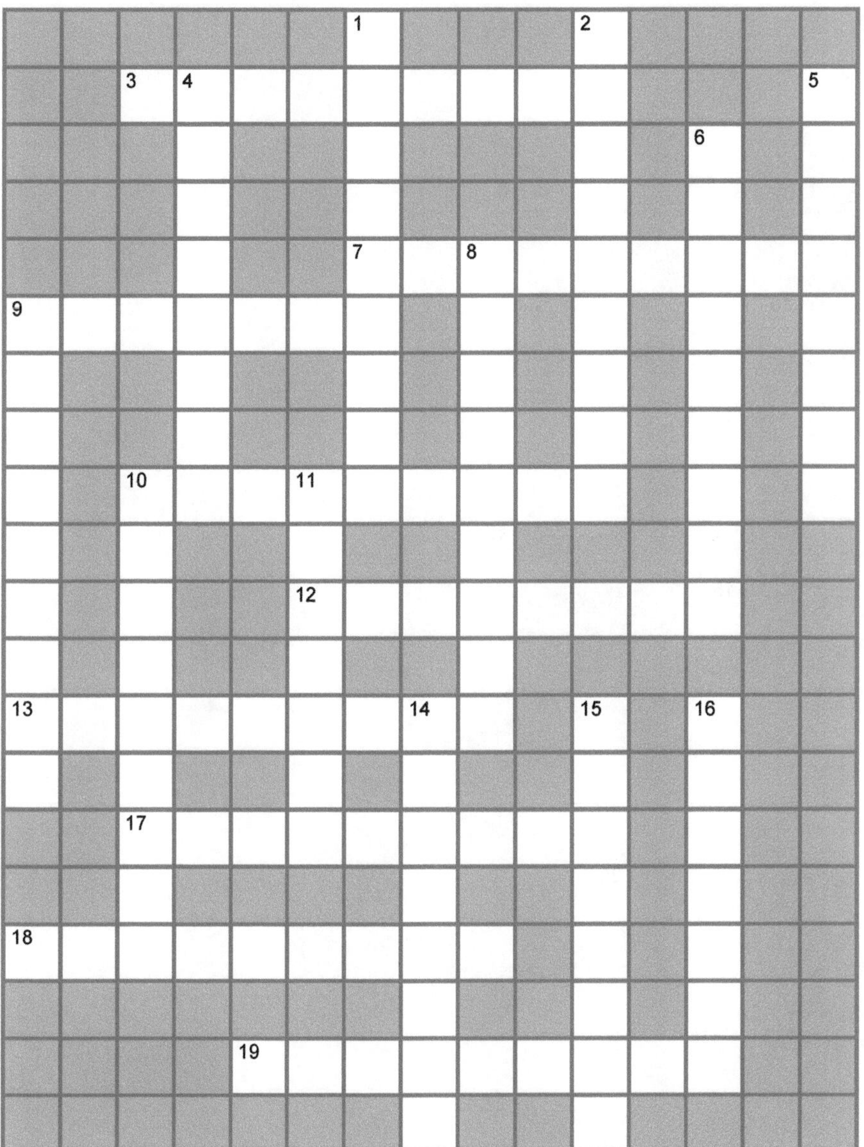

Horizontal: 3 Feitiçaria | **7** Manifestar-se através de palavras | **9** Arrancar/perder as penas | **10** Que transporta, conduz | **12** Causar decepção a | **13** Amigo pequeno | **17** Errado, desonesto | **18** Expelirmos saliva | **19** Linha que delimita uma área, uma região |

Vertical: 1 Acordou | **2** Inabilidoso | **4** (?) de Magalhães, passagem na América do Sul | **5** Árvore do nordeste, sudeste e sul do Brasil | **6** Tomar café, em espanhol | **8** Autorização | **9** Perda da boa fama, desonra | **10** Concordarias | **11** Falha, anomalia | **14** Substância que tem efeito no corpo | **15** Croniqueiro, que escreve crônicas | **16** Envergado |

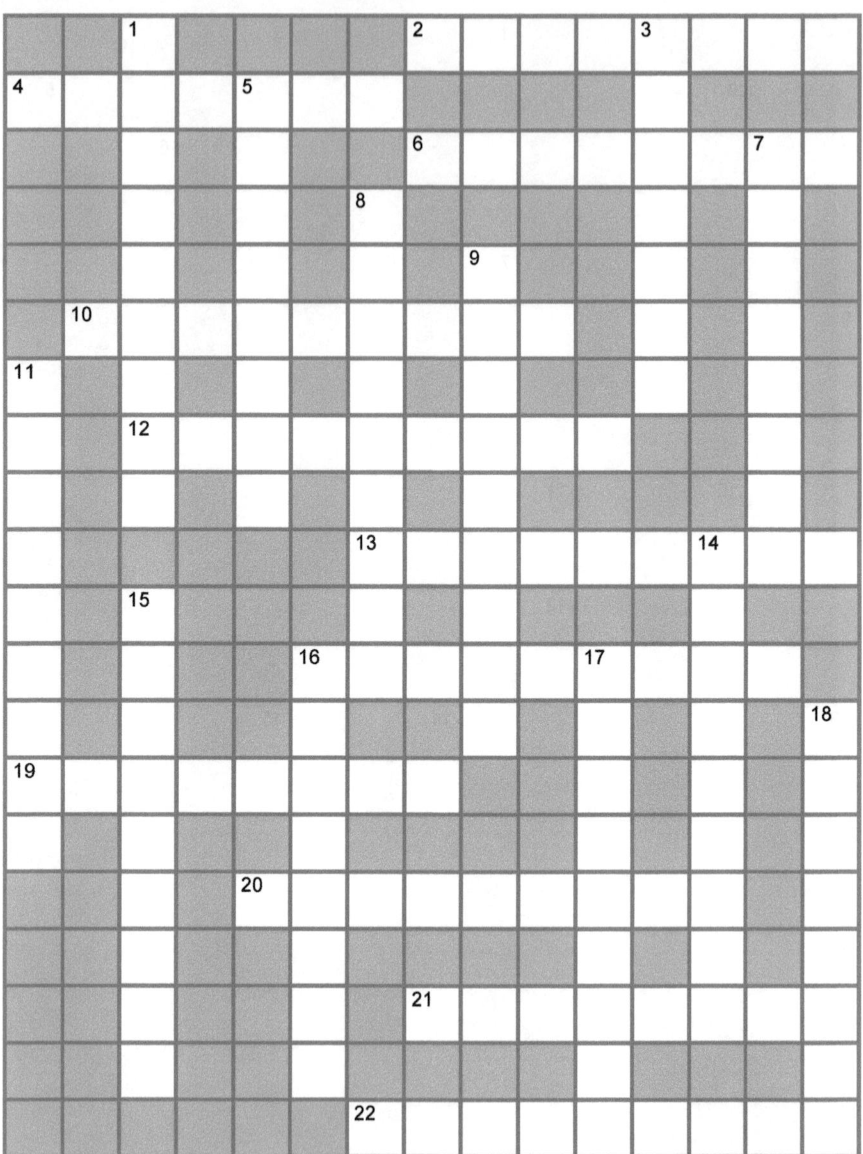

Horizontal: 2 Matar a fome de, saciar (pop.) | **4** Que se usa para transporte de pratos | **6** Que pode ser esticado sem se romper | **10** Gastou dinheiro | **12** Convergistes | **13** Aumentar o preço | **16** Aquele que aspira a um cargo | **19** Esmagamos com o pé | **20** Iniciar | **21** Obrigamos alguém a fazer algo | **22** Torcedura |

Vertical: 1 Adivinharão, pressagiarão | **3** Hábito de mamíferos de tirar parasitas do pelo | **5** Fujo | **7** Toma um pelo outro | **8** Viverá próximo a alguém | **9** Substância que combate pragas | **11** Que contém benzeno | **14** Compararam duas ou mais coisas | **15** Expulsarem | **16** Fez uma observação | **17** Resultado de demolir | **18** Refuto |

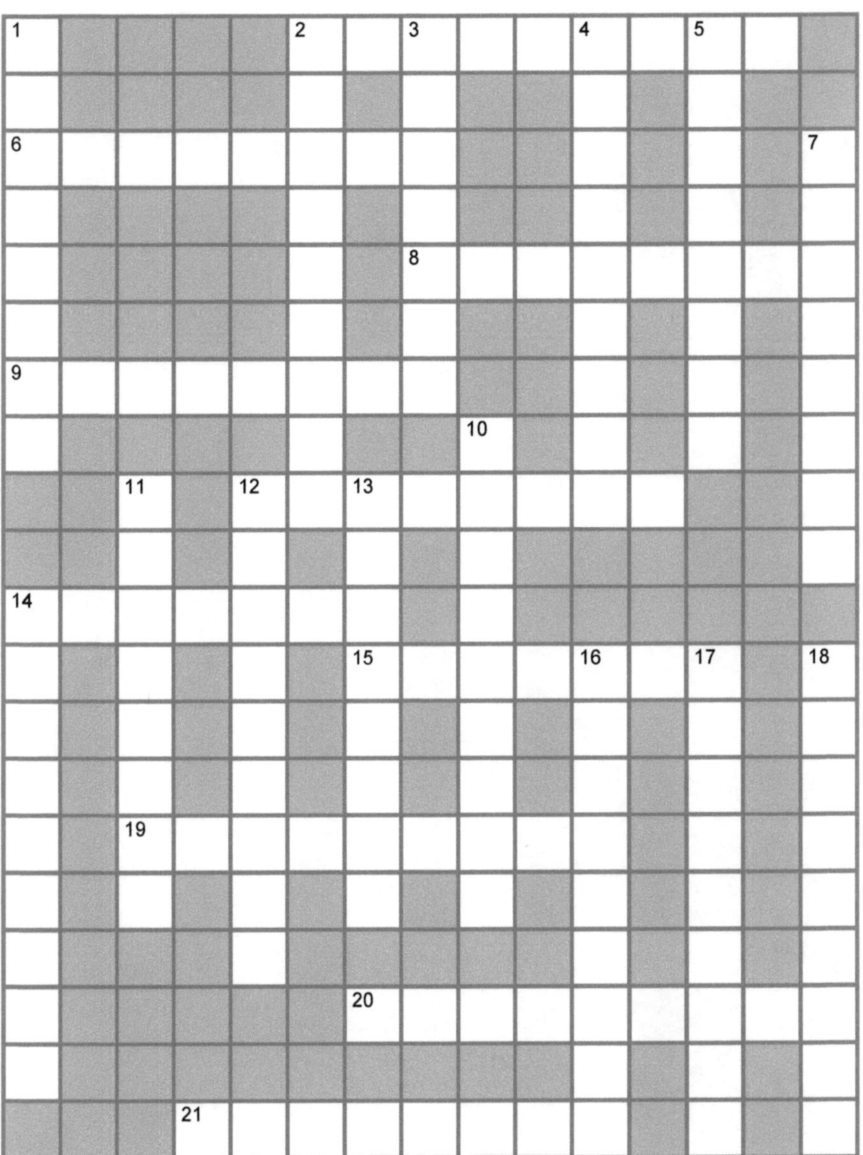

Horizontal: 2 Ramificado como as pontas da forquilha | **6** Número fundamental (mat.) | **8** Que é utilizável por muitas pessoas | **9** Excluiu | **12** Plagiarão | **14** Incomodando | **15** Em que há justiça | **19** Enclausurado | **20** Que cansa | **21** Dissipando |

Vertical: 1 Ocultam | **2** Banco pequeno sem espaldar | **3** Morreu | **4** Permitia | **5** Dissolvemos | **7** Tornar público | **10** Nutrir-se à custa de outro organismo | **11** Controverso | **12** Conjunção com o sentido de "não obstante" | **13** Corpo disparado por uma arma | **14** Adulação | **16** Que deixou de ser reto | **17** Concordavas | **18** Que exige obediência |

269

Horizontal: 1 Permite | **4** Por isso que, visto que (conj.) | **8** Dissoluto, licencioso, lascivo | **10** Estabeleça | **11** (?) eleitoral, propaganda | **13** Elemento químico de símbolo Pu | **14** Manando | **18** Documento com dados pessoais e profissionais | **19** Tornar puro | **20** Reúno | **21** Instalar em alojamento |

Vertical: 1 Reduzir a capítulos | **2** Pressentiam | **3** Choque físico, tombada | **5** Asserção, assertiva | **6** (?) Kirchner, política argentina | **7** Que anda a cavalo | **9** Altura | **12** Dito em voz alta | **13** Mesmo que mimar | **15** Incorporado | **16** Local de origem do cão dálmata | **17** Rodeado | **18** Ingeriram alimento |

270

Horizontal: 2 Aquilo que enfeita | **5** Fazer perder a soberania | **7** Tornar difícil de mover, travar | **9** Zanguei | **11** Acúmulo de bens, de riqueza | **13** Agoniaram, angustiaram | **16** Escapávamos | **19** Borrifavam | **20** Conhecer com segurança e profundamente | **21** Atacarão fisicamente |

Vertical: 1 Usufruem | **3** Recipiente para transporte de cargas | **4** Agasalhado | **6** Põem à prova | **8** Aumentamos a temperatura | **9** Fazer descer pela garganta | **10** Lecionaram | **12** Cair estendido | **14** Engolindo | **15** Que correspondeu ao prometido | **16** Artesão que trabalha com ferro | **17** Causam atraso | **18** Escaparão |

271

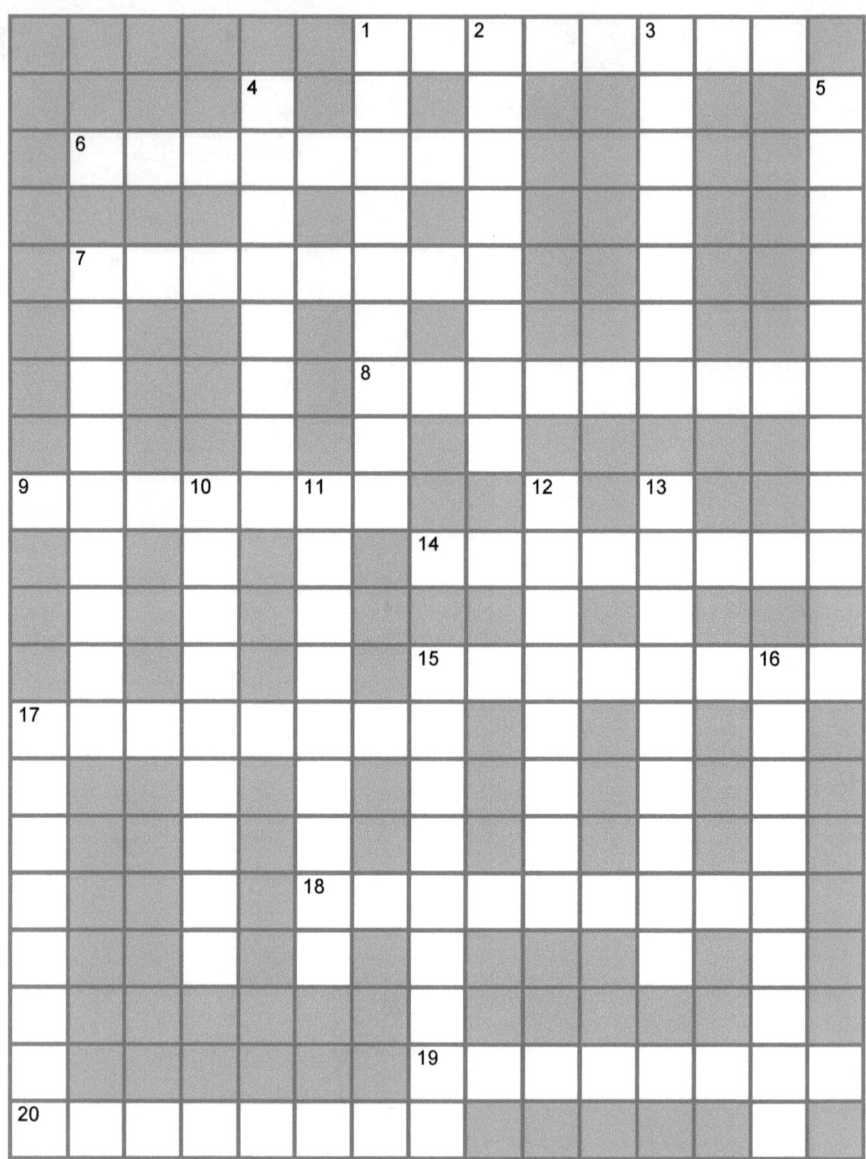

Horizontal: **1** Ferramenta semelhante ao martelo | **6** Revezar, intercalar | **7** Convergir | **8** Refreariam | **9** Divisão territorial de alguns países | **14** Ergueria | **15** Expulso | **17** Bar, boteco | **18** Tratou com desprezo | **19** Fugiu desordenadament e | **20** Fruta favorita da Magali (Lit.) |

Vertical: **1** Mesmo que sinal gráfico | **2** Médica especializada em operações | **3** Fazer perder o brilho | **4** Completava | **5** Comprara | **7** Sistema de autofinanciamento | **10** Derramado | **11** Debatido | **12** Relativo aos alunos | **13** Adesivo colecionável colado em álbuns | **15** Armadilha feita para alguém | **16** Falou diante de plateia | **17** Lavaram |

272

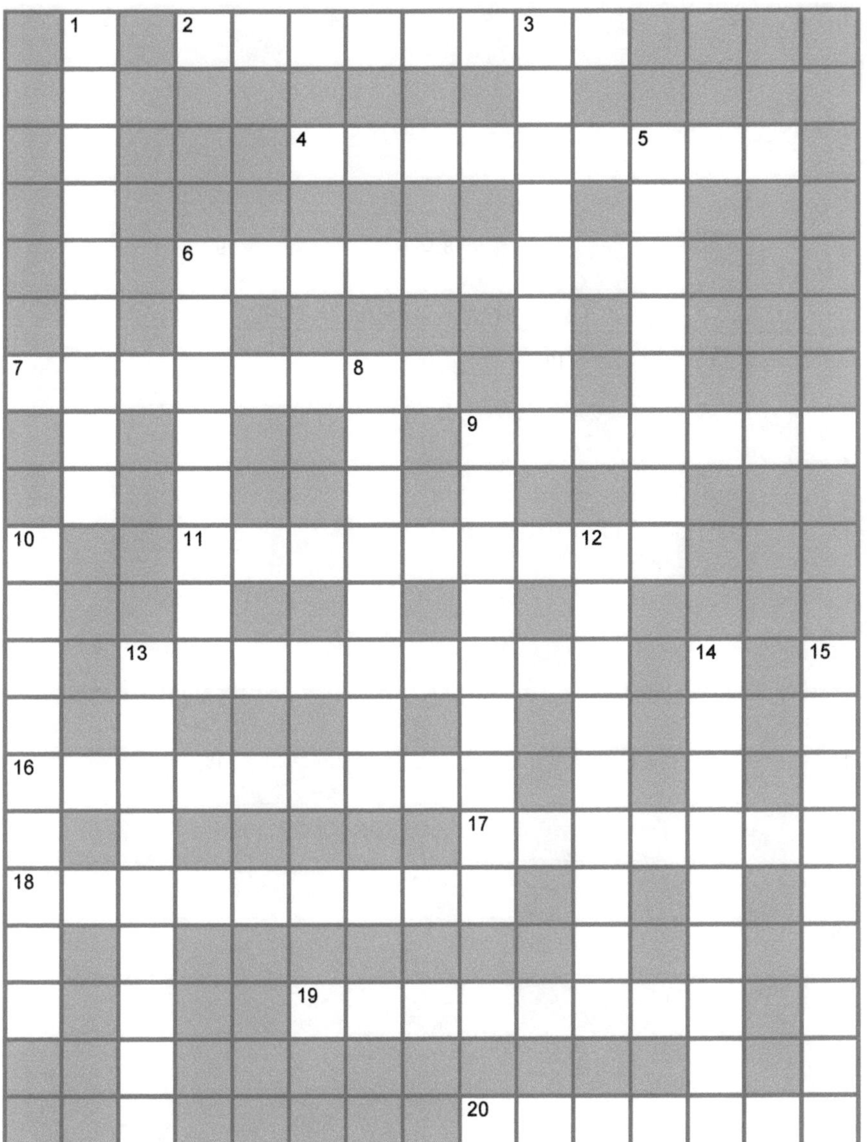

Horizontal: 2 Altero | **4** Espetáculo teatral | **6** Reduzira | **7** Factível | **9** Ingiro | **11** Invadido | **13** Natural de Portugal | **16** Virada em posição contrária | **17** Lugar para onde se pretende ir | **18** Dado a lutas | **19** Relativo a corpo | **20** Acreditávamos |

Vertical: 1 Que se alimenta principalmente de carne | **3** Rodeaste | **5** Chapéu grande | **6** Reajuste salarial | **8** Aniquilei (fig.) | **9** Concorrido | **10** Tomar, apoderarse | **12** Consumir pela ação do tempo | **13** Qualquer revestimento do solo | **14** Incentivam | **15** Defendemos |

273

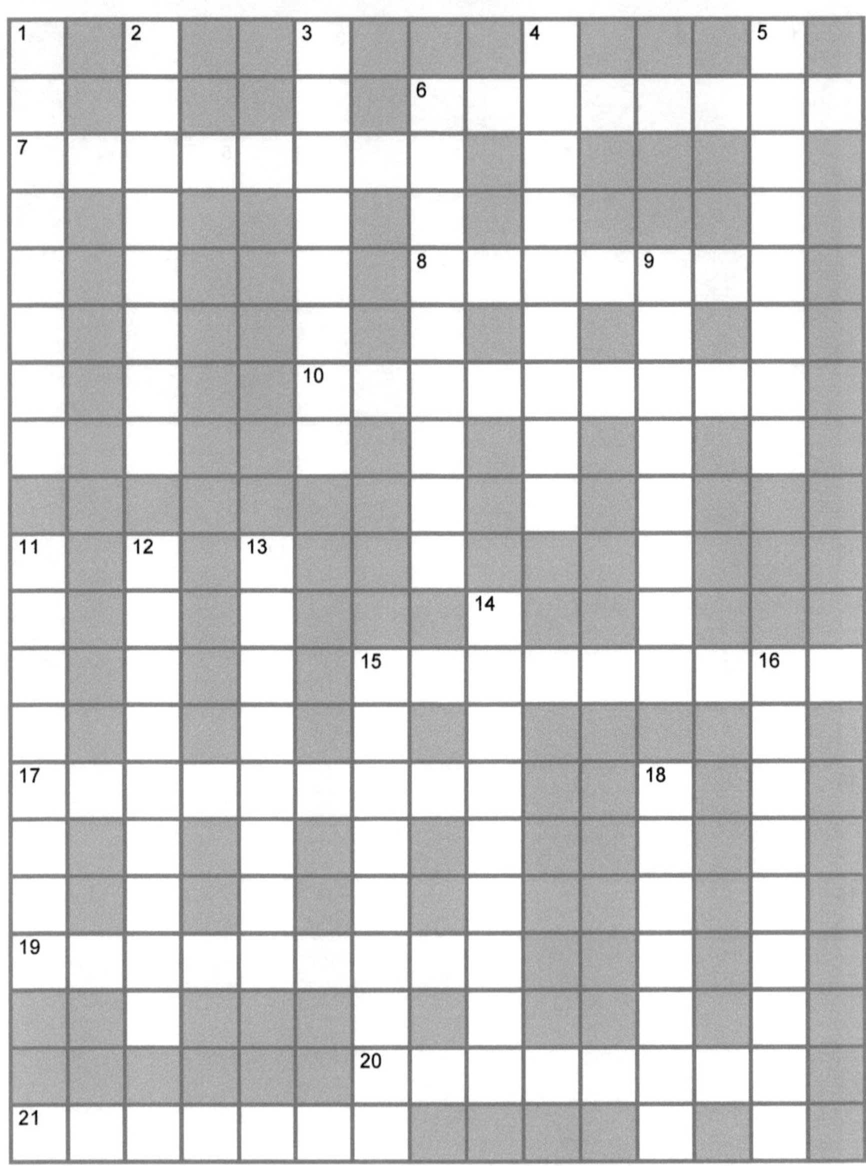

Horizontal: 6 Obscureces | **7** Mostra gratidão | **8** Cuidado, prudência | **10** Contido, abarcado | **15** Arriscar | **17** Bruxuleie | **19** Arrancaram | **20** Desconsidero | **21** Boiam |

Vertical: 1 Dourar a parte superior de um alimento | **2** Educados | **3** Palestra com finalidade educativa | **4** Inspirando | **5** Fechamos | **6** Jogar fora | **9** Levantou uma construção | **11** Que está em ebulição | **12** Comprimido | **13** Efeito de conservar | **14** Defrontamo-nos inesperadamente com alguém/algo | **15** Tornavam destemido | **16** Alcançamos | **18** Grande depressão no solo |

274

Horizontal: 2 Sem sapatos | **9** Aglomerado de pinheiros | **10** Fazer a digestão de | **11** Guardado em arquivo | **12** Aquele que confronta, insulta |

Vertical: 1 Que foi submerso | **3** Borrifava | **4** Encolhia | **5** Que tem chifre | **6** Deturpado | **7** Que incita à guerra | **8** Rodeara |

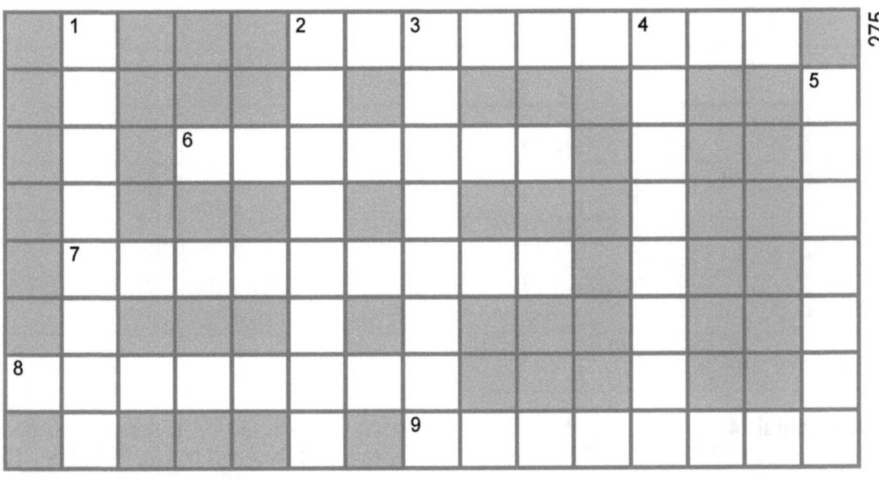

275

Horizontal: 2 2º mês do ano | **6** Enrubesceram | **7** Conquistado pela força das armas | **8** Carta posta de lado em um jogo | **9** Rasgado, despedaçado |

Vertical: 1 Dar, conferir ou outorgar | **2** Fugirá da polícia | **3** Que sofre variação constante | **4** Ter valor ou interesse | **5** Chamo, invoco |

276

Horizontal: **4** Braço de mar formado pela desembocadura do rio | **6** Atendeu ao que foi solicitado | **7** Aniquilar | **8** Lutavam contra alguém | **13** Ano que possui 366 dias | **15** Dirigem-se para um ponto comum | **17** Que tem barba comprida | **18** Qualificar, caracterizar | **19** Fazia uma observação | **20** Cuidadoso |

Vertical: **1** Que não sabe o caminho | **2** Tentativa de namoro | **3** Aumentativo de voz | **4** Asfixiar com uma corda no pescoço | **5** Que teve sua atenção desviada | **9** Secavam | **10** Ocultem | **11** Borrifará | **12** Que vem antes do último | **13** Abençoariam | **14** Endurecem | **15** Estejas de acordo | **16** Mulher-(?), super-heroína |

277

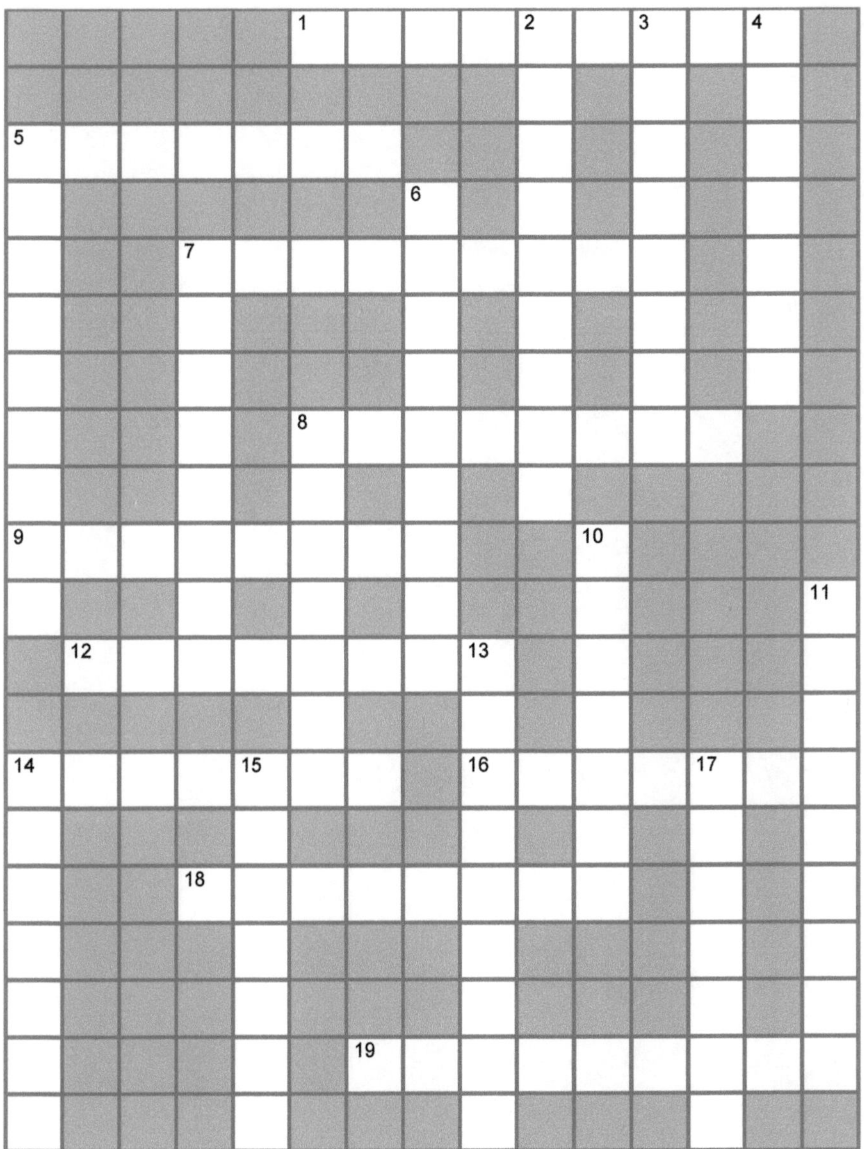

Horizontal: **1** Suprimem uma parte | **5** Colocar-se no lugar do outro | **7** Encontro, assembleia | **8** Viemos de algum lugar | **9** Fazer alguém sair à força | **12** Introduzirá | **14** Que joga por profissão | **16** Ato de desfrutar de algo | **18** Convergirão | **19** Que traz proveito, que rende |

Vertical: **2** Fone de ouvido, em espanhol | **3** Relativo a corpo | **4** Que se mantém | **5** Enlevou | **6** Abrir | **7** Terminas | **8** Casa grande e luxuosa | **10** Canguru, em espanhol | **11** Aplicado, dedicado | **13** Conseguimos, obtemos | **14** Vazante da maré | **15** Discordar, divergir | **17** Flor grande com muitas pétalas |

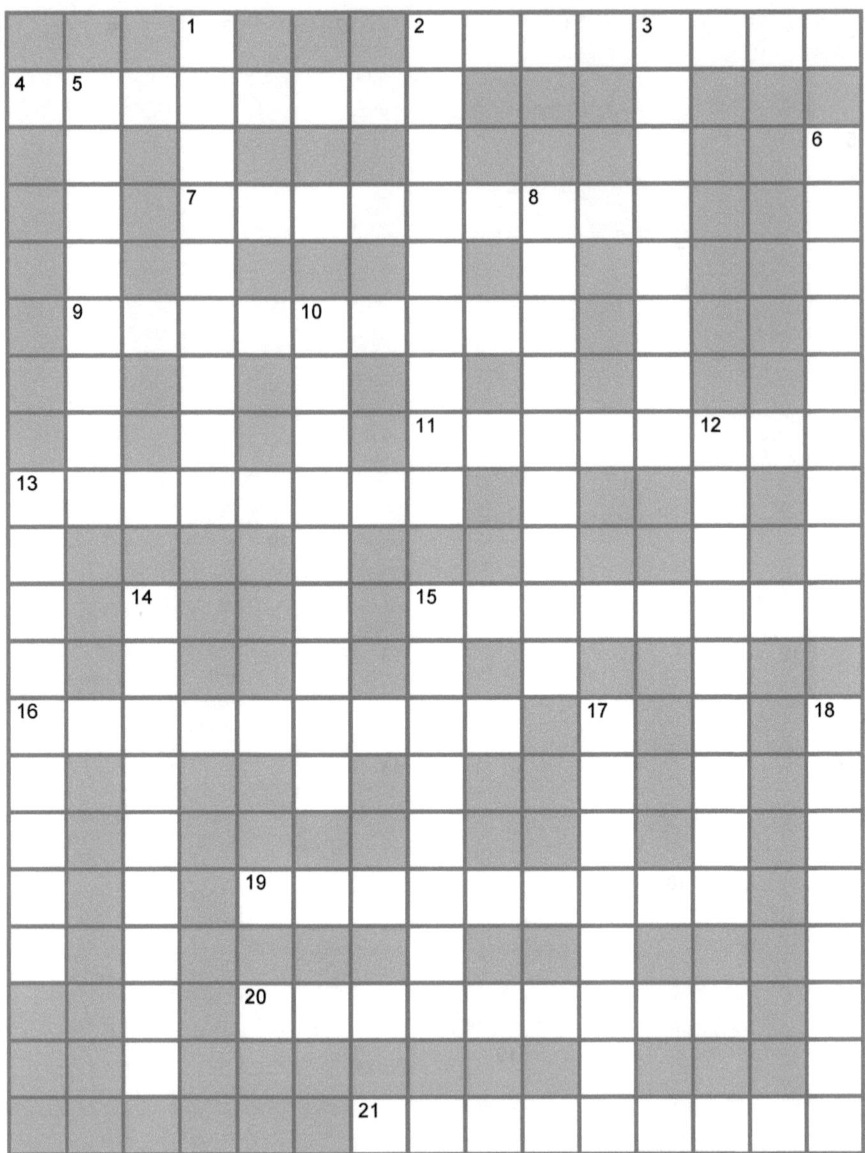

Horizontal: **2** Que recebeu calor | **4** Falamos | **7** Abdiquem, recusem | **9** Reparam | **11** Vitorioso, ganhador | **13** Que tem características inovadoras | **15** Sistema político baseado na negação da autoridade | **16** Que pode ser cobiçado | **19** Publicar, divulgar oficialmente | **20** Concluído | **21** Deixar de gostar |

Vertical: **1** Parado, paralisado | **2** Confiante em suas decisões | **3** Medicamento sedativo | **5** Ter grande efeito sobre | **6** Contagem dos elementos do sangue | **8** Tornar humano | **10** Sobrepor, amontoar | **12** Purificador | **13** Atacarem fisicamente | **14** Lecionavam | **15** Argumentamos | **17** Peixe de corpo chato e ovalado | **18** Não participar de algo |

279

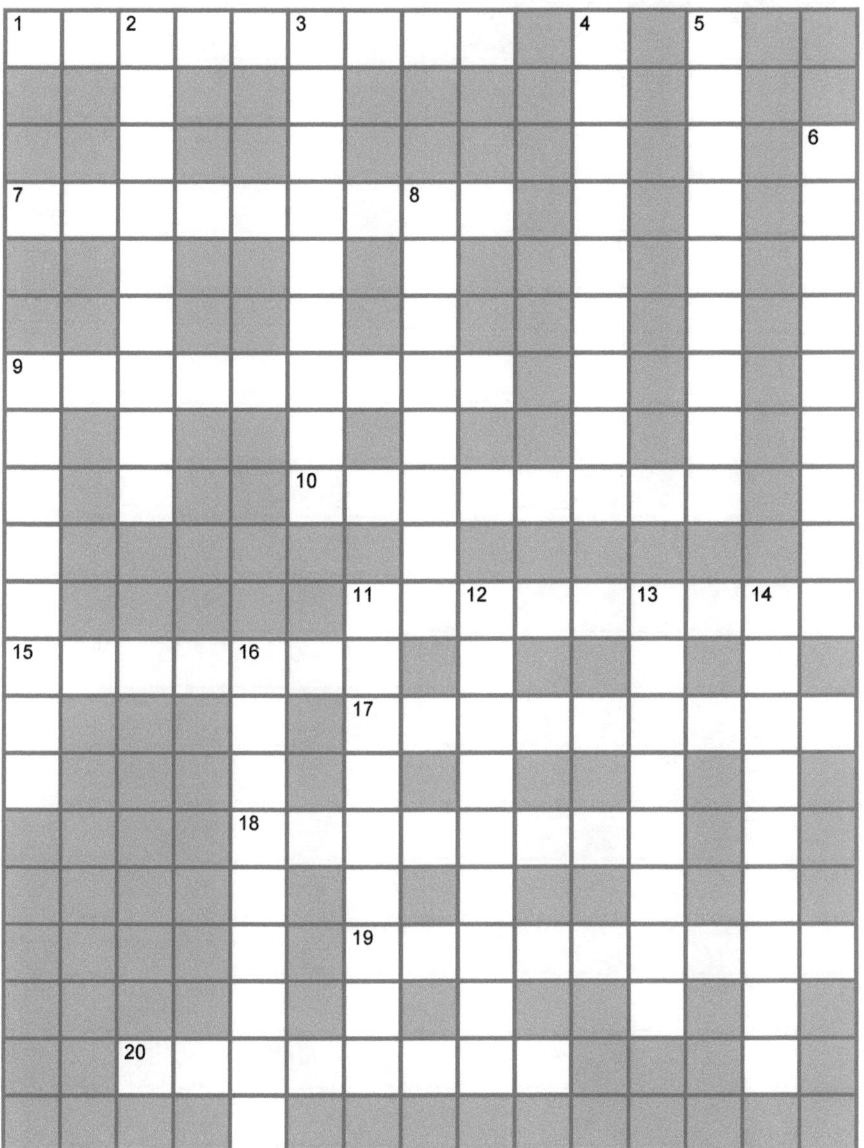

Horizontal: 1 Que está perfeitamente declarado, claro | **7** Zangou | **9** Caímos violentamente | **10** Parente não consanguíneo (pop.) | **11** Morada | **15** O mesmo que bobagem | **17** Expulsão de um lugar | **18** Tornar máximo | **19** Observado antecipadamente | **20** Sentira compaixão |

Vertical: 2 Ofício | **3** Ligava | **4** Fazia planos com outra pessoa | **5** Relação sexual | **6** Repreendido | **8** Ocultava | **9** Deixei cair | **11** Acostumado | **12** Pessoa que pratica o bem | **13** Apoquenta | **14** Instrumento que mede altitudes | **16** Órgão que absorve os nutrientes |

280

Horizontal: **5** Radical | **7** Ordenar | **9** Esticar, estender | **10** Que tem proteção | **11** Pousada, hospedaria | **14** Osso que forma a parede do tórax | **16** Conferir natureza divina a alguém | **17** Alcança um objetivo | **18** Criar polêmica | **19** Que foi objeto de acordo |

Vertical: **1** Incoerente | **2** Enfraquece | **3** Concordará | **4** Mecanismo que permite ligar o motor do carro | **5** Signo do zodíaco | **6** Exilou | **8** Passado a ferro | **11** Governo que se concentra nas mãos do Estado | **12** Cravar | **13** Substância que elimina ervas daninhas | **14** Impediriam algo ou alguém | **15** Mesmo que obtido |

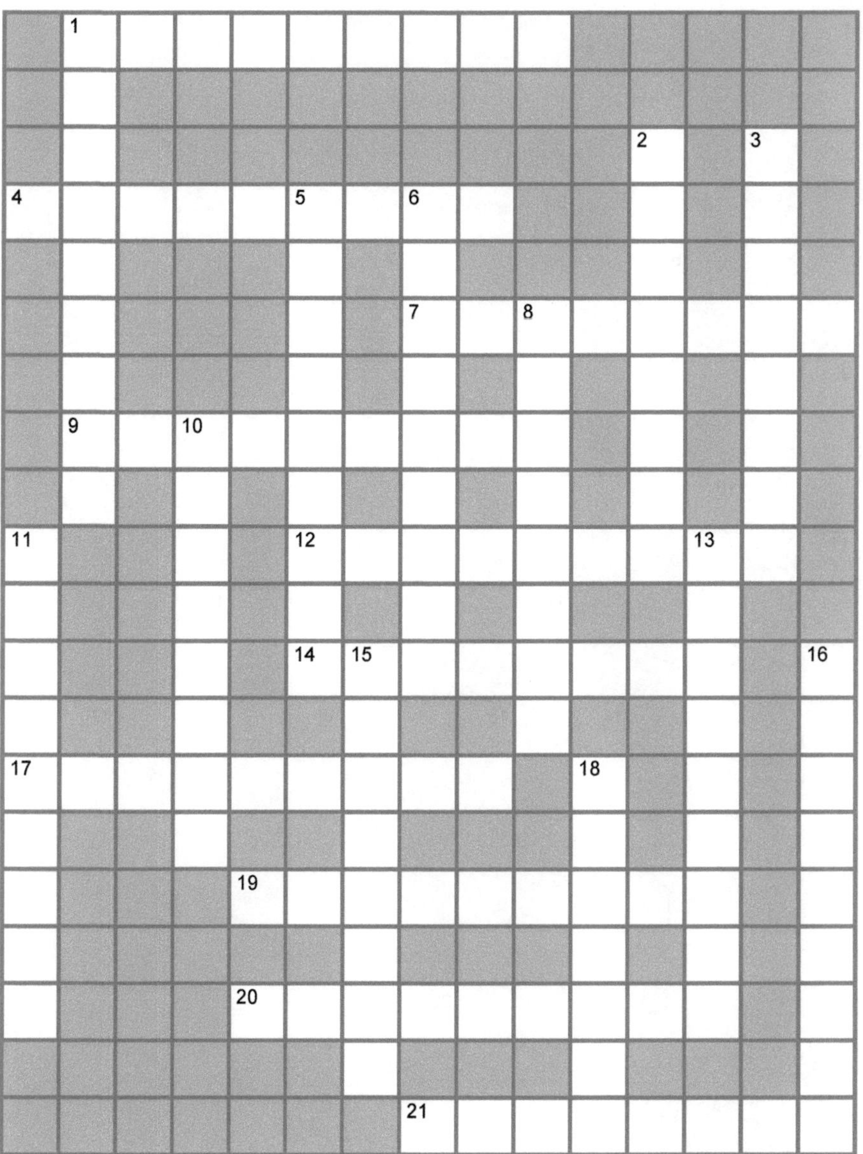

Horizontal: **1** Expulso | **4** Tomar partido de alguém | **7** Procedimento cirúrgico estético | **9** Aparelho para tirar o pó | **12** Terminado | **14** Ajudares | **17** Incentivar | **19** Duvidem | **20** Conquistarias a atenção | **21** Tornar irrequieto |

Vertical: **1** Eliminam | **2** Impedirei algo ou alguém | **3** Lascas de pedra | **5** Zangava | **6** Enviando | **8** Tapar com rolha | **10** Precavia | **11** Que possui correspondência | **13** Duvidamos | **15** Conferência de tema científico ou cultural | **16** Ressaltar, salientar | **18** Refreara |

282

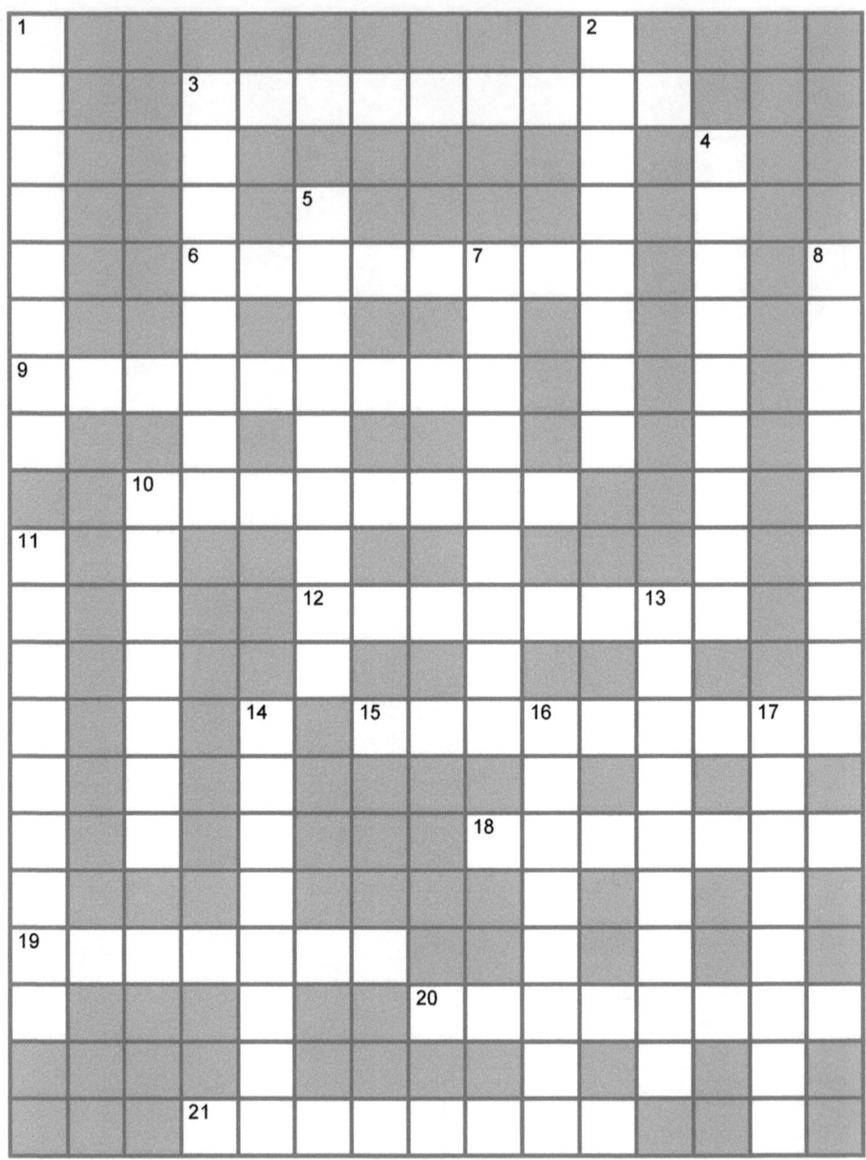

Horizontal: **3** Forçávamos alguém a fazer algo | **6** Casa de detenção | **9** Impedimos | **10** Alcancem um objetivo | **12** Alteração | **15** Tornar algo mais difícil | **18** Lutava com socos | **19** Discutiu | **20** Dado que, sob condição de que | **21** Fincamos |

Vertical: **1** Cerca feita com estacas | **2** Reconfortam | **3** Que vive nos campos | **4** Empacado | **5** Que serve para defesa | **7** Restituiriam à forma anterior | **8** Perceber | **10** Jogada de uma carta, no baralho | **11** Magro, desnutrido | **13** Dar de comer | **14** Almejar ou competir por algo | **16** Ganho, lucro, proveito | **17** Repreendam |

283

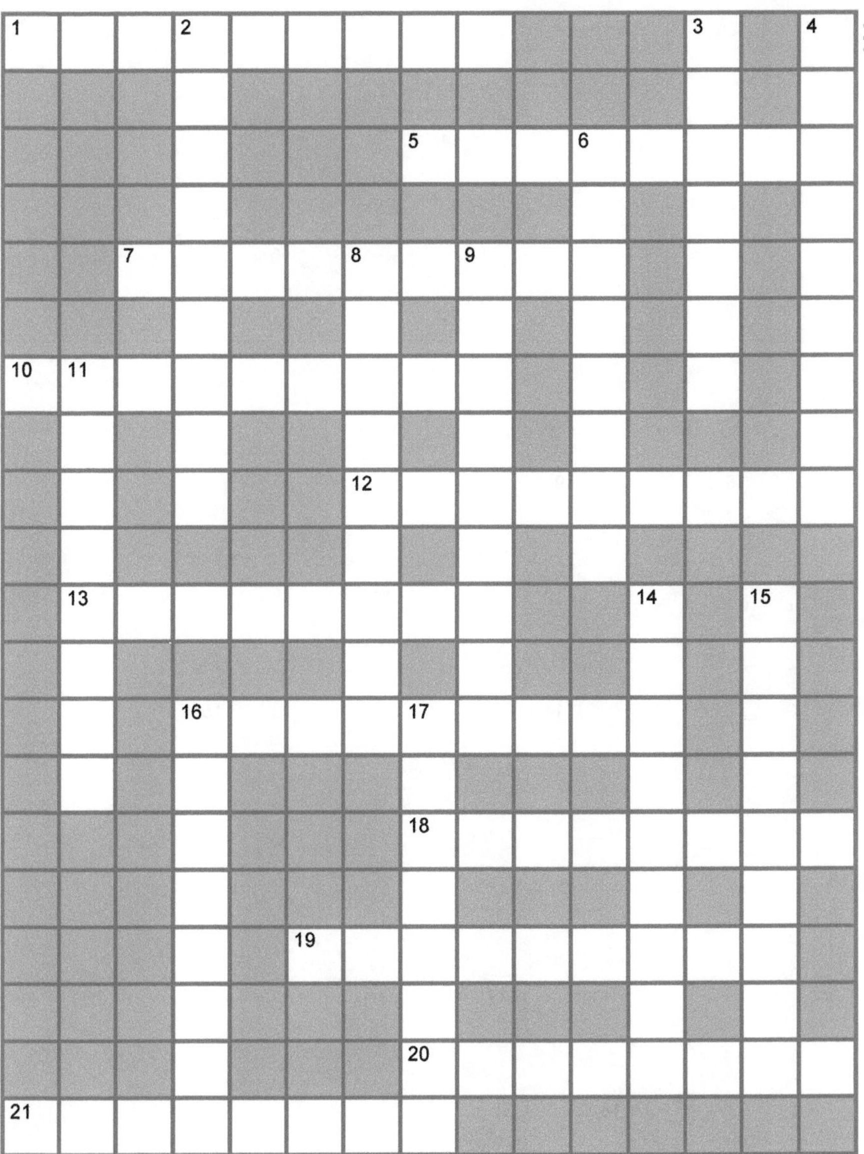

Horizontal: 1 Terminavam | **5** Que pode ser tocado | **7** Dissimulam | **10** Impediram | **12** Que cobra preços baixos | **13** Entram em contato com | **16** Pusessses algo em cima para resguardar | **18** Sensação de desfalecimento | **19** Parte pequena de algo | **20** Ação de espirrar água benta | **21** Separo elementos que formam um todo |

Vertical: 2 Rodeariam | **3** Propago | **4** Indivíduo vítima de acusações falsas | **6** Pimentão, em espanhol | **8** Empinar, erguer | **9** Obtemos algo mediante pagamento | **11** Fazia perder o brilho | **14** Privar da posse de algo | **15** Porção que cabe em uma colher | **16** Enumeraram | **17** Disposição de elementos em sentidos opostos |

284

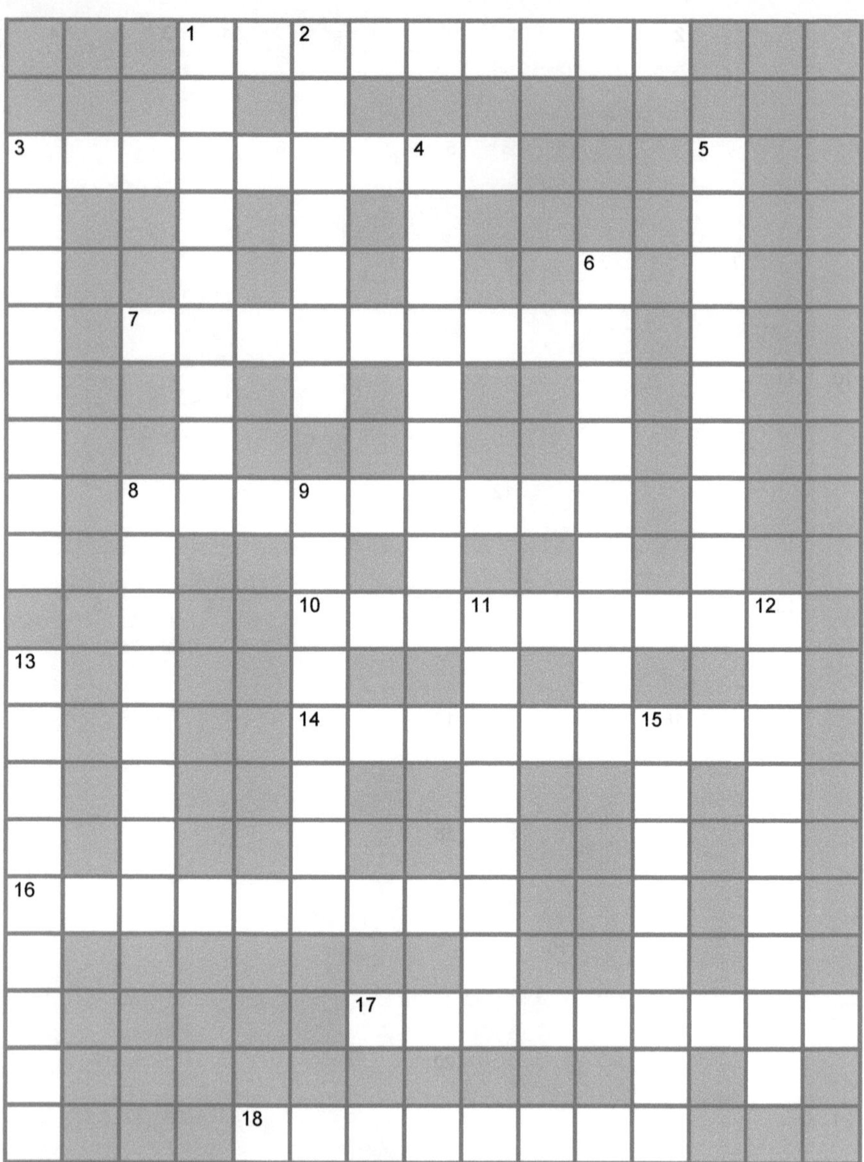

Horizontal: 1 Ficou de tocaia | **3** Proceder, provir | **7** Caminhamos sem rumo | **8** Guiavam | **10** Enfraquecera | **14** Reclamar | **16** Chover pouco | **17** Que não está em funcionamento | **18** Fazer dispersar |

Vertical: 1 Expulsarão | **2** Marcar pontos | **3** Traçar os contornos | **4** Ressaltam | **5** Registrar uma invenção | **6** Incentivou | **8** Juntou textos em uma única obra | **9** Unidade de medida de intensidade de som (pl.) | **11** Abençoarás | **12** Anunciado | **13** Prendemos o barco ao cais | **15** Avistar, vislumbrar |

285

		1				2				3		4		5
6														
7														
8														
								9						
10														
								11						

Horizontal: 2 Unha que penetra na carne ao crescer | **7** Ter confiança em | **8** (?) Gil, cantor e compositor baiano | **9** Discordo | **10** Que está de acordo com os dogmas da Igreja | **11** Região árida |

Vertical: 1 Cora (?), pseudônimo da poetisa brasileira | **2** Enlevado | **3** Desejavas com veemência | **4** Apitar uma partida de futebol | **5** Carinhoso, amável | **6** Fenômeno social do sertão brasileiro |

286

Horizontal: 2 Compelido a fazer algo | **6** Passo água para tirar o sabão | **7** Refreará | **8** Que se acertou, compreendido | **9** Com propensão a algo | **10** Correção severa |

Vertical: 1 Animado, esforçado | **2** Aparelho que mói cana-de-açúcar | **3** Manifestação pública de desagrado | **4** Apequeneis | **5** Feito ou dado de graça |

287

Horizontal: 1 Desmoronado | **6** Atenderam ao que foi solicitado | **7** Desnorteamos | **9** Que está em ordem | **11** Desnorteado, zonzo | **15** Perdeu o valor | **18** Solto do cativeiro | **19** Narrativa ficcional | **20** Trocam palavras com alguém | **21** Dissemina | **22** Que nasceu em agosto |

Vertical: 1 Que perdeu a cor | **2** Exposto à fumaça | **3** Conquistariam a atenção | **4** Garçom, em espanhol | **5** Tornavas destemido | **8** Reduzido | **10** Compreendiam | **12** Devastação | **13** Marido infiel | **14** Perder o ânimo | **16** Ausência de pigmentação da pele | **17** Que se porta com descortesia, indelicado |

288

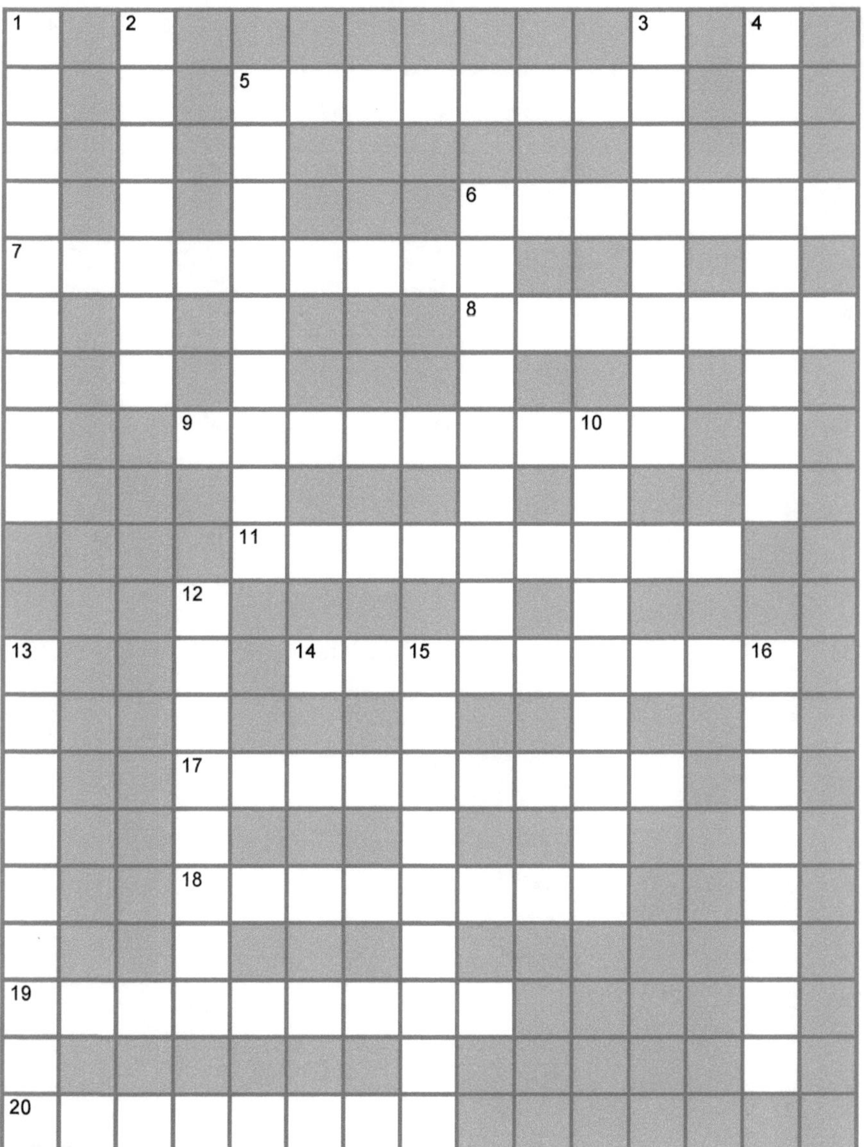

Horizontal: 5 Falarmos | **6** Mesmo que estrangular | **7** Executamos | **8** Planta cuja fibra é usada em tecidos e papel | **9** Estar ou ficar ao redor de | **11** Anuído | **14** Entusiasmava | **17** Entreterá | **18** Guies | **19** Sentido que uma palavra pode sugerir | **20** Ruído de vozes simultâneas |

Vertical: 1 Coletar, juntar | **2** Revestimos de cal | **3** Fazer alastrar | **4** Não prevenido, indefeso | **5** Demolirá | **6** Pequena divisão em um armário | **10** Alcançarás | **12** Mesmo que praga | **13** Transmitem uma mensagem | **15** Mesmo que cheiroso | **16** Colocado em fila |

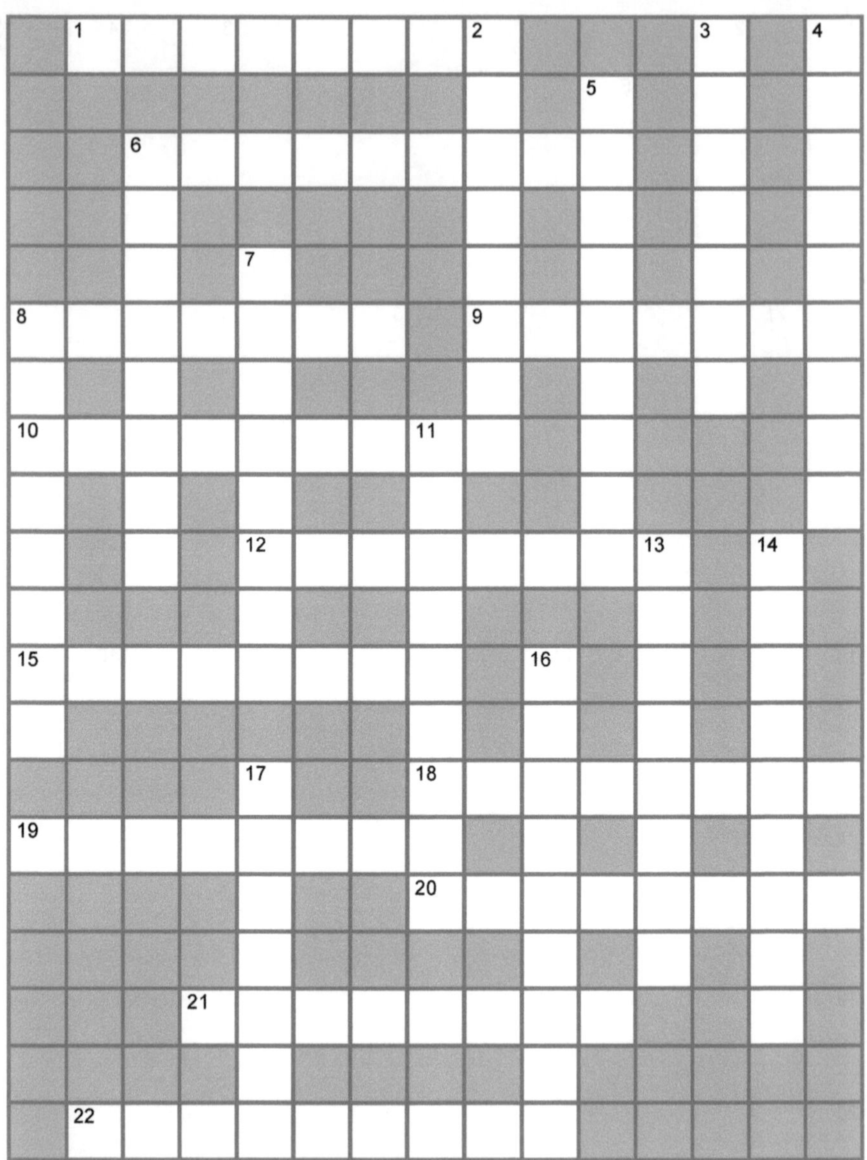

Horizontal: **1** Dissolvesse | **6** Comprará | **8** Exibo | **9** Direito de receber o que se emprestou | **10** Verificado | **12** Falasse | **15** Lesionei | **18** Passar a fazer parte de um grupo | **19** Livro que ensina os rudimentos da leitura | **20** Conservaria | **21** Abrir mão de algo | **22** Comunicativo, afável |

Vertical: **2** Projeção de filme | **3** Diabo | **4** Tumultuar, agitar | **5** Batalhamos | **6** Corpete | **7** Compreendeu | **8** Aumento o preço | **11** Desmentiriam | **13** Passei água para tirar o sabão | **14** Relativo a paladar | **16** Amplo | **17** Giro sobre um dos pés |

290

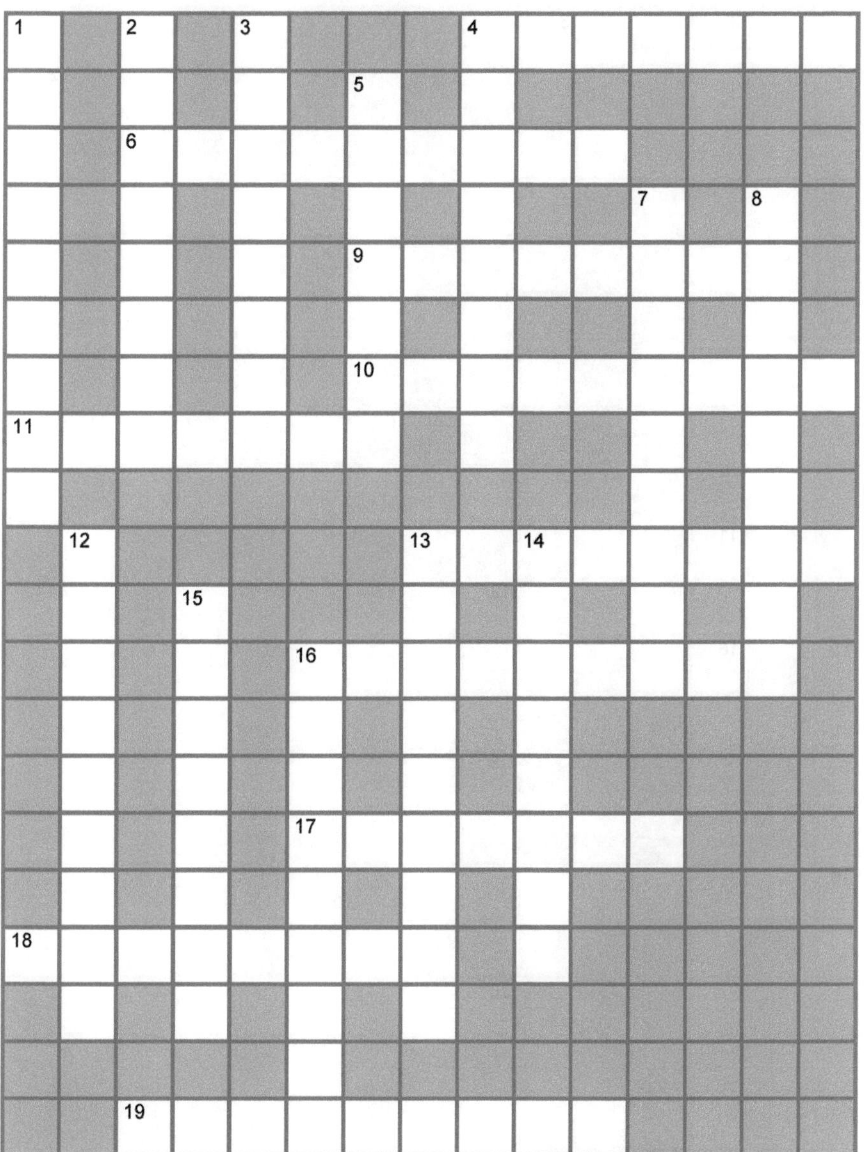

Horizontal: 4 Alucinam | **6** Retiram a casca | **9** Livro do excesso de peso | **10** Restituído | **11** Ato ou efeito de calcular | **13** Que é fruto da imaginação | **16** Mulheres que receberam título de baronato | **17** Tapa, bofetada (pop.) | **18** Forno de grande tamanho | **19** Sair da ordem preestabelecida |

Vertical: 1 Difícil de entender | **2** Base que sustenta coluna, escultura etc | **3** Escorregou sobre uma superfície | **4** Mesmo que definitivo | **5** Criminoso | **7** Estarias de acordo | **8** Guiavas | **12** Alcancemos | **13** Entrar em fervura, ferver | **14** Pensador e filósofo chinês | **15** Documentos escolares com as notas do aluno | **16** Produzir borbulhas |

291

Horizontal: 1 Adejar | **5** Alojamento dos soldados quartel | **7** Discutiam | **9** Entrou em contato com | **10** Chamava, invocava | **16** Regalia | **18** Que facilita a digestão | **19** Tornar bem-educado | **20** Adepto do atomismo | **21** Surra, espancamento |

Vertical: 1 Remoção de terra | **2** Título nobre superior ao de barão | **3** Verbo que sofreu flexão | **4** Carro de polícia com compartimento para detidos | **6** Obra executada pelo pintor | **8** Abençoará | **10** Pequeno cilindro para enrolar linha | **11** Iniciavam | **12** Concordava | **13** Rodearmos | **14** Divisão de soldados | **15** Tocavam com os dedos para chamar a atenção | **17** Instrumentista comum na banda de rock |

292

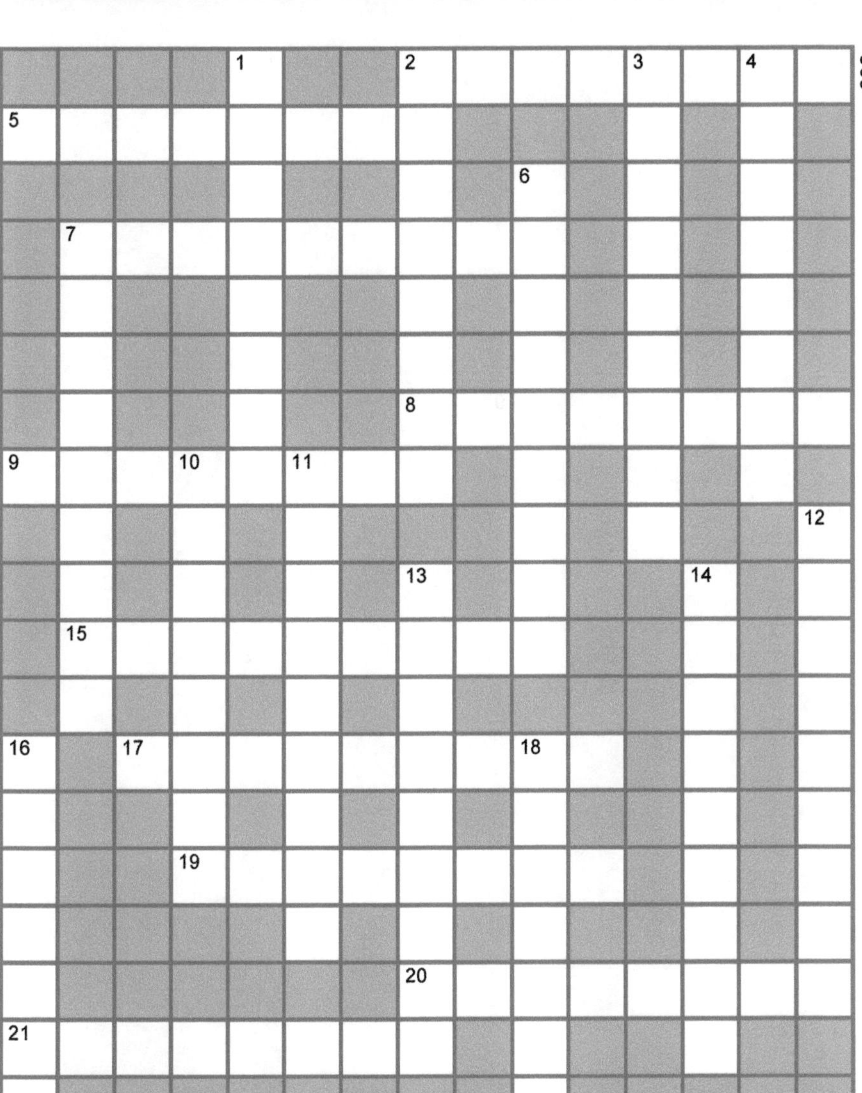

Horizontal: 2 Gastei dinheiro | **5** Avaliou as respostas de uma prova | **7** Colocar marca ou sinal | **8** Forjar uma figura na imaginação | **9** Perdem os sentidos | **15** Especial, privativo, restrito | **17** Ordenava | **19** Hidrocarboneto que dá origem ao isopor | **20** Sem interferência de meios eletrônicos | **21** Loucura, falta de sanidade | **22** Saída da terra natal |

Vertical: 1 Conduzirá um veículo | **2** Deram voz a um personagem de animação | **3** Aquilo que dá sustentação, armação | **4** Recitar poema | **6** Que idealiza e planeja construções | **7** Proviessem, resultassem | **10** Título de destaque no jornal | **11** Investigação para apurar um fato | **12** Ato de renunciar religião ou crença | **13** Deformação | **14** Dirigir-se para um ponto comum | **16** Que não é verdadeiro, dissimulado | **18** Associar, ligar |

293

Horizontal: **3** Emoção contundente e imprevista | **8** Tratam com desprezo | **9** Declarar nulo | **11** Cairiam no sono | **15** Conferiu poder a outra pessoa | **19** Número ordinal | **20** Refrearia | **21** Escorregava sobre uma superfície |

Vertical: **1** Incorporar, apropriar-se de | **2** Aguardaram | **3** Lavrado | **4** Pedir esmola | **5** Edificar uma casa | **6** Fracassavam | **7** Que pode ser delimitado | **10** Expus minuciosamente | **12** Incorporado | **13** Ação de transferir o pólen | **14** Causavam atraso | **16** Manifestar, dar a entender | **17** Esclarecer, tornar claro | **18** Exatidão ao expor uma ideia |

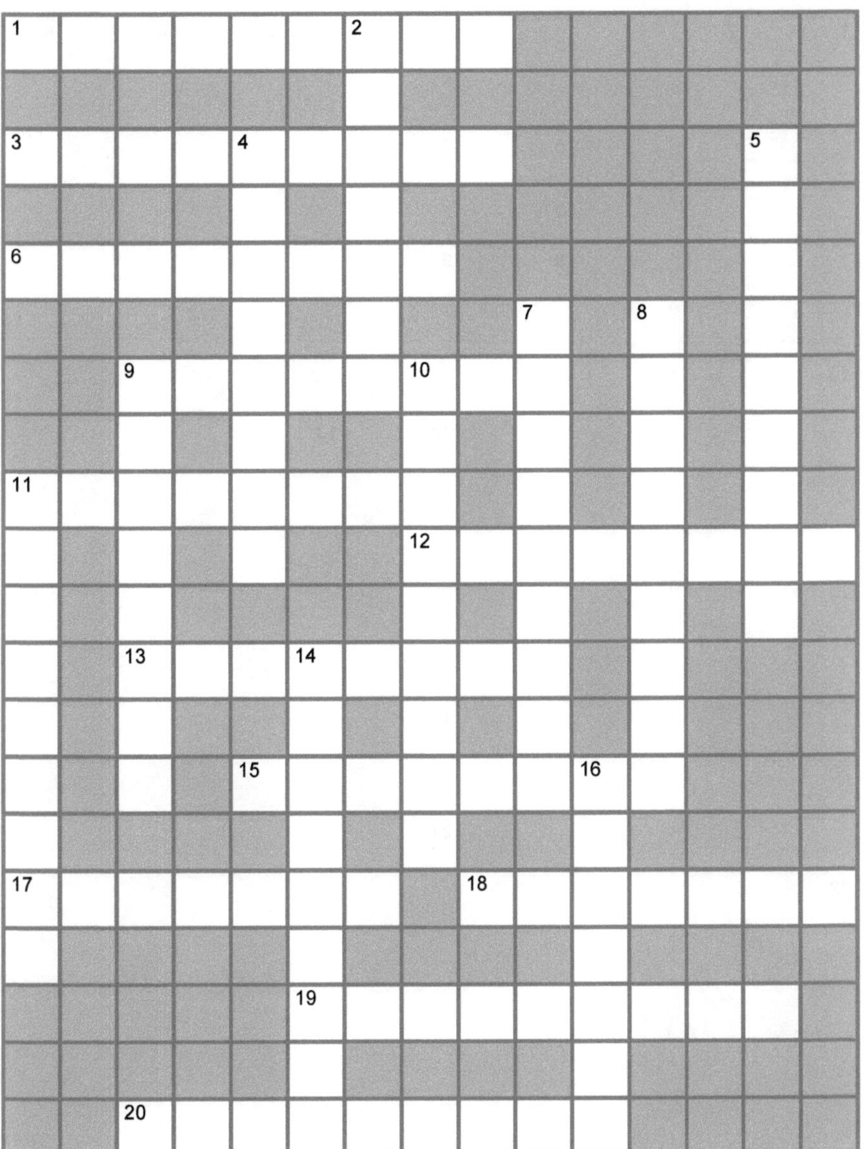

Horizontal: **1** Brilho ou luminosidade intensa | **3** Abrir mão de algo | **6** Armazenava | **9** Elevação à margem de rios ou lagunas (Geo.) | **11** Fritamos | **12** Desprezar | **13** Expeliras saliva | **15** Os dez mandamentos de Deus (rel.) | **17** Atendem ao que foi solicitado | **18** Gritava | **19** Entrevista, em inglês | **20** Restituíam |

Vertical: **2** Largar em algum lugar (gír.) | **4** Impedir de ser visto, ocultar | **5** Concordareis | **7** Transformação de uma coisa em outra | **8** Deslocamento de um tecido ou órgão | **9** Formação de palavras com prefixos e/ou sufixos (gram.) | **10** Separação, espalhamento | **11** Que se facultou, permitiu | **14** Rejeitado | **16** Rodavam |

295

Horizontal: **1** Que tem cabelo comprido | **6** Desprezam | **9** Dizer, falar | **10** Promover a coagulação, coalhar | **12** Postergou | **14** Aquele que digita | **19** Refrearas | **20** Cômodo onde era servida a ceia | **21** Planta tropical delicada | **22** Situado abaixo de algo | **23** Caírem no sono | **24** Gasto, utilizado |

Vertical: **1** Transmite uma mensagem | **2** Cidade italiana | **3** Que corre, flui | **4** Lugar onde se enterram os mortos | **5** Alucinação | **7** Sujo, imundo | **8** Prato italiano à base de farinha de milho | **11** Ele ri ruidosamente | **13** Fugimos da polícia | **15** Encontraram-se em certo lugar | **16** Abrir canais em | **17** Duvidavam | **18** Muito contente | **19** Exigimos pagamento |

296

Horizontal: 1 Falava mal de alguém | **8** Profecia | **9** Demandarei | **10** Aguardavam |

Vertical: 1 Doença bacteriana que ataca nariz e garganta | **2** Comemorar | **3** Praguejam | **4** Borrifam | **5** Difundir | **6** Extrair os pelos | **7** Desviar-se do assunto |

297

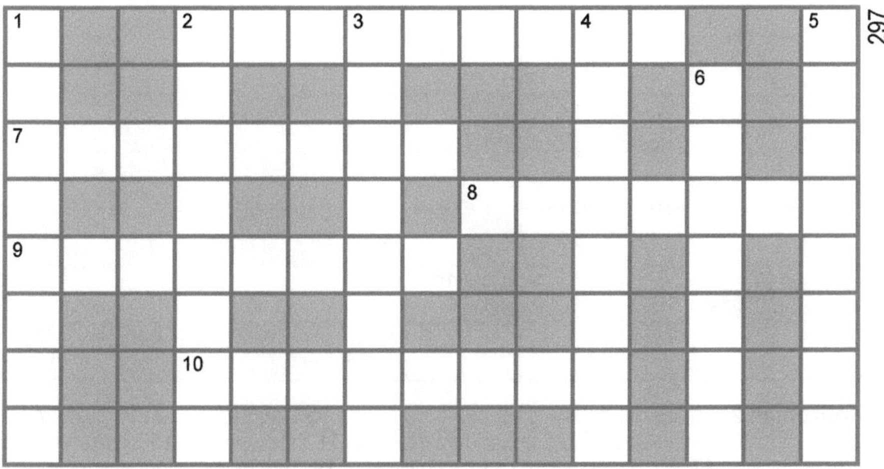

Horizontal: 2 Posto sob a terra | **7** Deduzido, esperado | **8** Permaneceram | **9** Pertencente ou relativo à águia | **10** Adubar a terra, estrumar |

Vertical: 1 Plagiavam | **2** Dissiparem | **3** Compreender | **4** Deixará pender | **5** Afirmar, assegurar | **6** Caixa onde se enterram os mortos |

298

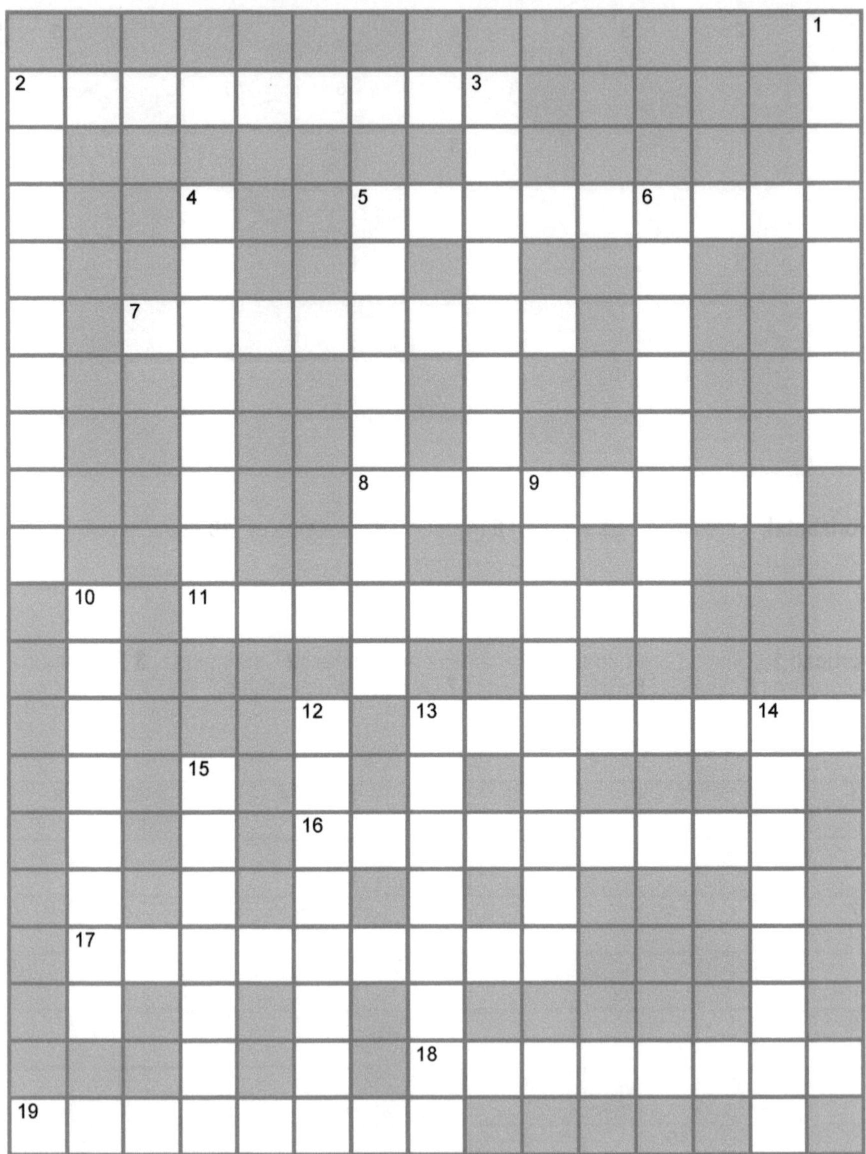

Horizontal: 2 Cidade devastada pela bomba atômica | **5** Conduzirem um veículo | **7** De aspecto puro, imaculado | **8** Tirar, puxar com esforço | **11** Selecionado | **13** Mostraram | **16** Fio muito fino | **17** Expelistes saliva | **18** Dissolvendo | **19** Choque físico entre pessoas |

Vertical: 1 Estruturavam | **2** Moravam | **3** Conceder graça, favor | **4** Lesiona | **5** Substância que aumenta o tamanho de um corpo | **6** Mecanismo criado | **9** Tomaríamos providências | **10** Relativo a movimento | **12** Prender em feixe | **13** Colocado em lata | **14** Que tem uma forma longa | **15** Compre |

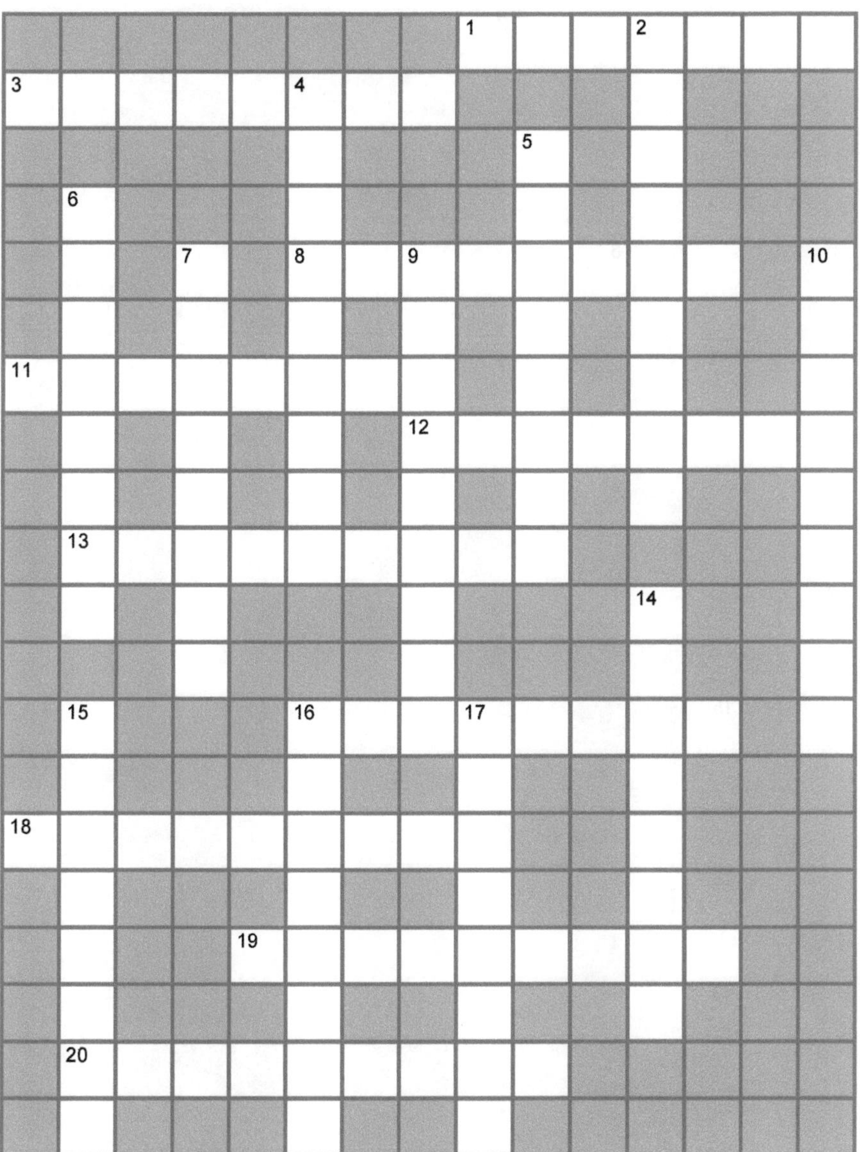

Horizontal: 1 Que é abençoado | **3** Pugilista | **8** Professor | **11** Parapeito | **12** Representar um personagem | **13** Admitir em emprego | **16** Mantimento, estoque | **18** Ludibriar | **19** Exercício de poder sobre alguém | **20** Abdicavas, recusavas |

Vertical: 2 Obscurecerá | **4** Tirar do sono, acordar | **5** Parar de funcionar | **6** Determinado por genes | **7** Incomum, esquisito | **9** Satisfeito, saciado | **10** Caixa para transporte de bebidas | **14** Pôr em harmonia, em conformidade | **15** Vieram de algum lugar | **16** Campestre | **17** Passar o verão em algum lugar |

300

Horizontal: 1 Adiava | **3** Membro do coro do teatro, corista | **5** Boneco que se movimenta por meios mecânicos | **7** Apontou defeitos | **9** Guie | **10** Que teve o pescoço cortado | **12** Cordilheira entre a França e a Espanha | **13** Recusou | **16** Importunar, perturbar | **18** Estarei de acordo | **19** Ordenou | **20** Autorizado |

Vertical: 2 Ramo da física que estuda o som | **3** Não interromper, prosseguir | **4** Pune | **6** Tomamos conta | **8** Acusar alguém sem fundamento | **9** Expeliriam saliva | **10** Desmentir, negar | **11** Tornar inoperante | **14** Prosseguem | **15** Ter origem | **17** Inexperiente |

301

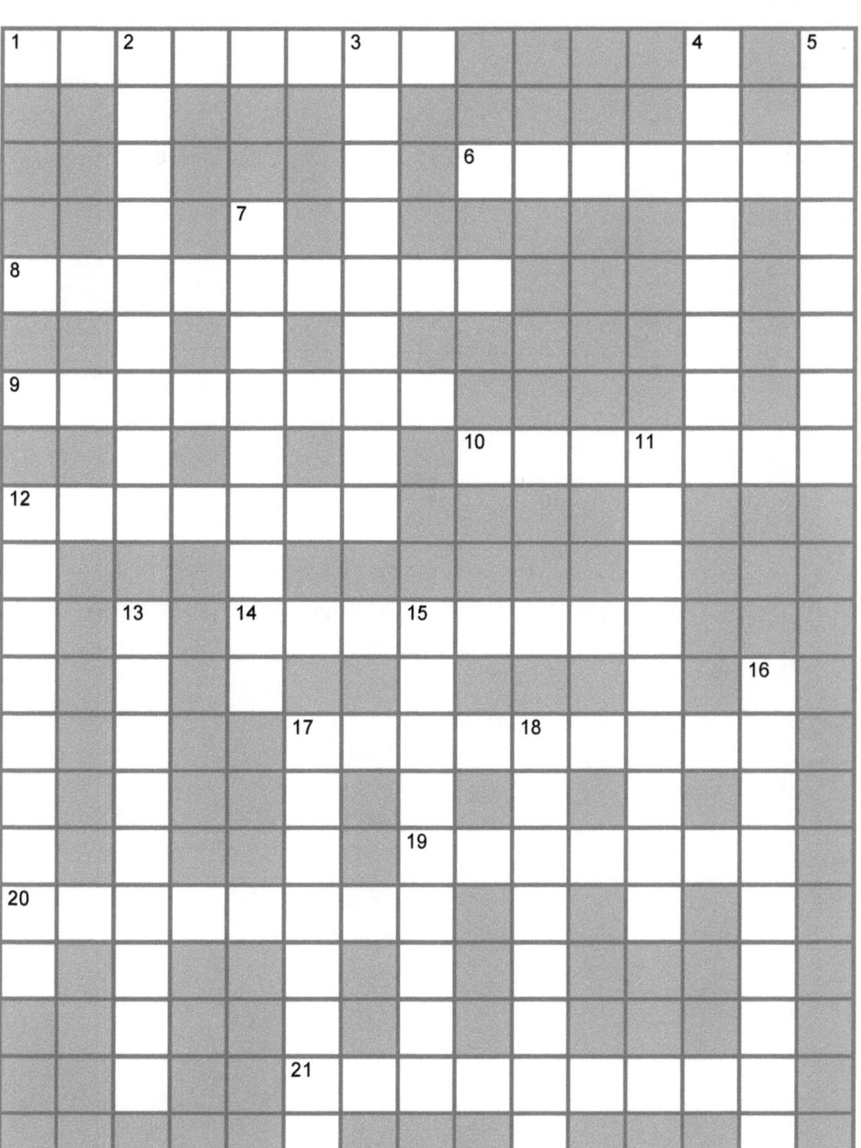

Horizontal: 1 Rio que nasce no estado de Goiás | **6** Carta de grande ajuda no baralho | **8** Argumentassem | **9** Fazia agir sob coação | **10** Guio | **12** Escorrego sobre uma superfície | **14** Prestarás socorro | **17** Reunimos | **19** Homem muito alto | **20** Conferi poder a outra pessoa | **21** Deforma |

Vertical: 2 Buscamos proximidade | **3** Aplicado no mercado financeiro | **4** Convergiu | **5** Envergonhado, tímido, retraído | **7** Postergaram | **11** Escondo minhas próprias intenções | **12** Emitido | **13** Ignorante | **15** Conduzirás um veículo | **16** Sair às escondidas | **17** Que tem forma de arco | **18** Província de Israel |

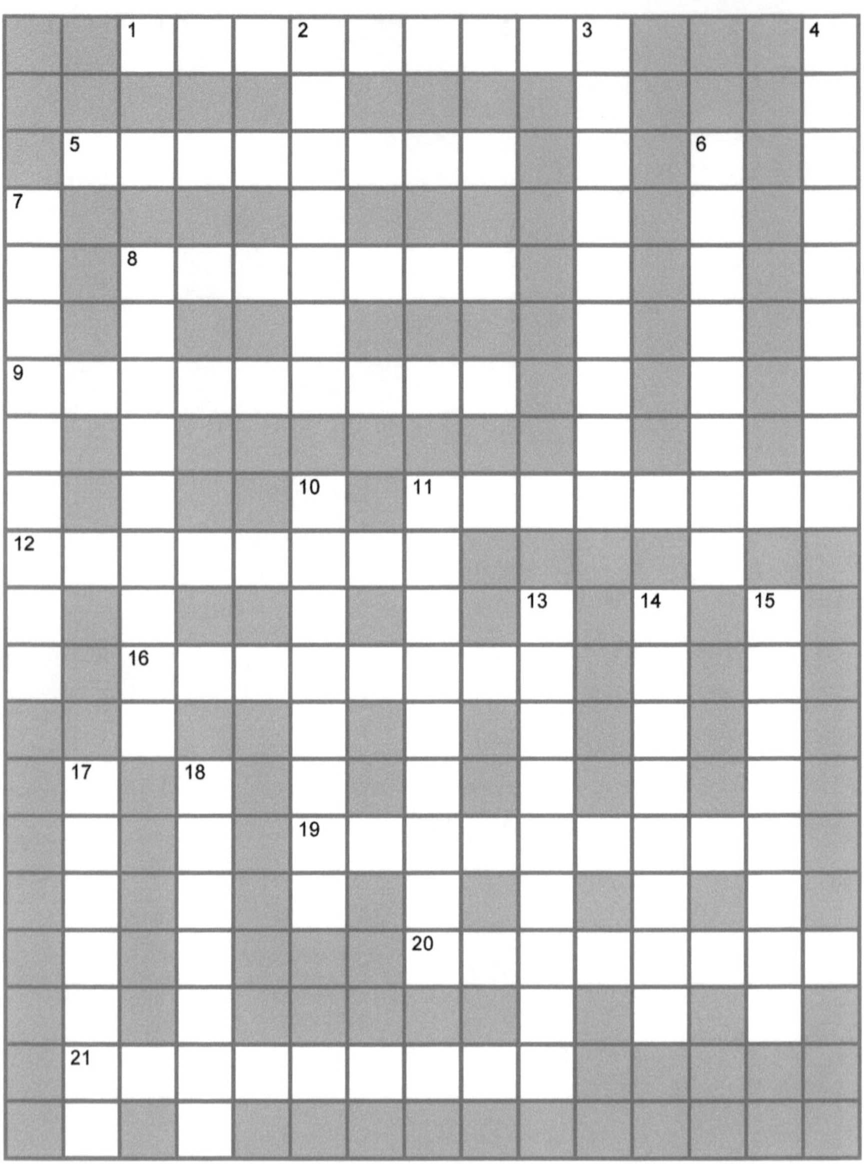

Horizontal: **1** Caminhava na passarela | **5** Mesmo que arriscado | **8** Escorrega sobre uma superfície | **9** Desconsiderem | **11** Adiar | **12** Que talha | **16** Curvava em arco | **19** "Batman: O (?) da Trevas", filme de 2008 | **20** Templo muçulmano destinado ao culto | **21** Profissional que cuida da decoração |

Vertical: **2** Centelha | **3** Agoniarão, angustiarão | **4** Revogar um aviso anterior | **6** Dirigi-me para um ponto comum | **7** Mesmo que esclarecimento | **8** Falar diante de plateia | **10** Zango | **11** Caíam violentamente | **13** Deixar sem ação | **14** Prossigo | **15** Abatimento no preço | **17** Queimado pelo sol | **18** Linguagem sem estrangeirismos |

303

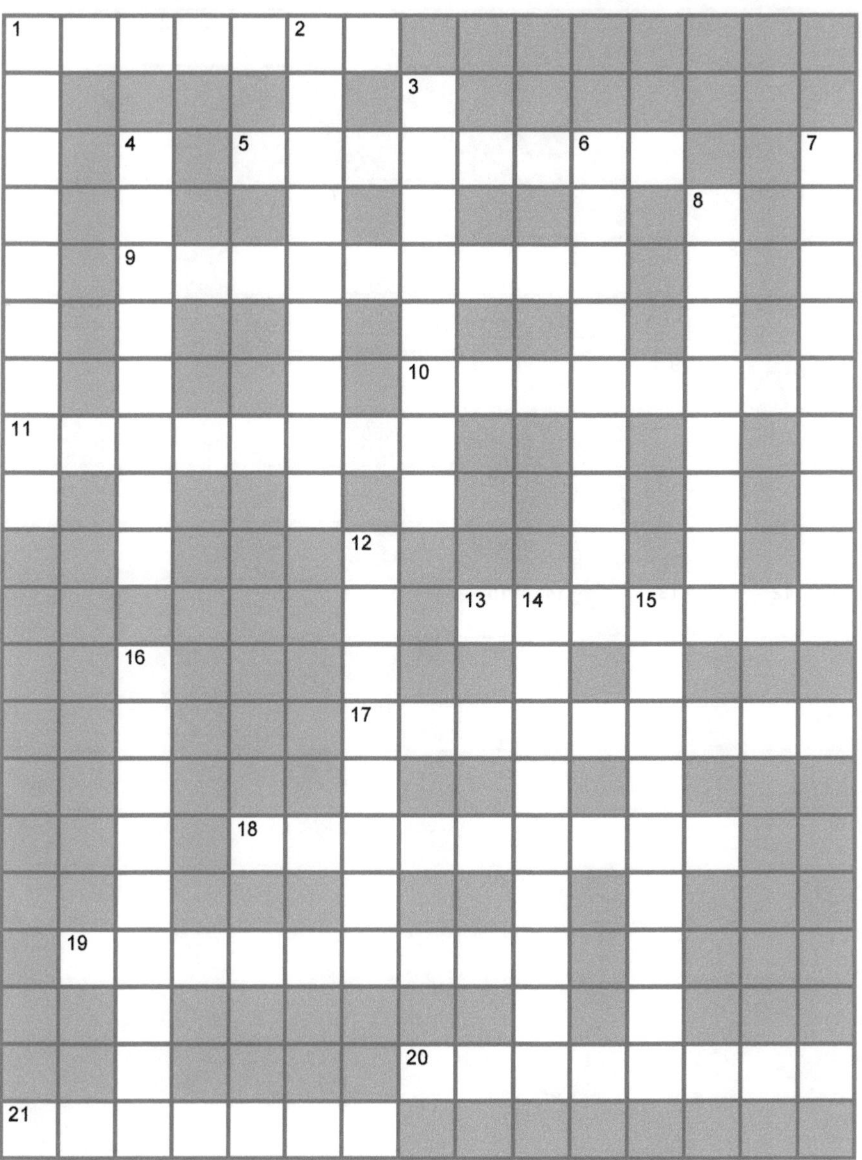

Horizontal: 1 Testemunhava em âmbito jurídico | **5** Que não tem pavor | **9** Rodeastes | **10** Pôr carga em | **11** Duvidará | **13** Parte mais fina da garrafa | **17** Desatentas | **18** (?) não ofende” (dit. pop.) | **19** Expelisses saliva | **20** Reproduzir-se | **21** Desfrutando |

Vertical: 1 Propagado | **2** Idêntico, igual | **3** Ato de cassar, anulação | **4** Expulsão | **6** Insultar | **7** Movimento de arte moderna | **8** Mulher de classe média em situação social confortável | **12** Antonio (?), ator espanhol | **14** Montanhismo, escalada | **15** Rir muito alto | **16** Usufruiu |

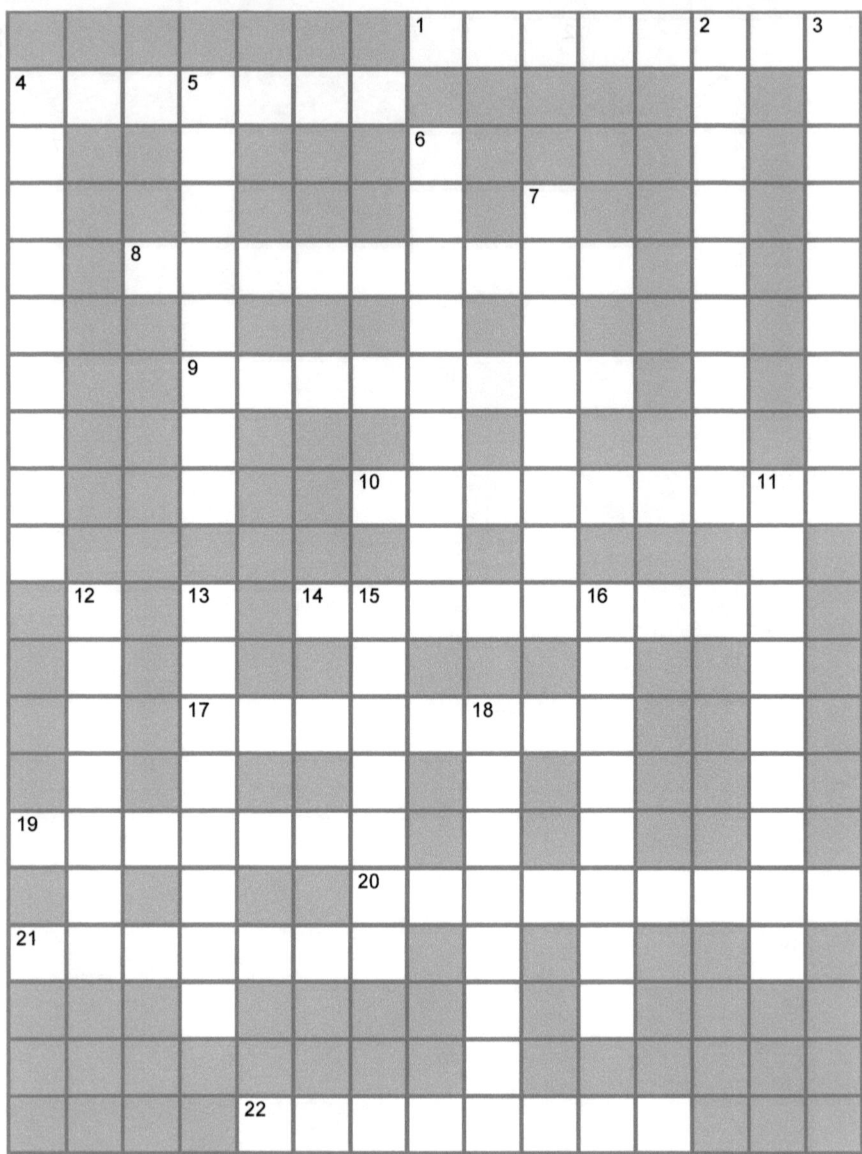

Horizontal: 1 Demitia | **4** Termino | **8** Aumentou a temperatura | **9** Vá para um mesmo ponto | **10** Com grandes nomes no elenco (filme) | **14** Mudamos de direção | **17** Defendeu | **19** Cachecol, em espanhol | **20** Cobiçavam | **21** Asa do morcego | **22** Desgaste gradual de um corpo |

Vertical: 2 Interrompia o funcionamento do aparelho | **3** Conjunto de esportes como corrida e salto | **4** Ligação, união | **5** Interrupção | **6** Rodeasses | **7** Chamei, invoquei | **11** Tornar algo menos visível, encobrir | **12** Conjunto de costumes e crenças de um povo | **13** Penitência | **15** Proferido | **16** Cobrir de azulejos | **18** Entremeado de fios brancos |

305

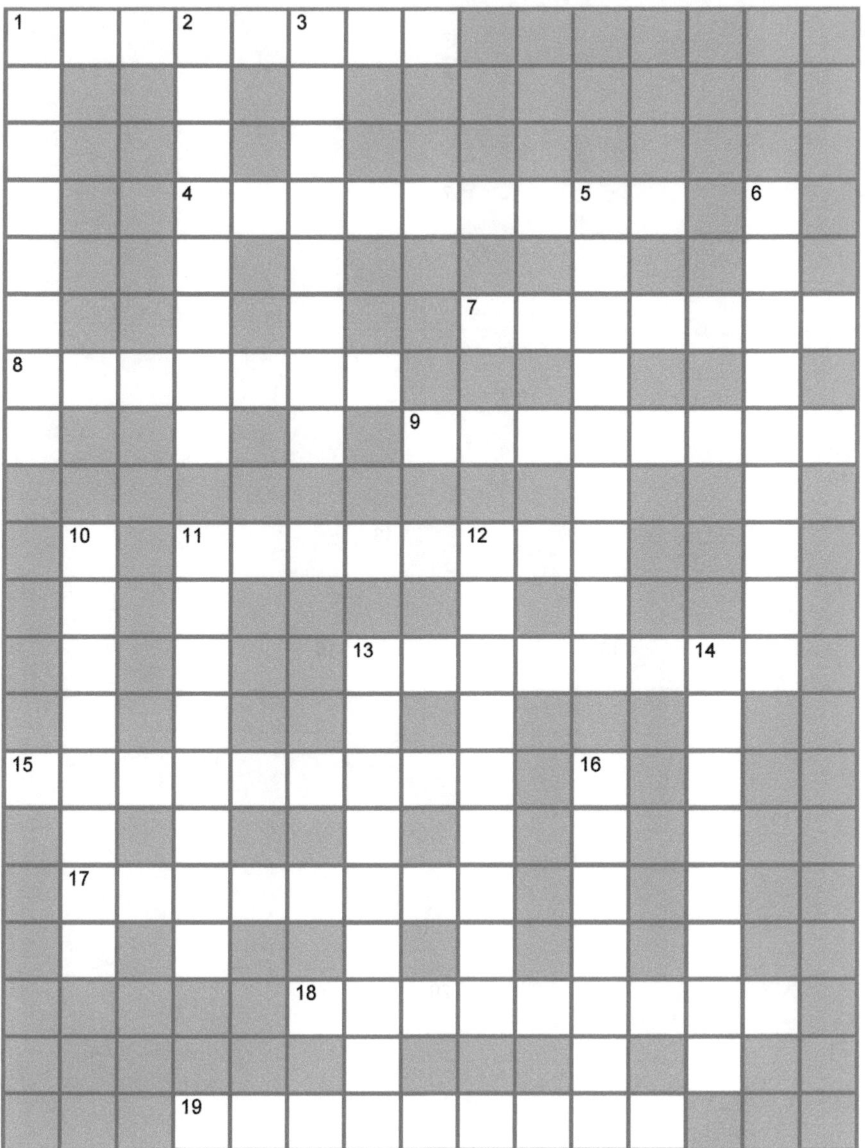

Horizontal: 1 Aliciava | **4** Desprazer | **7** Residência real dotada de fortificações | **8** Que percebe tudo com facilidade | **9** Que é mau-caráter, desonesto | **11** Proteger, prestar socorro ou auxílio | **13** Apoiado | **15** Espécie de balão | **17** Inclinar | **18** Dar cor | **19** Enfeitou com exagero |

Vertical: 1 Impedirem algo ou alguém | **2** Geram | **3** Parte da casa, quarto | **5** Desviar do caminho | **6** Tom, matiz | **10** Avaliam as respostas de uma prova | **11** Mudava de direção | **12** Extraíram os pelos | **13** Muito branco | **14** Provam um prato | **16** Grande disposição |

306

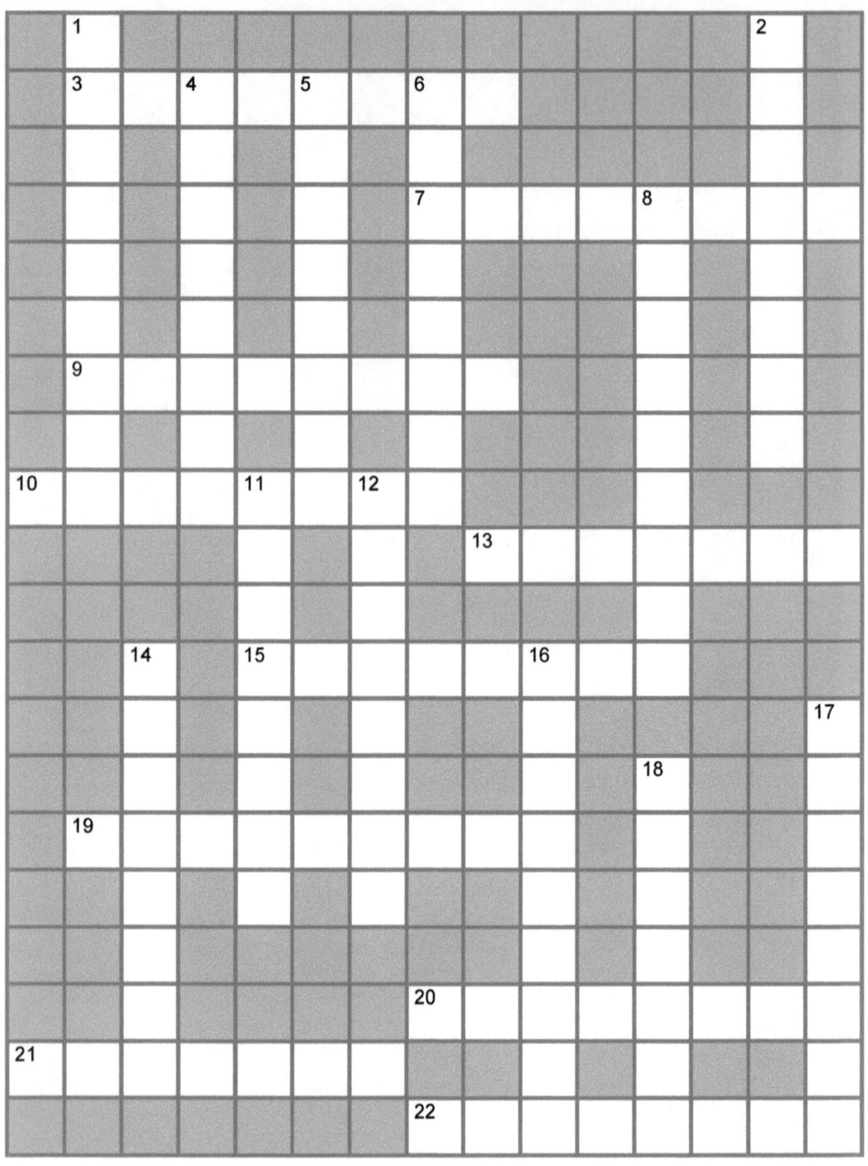

Horizontal: 3 Desbotar | **7** Marcha coletiva | **9** Planeta mais próximo do Sol | **10** Golpe com a ponta da espada | **13** Sistema pelo qual se rege um Estado | **15** Reivindicar | **19** Ausência de egoísmo, abnegação | **20** Vergamos | **21** Estímulo, incitação | **22** Enfraquecia |

Vertical: 1 Alucinamos | **2** Abdicando, recusando | **4** Grande número de mulheres | **5** Incentiva | **6** À (?)', de vigia | **8** Maravilhar, deslumbrar | **11** Carneiro novo | **12** Passar dos limites | **14** Elucidam | **16** Comeram com sofreguidão | **17** Encolerizada | **18** Aparava |

307

Horizontal: **4** Desviavam a atenção | **7** Aperfeiçoar | **8** Atchim | **9** Primeiro mártir cristão | **10** Fermentação do malte de cevada | **11** Elemento químico (Símbolo Mg) |

Vertical: **1** Enfeito com exagero | **2** Conduzira um veículo | **3** Dissolverei | **4** Vencem alguém | **5** Consentireis | **6** Mesmo que enfeitado |

308

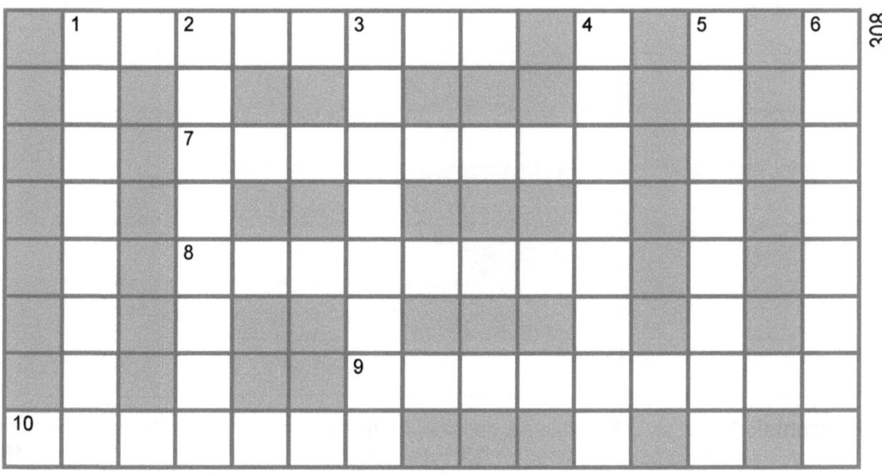

Horizontal: **1** Golpear com a cabeça | **7** Converges | **8** Arrancara | **9** Edifiquem uma casa | **10** Lugar onde há paz e felicidade, céu |

Vertical: **1** Recipiente metálico que produz vapor para máquinas | **2** Parede lateral da boca | **3** Muito entusiasmado | **4** Joga fora | **5** Que dura para sempre, eterno | **6** Militância |

309

Horizontal: 1 Cansar | **5** Saltar ao escoicear | **6** Parte da fazenda | **8** Exibir-se com ostentação | **10** Chateio, incomodo | **13** Haste do relógio | **15** Festa de batismo | **18** Ajustarás, adaptarás | **19** Avaliem as respostas de uma prova | **20** Forçamos alguém a fazer algo | **21** Que tem muito valor |

Vertical: 1 Prender com botão, fecho, abotoar | **2** Ofensa, desconsideração | **3** Depravação | **4** Que ocupa a posição cem numa sequência | **7** Pedra grande | **8** Tornar-se duradouro | **9** Disputou com alguém | **11** Conferimos poder a outra pessoa | **12** Desconfiado, prevenido (pop.) | **14** Que delimita | **16** Reparação de uma injúria | **17** Pastilha que ornamenta doces |

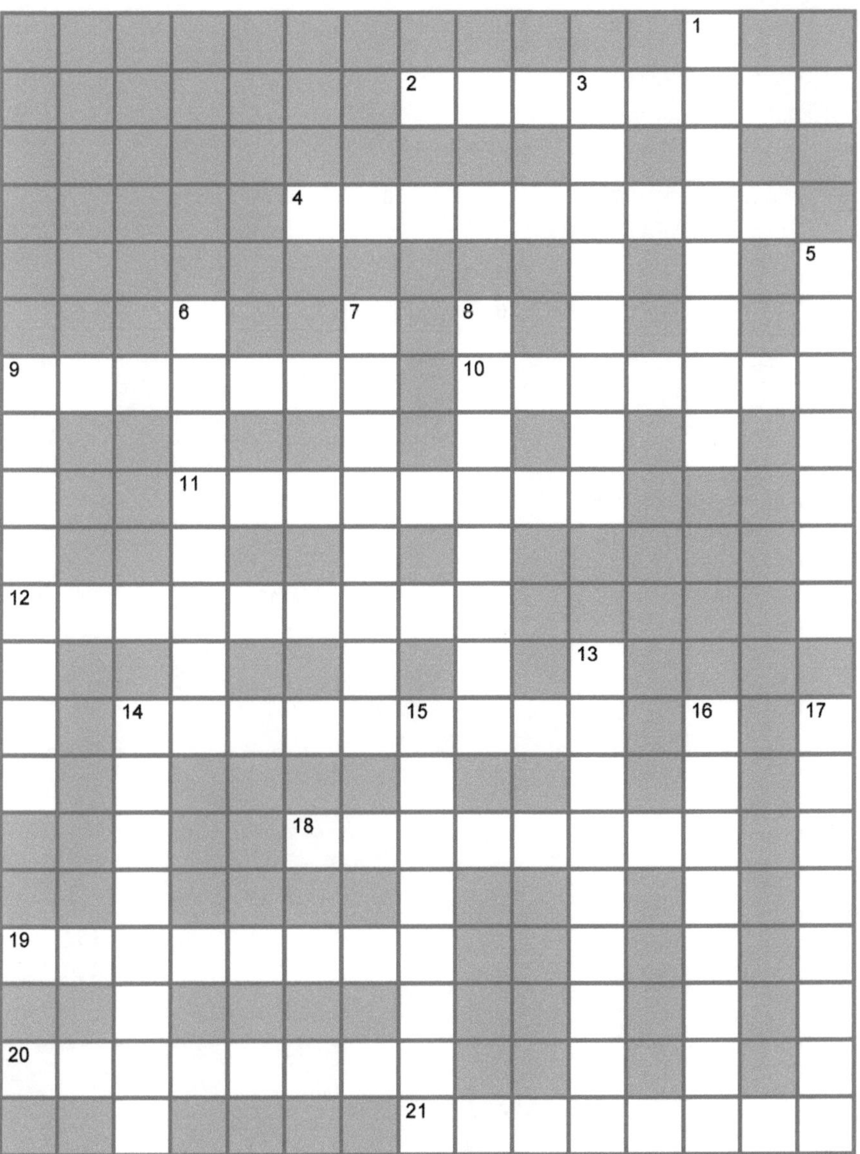

Horizontal: 2 Reduzidos ao essencial | **4** Ficar confuso, atrapalhado | **9** Onde se vendem produtos variados | **10** Matar com tiros de fuzil | **11** Demolia | **12** Reparar, restaurar | **14** Doutrina que crê que tudo é ditado pelo destino | **18** Reter para si, assimilar | **19** Queimar | **20** Tanto faz", em inglês | **21** Rico |

Vertical: 1 Mesmo que incentivo | **3** Guiava | **5** Costura com pontos miúdos | **6** Feminino de conde | **7** Que é fácil de se transportar | **8** Convergiras | **9** Estendido | **13** Estavas de acordo | **14** Brincalhão | **15** Introduzira | **16** Cairia no sono | **17** Disputo |

311

Horizontal: 3 Longe, distante | **7** Irrequieto | **9** Recusamos | **10** Incomodaras | **11** Sentimento de remorso | **14** Frito | **18** Mesmo que convicção | **19** Apertar, comprimir fortemente | **20** Alcançaram | **21** Desviem a atenção |

Vertical: 1 Matrimonial | **2** Misturar vapores do combustível com ar, para uso em motor | **4** Denominar, qualificar | **5** Tem opinião contrária | **6** Impediam | **8** Feliz, em espanhol | **9** Deixavam pender | **12** Impeçam o avanço | **13** Separa-se judicialmente | **14** Escaparemos | **15** Fugiram da polícia | **16** Apegado ao dinheiro | **17** Resumo, sinopse |

312

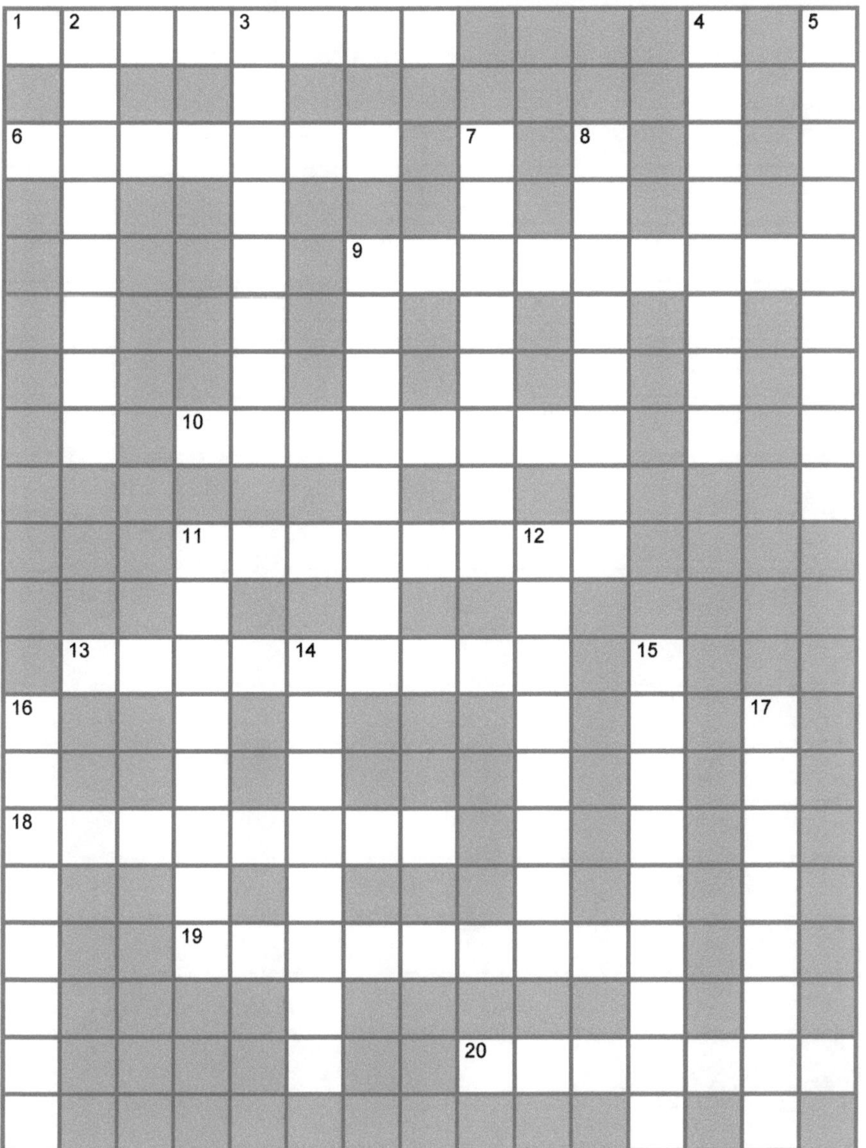

Horizontal: 1 Bisbilhoteiro, enxerido | **6** Flexiona um verbo | **9** Soltar a trava | **10** Tornar deserto, despovoar | **11** Que chegou ao fim | **13** Passávamos a um estado inferior | **18** Passam água para tirar o sabão | **19** Alcançaras | **20** Conjunção adversativa |

Vertical: 2 Impedir o acesso | **3** Existisse | **4** Adivinho, pressagio | **5** Postergamos | **7** Conversava exaltadamente | **8** Cairão no sono | **9** Assimilara | **11** Olhava de frente | **12** Reservar algo para certa finalidade | **14** Objeto que produz fogo | **15** Contam um segredo | **16** Gostar mais de um do que de outro | **17** Usufrui |

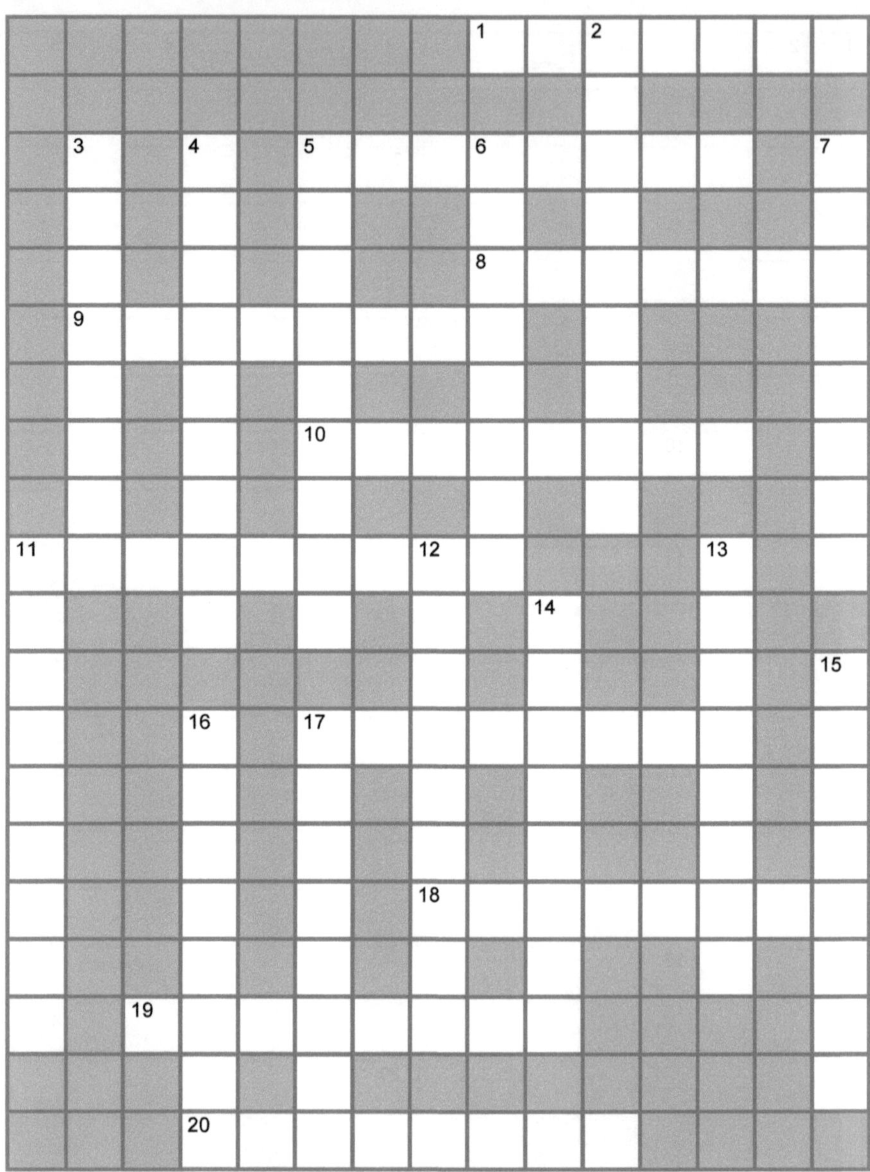

Horizontal: 1 Codificado | **5** Retiram o que afirmaram | **8** Separar com baliza | **9** Distúrbio que afeta a fala | **10** Prestaria socorro | **11** Corpo principal do avião | **17** Que se pôs alerta | **18** Desejavam com veemência | **19** Que contém muita argila | **20** Que está sofrendo dores |

Vertical: 2 Soldado de infantaria | **3** Solidificou pela ação do frio | **4** Rodeassem | **5** Descongelaram | **6** Fogem desordenadamente | **7** Derrubar líquido | **11** Mecânico especializado na lataria do carro | **12** Recusado | **13** Causava atraso | **14** Ampliação | **15** Suprimido | **16** Desatenta | **17** Declinação que indica circunstância (gram.) |

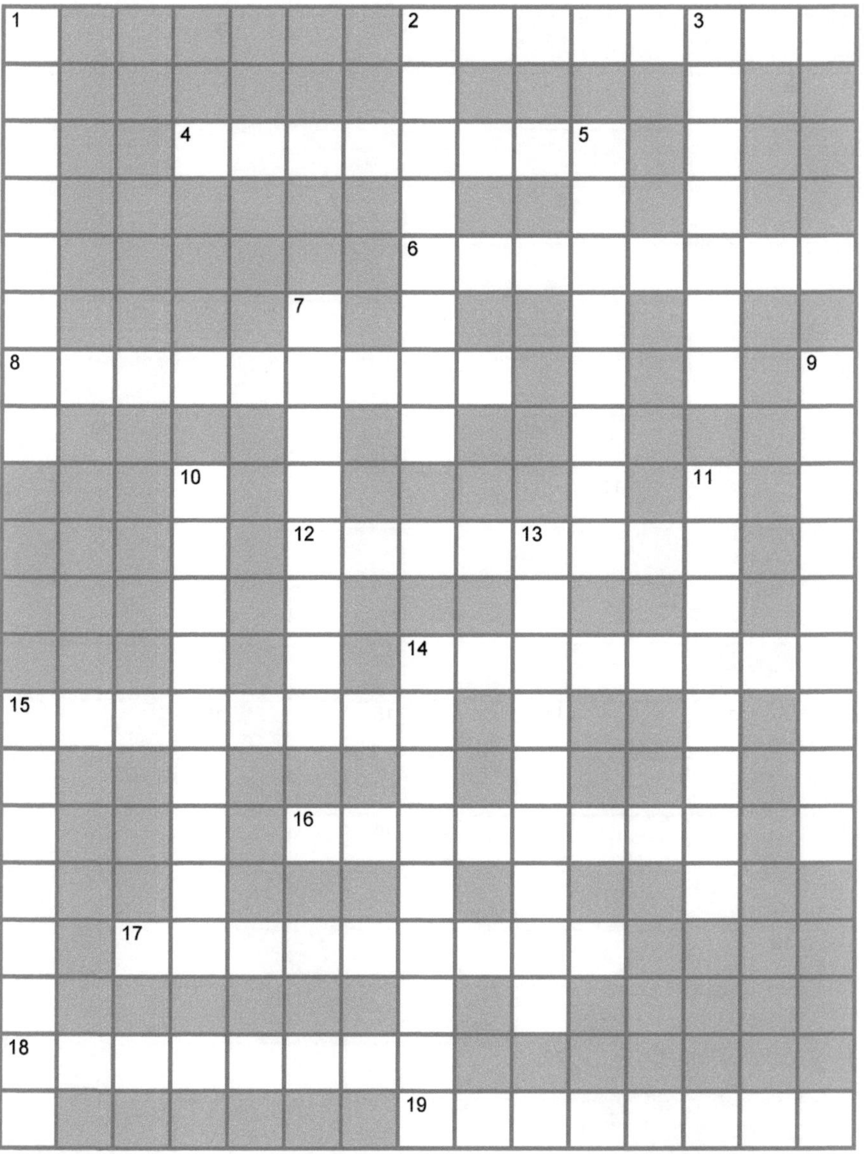

Horizontal: 2 Mesmo que diversão | **4** Cordão fino para amarrar | **6** Transmitia conhecimento | **8** Entretinham | **12** Música percussiva | **14** Aquele que canta | **15** Troféu em esporte de luta | **16** Sonhar acordado | **17** Ficar satisfeito com | **18** Selecionava | **19** Conservo |

Vertical: 1 Tomo um pelo outro | **2** Massacrar | **3** Chama, invoca | **5** Sentia afeição por alguém | **7** Dar, conferir | **9** Trocar ideias | **10** Que recebe convidados | **11** Instrumento musical de percussão | **13** Estejam de acordo | **14** Estavam de acordo | **15** Utensílio côncavo usado para tomar sopa (pl.) |

315

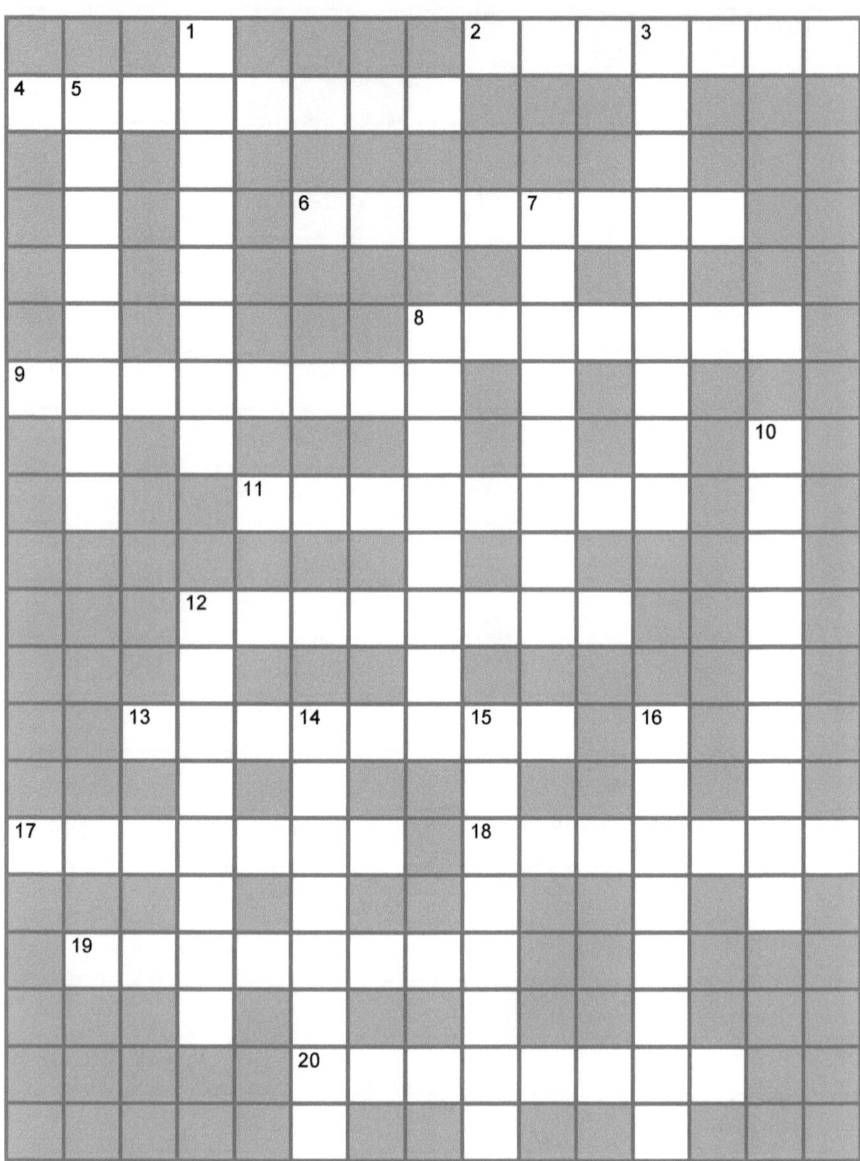

Horizontal: 2 Estou de acordo com algo | **4** Mesmo que repreender | **6** Obscurecem | **8** Bom (?), de muitas qualidades | **9** Bondoso e sem afetação | **11** Filhote da galinha | **12** Alcançavam | **13** Comunicação escrita distribuída a muitas pessoas | **17** Centésima parte da moeda de alguns países | **18** Medroso | **19** Não incluir | **20** Ajudarão |

Vertical: 1 Tirar algo de alguém ilicitamente | **3** Assimilarão | **5** Baruch de (?), filósofo do séc. XVII | **7** Flor originária da China | **8** País mais ao ocidente da Europa | **10** Convergiam | **12** Elefante-(?), tem orelhas menores que o africano | **14** Praticavam | **15** Espalhar líquido, borrifar | **16** Danificar |

316

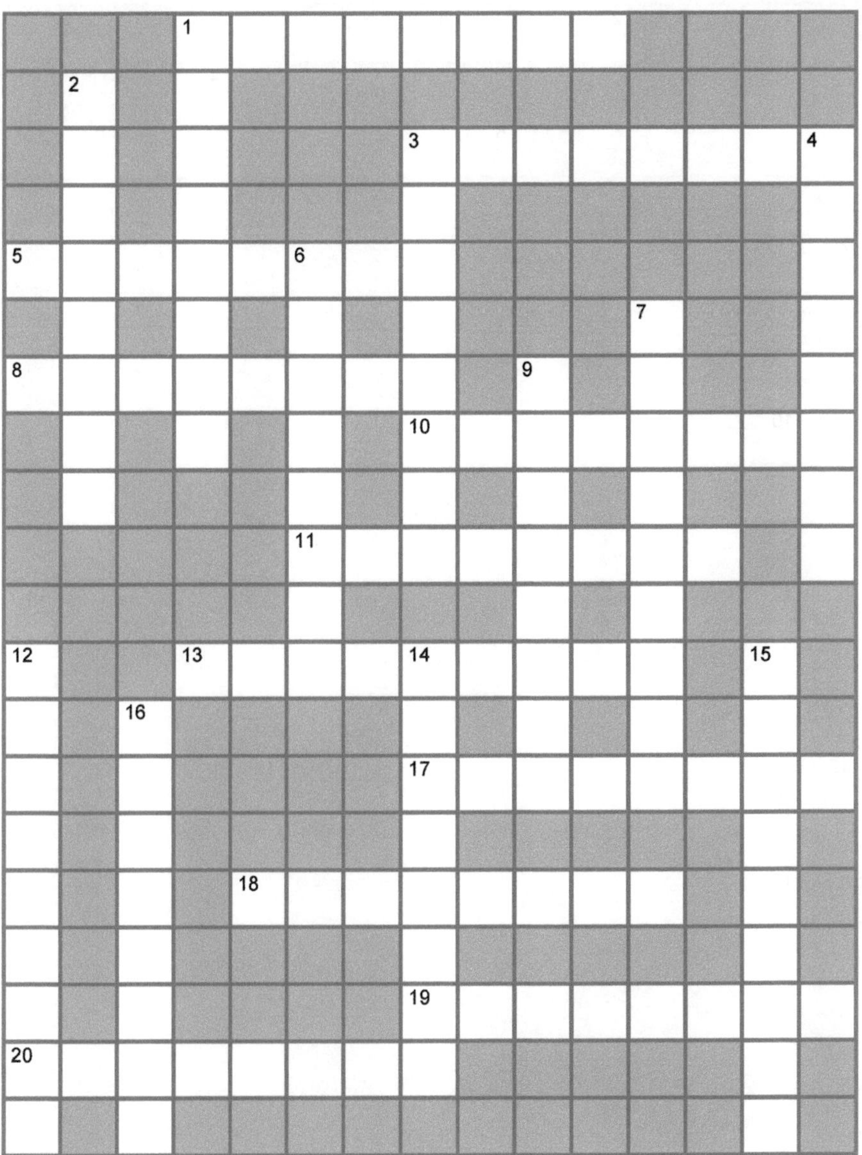

Horizontal: 1 Mesmo que pasto | **3** Maria (?), cantora brasileira | **5** Fazer sobressair, salientar | **8** Acalentada | **10** Falar do defeitos de alguém | **11** Conversam exaltadamente | **13** Deixar para mais tarde | **17** Sal do ácido fluorídrico | **18** Substância que provoca aborto | **19** Conservar, guardar | **20** Anunciar |

Vertical: 1 Transpor, invadir, entrar | **2** Realizarmos | **3** Tendas | **4** Prestaram socorro | **6** Sob efeito de drogas (pl.) | **7** Apressar | **9** Propagou | **12** Arqueado | **14** Sofrer enfarte | **15** Que foi esculpido | **16** Caio de muito alto |

317

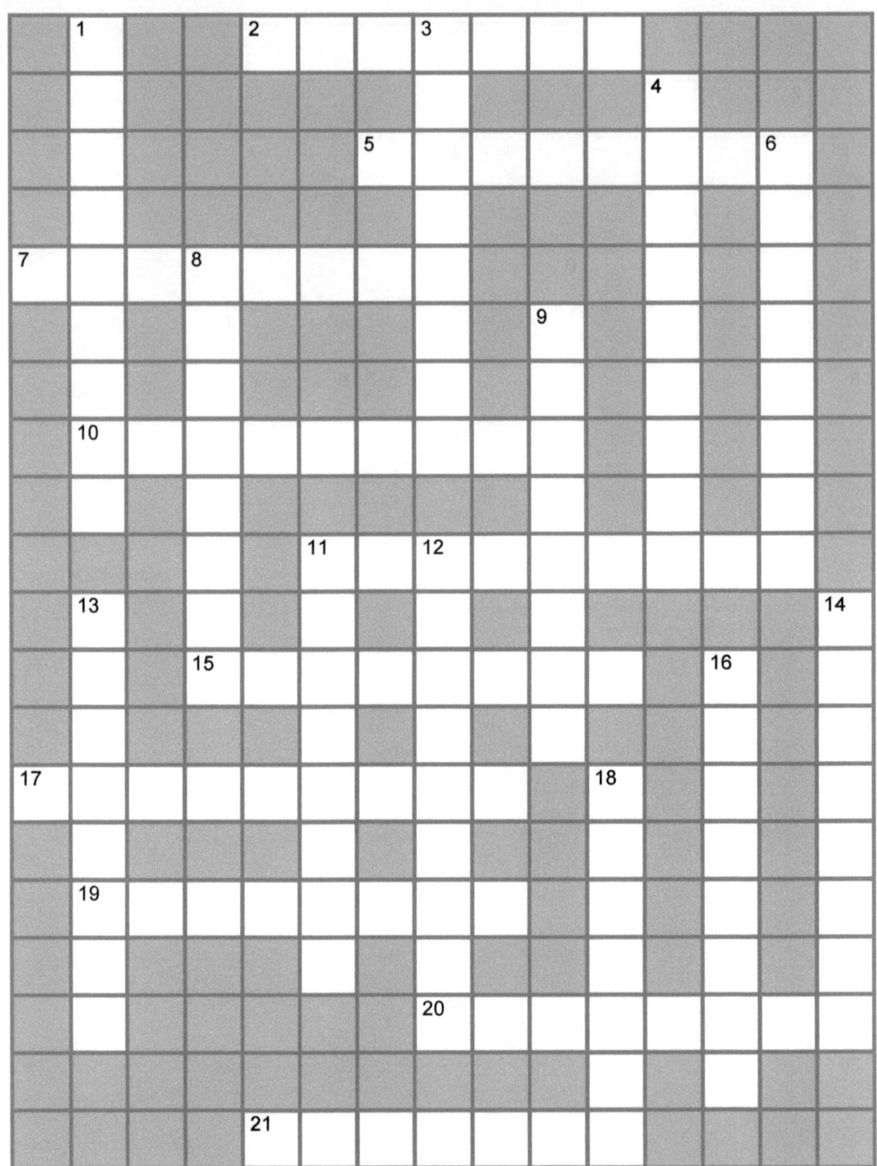

Horizontal: 2 Que usa barba | **5** Mistura de coisas, miscelânea | **7** Mesmo que desgrudar | **10** Extraímos os pelos | **11** Passemos a um estado inferior | **15** Concordam | **17** Dono de banco | **19** Rocha sedimentar com carbonato de cálcio | **20** Sapato de couro macio e flexível | **21** Qualidade do que é puro, inocência |

Vertical: 1 Comemorado | **3** Flutuariam na água | **4** Ajustaram, adaptaram | **6** Consentirias | **8** Expeliria saliva | **9** Escorreguei sobre uma superfície | **11** Derramam | **12** Encolham | **13** Imitar/reproduzir algo | **14** Provinham, resultavam | **16** Abro mão de algo | **18** Nomeava alguém como rei |

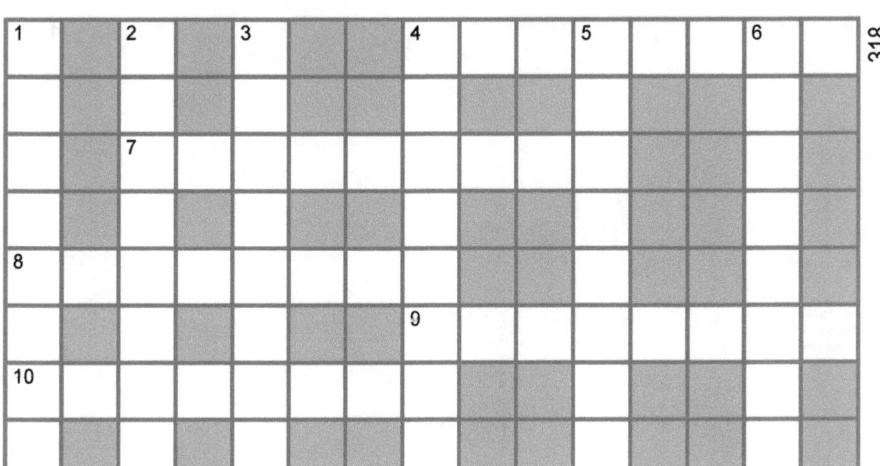

Horizontal: **4** Declarar culpado | **7** Estariam de acordo | **8** Impedia algo ou alguém | **9** Operação | **10** Charada, enigma |

Vertical: **1** Estabelecer relação | **2** Fogo de grandes proporções | **3** Rodearia | **4** Neblina | **5** Reduzem | **6** Consentiriam |

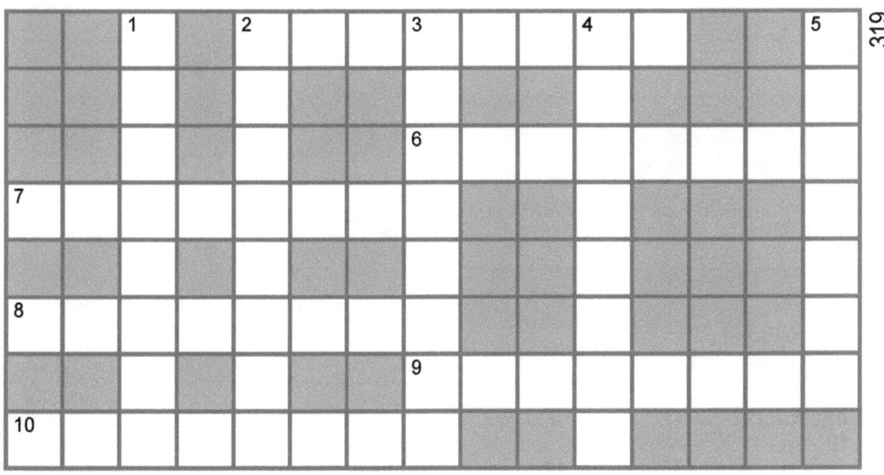

Horizontal: **2** Assimilado | **6** Exprimir | **7** Obstruído | **8** Parte da biologia que analisa o reino vegetal | **9** Impedira | **10** Criação, construção |

Vertical: **1** Entrar em contato com | **2** Parte da casa para guardar mantimentos | **3** Arranhado | **4** Reduzir | **5** Carga que um carro pode levar de uma vez |

320

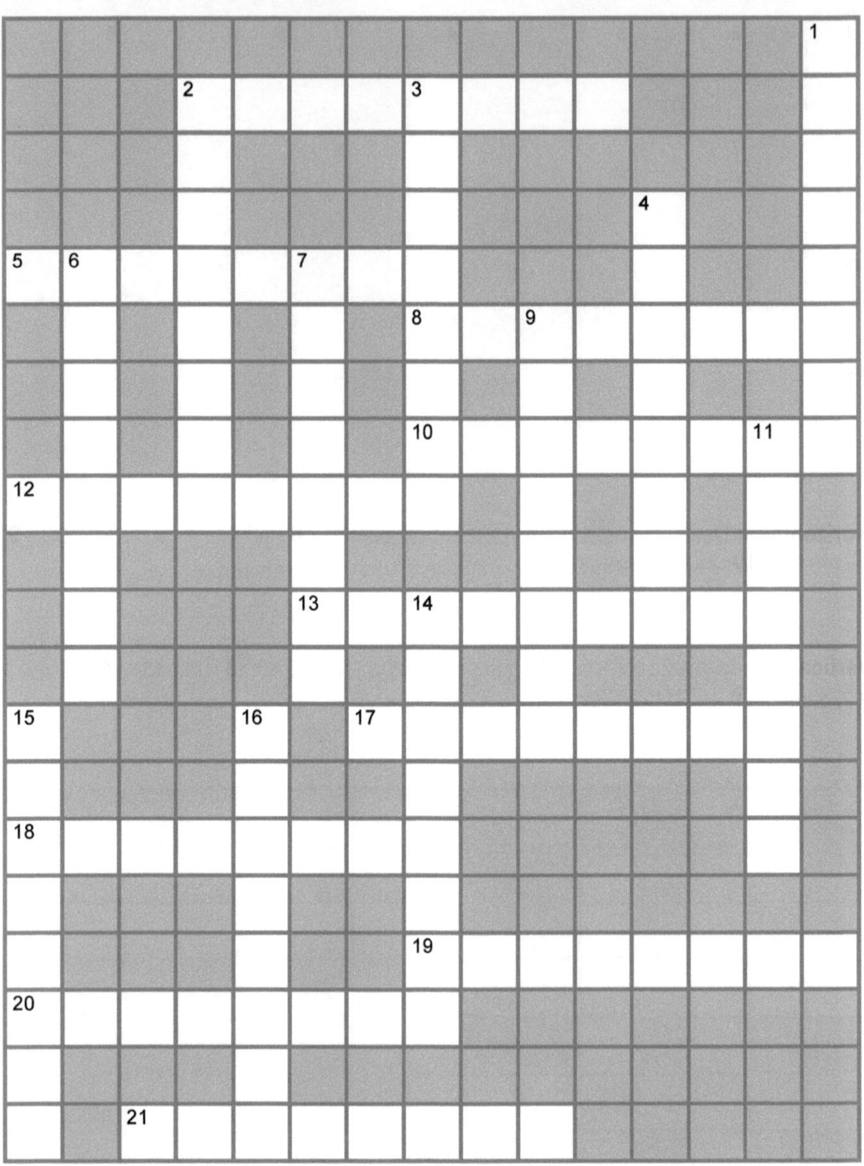

Horizontal: 2 Eu contradisse | **5** Inclinar o tronco para frente | **8** Segurar algo pelo punho | **10** Jogado, estatelado | **12** Que é característico ou próprio de alguém, particular | **13** Polido, lustroso | **17** Destruiu | **18** Secava | **19** Que se apega com persistência a algo | **20** Restituirão à forma anterior | **21** Impressão em grandes formatos |

Vertical: 1 Juramento falso | **2** Liquefez | **3** Ver sem muita clareza | **4** Encolha | **6** Utilizam | **7** Concordas | **9** (?) Canina, desenho animado | **11** Desocupado | **14** Discurso religioso | **15** Prendedor | **16** Ludibriado |

321

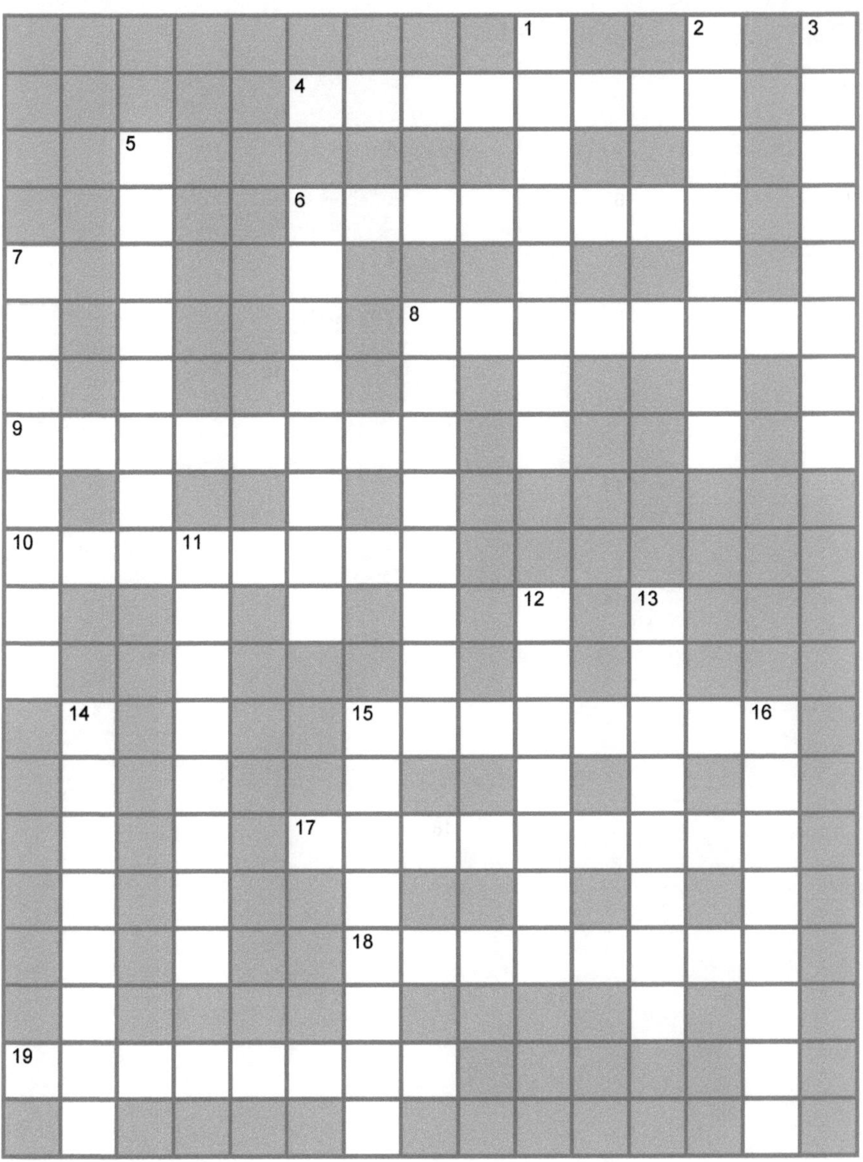

Horizontal: 4 Veste que envolve o falecido | **6** Distinguem pela visão | **8** Estarás de acordo | **9** Que apresenta duas linhas | **10** Pequena embarcação a vela | **15** Fava usada na culinária | **17** Açoitado | **18** Aniquilava (fig.) | **19** Amedrontar |

Vertical: 1 Genioso, teimoso | **2** Tranquilidade | **3** Retirada forçada de alguém | **5** Adiar, retardar | **6** Divertir | **7** Palavra dita de modo confuso | **8** Arredor | **11** Adivinhavam, pressagiavam | **12** Rodeará | **13** Fracassaram | **14** Troca de ideias | **15** Capital da Bélgica | **16** Ajudarem |

322

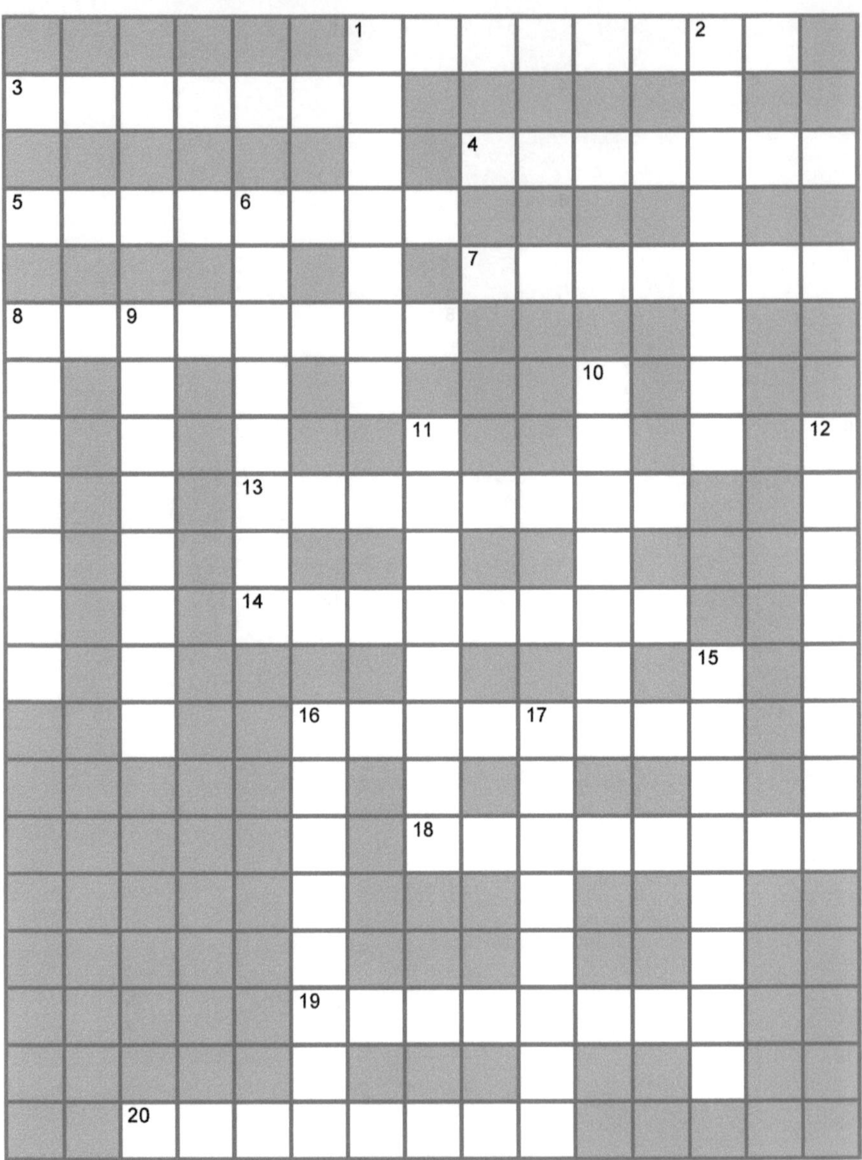

Horizontal: 1 Desordenar | **3** Centésima parte do real | **4** Que está imerso, reprimido | **5** Asneira, tolice (pop.) | **7** Na tua companhia (pron.) | **8** Executado | **13** Triângulo de ângulo e lado desiguais | **14** Encarar sem medo | **16** Mesmo que aconchegado | **18** Que está na medida certa | **19** Modificada | **20** Viram para baixo |

Vertical: 1 Riscado, rasurado | **2** Que atua ativamente por uma causa | **6** Encontrara-se em certo lugar | **8** "(?) Rá-Tim- Bum", programa infantil da TV Cultura | **9** Telenovela da Globo | **10** Entra em contato com | **11** A (?), telenovela brasileira | **12** Molusco bivalve comestível | **15** Tolo | **16** Que tem a ponta afiada | **17** Existiram |

323

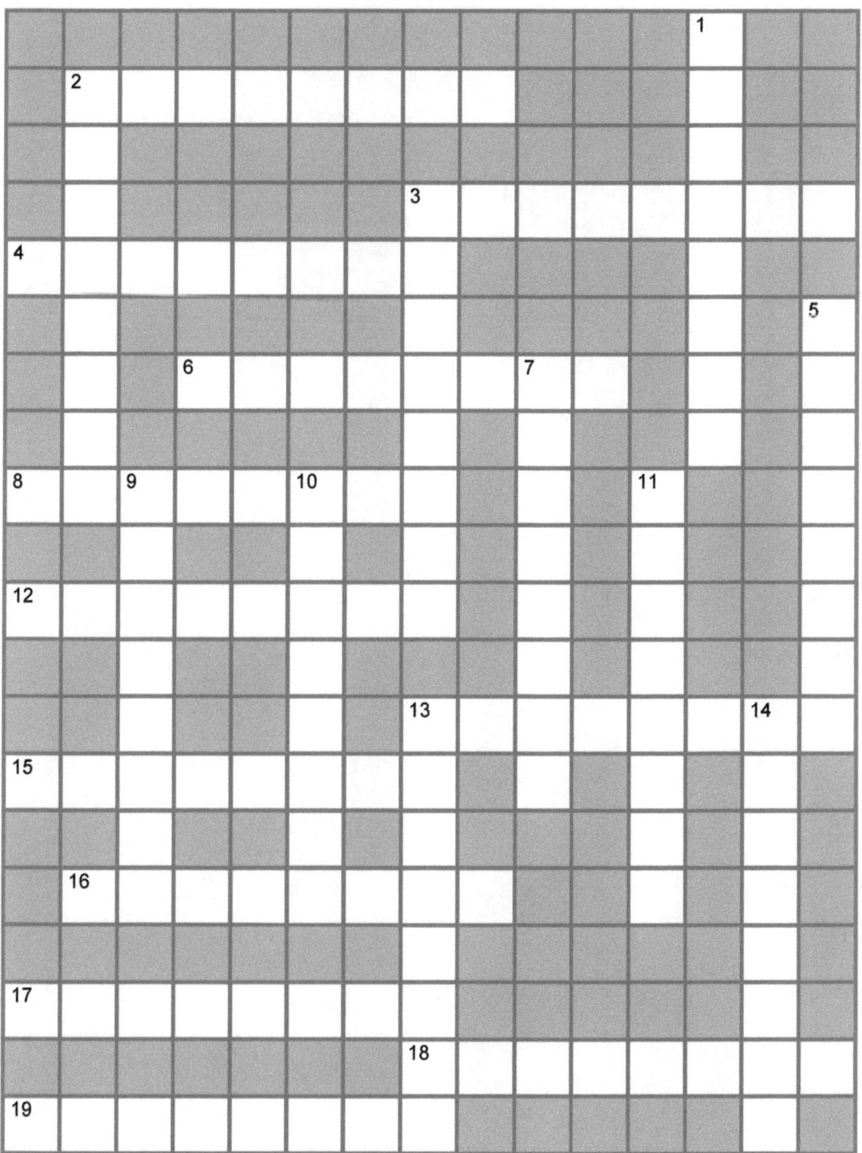

Horizontal: 2 Mudança no tom da voz, entonação | **3** Obstruir | **4** Dar, desfechar | **6** Massa frita em chapa ou frigideira, doce ou salgada | **8** Surrar, bater muito forte | **12** Deram um pontapé | **13** Refreares | **15** Derramou | **16** Que sofreu castração | **17** Esculpir em madeira | **18** Documento que atesta algo | **19** Material aplicado em feridas |

Vertical: 1 Perco o valor | **2** Opostas | **3** Levantaram | **5** Mexamos o corpo de acordo com a música | **7** Estaria de acordo | **9** Avenida (?), centro principal de São Paulo | **10** Beber ou bebericar cerveja | **11** Abençoam | **13** Tomarão conta | **14** Quebrado |

324

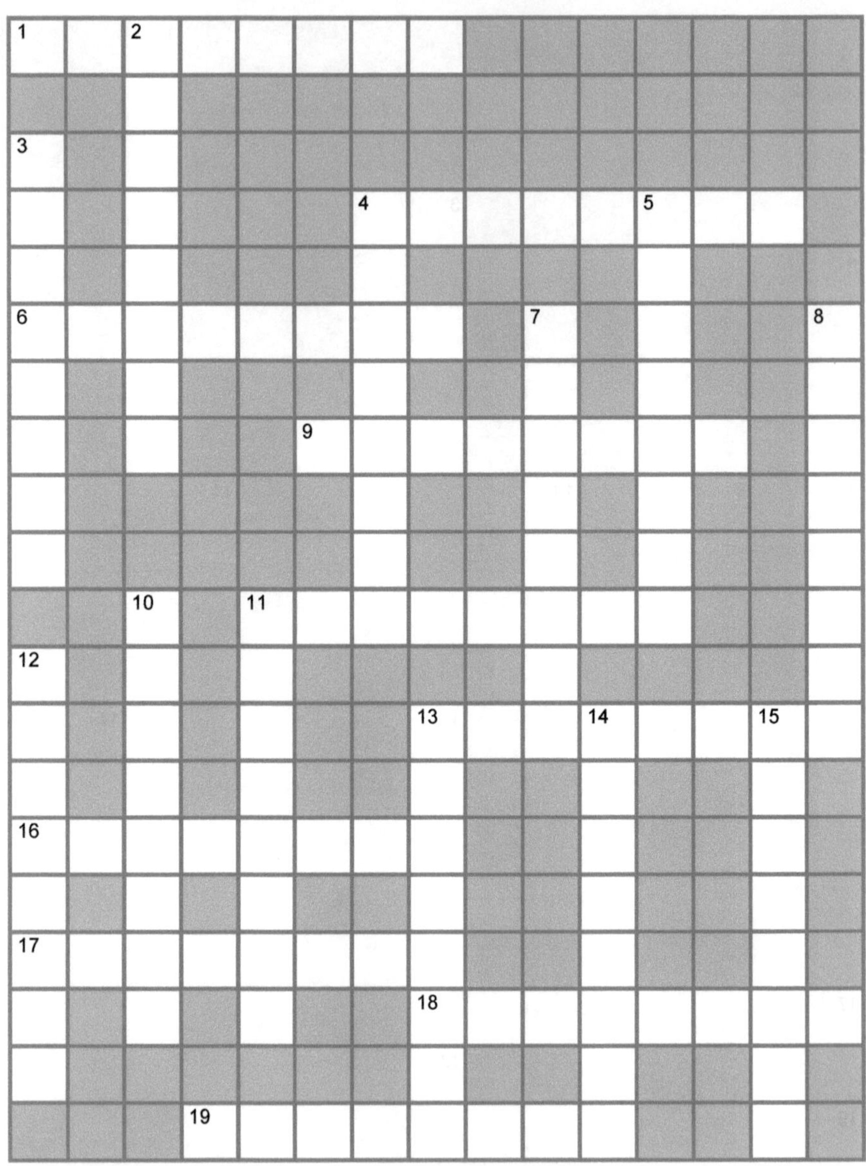

Horizontal: **1** Passarão a um estado inferior | **4** Restituam à forma anterior | **6** Maligna | **9** Elemento químico de símbolo Ge | **11** Desejaram com veemência | **13** Vazar o que está contido em | **16** Incomodarias | **17** Tornar macio como cetim | **18** Tornar a extremidade mais fina, estreitar | **19** Mudar algo de lugar |

Vertical: **2** Capital da Austrália | **3** Incriminável | **4** Demites | **5** Concordam | **7** Forçarás alguém a fazer algo | **8** Açoitar | **10** Inocentar alguém, perdoar | **11** Desconsiderava | **12** Aparava a barba | **13** Desvio a atenção | **14** Precaver | **15** Objeto da aposta |

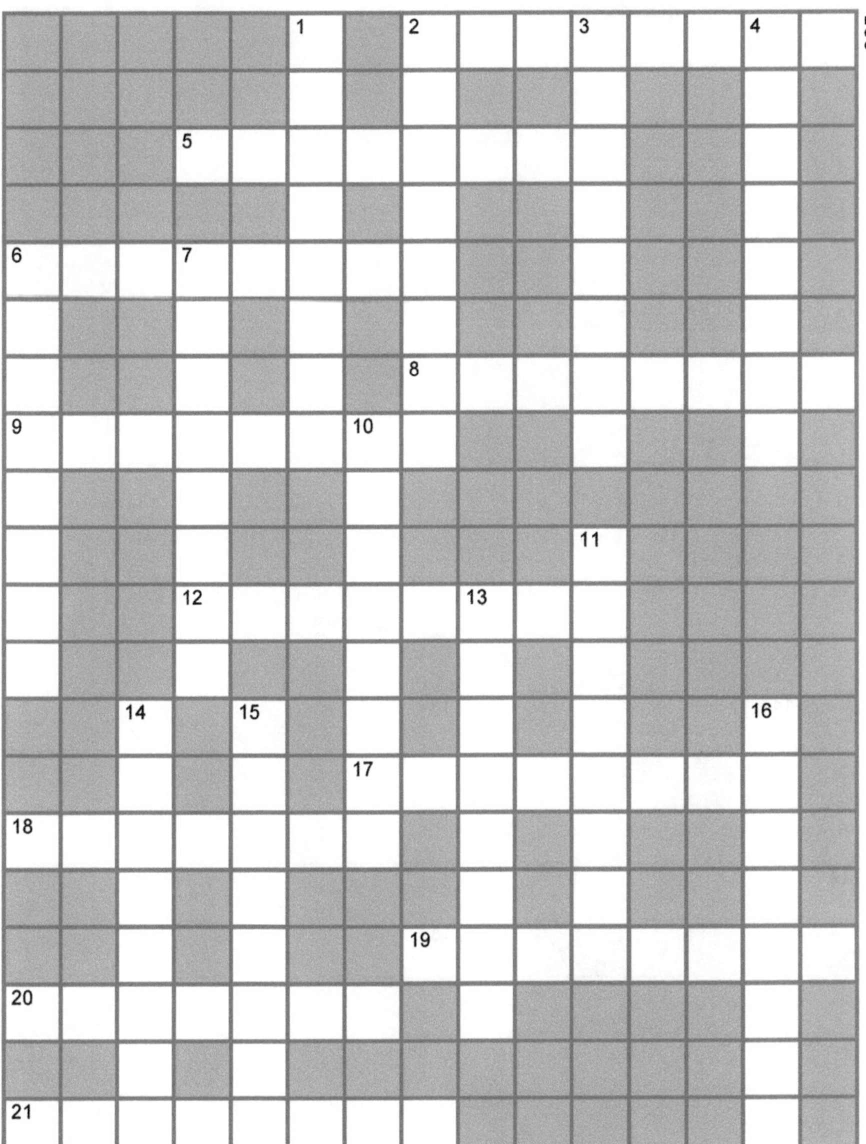

Horizontal: 2 Expelirás saliva | **5** Delato | **6** Terminava | **8** Cobrir com asfalto | **9** Fecharam | **12** Disque-(?), denúncia anônima | **17** Delírio, divagação | **18** Recebo o sacramento da Eucaristia | **19** País também conhecido como Mianmar | **20** Que apresenta uma parte escavada | **21** Ato de invalidar |

Vertical: 1 Convocar espírito ruim | **2** Enumeravam | **3** Grande quantidade, abundância | **4** Proviriam, resultariam | **6** "O (?) de Notre Dame", obra de Victor Hugo | **7** Pondo algo em cima para resguardar | **10** Convergindo | **11** Andam | **13** Longo sofrimento, martírio | **14** Fez planos com outra pessoa | **15** Pancada na canela | **16** Isolar |

326

Horizontal: **1** Um dos símbolos de um país | **5** Dama da corte mantida pelo rei (pl.) | **8** Alimento de charcutaria como linguiça e salame | **10** Gritamos | **12** Ingerir, beber | **14** Que mudou de rota | **16** Rio ruidosamente | **17** Mais de um relacionamento simultâneo | **18** Incorporação | **19** Remover células mortas da pele |

Vertical: **2** Vamos para baixo | **3** Caminham na passarela | **4** Sentias compaixão | **6** Chocar-se fisicamente com algo | **7** Marcar, assinalar | **9** Repouso | **10** Abençoem | **11** Pirata | **13** Apreciaram | **14** Restituiu | **15** Deterioram |

327

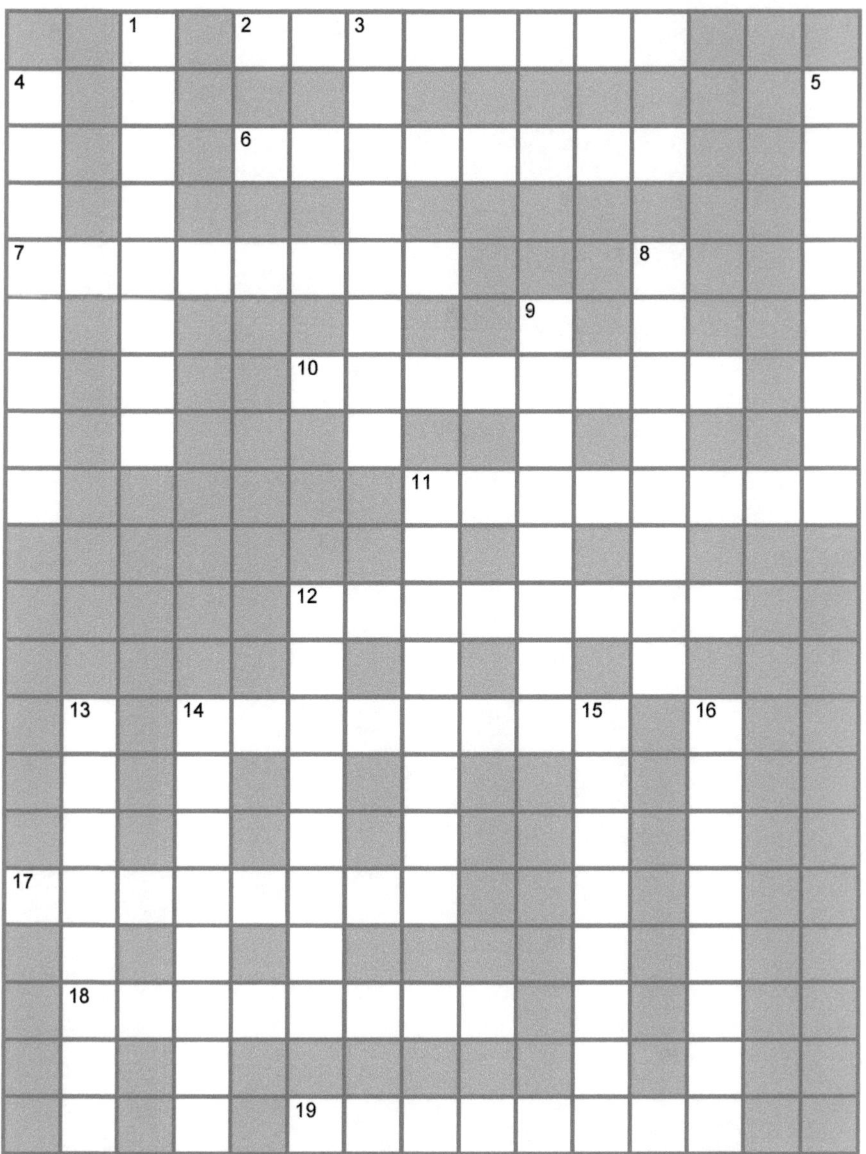

Horizontal: 2 Diminuir de tamanho | **6** Delata | **7** Abrem mão de algo | **10** Vestimenta | **11** Conjunto de talheres | **12** Faísca | **14** Terminem | **17** Indivíduo que cuida da horta | **18** Alterar ou modificar de ponto de vista | **19** Aproximar-se com intenção amorosa |

Vertical: 1 Provou um prato | **3** Impediria algo ou alguém | **4** Carro de teleférico | **5** Antevisão | **8** Pelo da região pubiana (pop.) | **9** Perfura com broca | **11** Termino | **12** Busco informação | **13** Dissolução legal do casamento | **14** Pequeno canto | **15** Formar ondas | **16** Agradar, dar prazer, deliciar |

328

Horizontal: 5 Rodearem | **6** Durante o tempo em que | **8** Reter ou ficar retido | **9** Impedias | **10** Dar formato padrão a um texto | **12** Reação emocional exagerada | **15** Envia | **17** Expor em detalhes | **18** Relativo ao estômago | **19** Entrar em disputa |

Vertical: 1 Rodeando | **2** Entrar em um veículo | **3** Bala de açúcar | **4** Impelir com força | **5** Tipo de música vocal-instrumental | **7** Pessoa que frequenta praia ou piscina | **8** Empregar todas as forças para algo | **11** Agoniará, angustiará | **12** Comediante | **13** Apossar, tomar | **14** Igreja católica que tem privilégios | **15** Entretenham | **16** Punem |

329

Horizontal: 6 Avaliar por comparação | **7** Vergaram | **8** Longínquo, afastado | **9** Relaciono-me com outras pessoas | **10** Que se usa para cobrir e aquecer o corpo |

Vertical: 1 Desfrutamos | **2** Arrancará | **3** Mesmo que companheiro | **4** Liquefazem | **5** Combinado, ajustado |

330

Horizontal: 1 Prestarão socorro | **8** Dissimularem | **9** Requebraria | **10** Dispensado do cargo | **11** Agitado, de intensa movimentação |

Vertical: 2 Pisos de um navio | **3** Tornar bem conhecido | **4** Argumentando | **5** Coagir alguém a fazer algo | **6** Sequei | **7** Aproximação do fim, decadência |

331

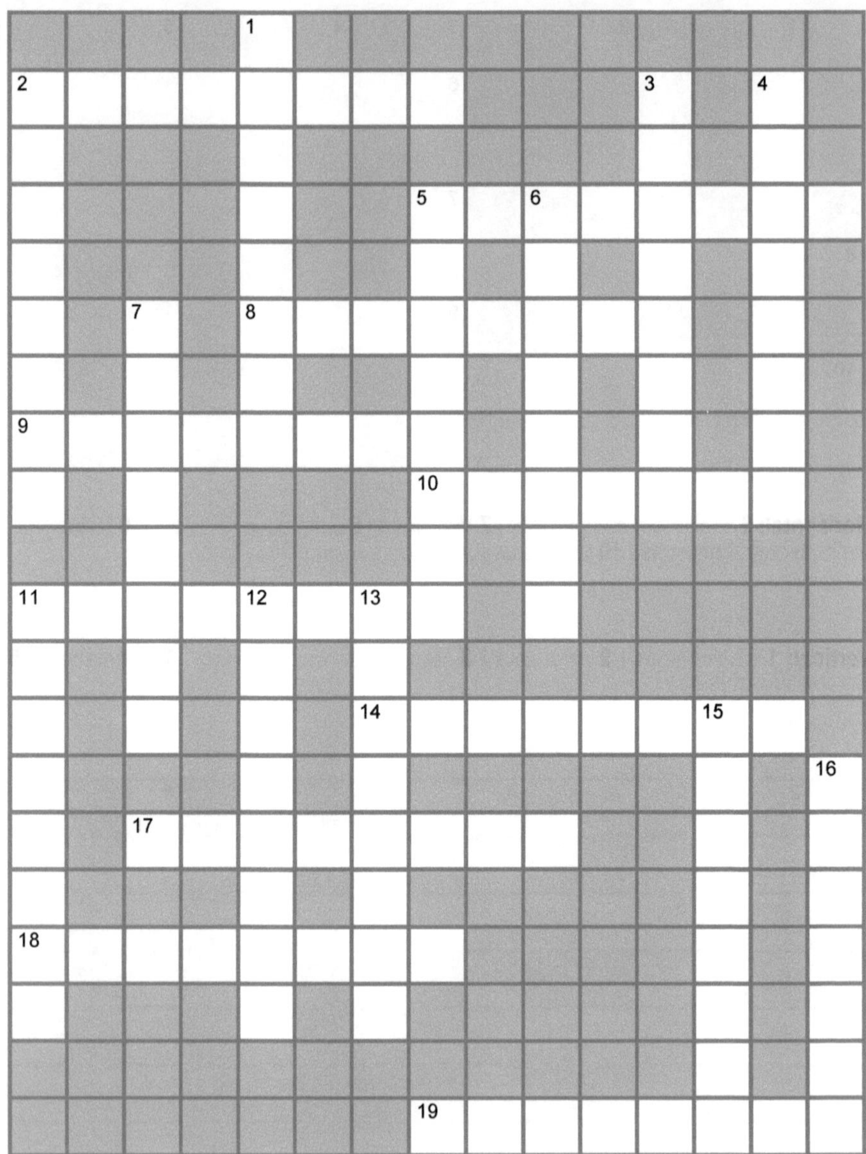

Horizontal: 2 Realizaríamos | **5** Propagam | **8** Chuva leve | **9** Dormir durante o inverno | **10** Que ocorre o toque | **11** Levantarão | **14** Refutar | **17** Conjunto dos produtos de uma safra | **18** Averiguação | **19** Impedirão algo ou alguém |

Vertical: 1 Proteger com barricada | **2** Calendário | **3** Mesmo que mira | **4** Tornando-se adepto | **5** Separo-me judicialmente | **6** Dissimulando | **7** Impedem | **11** Inserir | **12** Encher de escombros | **13** Prender com fivela | **15** O mesmo que embrenhar | **16** Vivo próximo a alguém |

332

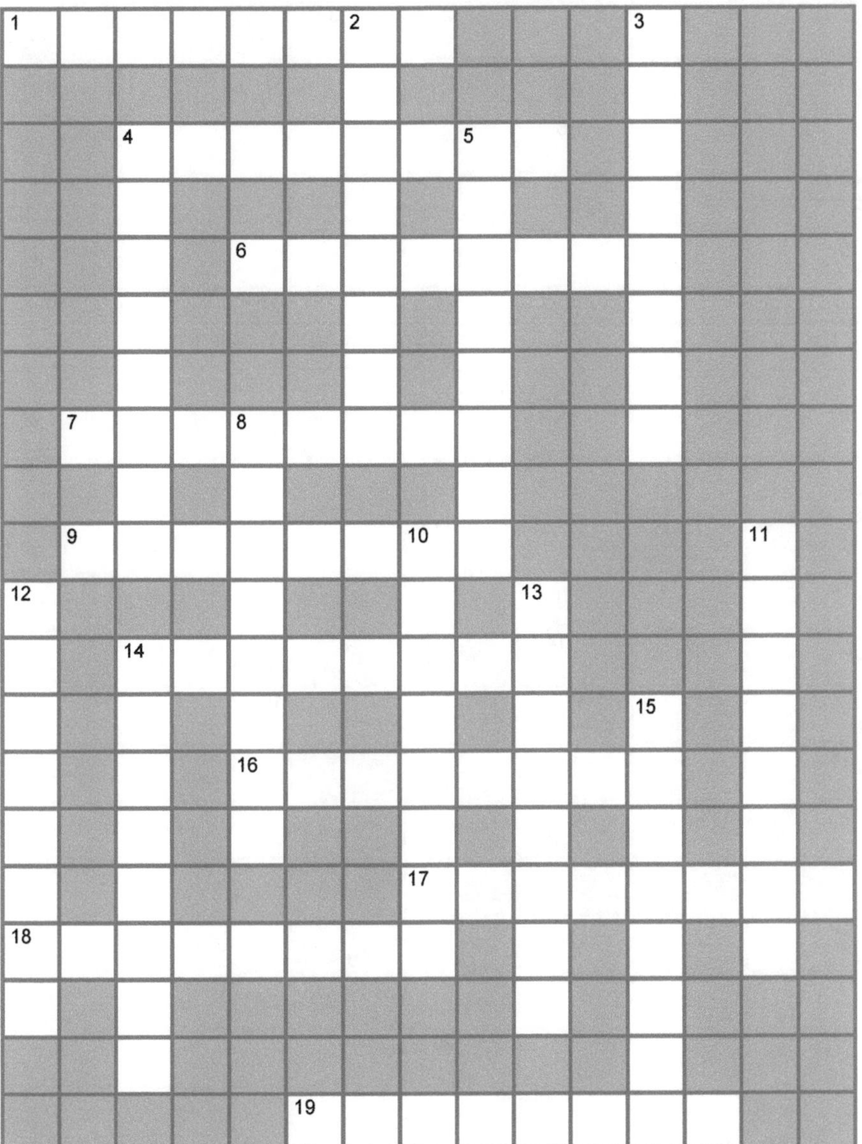

Horizontal: 1 Esporte praticado com canoa ou caiaque | **4** Em que moram pessoas | **6** Doce que consiste em uma bala presa no palito | **7** Sociedade, acordo | **9** Grande templo católico | **14** Fritando | **16** Ato de misturar com água para diminuir a concentração | **17** Que causa aflição | **18** Apontam defeitos | **19** Mau, malvado |

Vertical: 2 Extrínseco | **3** Mudam de lugar | **4** Morava | **5** Conferia poder a outra pessoa | **8** Refreando | **10** Chamam, invocam | **11** Cobiçava | **12** Completamente parado, imóvel | **13** Reunião de bispos | **14** Manariam | **15** Enumeramos |

333

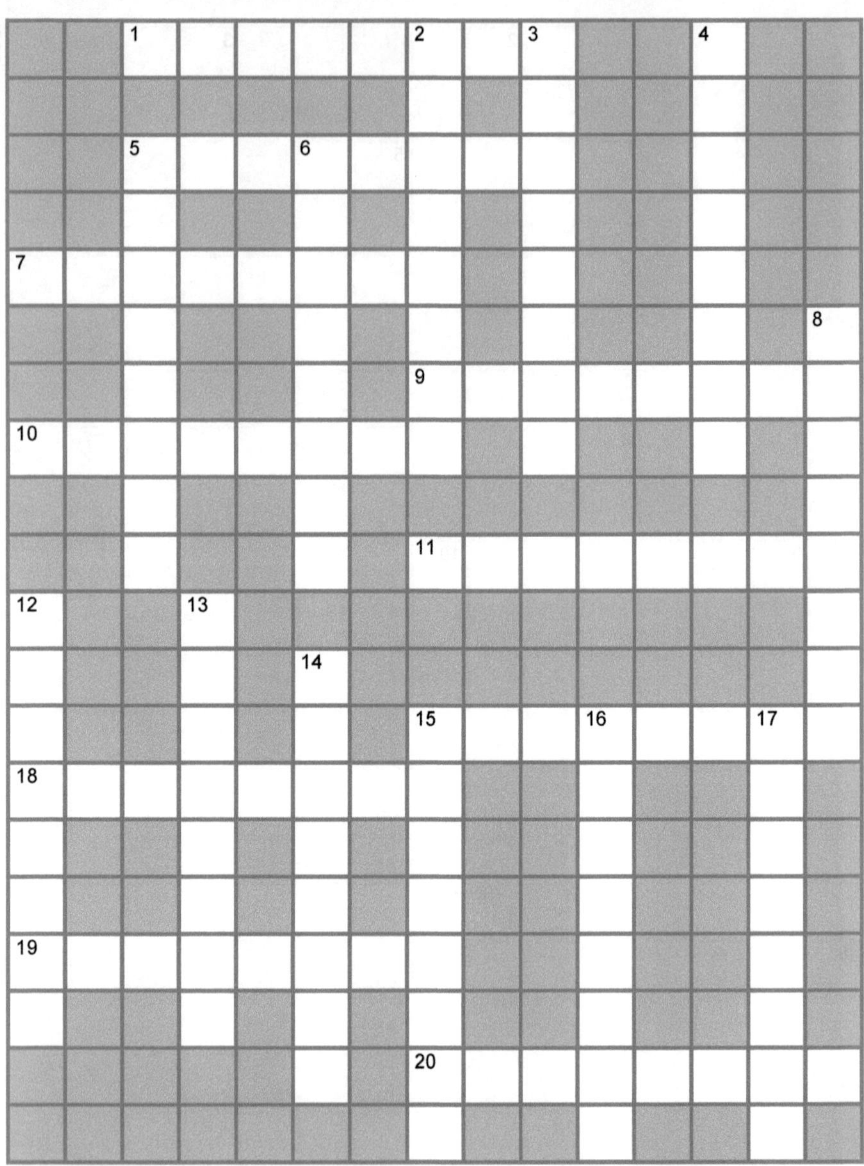

Horizontal: 1 Formosura, beleza | **5** Vinhas de algum lugar | **7** Relativo aos costumes e às crenças de um povo | **9** Erguerão | **10** Paralisar, petrificar (pop.) | **11** Deu | **15** Tolo | **18** Estudante que tem bolsa de estudos | **19** Desconsidere | **20** Existiriam |

Vertical: 2 Rodear | **3** Abdicaria, recusaria | **4** Nome comum das árvores do gênero Pinus | **5** Roupa íntima feminina | **6** Semente pequena e achatada | **8** Lesiono | **12** Refrearam | **13** Ano com 366 dias | **14** Que teve o nó desfeito | **15** História mentirosa | **16** Resultado de postar | **17** Alojar |

334

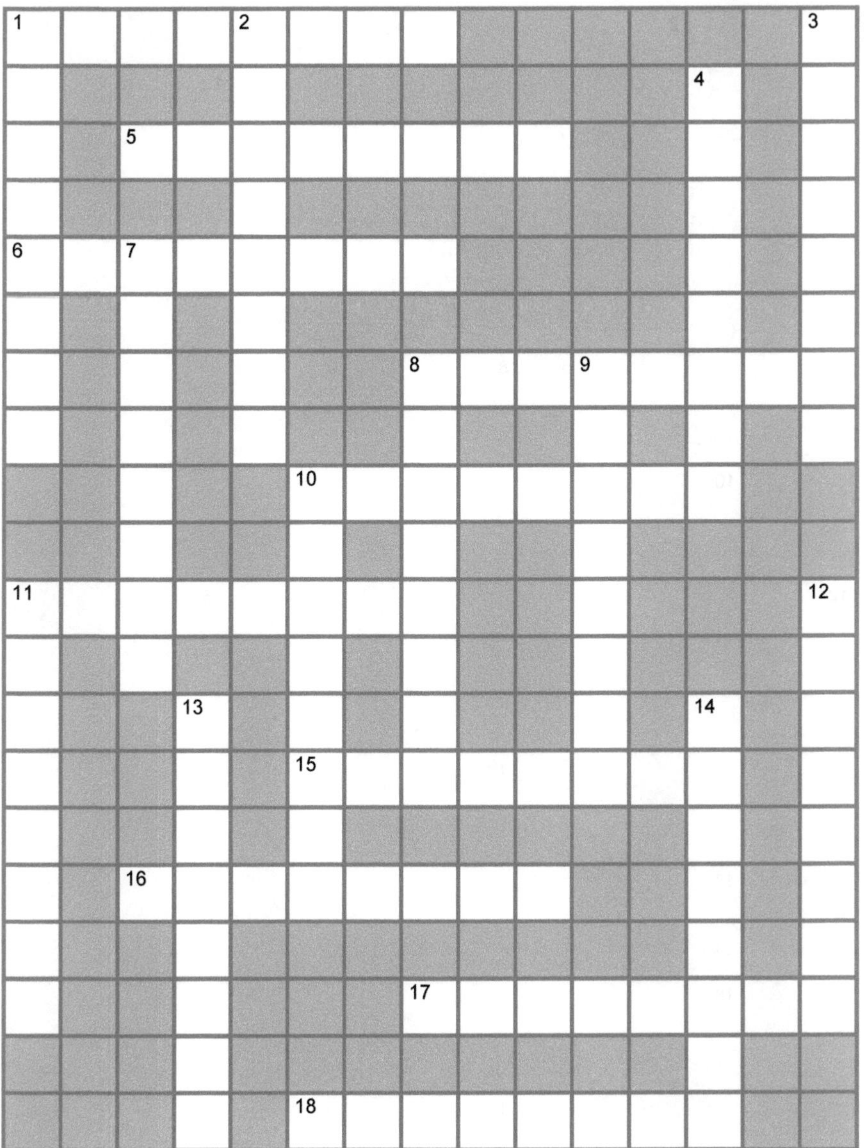

Horizontal: 1 Fabricante de cestos | **5** Causar destruição, provocar estrago | **6** Recurso de sentença | **8** Que se desfez | **10** Entusiasmar | **11** Alterar ou trocar de modo recíproco | **15** Jogo com cartas de baralho | **16** Adiam | **17** Casam com alguém | **18** Deslocamo-nos velozmente |

Vertical: 1 Vergavam | **2** Simpatizar, gostar | **3** 200 por extenso | **4** Trabalhar por um tempo para aprendizagem | **7** Crio | **8** Exilar | **9** Fogo, fogaréu | **10** Extermínio, aniquilamento | **11** Que atende à entrada de um hotel | **12** Juntam textos em uma única obra | **13** Atingimos algo com arma de fogo | **14** Reduzidas ao essencial |

335

Horizontal: 1 Entreter, alegrar | **5** O mesmo que molificar | **6** Desmanchar o que está feito | **7** Que ficou sem suas penas | **11** Limpar ou tirar o mato ou a mata | **12** Dar, oferecer | **16** Distúrbio relacionado ao medo de engordar | **17** Desejarás com veemência | **18** Concordarás | **19** Terreno próprio para cultivo de plantas |

Vertical: 1 Separado | **2** Compreendem | **3** Criminoso, facínora | **4** Separar um líquido de seus sedimentos | **8** Acorda | **9** Bater os pés na água | **10** Avaliava as respostas de uma prova | **12** Coado | **13** Muito baixo | **14** Bolso pequeno | **15** Inseto que perfura madeira e cereais |

336

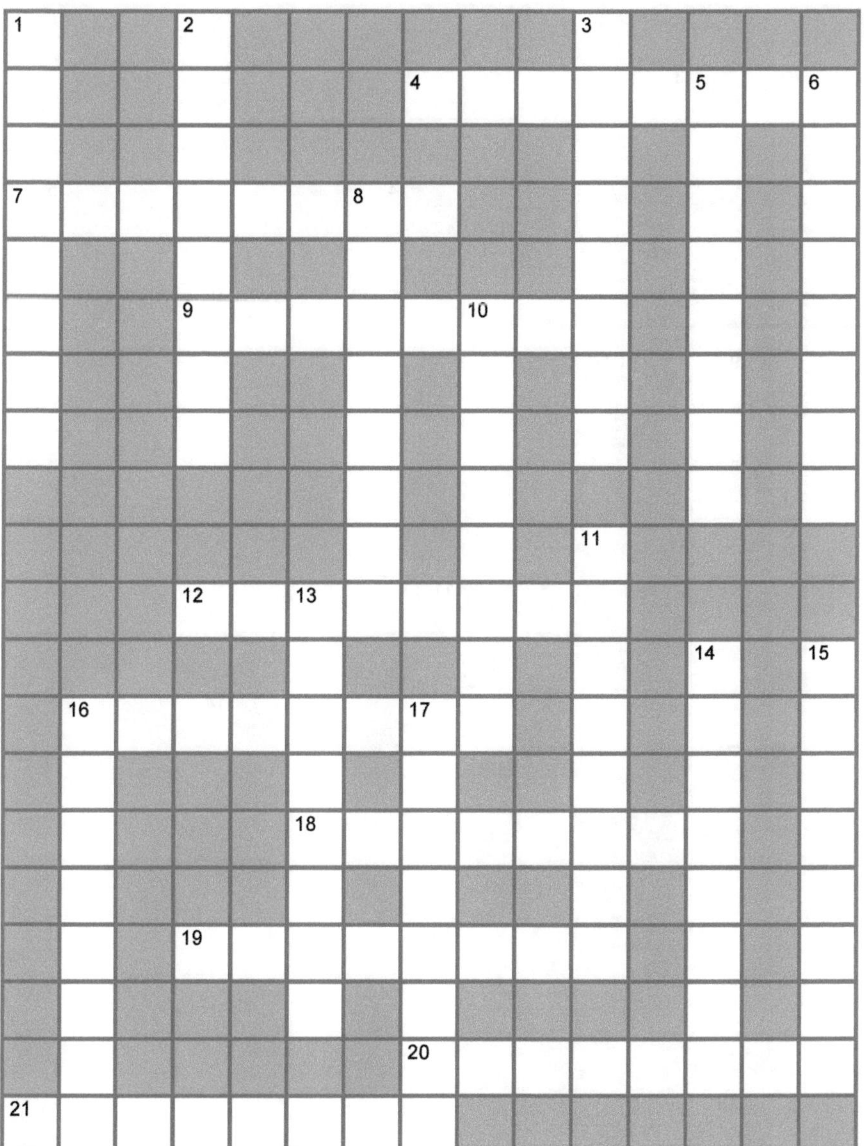

Horizontal: 4 Impediam | **7** Lançado para fora | **9** Convocar, pedir o comparecimento | **12** Arreio de couro usado em cavalos | **16** Que grudam | **18** Engastar pedra preciosa | **19** Dormir um sono leve, cochilar | **20** Lavarão, purificarão | **21** Acompanhar para proteger |

Vertical: 1 Coar | **2** Aquilo que alguém quer fazer | **3** Dissolverem | **5** Hospital para loucos, manicômio | **6** Inseto voador, vetor de várias doenças | **8** Tornar público | **10** Variados | **11** Partilhar um mesmo ambiente com alguém | **13** Toalete, sanitário | **14** Vencer em combate | **15** Alma | **16** Enumeremos | **17** Enfiar uma peça em outra |

337

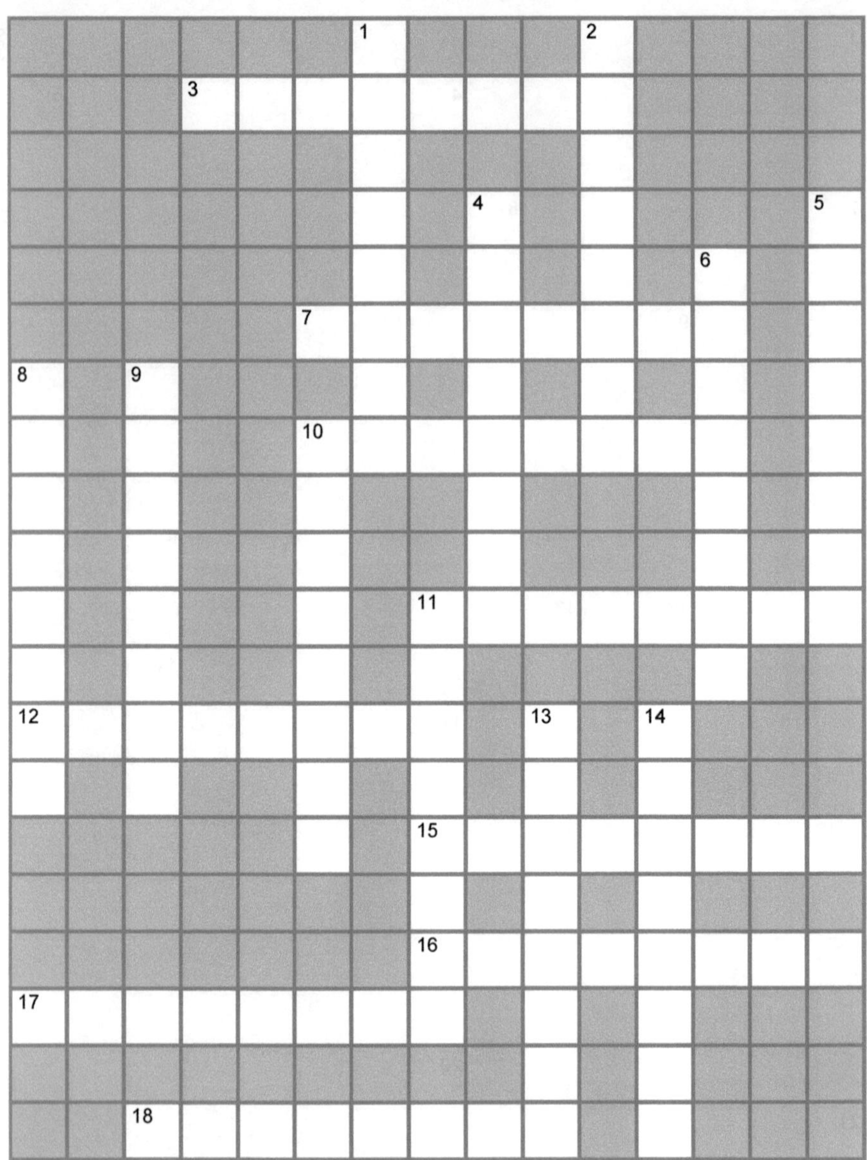

Horizontal: 3 Virar para baixo | **7** Questão formulada | **10** Poria algo em cima para resguardar | **11** Especialista em contabilidade | **12** Perder o cônjuge | **15** Que está sempre atualizado (pop.) | **16** Convergirás | **17** Tiraram a roupa | **18** Testemunhavam em âmbito jurídico |

Vertical: 1 Brincadeira | **2** Proceder | **4** Sentido (?): que não é o literal | **5** Lutar por algo | **6** Revolta popular no Maranhão, de 1838 a 1841 | **8** Concordar | **9** Algo que se doa | **10** Davam um pontapé | **11** Aparavam | **13** Expõem minuciosamente | **14** Dissimularam |

338

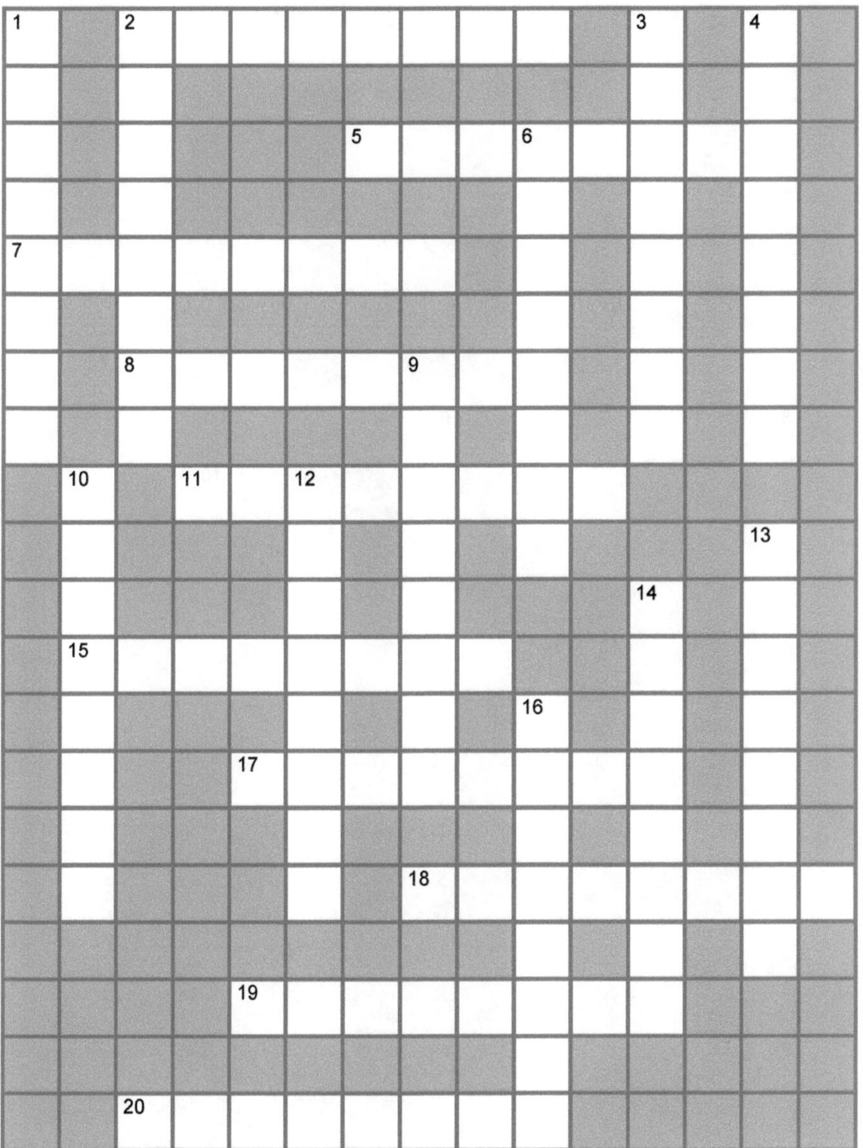

Horizontal: **2** Variação de diluente | **5** Acompanhar, guiar | **7** Passar graxa e dar lustro | **8** Subida de Maria ao céu (rel.) | **11** Exibiam | **15** Edifico uma casa | **17** Que se ampliou | **18** Peneiramos | **19** Desviava a atenção | **20** Zangado, aborrecido |

Vertical: **1** Foram para baixo | **2** Conduziam um veículo | **3** Falávamos | **4** Avalies as respostas de uma prova | **6** Formar-se em um curso | **9** Convergia | **10** Peça de oratória proferida em público | **12** Portão de entrada, cancela | **13** Rodeamos | **14** Comia com sofreguidão | **16** Cansado |

339

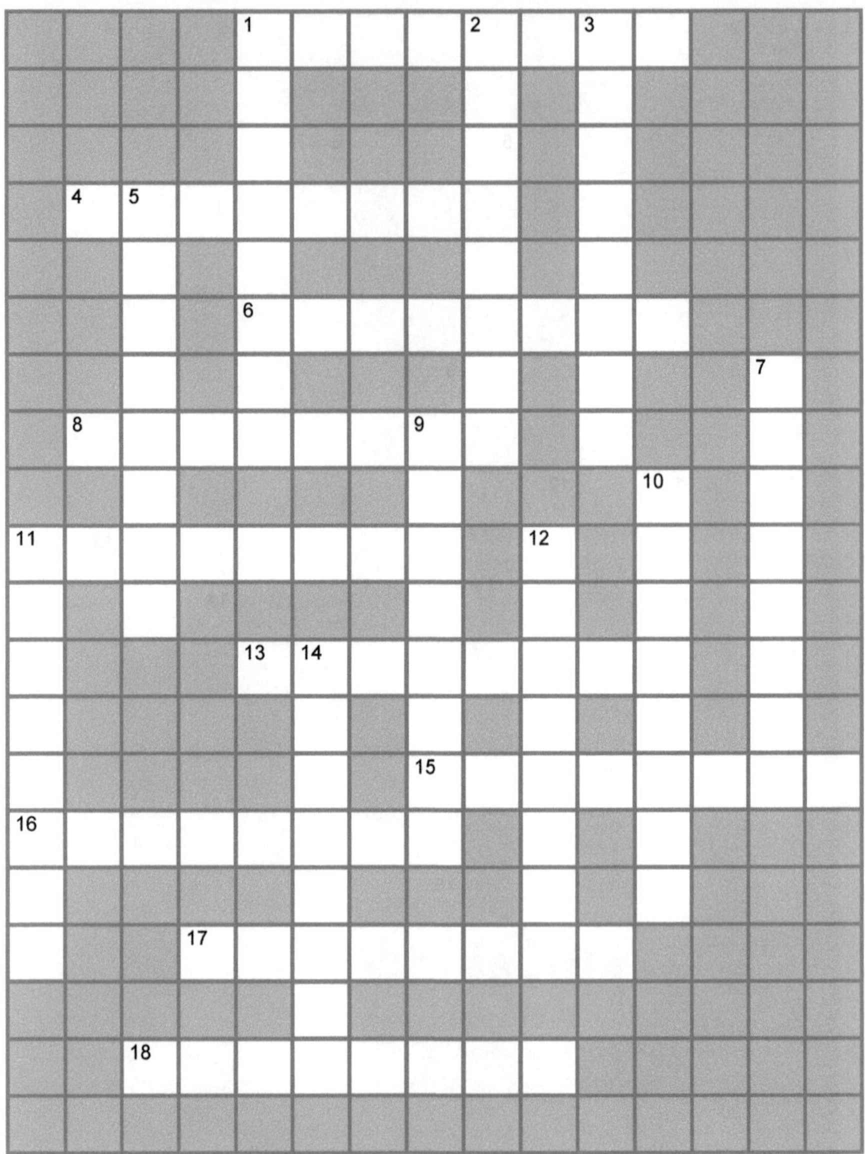

Horizontal: 1 Restituis à forma anterior | **4** Caminhar na passarela | **6** Concordarão | **8** Indicado através de sinais | **11** Forçaras alguém a fazer algo | **13** Doce de coco comum em festas | **15** Dissolveram | **16** Norma de avaliação | **17** Ergueram | **18** Estruturaram |

Vertical: 1 Conclusão de um fato ou acontecimento | **2** Chato, em espanhol | **3** Amaneirado, afetado | **5** Dão | **7** Local na entrada de edifício | **9** Cobiçado | **10** Destruído, derrubado | **11** Que contém tinta de impressora | **12** Termina | **14** Arrancavam |

340

Horizontal: **5** Reduzir o comprimento | **7** Recusar | **8** Dispositivo portátil para apagar chamas | **9** Tirar com água o que estava ensaboado | **12** Rodearam | **16** Soldado armado com besta | **17** Contradiga | **18** Chover a (?), torrencialmente | **19** Acomodar, instalar |

Vertical: **1** Escorregar sobre uma superfície | **2** Serviço extra como demonstração de apreço | **3** Prodígio | **4** Livre de defeito | **5** Debilitar | **6** Deslocaram-se velozmente | **9** Amparado | **10** Tornar magro ao extremo | **11** Vender para outro país | **13** Livre-(?), decidir o que se deseja | **14** Cobrir com estanho | **15** Melequento |

341

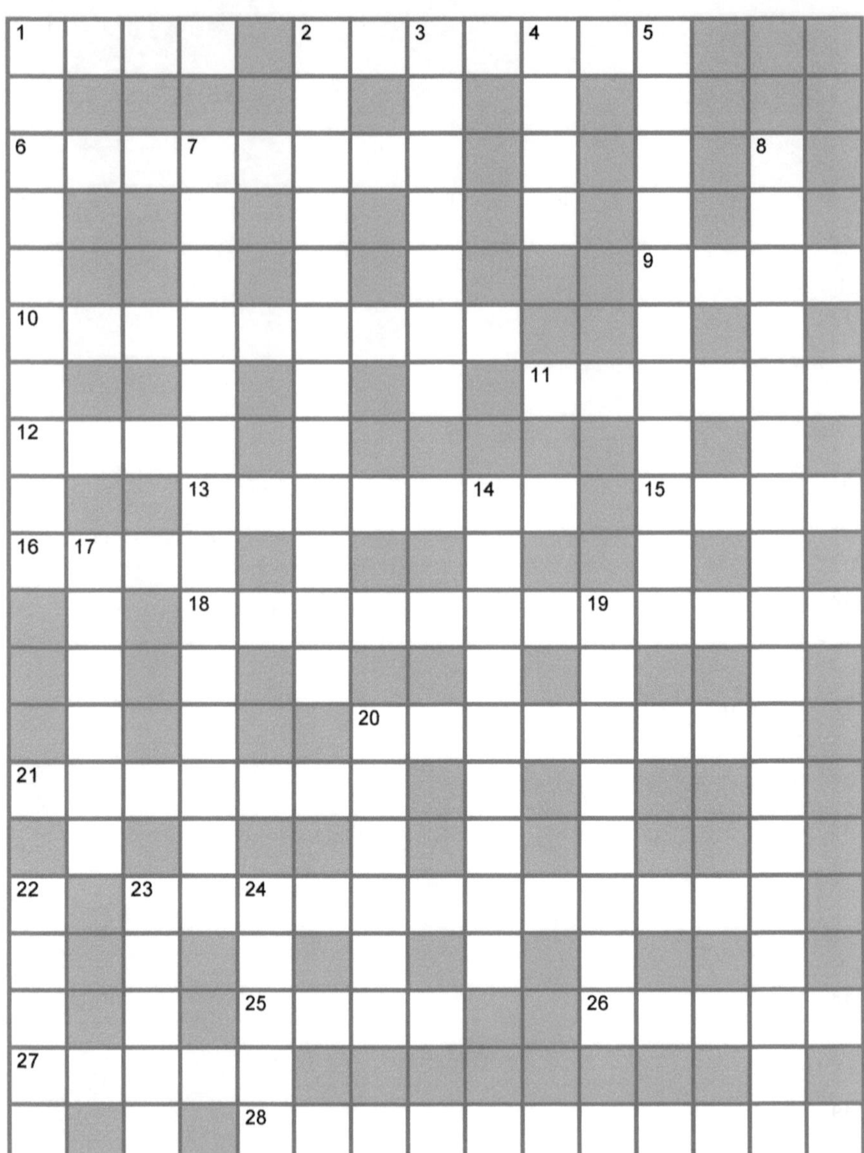

Horizontal: 1 Número entre onze e treze | **2** Que não possui escrúpulo, canalha | **6** Feliz em espanhol | **9** Moeda japonesa | **10** Que se estreita na ponta | **11** Lado adjacente ao ângulo reto no triângulo retângulo | **12** Habitação dos esquimós | **13** Preguiça, falta de ação | **15** Caminho, trajeto | **16** Que diz respeito à boca, verbal | **18** Descomedimento | **20** Que seda, acalma | **21** Instrumento musical de sopro | **23** Adverso | **25** Comeu a última refeição do dia | **26** Casual, eventual | **27** Arma branca pontiaguda | **28** Nova expedição |

Vertical: 1 Que adorna | **2** Ato de esculpir ou entalhar | **3** De que se tirou o excesso | **4** Berro muito forte | **5** Oficina de costura | **7** Medicamento calmante | **8** Adepto do constitucionalismo | **14** Não permitimos | **17** Animal que tem o hábito de roer | **19** Rato-de-esgoto | **20** Sétimo dia da semana | **22** Ter zelo por, cuidar de | **23** Concederas | **24** Tirar dinheiro da conta |

242

Horizontal: 1 Criança, em inglês (pl.) | **3** Agente que faz a massa crescer | **6** Dedo em (?)", mesmo que apontar o dedo | **7** Transmito saber | **9** Tia, em inglês | **10** Ingeriram alimento | **13** Contração de 'em' com 'aquele' | **15** Sinônimo de "enxuto" | **16** Escutou | **18** Deu base a algo | **19** Mastigar (som) | **20** Barack (?), expresidente dos EUA | **22** Curioso, mexeriqueiro | **24** Leste, em inglês | **25** Roedor do hemisfério norte | **27** Escuta | **28** (?) Barros, cantora | **29** Pessoa que nasceu no norte da Europa | **30** Borrifareis |

Vertical: 1 Allan (?), fundador do Espiritismo | **2** Vão para baixo | **3** Assentado em motivos sólidos | **4** Que perdeu a capacidade de falar | **5** Queijo feito de soja | **8** De modo simultâneo | **9** Iluminar | **11** Comprimi | **12** Telhado, em inglês | **14** Perdia a razão | **17** Que excede os limites do que é razoável | **21** Grito, brado | **22** Freava | **23** Brinquedo em bloco de montar | **26** Bastão de madeira |

343

Horizontal: 1 Título de nobreza | **5** Pavor do perfeccionista | **7** Que é rejeitável | **8** Dinheiro dado a quem precisa | **9** Ler, em inglês | **13** Pertencente à Eurásia | **14** Porco (som) | **16** Objetos sem valor | **18** Alto, em inglês | **19** Concentrar, centrar | **20** Que não crê na existência de Deus | **21** Copio | **23** Universidade renomada dos EUA | **24** Pessoa que engraxa sapatos | **25** Puxar para trás, trazer para si | **26** Perdido | **29** Conteúdo de um texto ou uma conversa | **30** Fedor de suor (pop.) | **31** Fazer com que fique branco, clarear |

Vertical: 1 Acreditas | **2** Partícula que constitui o núcleo do átomo | **3** Fase | **4** Que dura três meses | **5** Reprodução da atividade elétrica do coração | **6** Peça usada para tapar as garrafas | **10** Desrespeito | **11** Envergonhando | **12** Imitando | **15** De maneira deliberada | **17** Preparam refeição | **22** Forma circular achatada | **27** A esposa do filho | **28** Local de abrigo para navios |

344

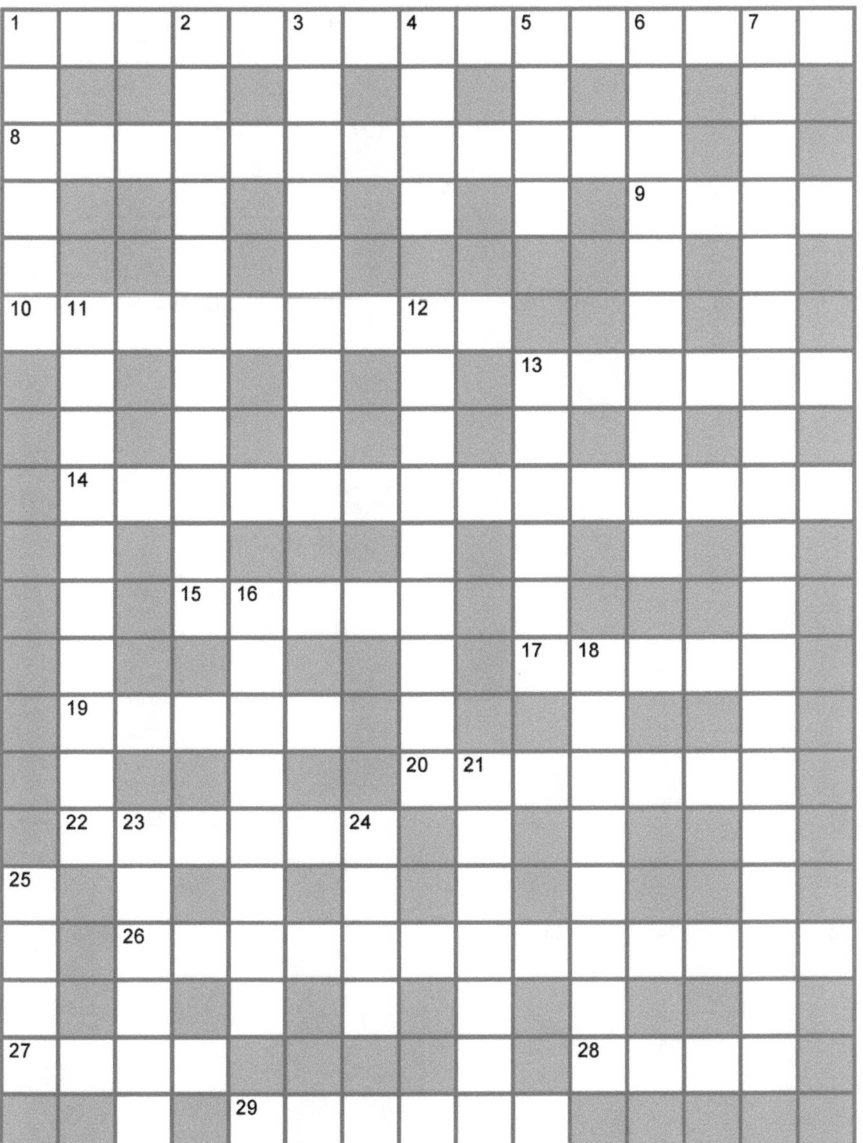

Horizontal: 1 Utensílio como a geladeira e o fogão | **8** Enfiando | **9** Superfície onde se pisa | **10** Irritação da pele que causa coceira | **13** Túnica ornamentada usada no Oriente Médio | **14** Semelhante à fantasma | **15** Egito, em inglês | **17** Uma constelação | **19** Lei de (?), uma das quatro equações de Maxwell (Fís.) | **20** Numeral que indica ordem/posição | **22** Distinção, relevo, destaque | **26** Chegar a um acordo mediante concessões | **27** Comida ruim, sobras | **28** Classe mais desfavorecida (pop.) | **29** Bailou |

Vertical: 1 Ergueu | **2** Natural de Teresina | **3** Reunião que se repete regularmente | **4** Número entre dez e doze | **5** Vulcão localizado na Sicília | **6** Camada inferior da atmosfera | **7** Qualidade do que obedece a lei | **11** Tomar fôlego | **12** Que não tem limites | **13** Povo nômade com hábitos próprios | **16** Combustível líquido | **18** Dizer ou fazer de novo | **21** Resultado de se respirar | **23** Fuga, escapada | **24** Mesmo, em inglês | **25** Time de futebol holandês |

345

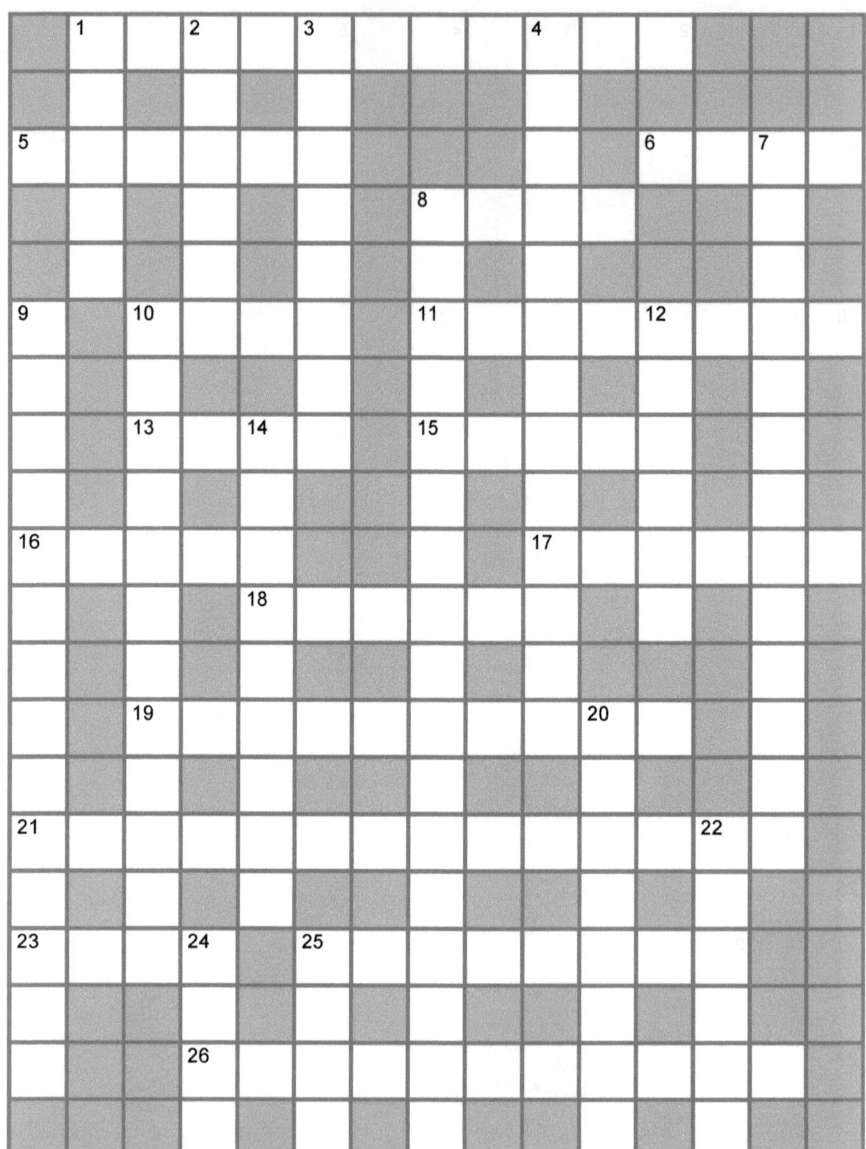

Horizontal: 1 Implantação | **5** Abreviatura de "biofísica" | **6** Roedor, devastador | **8** Porção de terra cercada por água | **10** O mesmo que amiga (gír.) | **11** Falta de alegria, melancolia | **13** Antônimo de "far" | **15** Pronto, em inglês | **16** Mineraloide que apresenta diversas cores | **17** Chamar, trazer à lembrança | **18** Permiti | **19** Garantido | **21** Escrituração | **23** Filtrei | **25** Adoentar | **26** Parte de uma ciência que estuda seus próprios métodos |

Vertical: 1 Copia | **2** Expedição aventureira | **3** Afastar-se, alhear-se | **4** Máquina usada na colheita | **7** Pacificação | **8** Relações e influências entre textos | **9** Resultado de personificar | **10** Quem nasce em Mongaguá | **12** (?) Swift, cantora americana | **14** Superioras de uma abadia | **20** Filme de um antiherói da Marvel | **22** Conjunto de peças para montaria | **24** Feminino de irmão | **25** Nona letra do alfabeto grego |

346

Horizontal: 1 Tomaram medidas para prevenir algo | **4** Equilibrado | **8** Próximo | **10** Pedaço, fatia | **11** Caderno com a coletânea escrita das aulas | **13** Dominou pela força | **15** Mesmo que barulho | **17** Onze, em inglês | **18** Circuito eletrônico miniaturizado | **19** As duas | **20** De gênio forte | **22** Violação da lei | **24** Homem inútil, sem préstimo | **25** Que é falso, falsificado (inglês) | **27** Que está sempre fora de casa (pop.) | **28** (?) de Castro, rainha de Portugal | **29** Sentido pelo qual se percebe o cheiro | **30** Conversa fiada |

Vertical: 1 Escrever ou rabiscar em muros | **2** Comparações entre coisas | **3** A voz do gato | **5** A parte mais saliente do rosto | **6** Submeter um país a uma constituição | **7** Transferi imagem de uma superfície para outra | **9** Empobreci | **12** Tornaram mais resistente | **14** Papai (?): velhinho que traz presentes | **16** Invencível, que não pode ser batido | **21** Outra pessoa | **23** Embriagado, bêbado | **24** Inflamação das pálpebras, hordéolo | **26** Que ocorre agora |

347

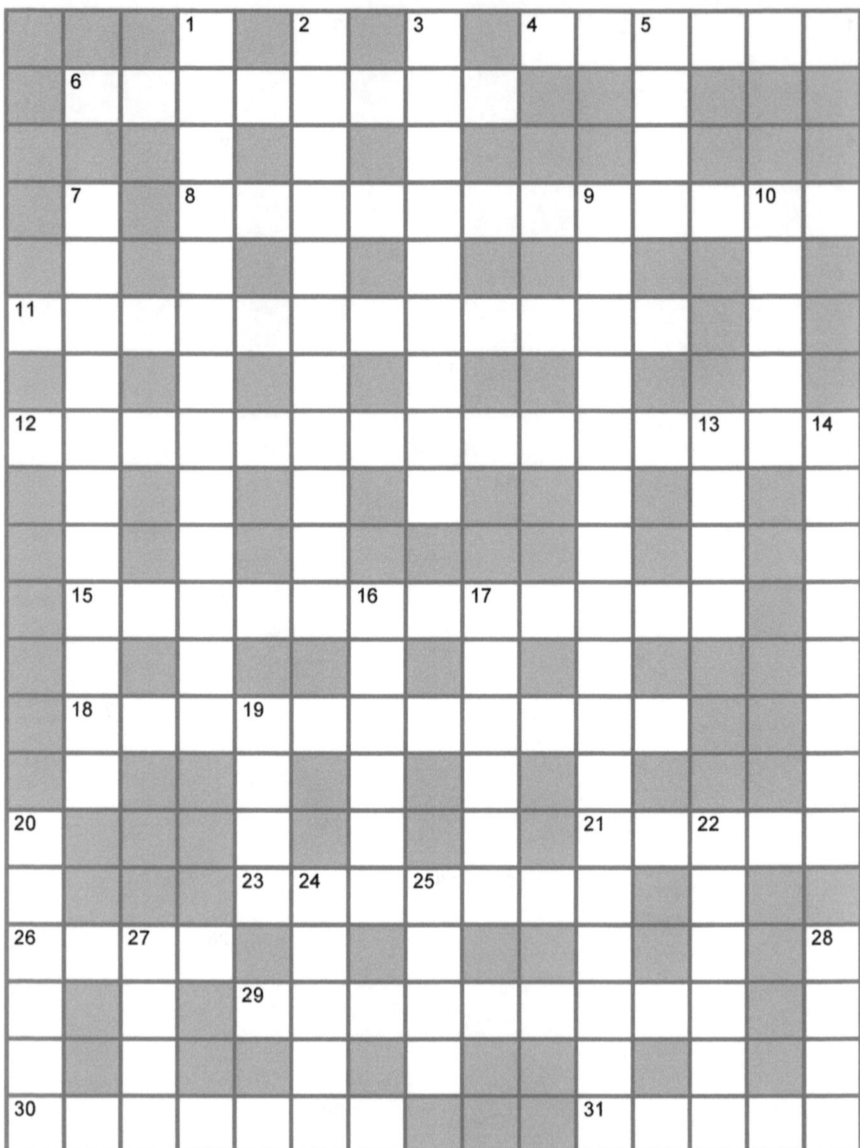

Horizontal: **4** Turma | **6** Lamentei | **8** Desmentissem | **11** Que acontecem pausas, alternado | **12** Muito satisfatório | **15** Doutrina que crê ser impossível provar a existência de Deus | **18** Estudo e tratamento dos dentes | **21** Com quem se tem laços de amizade | **23** Removem as pessoas de um lugar perigoso | **26** Sobrancelha, em espanhol | **29** Que traz maus presságios | **30** Estátua muito grande | **31** Repetir, fazer eco |

Vertical: **1** Ato de jogar pedras em alguém | **2** Comprávamos | **3** Que estuda doenças da terceira idade | **5** Raiz quadrada de nove | **7** Obscurecíamos | **9** De modo empolgado | **10** Afinal, finalmente (adv.) | **13** Pronome que indica algo próximo do ouvinte | **14** Ideia fixa | **16** "A (?) de Tudo", filme biográfico de 2014 | **17** Bateu contra algo | **19** Nove, em inglês | **20** Piquenique, em inglês | **22** Desconhecido | **24** Las (?), cidade famosa pelos cassinos | **25** Chuva (som) | **27** Cadeia, em inglês | **28** Mais ruim |

348

Horizontal: 3 Fazer jurar | **6** Jota (?), banda de pop rock | **8** Que é possível distinguir | **10** Construção de terra para represar águas | **12** Comandar | **13** Conjunto de navios de guerra menor que a esquadra (pl.) | **16** Capacidade de produção | **19** Ofereceria de presente | **20** Objetos Voadores Não Identificados | **21** "Me chame pelo seu (?)", filme 2017 | **24** Dissimulado (fig.) | **28** O (?)', cantor Gabriel | **29** Detestou | **30** Breve, em inglês | **31** Produto cosmético para pele e cabelos |

Vertical: 1 Fictício | **2** Meio de transporte que voa com hélices | **3** Tentativa, em inglês | **4** Nervoso, em inglês | **5** Pequeno aro usado no dedo | **7** Desvio do percurso | **9** Frisada (cabelo) | **11** Períodos de tempo | **14** Chuvoso, em inglês | **15** Criado | **17** Estavam doloridos | **18** Pessoas que se identificam culturalmente | **22** Escutava | **23** Exibi | **25** "(?) Trek", filme de ficção estadunidense | **26** Dou voz a um personagem de animação | **27** Gel extraído de plantas como a babosa |

349

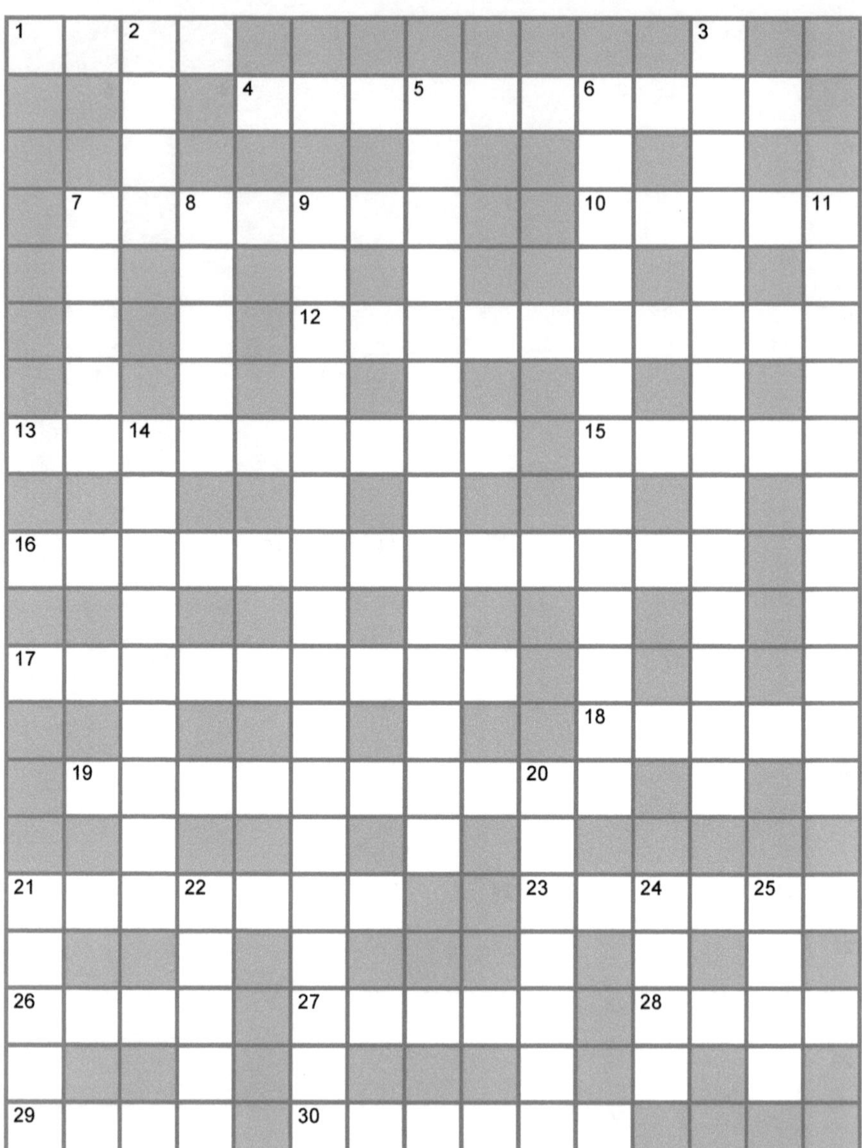

Horizontal: 1 Líder da alcateia | **4** Pusemos em desavença | **7** Chilreia | **10** Forçar | **12** Sacramento central da Igreja católica | **13** Desaba | **15** O mesmo que aversão, ódio, rancor | **16** Concessão de prazo para pagar dívida | **17** Depravar | **18** Suporte com três pernas/escoras | **19** Impulsiva, sem reflexão | **21** Circulação de veículos, trânsito | **23** Minas (?), estado brasileiro | **26** Ramos que se enrolam nas árvores | **27** Para o lugar | **28** Pronome que se refere a algo perto do falante | **29** Asa, argola | **30** Ocorre, em inglês |

Vertical: 2 Olfato dos animais | **3** Relativos a computadores | **5** Ato de alimentar, nutrir | **6** Pessoa que gosta de expôr sua nudez | **7** Que não se larga (pop.) | **8** De maneira recente | **9** Aparelho que registra a atividade elétrica do coração | **11** Tornar a abastecer | **14** Que ocorre ao mesmo tempo | **20** Andar sem destino ou rumo certo | **21** Vela de cera, grande e grossa | **22** Grupo de carros | **24** Parte da planta que fica dentro do solo | **25** Embarcação de luxo e recreio |

350

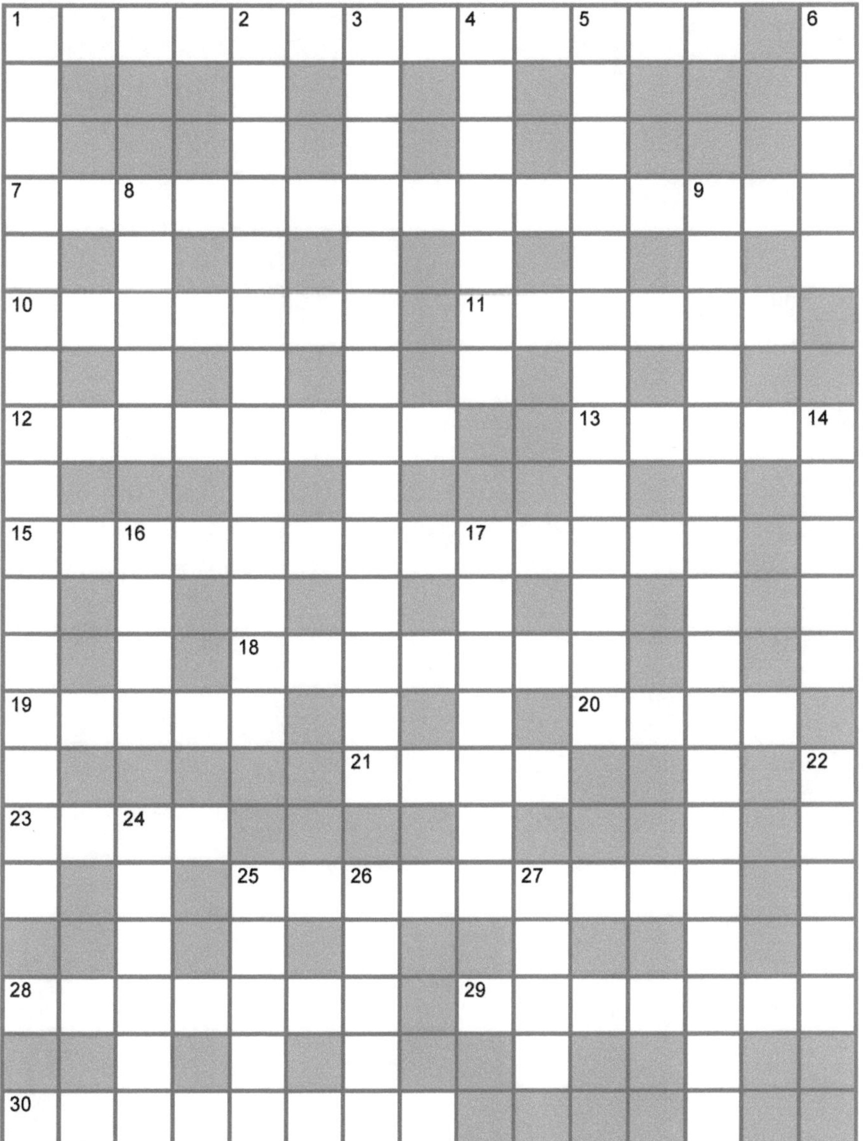

Horizontal: 1 Pertencente à confederação | **7** Modo pomposo de se expressar | **10** Que é muito bom, ótimo (gír.) | **11** Outono, em inglês | **12** Átomos de um elemento com o mesmo número de prótons | **13** Que é próprio do campo | **15** País de nascimento | **18** Riacho que nasce na mata e deságua em rio | **19** Erga | **20** Decifro a escrita | **21** Ulceração na boca | **23** Faz-(?), pessoa com diversas funções | **25** Tornavam destemido | **28** Ulcerei | **29** Lecionou | **30** Exercer atividades para publicar livro |

Vertical: 1 Acúmulo de veículos que dificulta a circulação | **2** Ramo da medicina que estuda a propagação de doenças | **3** Lutou pela independência do México | **4** Ajustai, adaptai | **5** Que não se deixa abalar | **6** Realizarão | **8** Instrumento usado para fisgar grandes peixes | **9** De modo compreensivo | **14** Acontecimento, fato (gír.) | **16** Ingeri alimento | **17** Dar propriedades magnéticas | **22** Encontro-me em certo lugar | **24** Amanhã, em italiano | **25** Presto socorro | **26** Líquido amarelado | **27** Animal que é símbolo do Natal |

351

Horizontal: 2 Que se restabeleceu | **8** Que é intrínseco | **9** Duro, tenso, estirado | **10** Café da manhã, em inglês | **11** Pequena ilha formada por algum rio | **12** Desencorajaram | **13** Elemento químico de símbolo Cs | **14** Lenda (?), história assustadora | **15** Composição imaterial que perdura após a morte | **16** Lua, em inglês | **17** Que serve para enfeitar | **19** Flor amarela que sempre aponta para o Sol | **22** Queixo, em espanhol | **23** Astronáutica (abrev.) | **24** Bailava | **25** Instituto de Matemática Pura e Aplicada (sigla) | **26** Friccionou |

Vertical: 1 Tiramos a magia | **2** Rocha, balançar, em inglês | **3** Presumir algo | **4** Expressão de desaprovação | **5** De modo legal | **6** Aquele que canta com outra pessoa | **7** Derrota | **10** Dossel com cortinas, apoiado em colunas | **15** Que está enfermo | **18** Estado do Nordeste | **19** Acessório de cabelo | **20** Chegar, em inglês | **21** Areia, em inglês |

352

Horizontal: **1** Artista que se expressa com gestos | **4** Que se listou | **7** Perder o entusiasmo | **9** Etapa, período | **10** Resultado de concordar | **12** Meio de transporte ferroviário | **13** "Fresco", "legal", em inglês | **14** Interrompe o funcionamento do aparelho | **15** Campainha (som) | **16** Que vive no subúrbio | **17** Ponto, no alto-mar, onde abundam baleias | **18** Pedir com súplica | **20** Prometeu, em inglês | **21** Céline (?), cantora canadense | **23** Exageraria | **25** Karl (?), autor de "O capital" | **26** Cereal muito cultivado para alimentação | **27** Verde, em inglês | **28** Pega | **29** Assunto de que se vai tratar |

Vertical: **2** Ciência que estuda a música | **3** Desmentissem | **5** Descarado | **6** Imperturbabilidade | **7** Válvula usada na retificação da corrente elétrica | **8** Criar outra vez | **11** De maneira atrapalhada | **13** Que foi pervertido moralmente | **17** Retirada de material celular para diagnóstico | **19** Óleo mineral natural | **22** Conexão lógica entre fatos | **24** Lobo mais fraco da alcateia |

353

Horizontal: 1 Peça que determina a direção do barco | **4** Estonteamento, vertigem | **6** Estabelecimento principal da empresa | **7** Armadilha, em inglês | **9** Desonra pública | **11** Visão de mundo que dá traços humanos a outros seres | **14** Rua curta e/ou estreita | **15** Feito pouco a pouco | **16** Condição do que é necessário | **18** Separaremos substâncias com a força centrífuga | **22** Mesmo que culpar | **23** Decifrem a escrita | **25** Maneira, modo | **26** Indústria que fabrica/monta veículos | **27** Modelo estatístico que analisa variáveis econômicas |

Vertical: 1 Ler, em espanhol | **2** Museu de Arte de São Paulo (sigla) | **3** Ouvira vagamente | **4** Genealogia e filiação dos deuses | **5** Conciliassem | **7** Que possui genes de outra espécie | **8** Forma de pensamento em que o homem é o centro do universo | **10** Obrigatoriamente | **12** Aquele que vai à praia levando uma refeição | **13** Tolo, bobo | **17** Inspira | **19** Que tem graça, encanto | **20** Dissimulava a verdade | **21** Calçado feito de uma sola com correias | **23** Bonequinha de (?), filme | **24** Antigo nome da eucaristia |

354

Horizontal: **3** Provavam um prato | **6** Medicamento que combate espasmos | **8** Vendas por telefone (Ing.) | **9** Juiz de linha no futebol | **11** Meu nome é (?), filme | **13** Apanhar, reunir, ligar | **14** Ocorreu, aconteceu | **17** Biblioteconomia (abrev.) | **19** Danificamos | **20** Michael (?), jogador de basquete americano | **21** Membros das aves que servem para voar | **22** Autor de texto dissertativo curto | **25** Mar que banha Grécia, Chipre e Turquia | **26** Criança que ajuda o padre | **27** Imitarem |

Vertical: **1** Que se agravou ou excedeu, exagerado | **2** Tubérculo rico em amido (dim. e pl.) | **3** Demiti | **4** Aos poucos | **5** Dar com o pé em algum obstáculo | **7** De modo consciencioso | **10** Transmite saber | **12** Apropriadamente | **15** Alteração da saúde manifestada por sintoma | **16** Indústria de oleiro | **17** Adulação | **18** Larva de mosca | **23** Novo, em italiano | **24** Isolar |

355

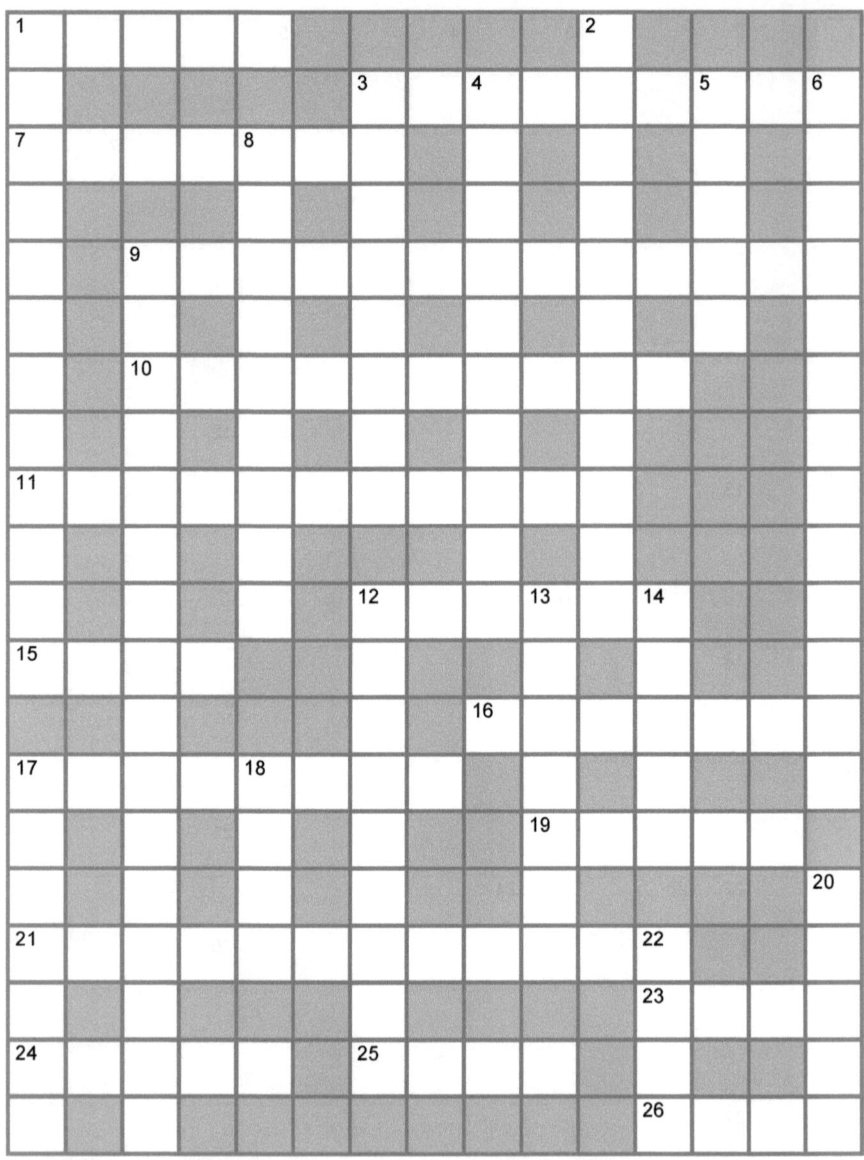

Horizontal: 1 Apresentadora e empresária estadunidense | **3** Agitar líquido na boca | **7** Par romântico do Aladdin | **9** Ato de se desmantelar | **10** Demandaremos | **11** Conduziremos um veículo | **12** Alfaiate, em espanhol | **15** Abreviação que significa "e outros" | **16** (?) van Gogh, pintor holandês | **17** Faixa, atadura, compressa | **19** Olá, em inglês | **21** Que estuda a origem das palavras | **23** Lufa-(?), uma das casas de Hogwarts | **24** Agente transformador do espaço geográfico | **25** Antônimo de "hard" (Ingl.) | **26** Panela, em espanhol |

Vertical: 1 Imparcialidade | **2** Gastar, pagar | **3** Cantor e compositor brasileiro | **4** Cantamos como um pássaro | **5** Chifres, em inglês | **6** Inflamação da rinofaringe | **8** Transgrediu | **9** Estudo dos campos elétricos e magnéticos | **12** Que ministra os sacramentos da Igreja | **13** "Sair dos (?)", desviar-se do ideal | **14** Elite, nata | **17** Ferrolho da porta | **18** Forma reduzida para automóvel | **20** Rocha muito íngreme e escarpada | **22** Que se usa como tempero |

356

Horizontal: 1 Dia antes da véspera | **6** Agrados excessivos | **7** Um pouco, em inglês | **10** Encontra-se em certo lugar | **11** Filhas dos mesmos pais | **12** Escoteiro principiante | **13** (?) de Samos, filósofo helenístico | **16** Esfolar, arranhar | **18** Bebida espanhola feita de vinho | **20** Ritmo e dança argentina | **21** 900 por extenso | **23** Resultado de vender | **24** Líquido secretado pelos olhos | **25** Ato incomum que requer coragem, façanha | **29** Esfera | **32** Análise de si mesmo | **33** Emigração em massa de um povo |

Vertical: 1 Relativo a administração | **2** Da mesma forma, igualmente (adv.) | **3** Blaise (?), matemático, físico e filósofo francês | **4** Lembrar-se, em inglês | **5** 400 por extenso | **8** Quando, em inglês | **9** Perda de suas características | **14** Preguiçoso, ocioso, covarde | **15** Uma das cavidade do ouvido | **17** Cantor e multi-instrumentista brasileiro | **19** Aquele que abnega | **22** Descanso, folga do trabalho | **25** Classe social mais baixa do povo | **26** Alternativa | **27** Alexandre (?), jogador | **28** Tecer | **30** Competição automobilística | **31** Letra S |

357

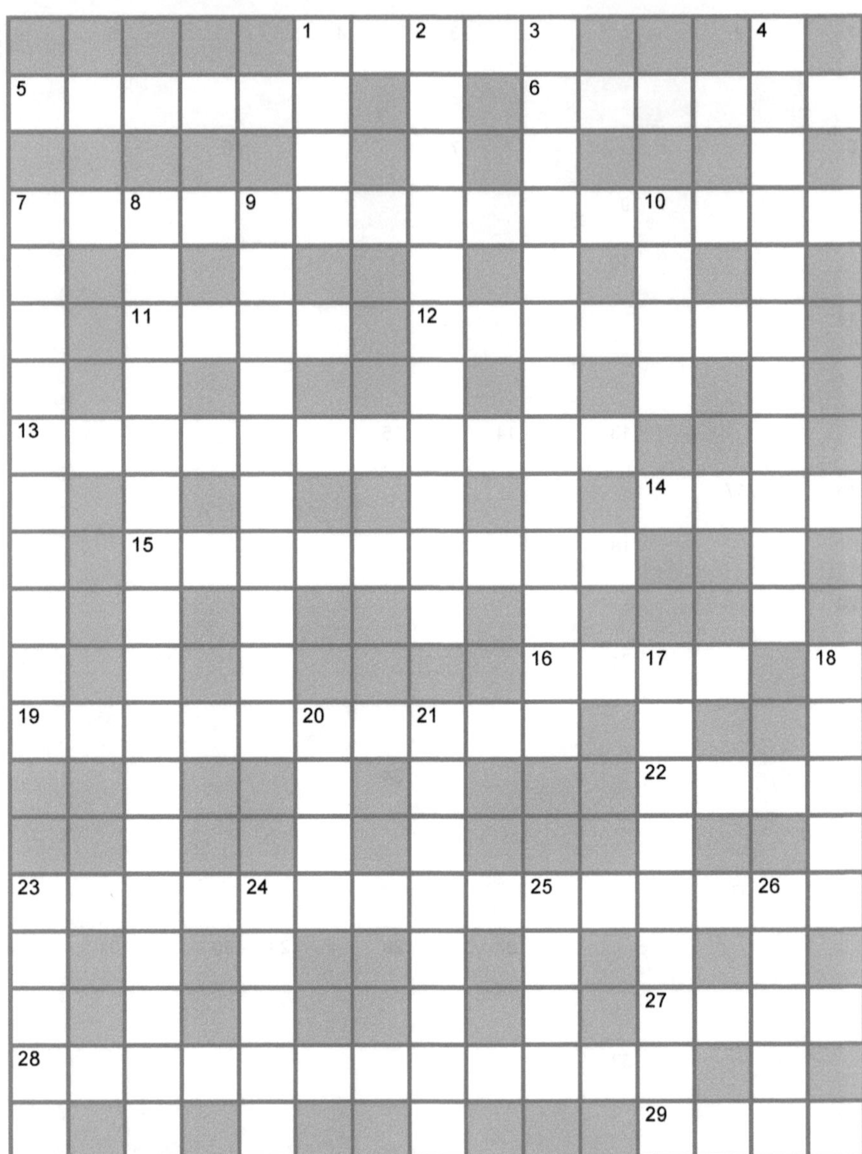

Horizontal: 1 Tornar a ver | **5** Cabana, palhoça, rancho | **6** Qualquer sólido redondo, bola | **7** Cientista que estuda bactérias | **11** Nuvem, em espanhol | **12** Indivíduo que exprime infortúnio, amargura | **13** Palavra usada durante um feitiço | **14** Produz | **15** Agitação | **16** Inteiro, total | **19** Penosamente | **22** Lugar onde se vendem livros usados | **23** Esvoaçaremos | **27** Pato, em inglês | **28** Qualidade do que não morre | **29** Joia (?), telenovela |

Vertical: 1 Traseiro, em inglês | **2** Aumento de valor ou preço de algo | **3** Que consola, dá alento | **4** Microrganismo do reino protista | **7** Tira de pano que se leva no braço | **8** Importaremos algo ilegalmente | **9** Modo de posicionar os lábios em instrumento de sopro | **10** Ilha, em espanhol | **17** Mesmo que gastar | **18** Tiger (?), famoso jogador de golfe | **20** Refeição, em inglês | **21** Glândula que produz o néctar | **23** Expulsou de um lugar | **24** Inflamação na orelha | **25** Lição dada pelo professor ao aluno | **26** Estimar o custo de algo |

358

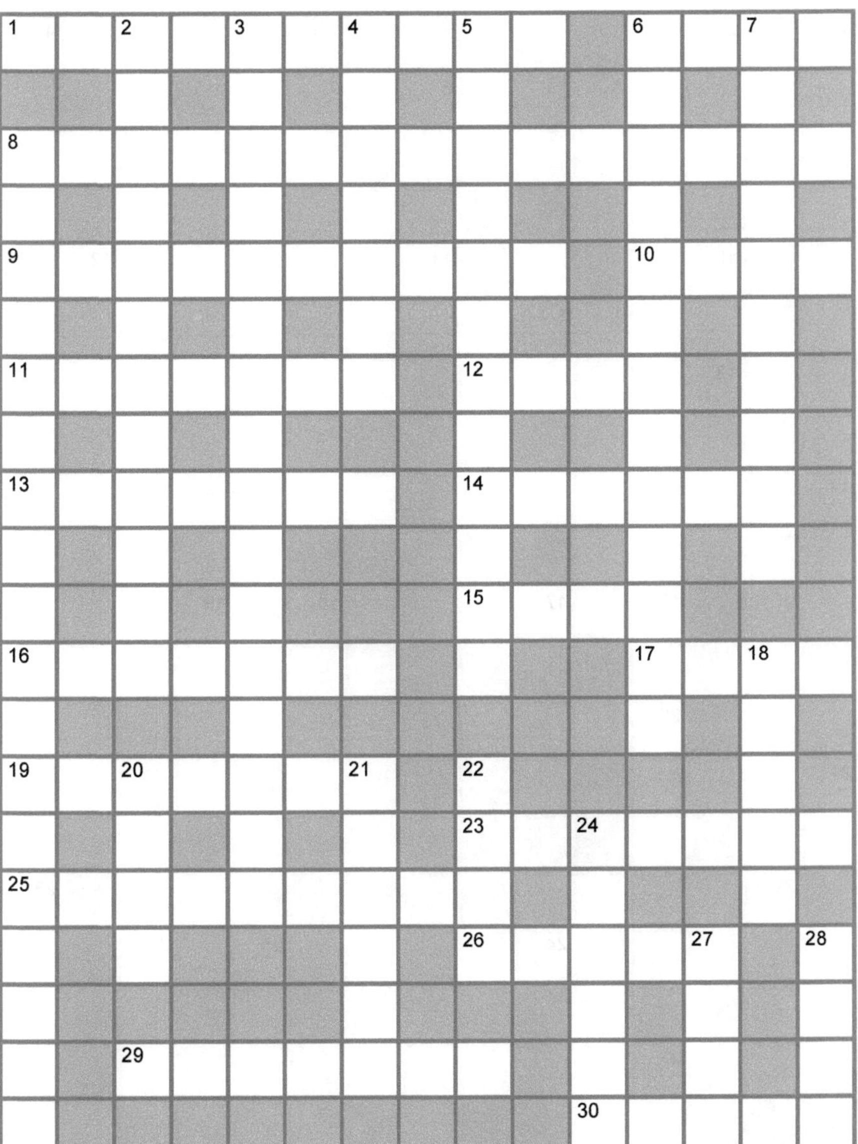

Horizontal: 1 Receitar um remédio | **6** Ela, em espanhol | **8** Crescimento ou expansão gradual | **9** Manter-se vivo apesar de algo | **10** Agente de polícia (pop.) | **11** Mesmo que enriquecer | **12** Prática indiana | **13** Nublar | **14** Desenterrar, tirar da sepultura | **15** Sílaba de contratante | **16** Incluir em uma lista | **17** Animal símbolo da copa de 2014 | **19** Zombaria | **23** Tomareis providências | **25** Ditador italiano | **26** Renato (?), cantor brasileiro | **29** Bezerro de dois a quatro anos de idade | **30** Naipe do baralho cujo símbolo é um losango |

Vertical: 2 Fazer ficar vaidoso | **3** Apego a convenções | **4** Enaltecer alguém | **5** Ato de desvanecer | **6** Talvez, possivelmente | **7** Arte que usa a linguagem escrita | **8** De maneira dispensável | **18** Praticar adultério | **20** Protagonista feminina de “Titanic” | **21** Detestado | **22** Ir de dentro para fora | **24** Introduzo | **27** Rezar | **28** Sílaba de madrasta |

Horizontal: 3 DJ brasileiro | **6** Rainha de Cartago (mit.) | **8** Que ainda não foi resolvido | **9** Cervídeo com pintas brancas nas costas | **10** Escutei | **11** Corpo celeste | **13** Aqueles que se dedicam à atividade agrícola e pecuária | **14** Dar banquete | **15** Imediatamente, sem demora | **16** Tornar manso, dócil | **19** Deserto, desabitado | **20** Hormônio masculino (Biol.) | **21** Processo inflamatório da pele | **22** Pra (?), muito, intensamente | **24** (?) Holmes, detetive inglês | **27** Pequeno animal invertebrado | **28** Simples, sem sofisticação |

Vertical: 1 Tornar impermeável | **2** Substância usada como anestésico local | **4** Conhecer, em inglês | **5** Deturpam | **6** De modo modesto | **7** Lançar a água em, desembocar | **9** Que combate em guerrilha | **12** Exercício físico para a flexibilidade | **16** Soerguido, levantado | **17** Estamos presentes (Latim) | **18** Relativo ao reto (Biol.) | **22** Numeral cardinal | **23** Golpe dado com a mão fechada | **25** Membro da família dos golfinhos (Biol.) | **26** Fruta verde por dentro e marrom por fora |

360

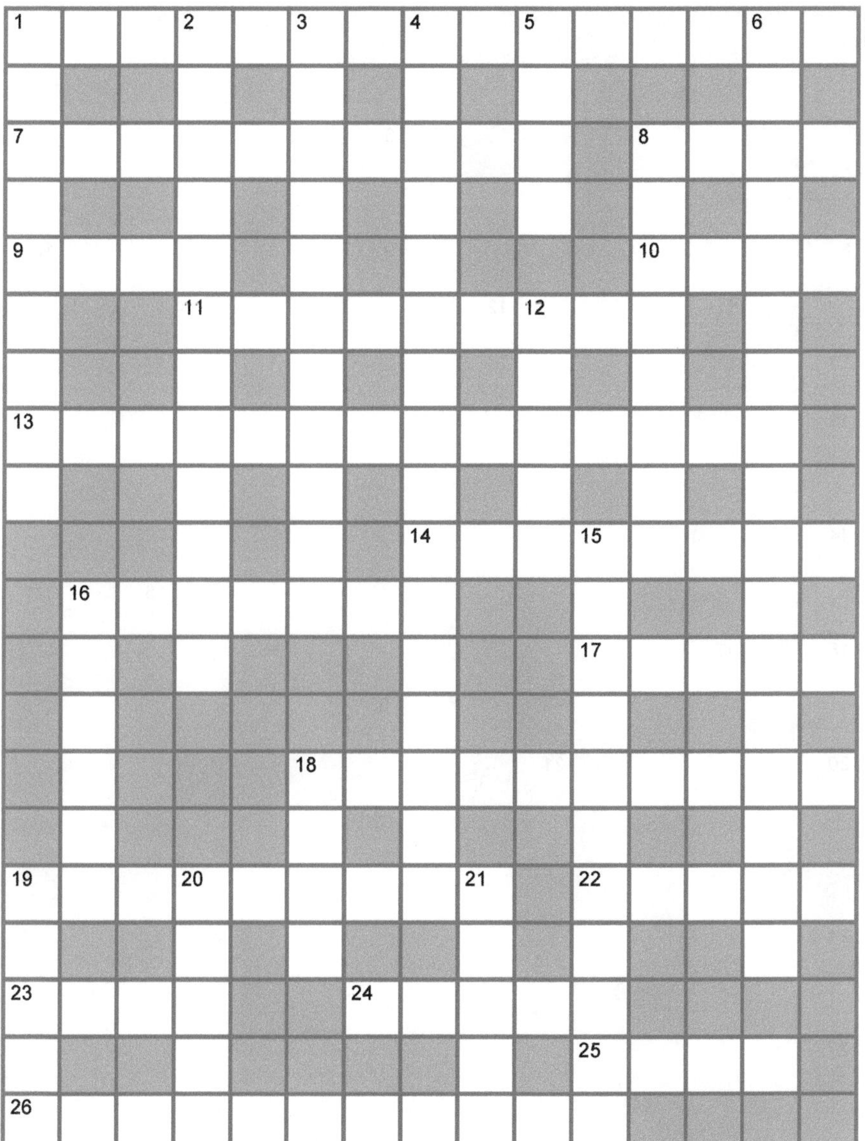

Horizontal: 1 Que coloca o homem como centro do universo | **7** Prestaremos socorro | **8** Jogo de tabuleiro | **9** Elemento químico | **10** A parte de baixo do pé | **11** Administraremos | **13** Qualidade do que satisfaz | **14** Pessoa que toca harpa | **16** Recipiente para transportar areia | **17** Norma, preceito, princípio | **18** Que sofre de mongolismo | **19** Usamos algo pela primeira vez | **22** Belo | **23** Festa noturna que se realiza na praia | **24** Oferecemos de presente | **25** Mais, em inglês | **26** Alternância de pessoas ou coisas |

Vertical: 1 Afagar, acariciar | **2** Em que se fez radiografia | **3** Agitação, inquietação | **4** Partilha de algo com alguém | **5** Nariz, em inglês | **6** Interdependência entre fenômenos | **8** Convenci alguém a mudar de ideia | **12** Que supera outro em tamanho | **15** Correspondência entre duas coisas | **16** Michael (?), nadador estadunidense | **18** Gato (som) | **19** Cássia (?), cantora carioca | **20** Rota, em inglês | **21** Mesmo que esperma |

361

Horizontal: 1 Matt (?), ator estadunidense | **3** Aplicado, em inglês | **6** Ocasião oportuna, oportunidade | **7** Desejaras com veemência | **9** (?) Nazareth, compositor de “Odeon” | **11** Cadeia de montanhas | **13** Conjunto de teorias influenciadas por Kierkegaard | **14** Que evolui gradualmente ou por etapas | **16** Engrossar | **19** Sobrepõe uma coisa sobre outra | **20** Prédio em construção | **22** Indivíduo desprovido de inteligência | **24** Em parte, não completamente | **26** Abreviatura de “singular” | **27** Papel da Virgem Maria na redenção (rel.) | **28** Antônimo de “pretty” |

Vertical: 1 Que age e se expressa à vontade | **2** Imponente, nobre, belo | **3** Não acredita nem nega existência de Deus | **4** Que tem prioridade | **5** De modo desbalanceado | **8** Falta de emprego | **10** Outubro, em inglês | **12** Aquele que sofre de amnésia | **15** Bisbilhoto | **17** Atormentar, martirizar | **18** Planeta, em inglês | **21** Tornar a cair no mesmo erro | **23** De modo conclusivo, enfim | **24** Solicito | **25** “(?) e Jacó”, livro de Machado de Assis |

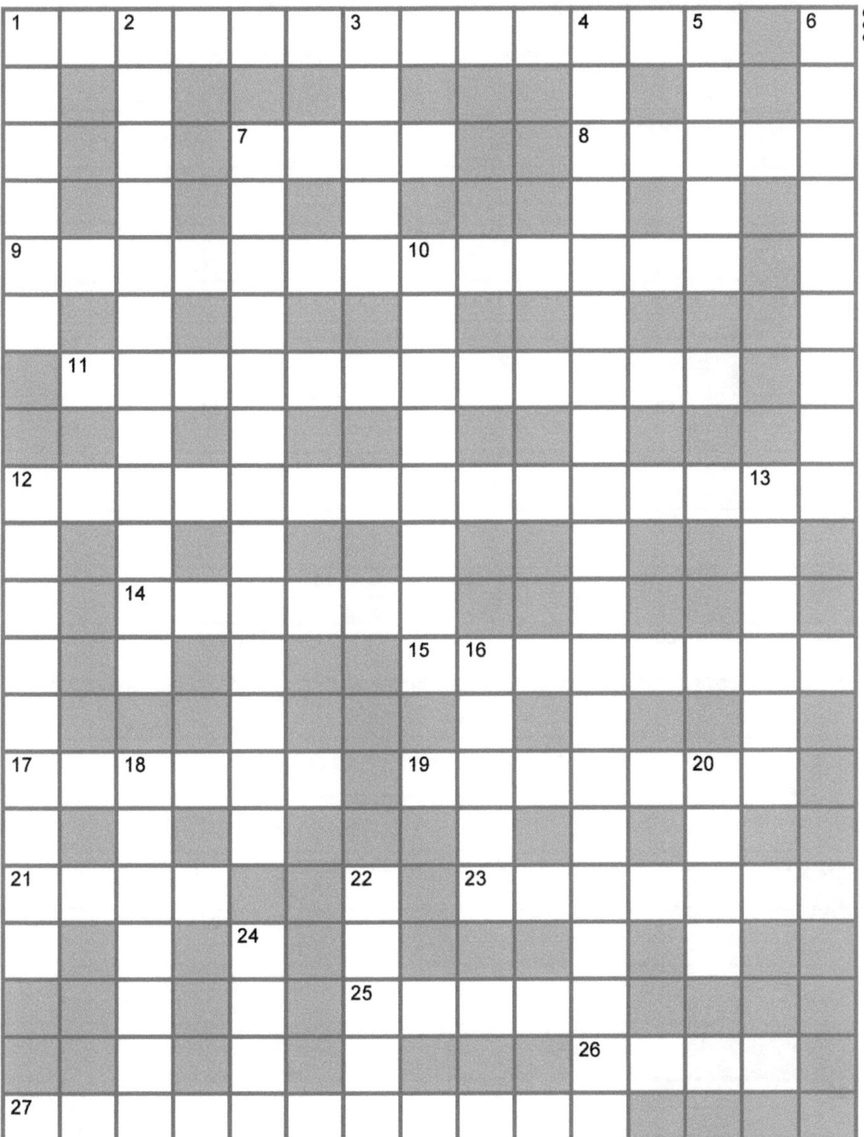

362

Horizontal: 1 Peixe (?): animal como o tubarão e a raia | **7** Ocultar, em inglês | **8** Detestei | **9** Que traz civilização | **11** Desconexo, incoerente | **12** Fazer perder identidade pessoal | **14** Ranhura que aparece no corpo | **15** Inflamação da retina | **17** Aquilo que falta numa conta | **19** Exaltou as qualidades | **21** Antônimo de "kind" | **23** Sair da casca do ovo | **25** Prática baseada na troca de parceiros | **26** Aço inoxidável | **27** Predileção |

Vertical: 1 Perde a lucidez por velhice | **2** Ficar ou parecer mais jovem | **3** Que tem audácia, atrevido, ousado | **4** Área médica que trata de orelha, nariz e garganta | **5** Falecimento, morte | **6** Dar base a algo | **7** Que se refere ao Sol como centro | **10** Ornar com auréola | **12** Demitirá | **13** Mexeu, sacudiu | **16** (?) Goulding, cantora britânica | **18** Cheirasse mal | **20** Em qual lugar, em que parte | **22** Expiração ruidosa do ar contido no pulmão | **24** Pequeno móvel acolchoado |

363

Horizontal: 2 Estado civil | **6** Deglute | **8** Enfurecido, danado, irado | **9** Que elimina odores ruins das axilas | **11** Jogava fora | **13** Dominar pela força | **16** Enfadonho | **18** Lugar/cultura de origem de alguém | **19** Desfiguravam | **21** Modo de vida sem residência fixa | **23** Entraram | **26** Deus grego da discórdia | **27** Mesmo que ornamentação | **28** Número de quilômetros percorridos |

Vertical: 1 Domínio territorial medieval | **2** De maneira bagunçada | **3** Peça na horizontal que sustenta uma casa | **4** Pode ser contido em algo | **5** Restitui | **7** Mistura de pó branco com água moldável | **10** Que transforma | **12** Que promove casamentos | **14** De maneira astuta | **15** Que não tem aptidão | **17** Escutamos | **20** Que forma ângulo reto | **22** Apreciam | **24** (?) Jobs, inventor do iPhone | **25** Ara |

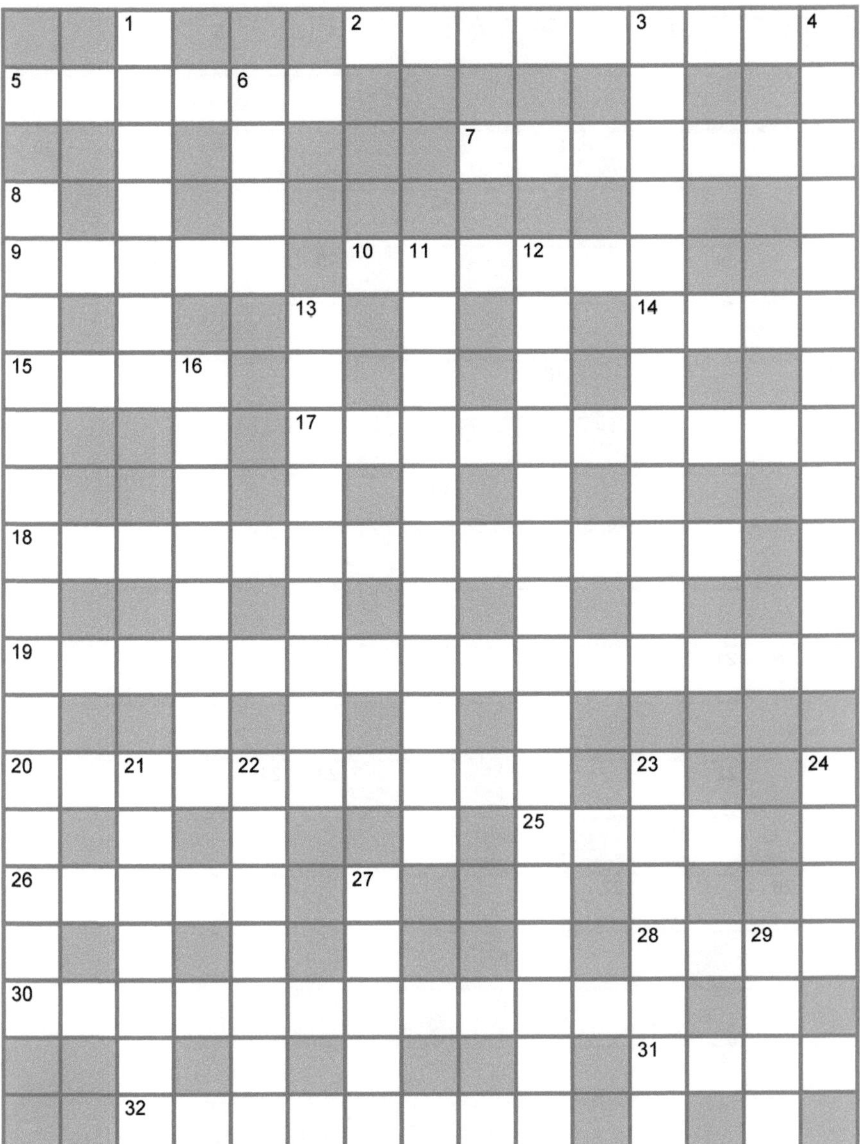

Horizontal: 2 Nossa Senhora (?), padroeira do Brasil | **5** Emprego remunerado (region.) | **7** Tipo de galo de porte pequeno | **9** Exibe | **10** Registrado com data | **14** Pedaço de madeira estreito e comprido | **15** (?) Pound, poeta americano | **17** Estimemos, amemos | **18** Relativo à arquitetura | **19** Importamos algo ilegalmente | **20** Abrir os botões | **25** Que tem afinidade | **26** Produzir som de animal feroz | **28** Topo, cume | **30** Oferta, dedicatória | **31** Tecido resistente próprio para tendas | **32** Faz-se noite |

Vertical: 1 Andar a galope | **3** Disputa entre indivíduos | **4** Ajustássemos, adaptássemos | **6** Tem a possibilidade | **8** Cais | **11** Repreendíamos | **12** De maneira ensandecida | **13** Mesmo que espalhado | **16** Tristeza profunda | **21** Estado de degradação, de indigência | **22** Bruno (?), cineasta brasileiro | **23** Capital de Nebraska (EUA) | **24** Círculo luminoso em volta de algo | **27** Existe, em inglês | **29** Macaco, em espanhol |

365

Horizontal: 1 Mole, macio | **3** Que causa dano, prejudicial | **7** Dez menos dois | **9** Áspero, duro | **11** Habitante de um povoado (fem.) | **13** Maltratar, atormentar (pop.) | **15** Antônimo de "hot" (Ingl.) | **17** Também, em inglês | **18** Fizeste agir sob coação | **19** (?) americano, filme | **20** (?) Thatcher, ex-primeira-ministra britânica | **21** Tornamos mais denso | **22** Amendoim, em espanhol | **23** Reza, prece | **25** Desampararmos | **28** Bairro, em inglês |

Vertical: 2 Floresci | **4** Modificação no ator para representar papel | **5** Arame suspenso em que se estende roupas | **6** Chilreavam | **8** O caráter distintivo | **10** Que contém oxigênio | **12** Destituí o caráter misterioso de algo | **14** Causamos reação desfavorável | **16** Desigual | **24** Difícil de se encontrar | **26** Mesmo que etileno | **27** Moulin (?), cabaré mais famoso do mundo |

Respostas

Para encontrar as respostas é muito simples. Basta procurar pelo número do diagrama nas páginas de respostas!

Número do diagrama.

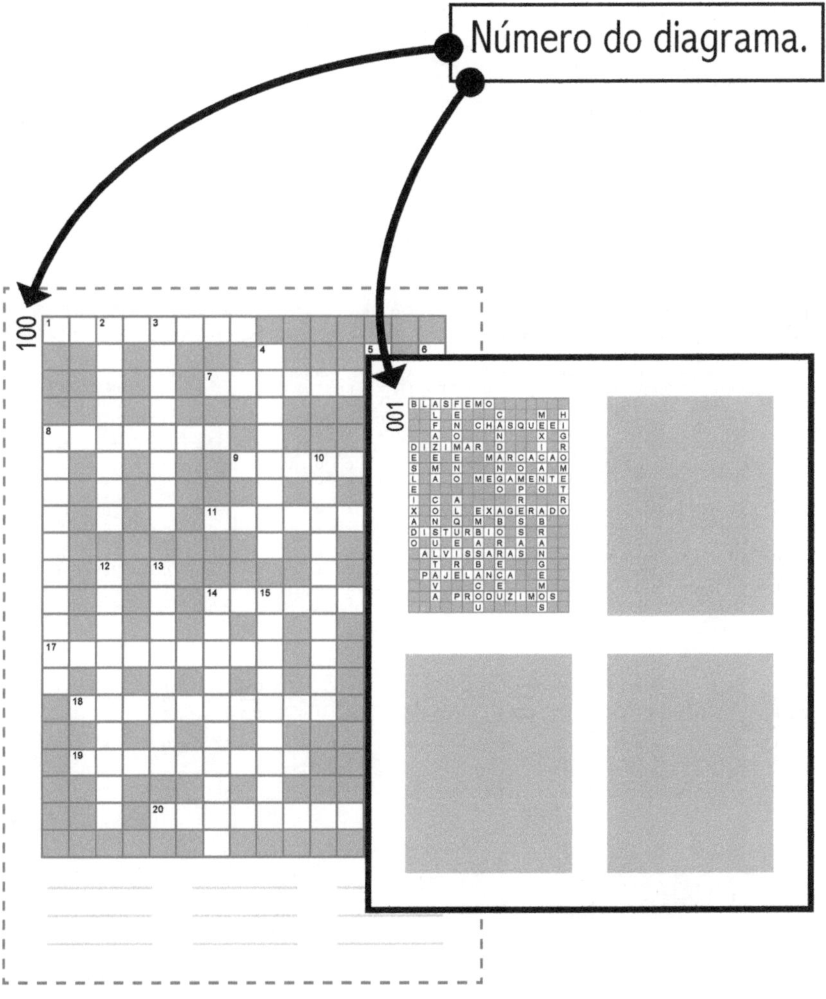

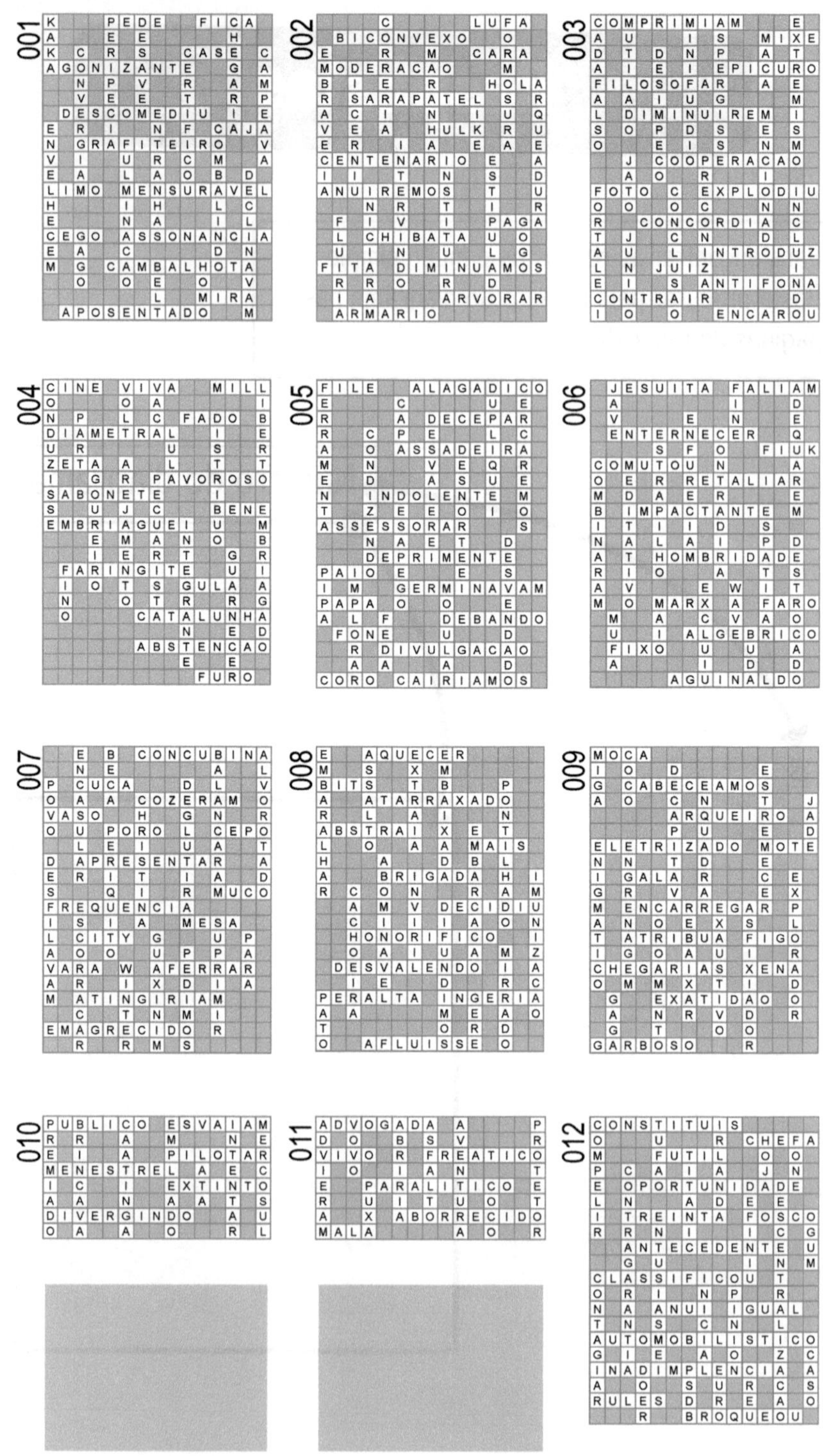
001
002
003
004
005
006
007
008
009
010
011
012

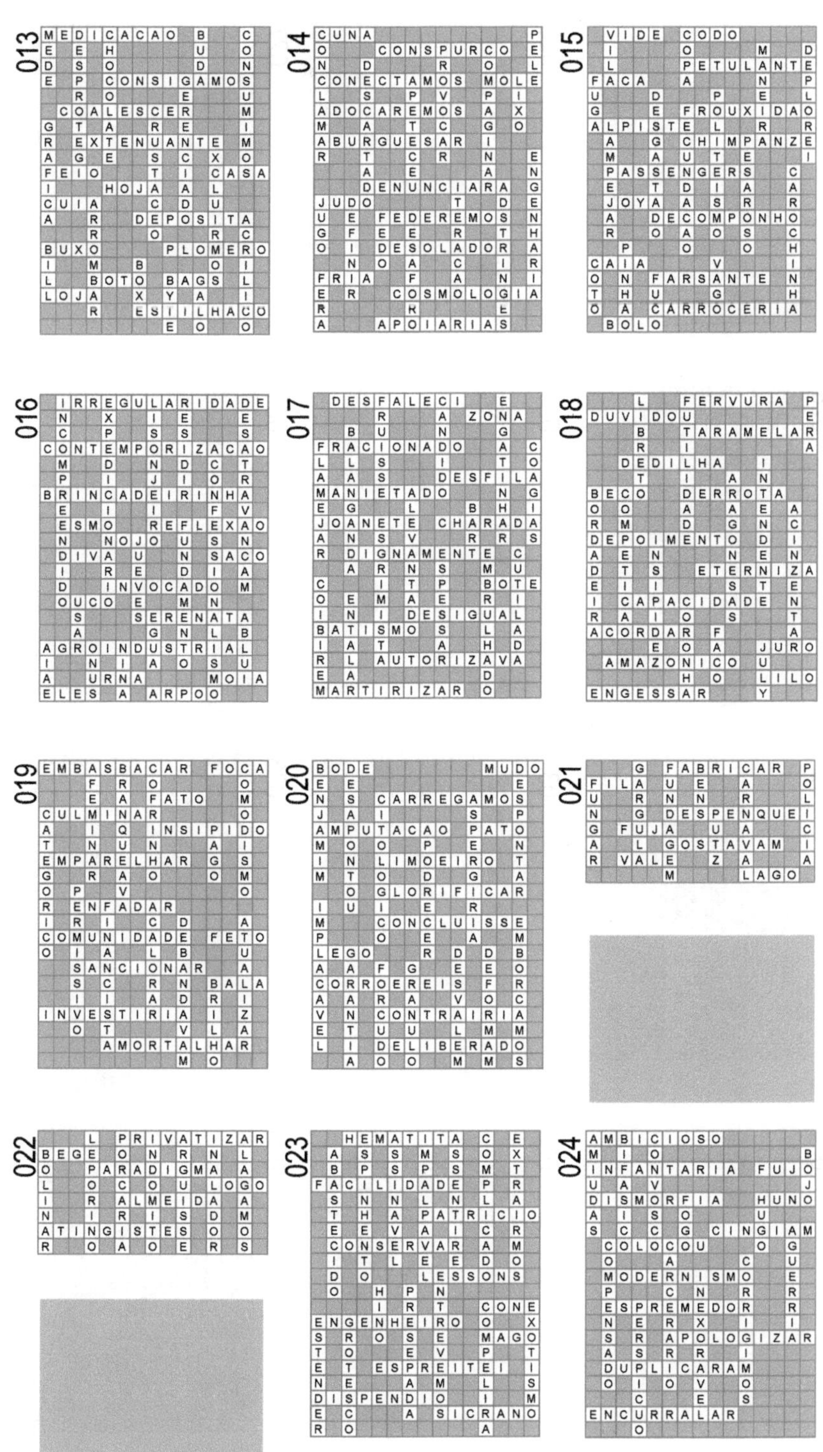

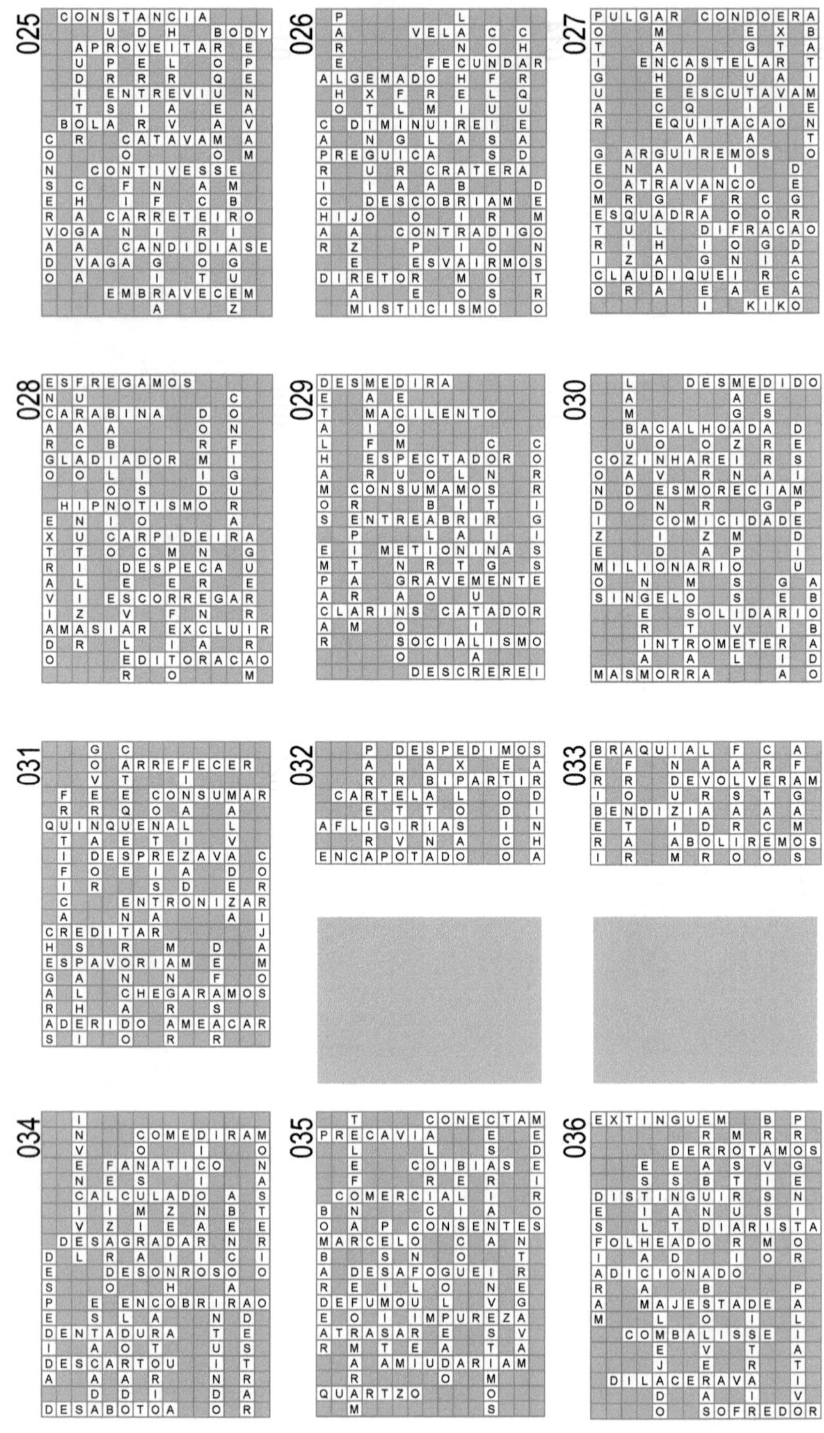
025
026
027
028
029
030
031
032
033
034
035
036

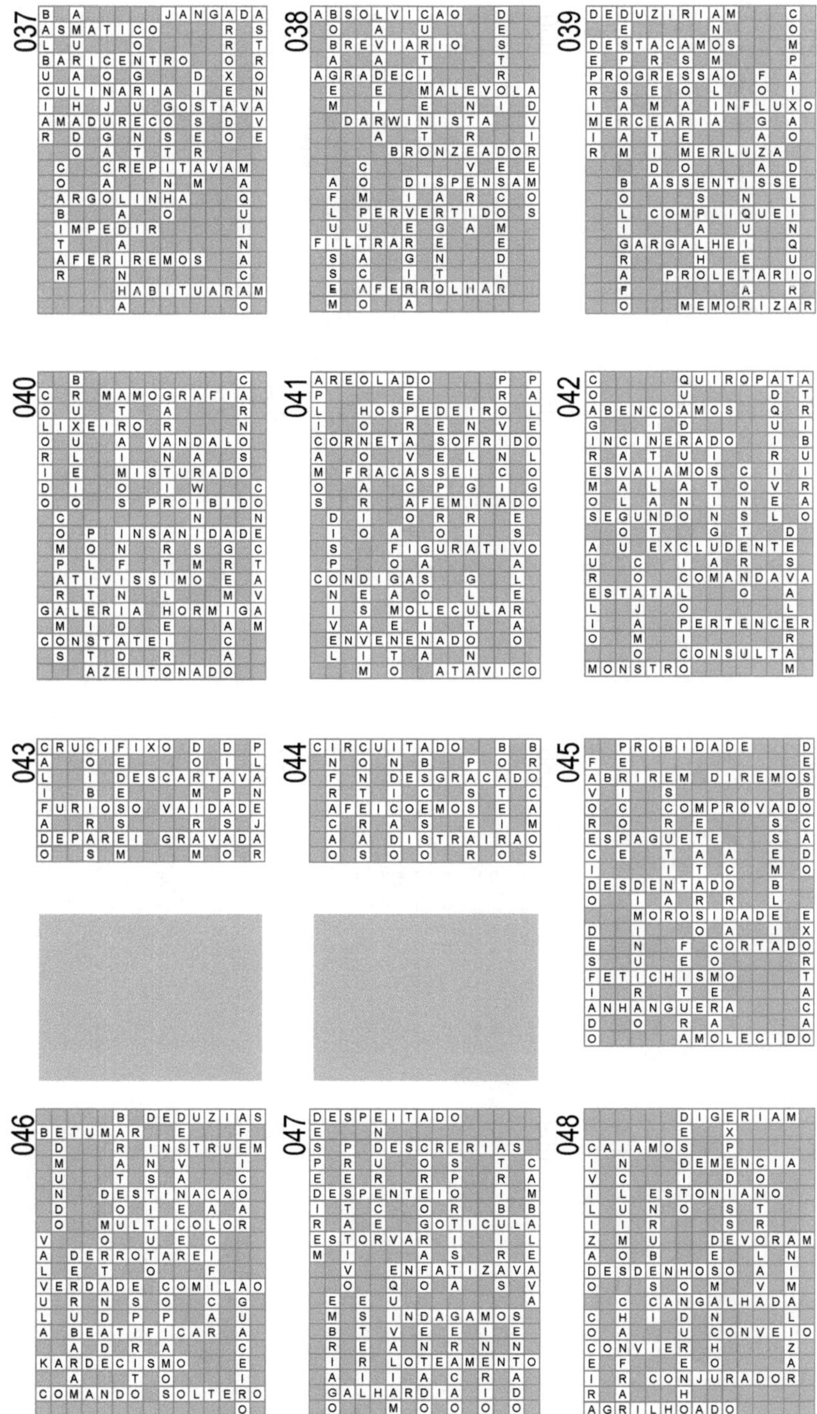
037
038
039
040
041
042
043
044
045
046
047
048

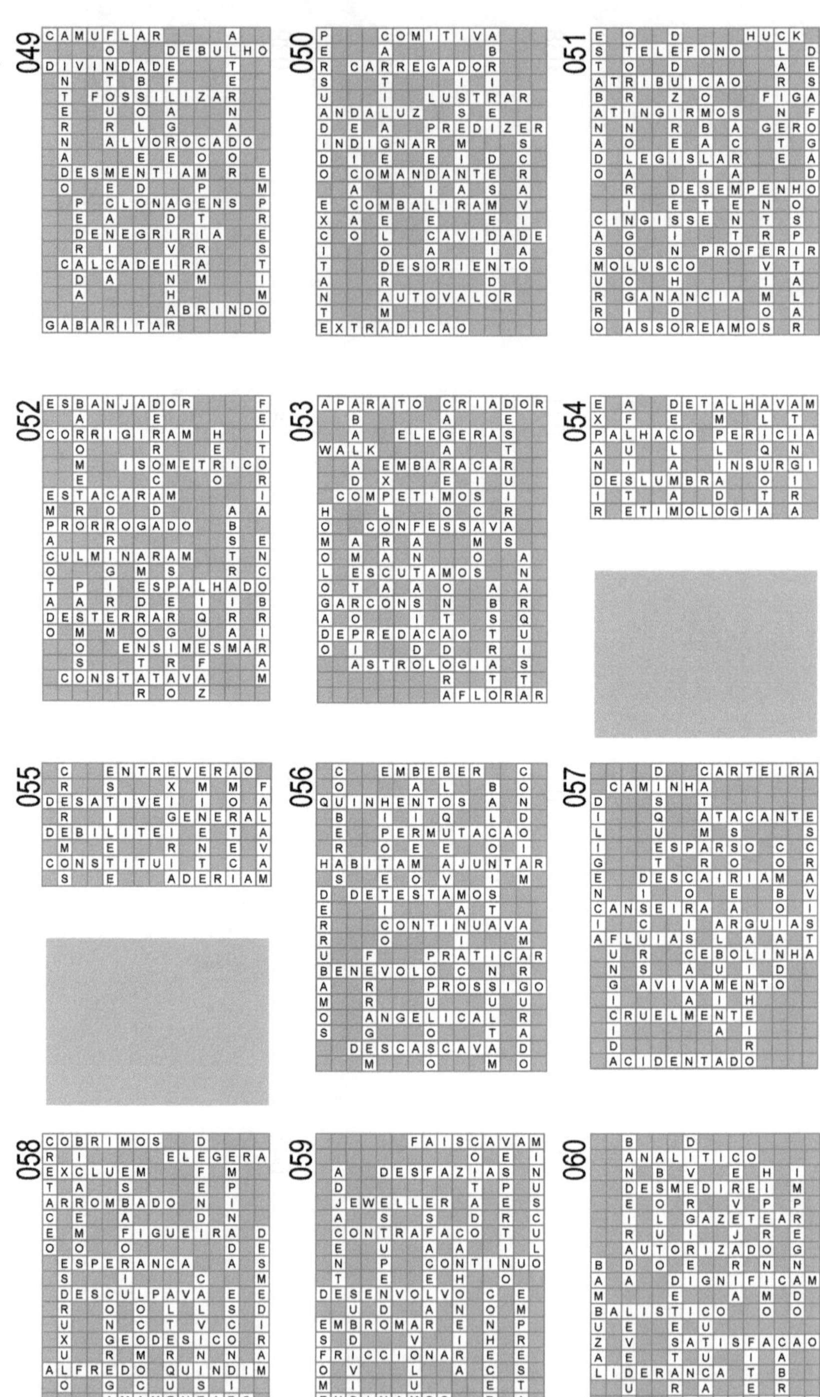
049
050
051
052
053
054
055
056
057
058
059
060

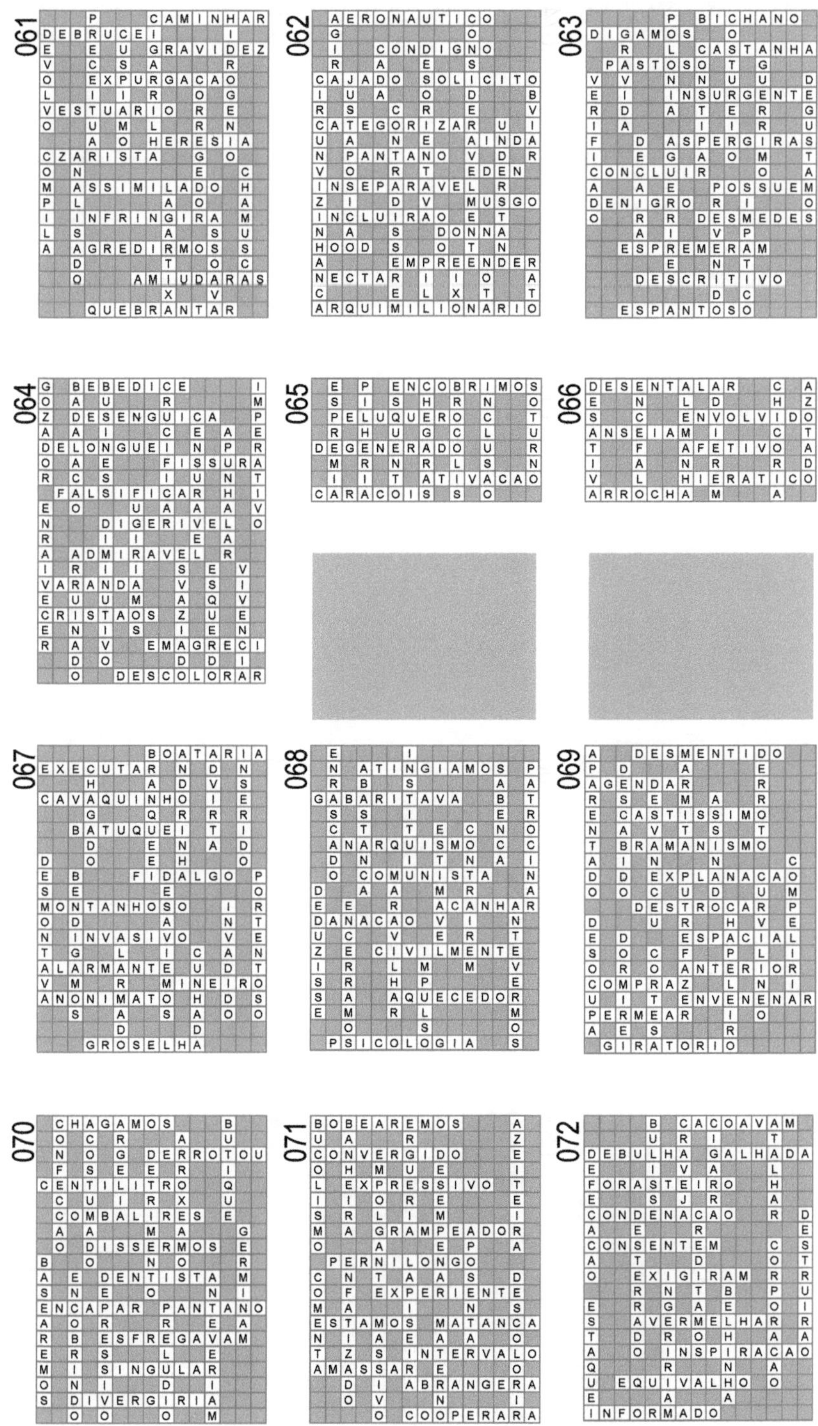
061
062
063
064
065
066
067
068
069
070
071
072

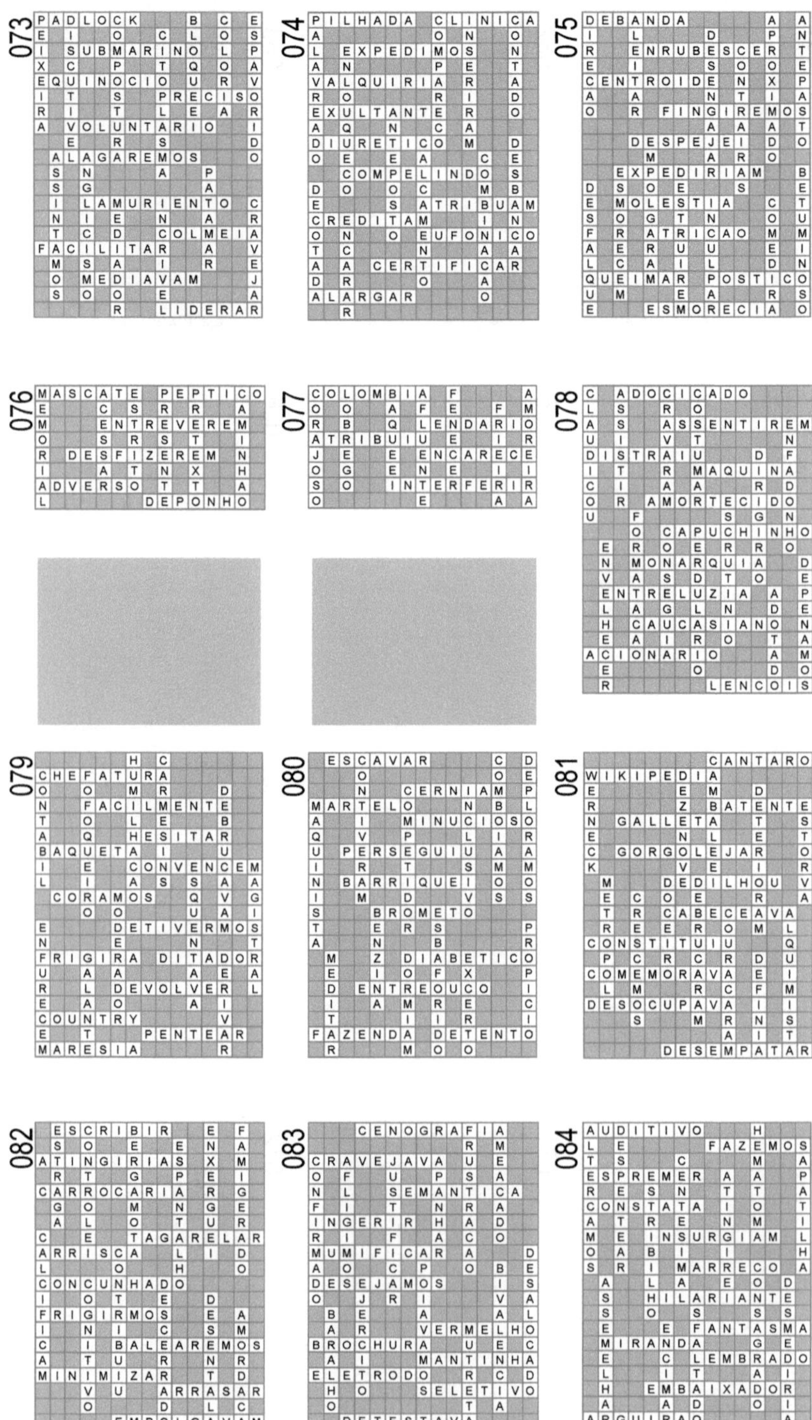
073
074
075
076
077
078
079
080
081
082
083
084

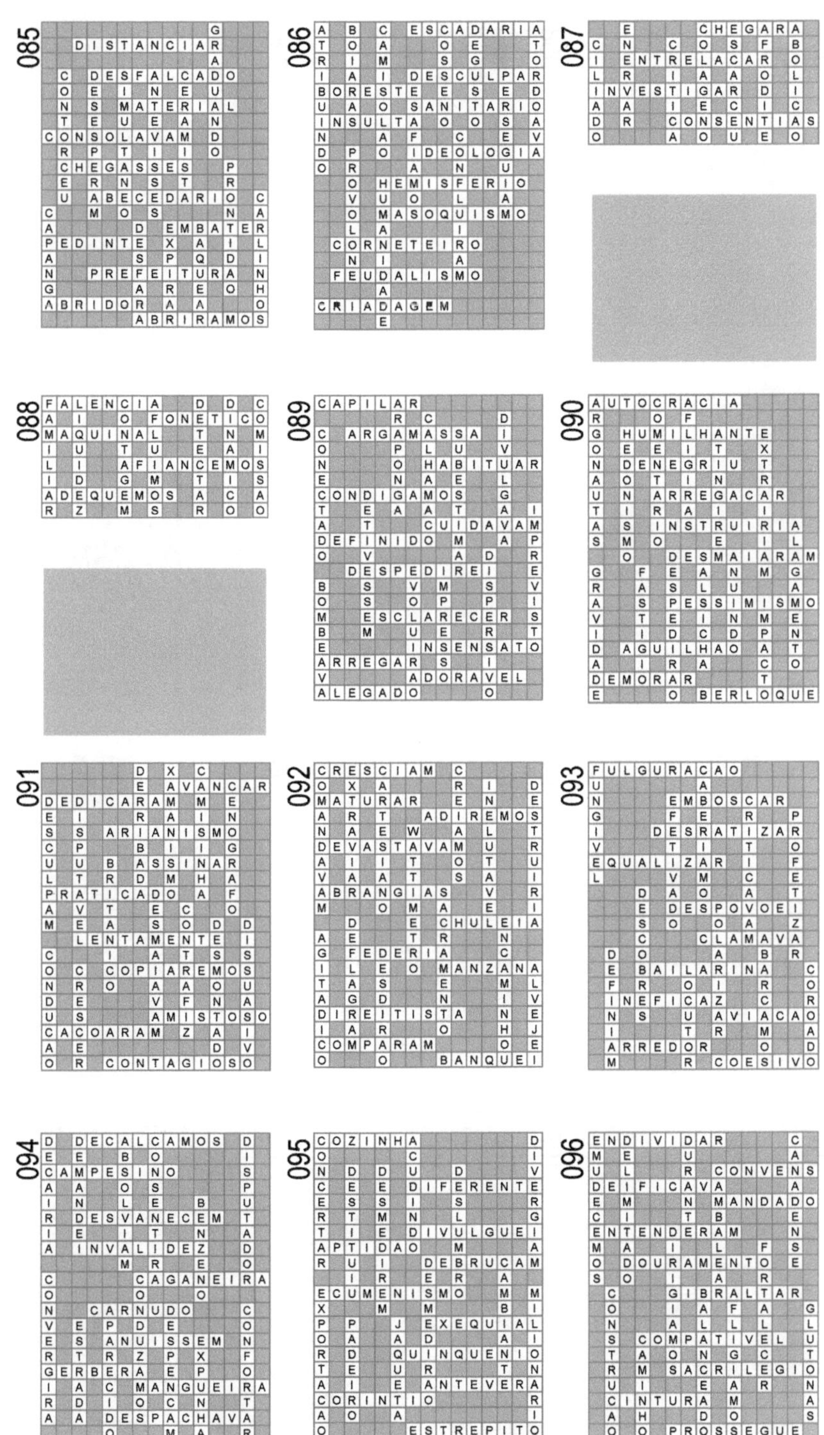

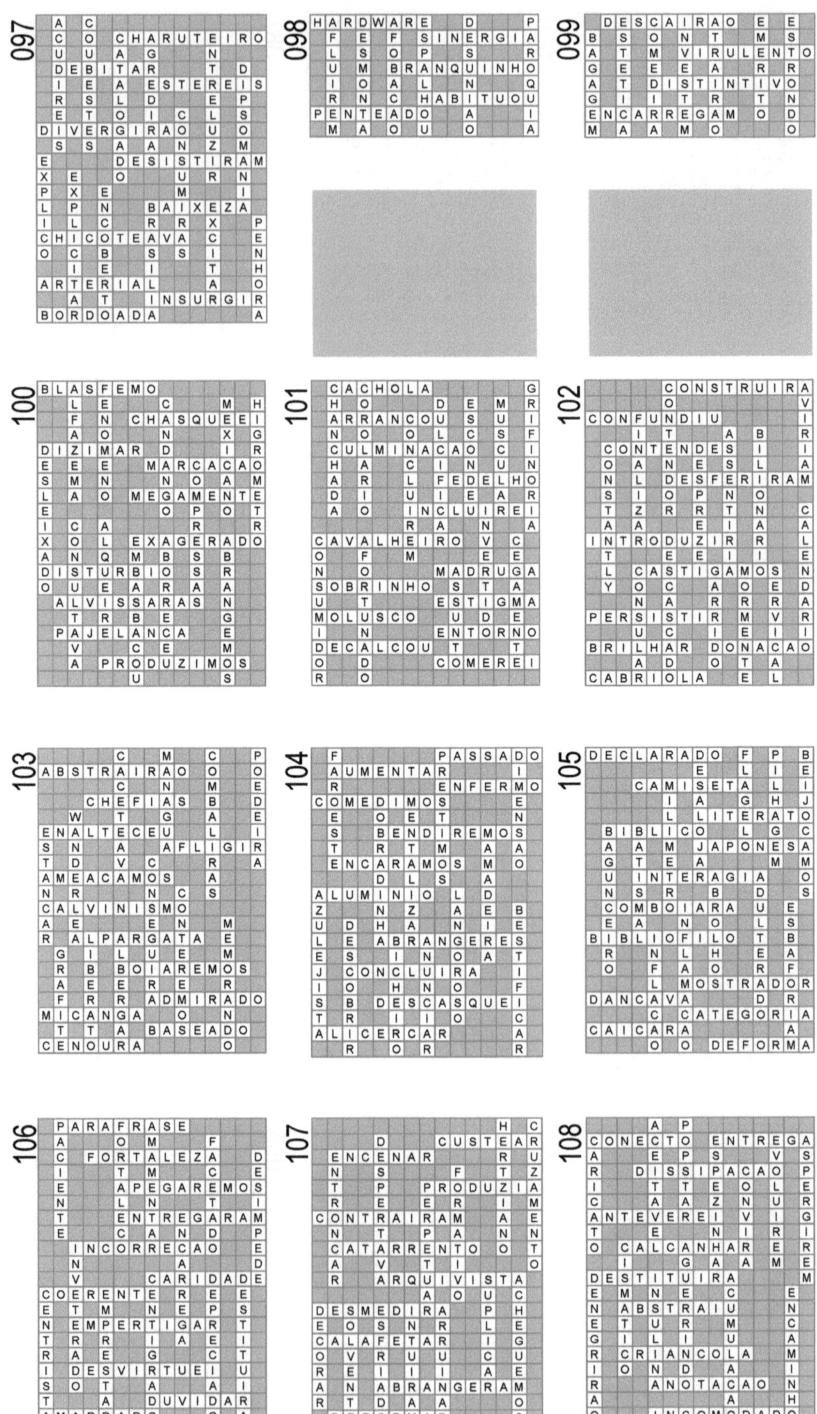
097
098
099
100
101
102
103
104
105
106
107
108

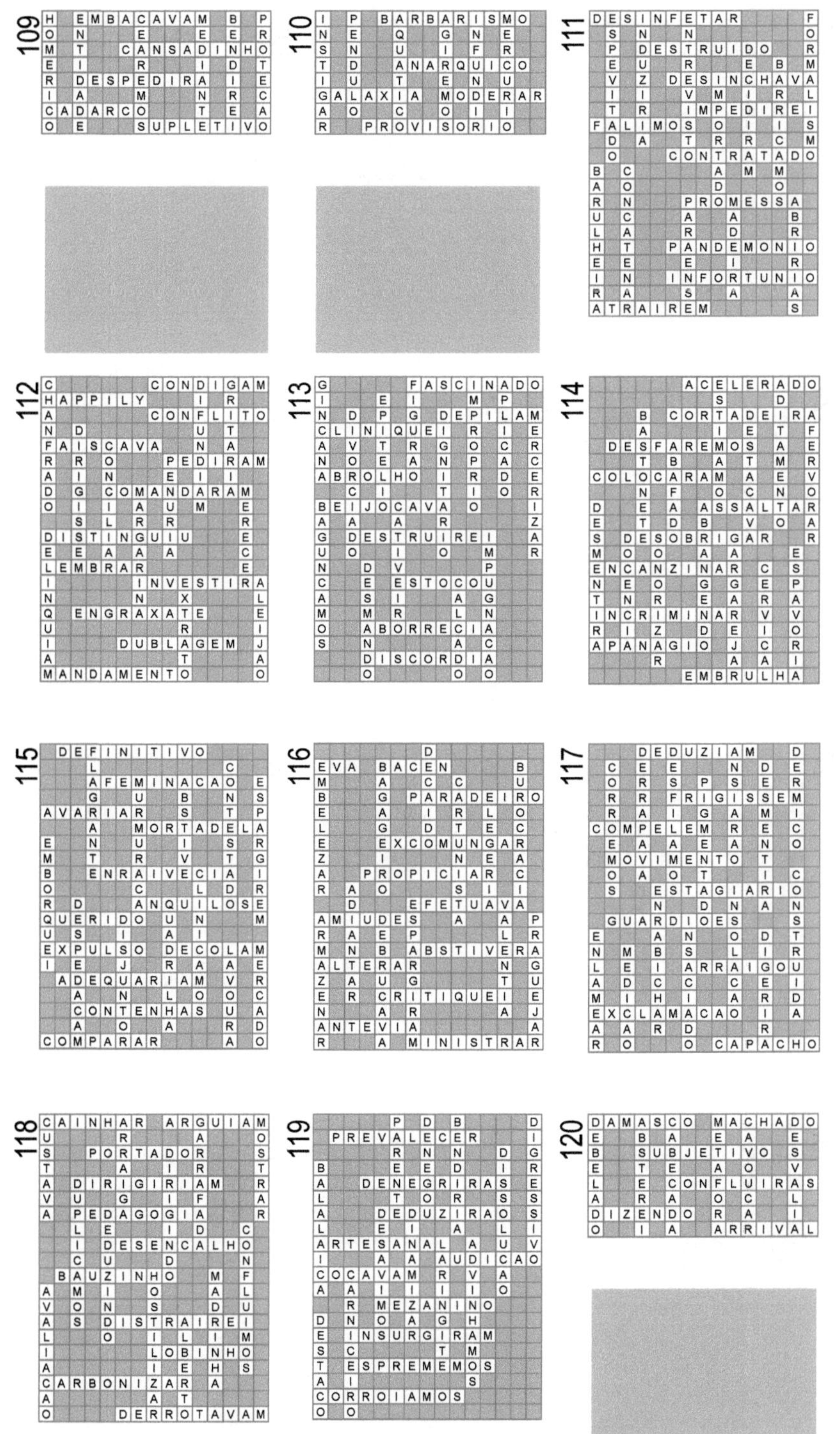
109
110
111
112
113
114
115
116
117
118
119
120

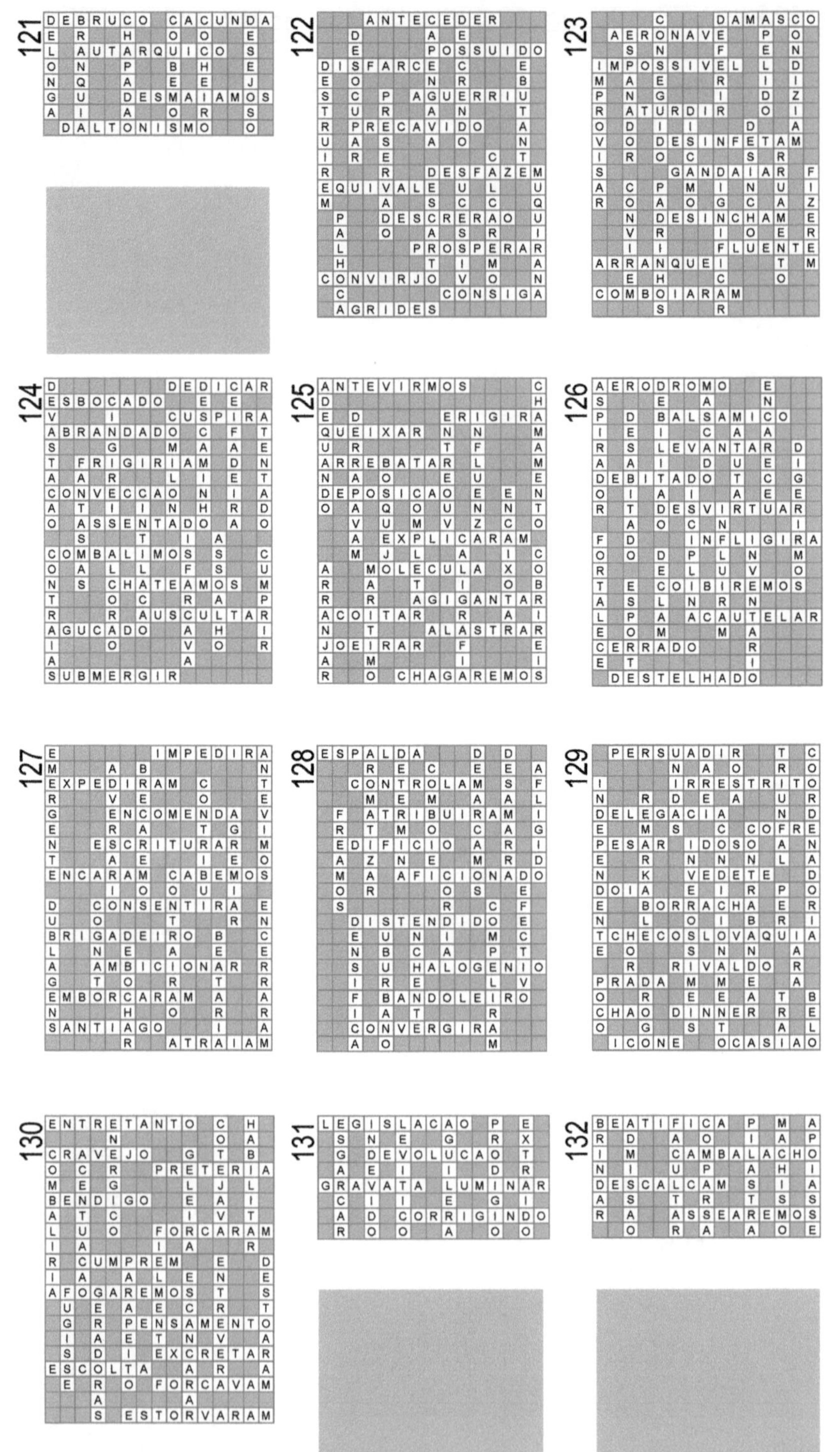
121
122
123
124
125
126
127
128
129
130
131
132

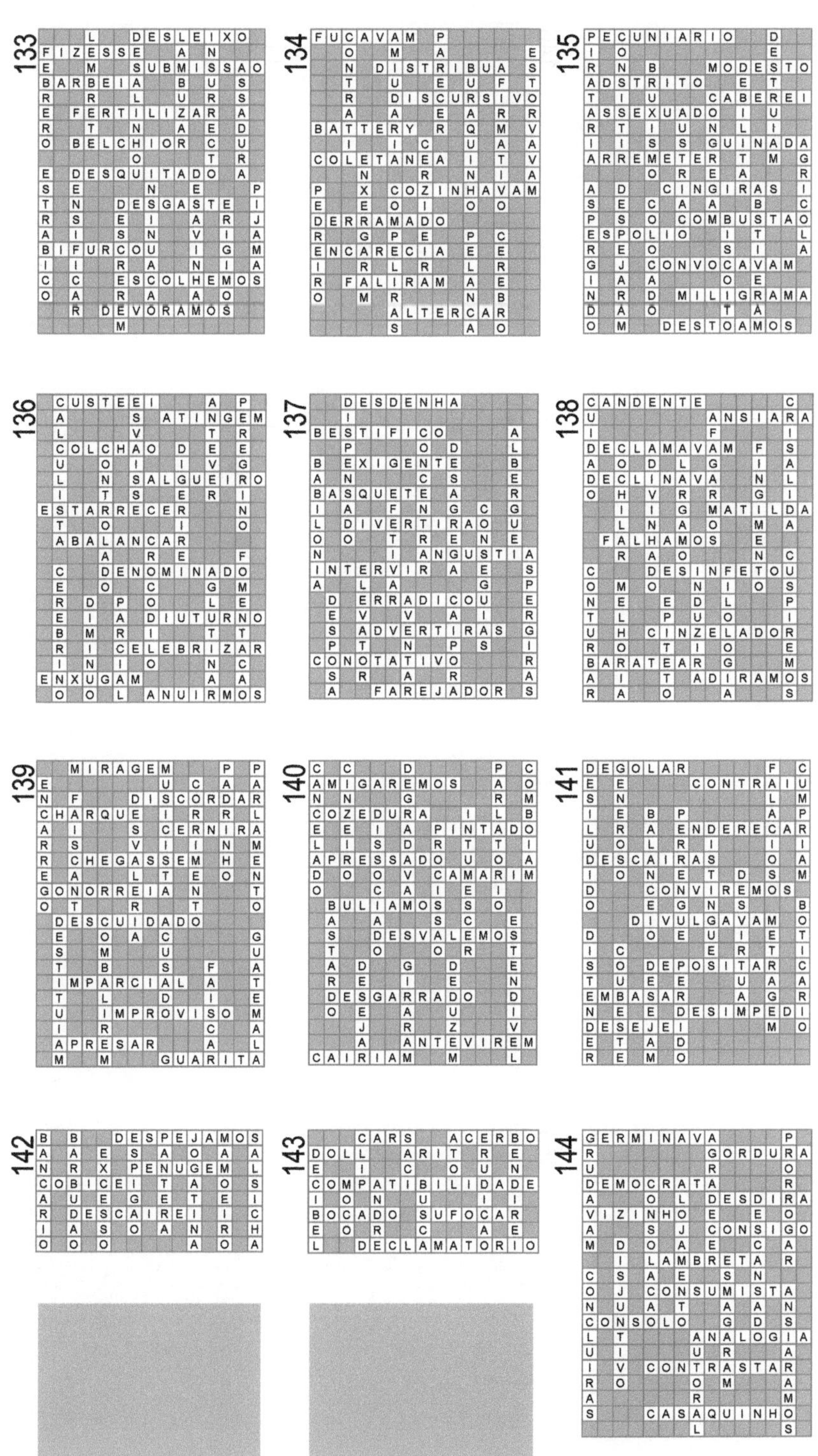

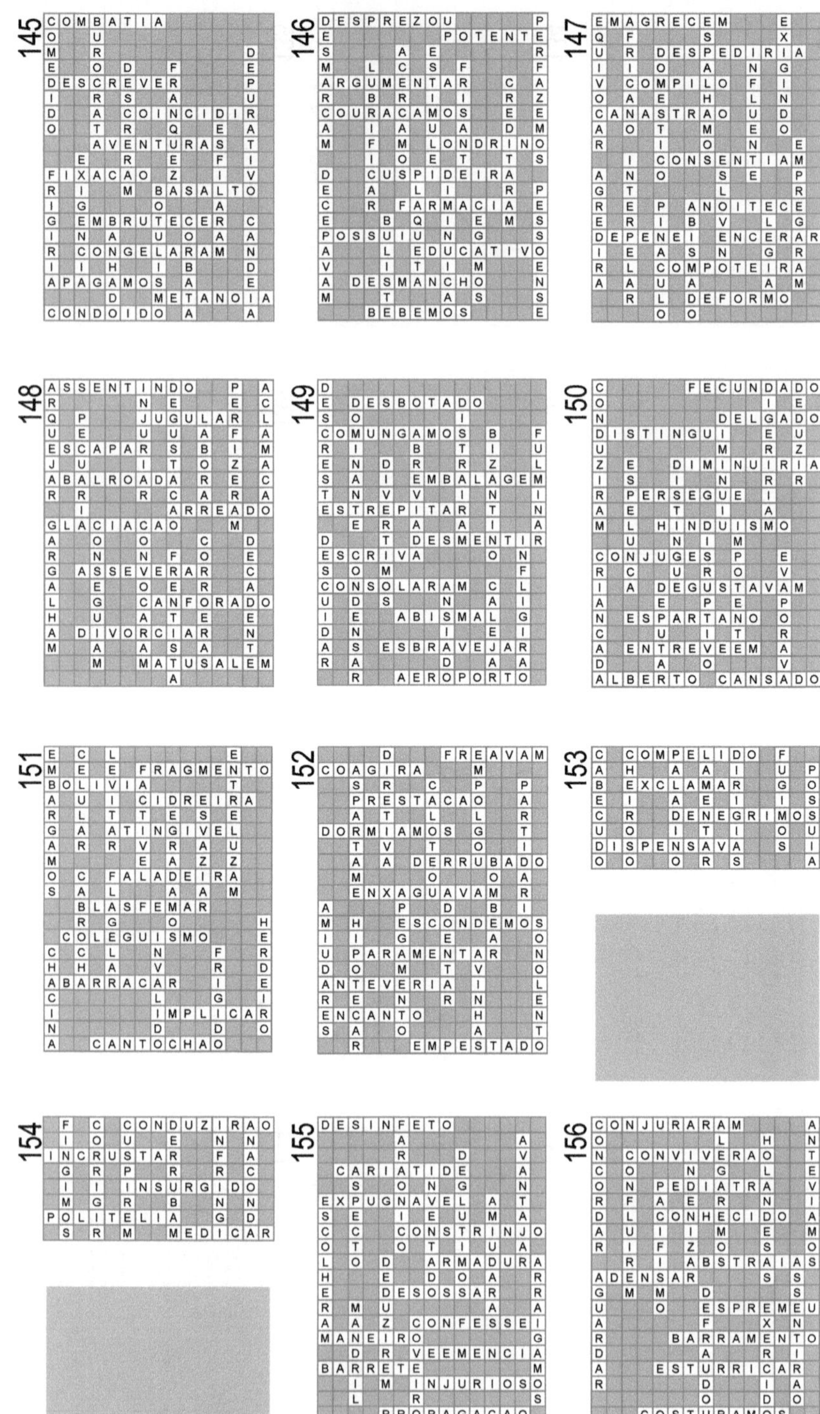

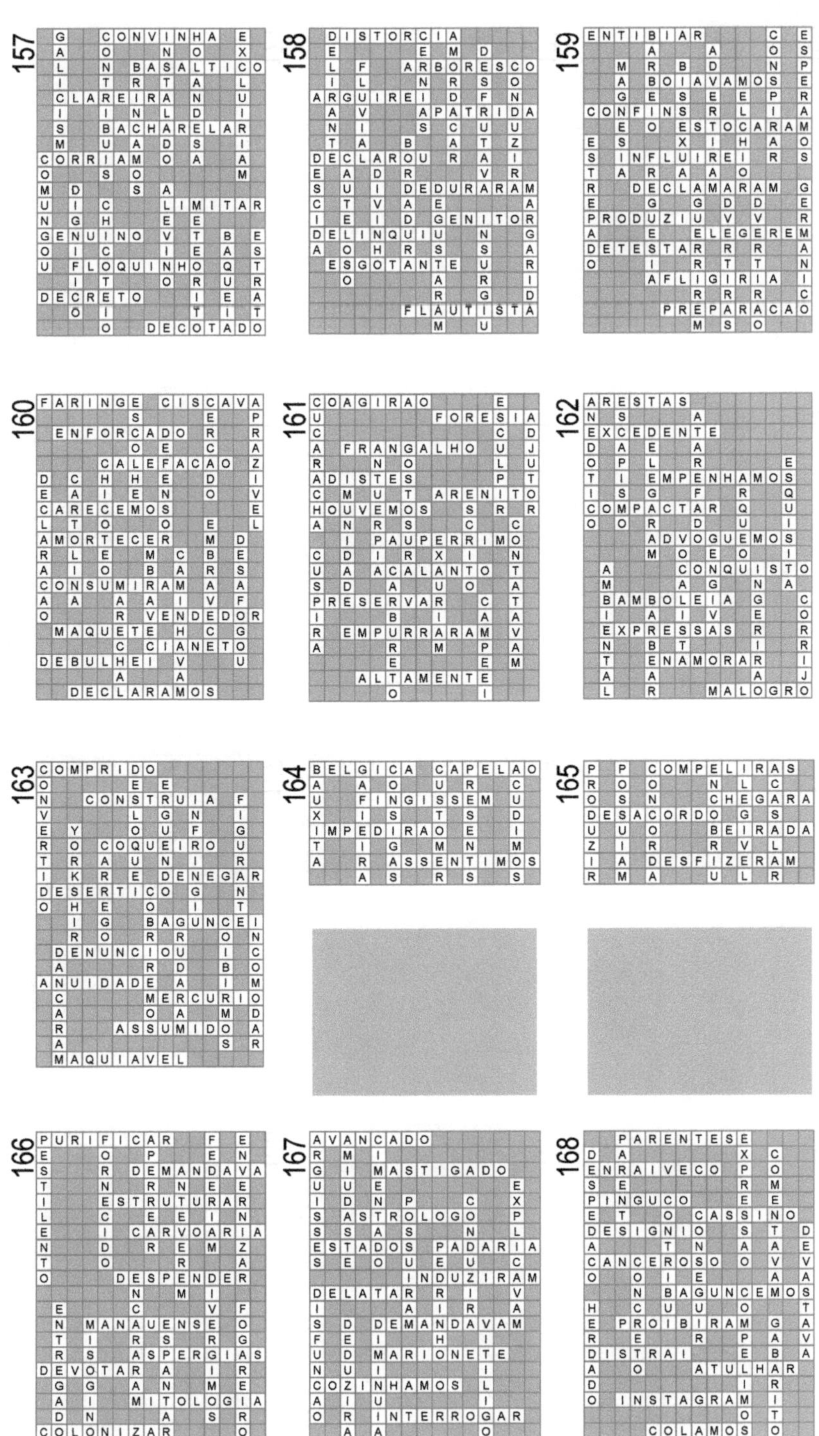

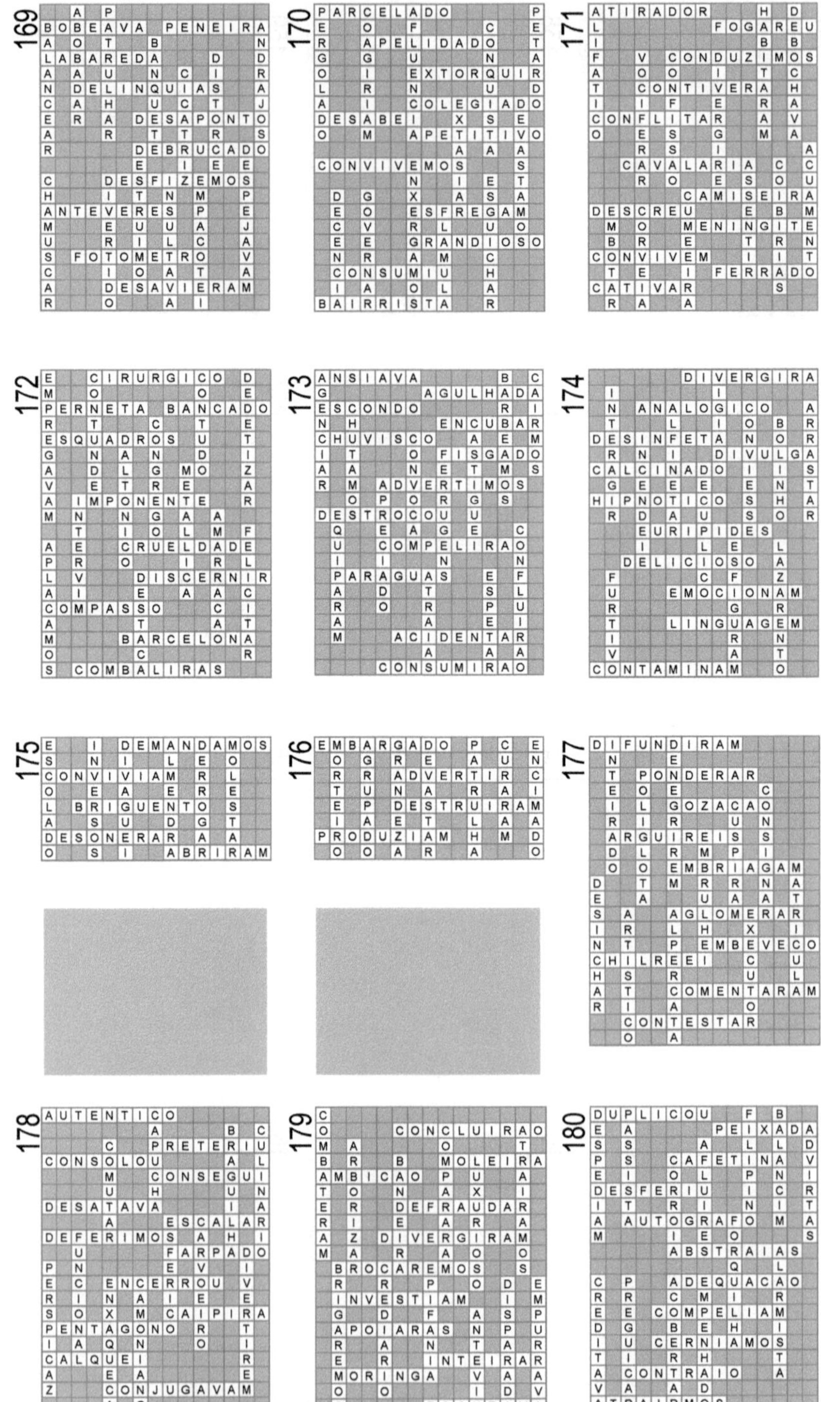
169
170
171
172
173
174
175
176
177
178
179
180

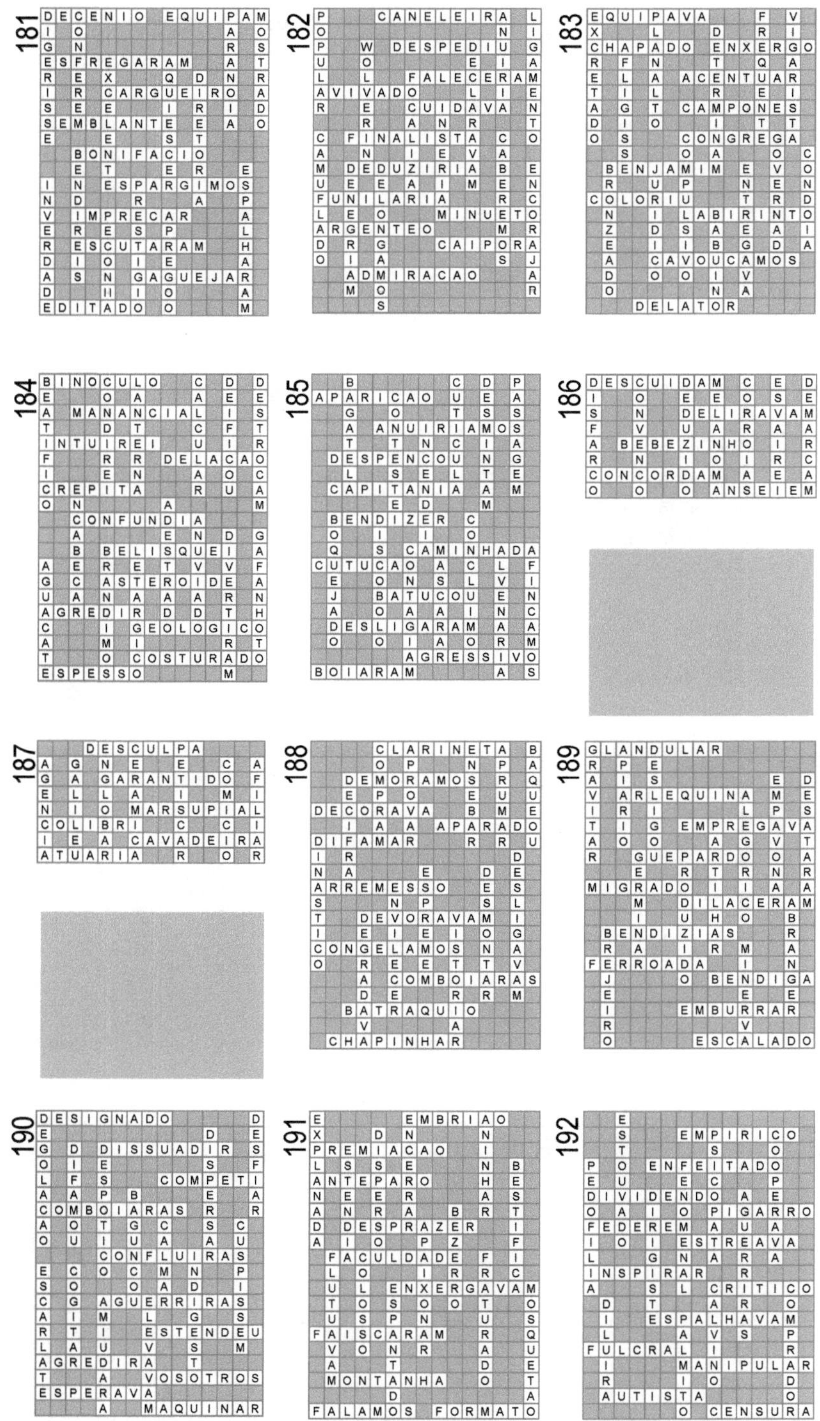
181
182
183
184
185
186
187
188
189
190
191
192

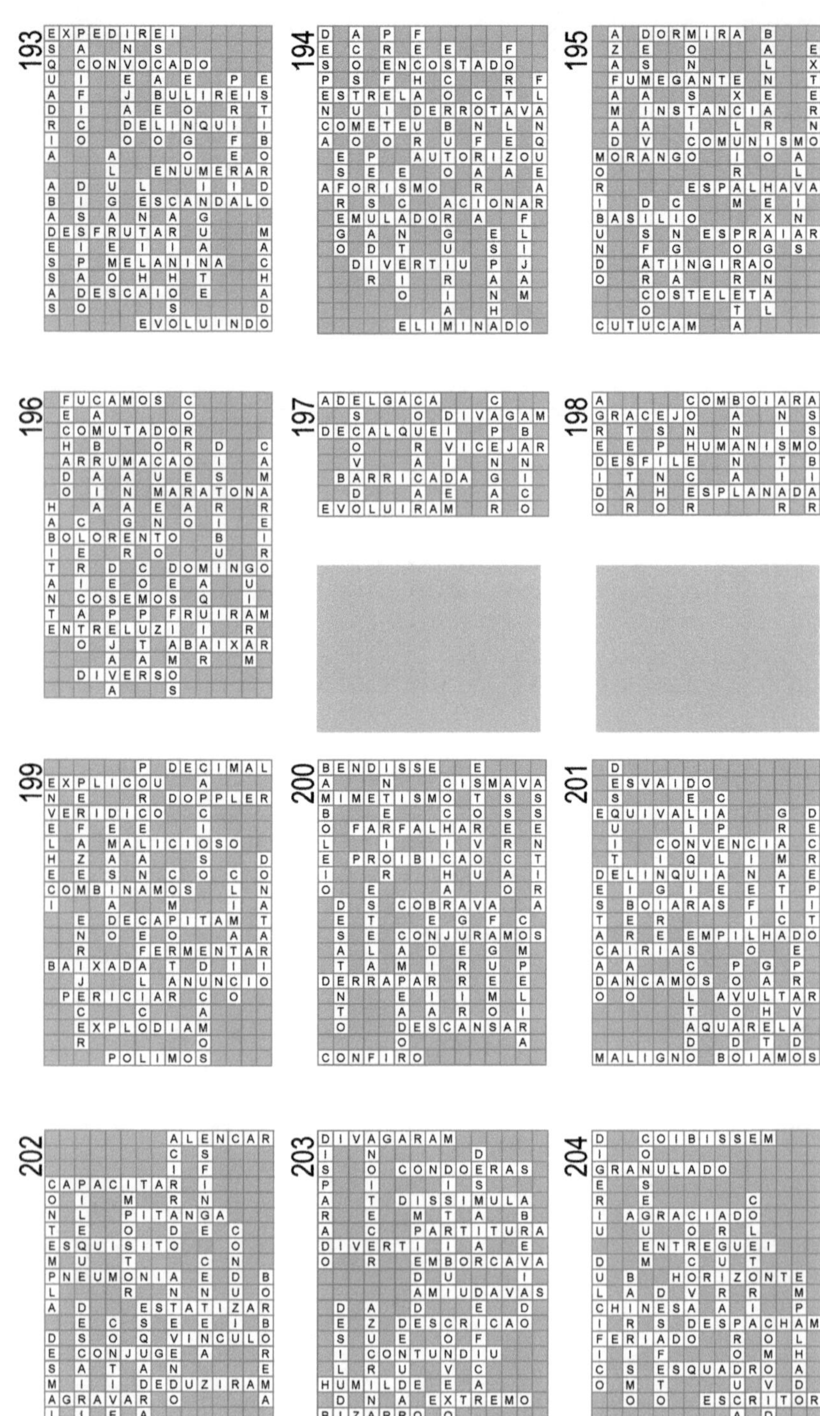
193
194
195
196
197
198
199
200
201
202
203
204

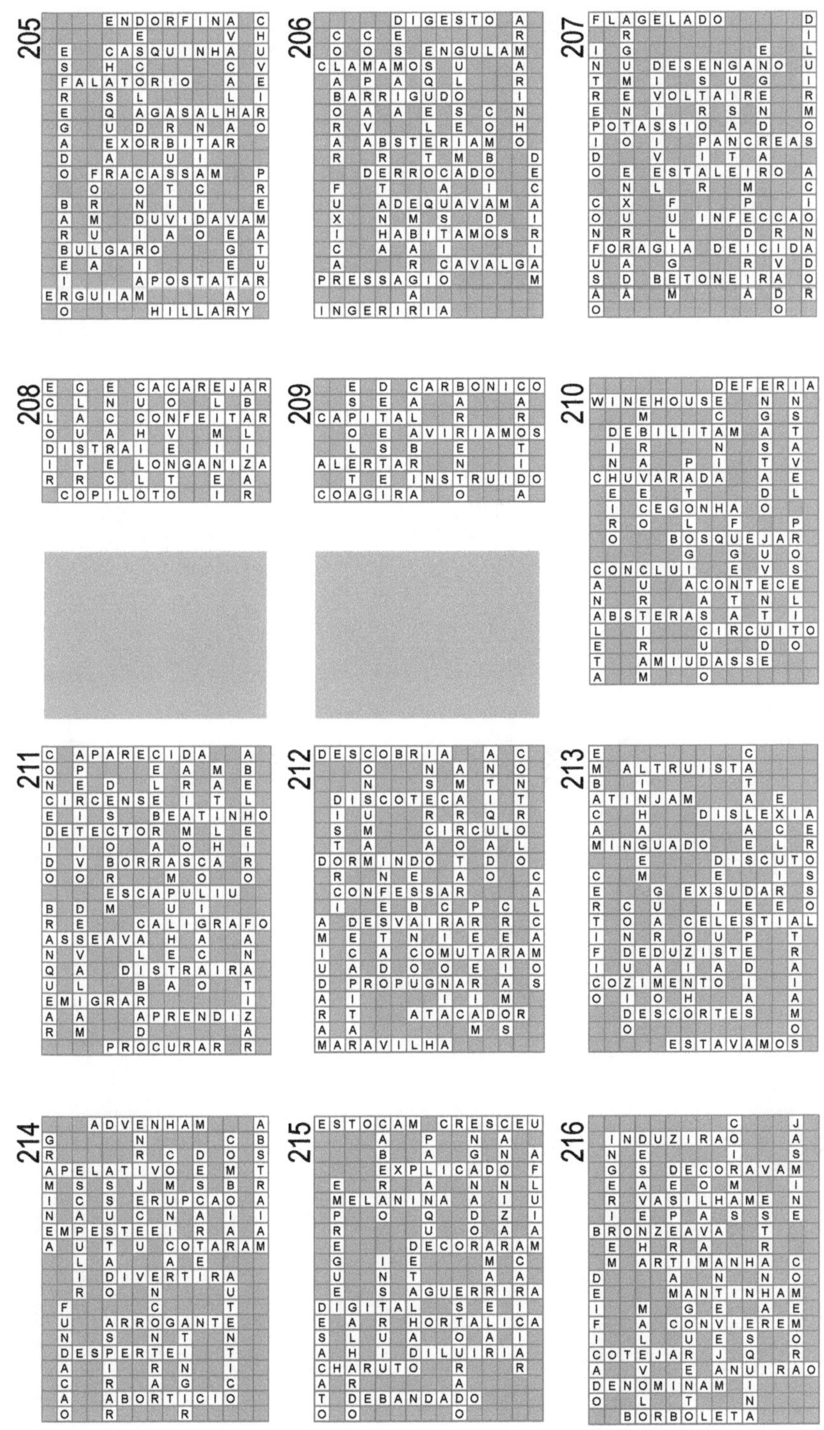
205
206
207
208
209
210
211
212
213
214
215
216

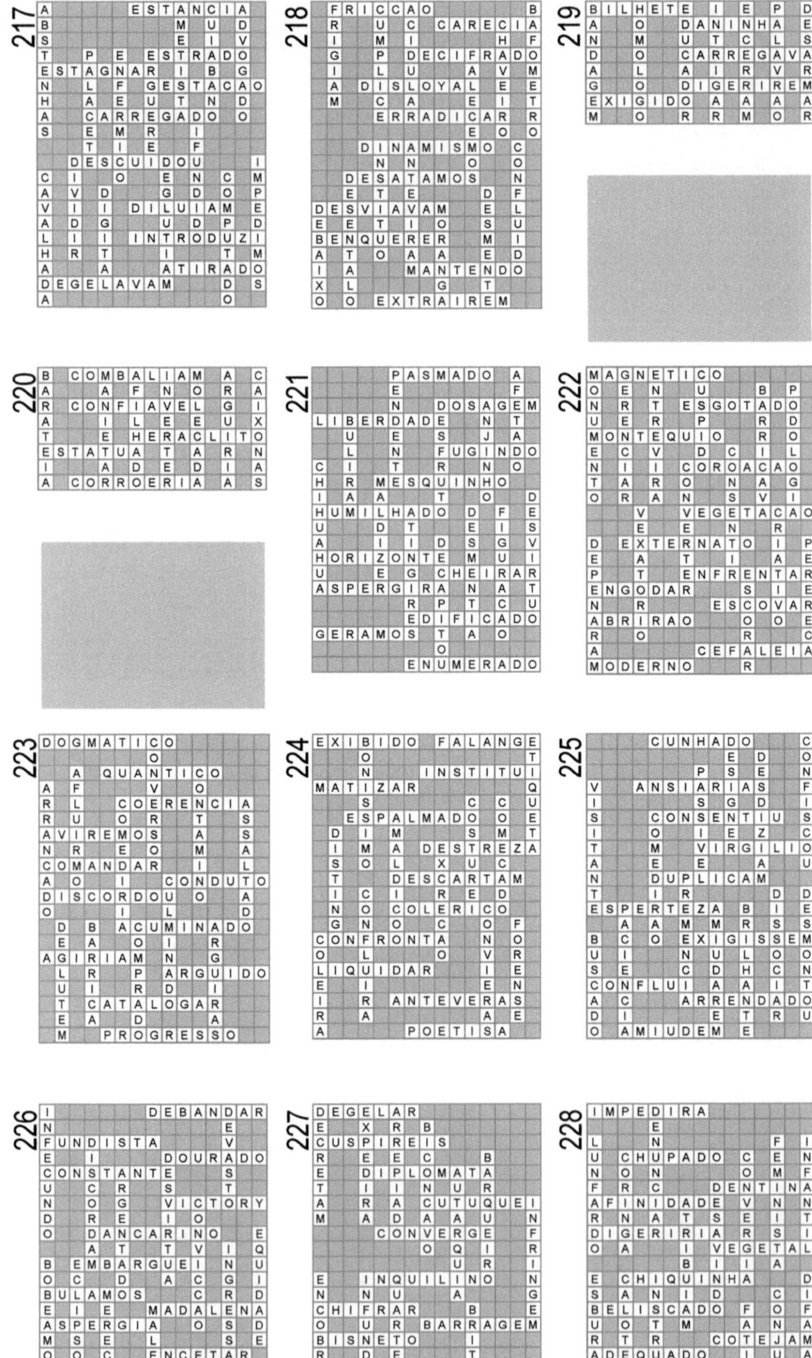

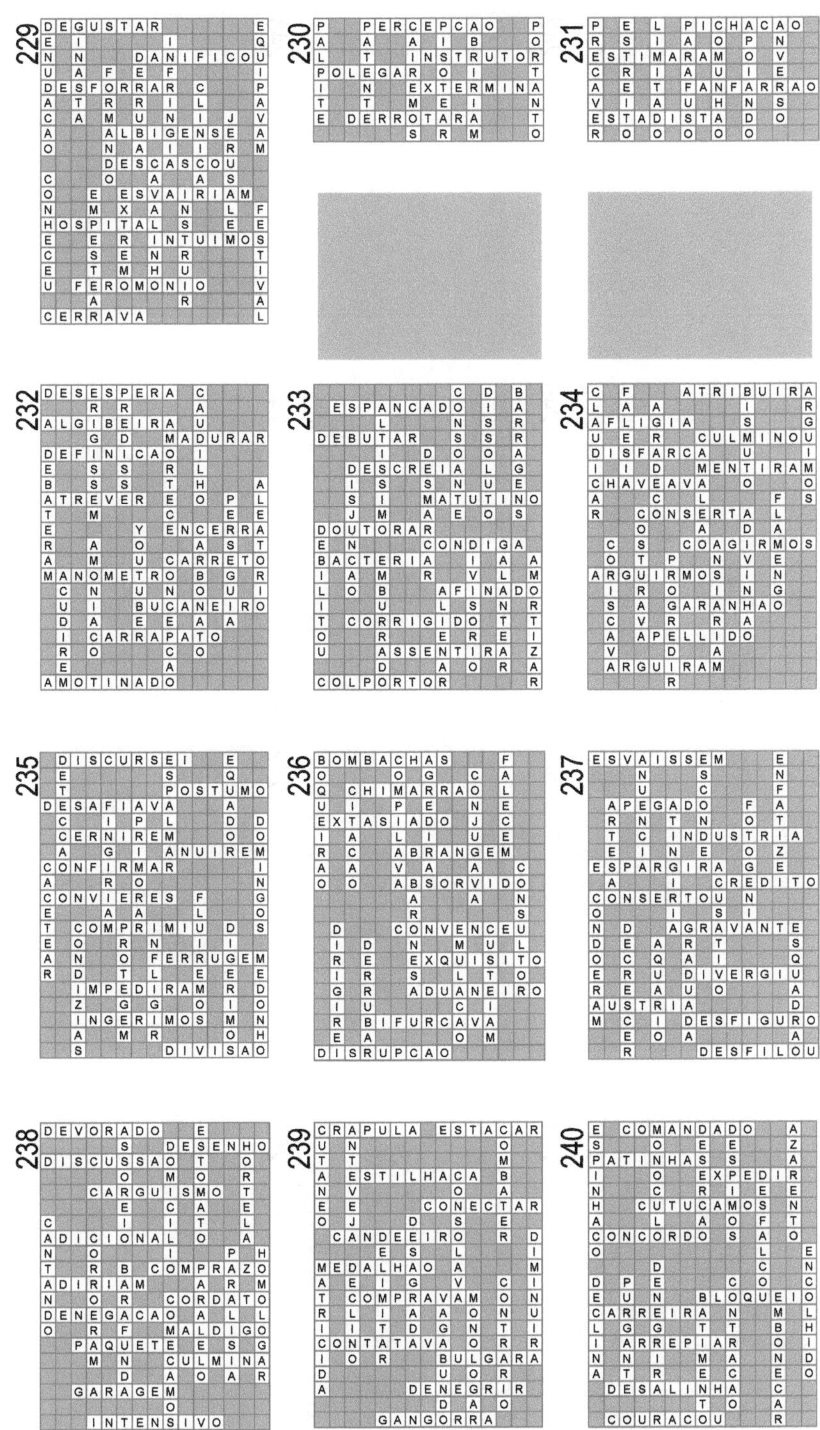

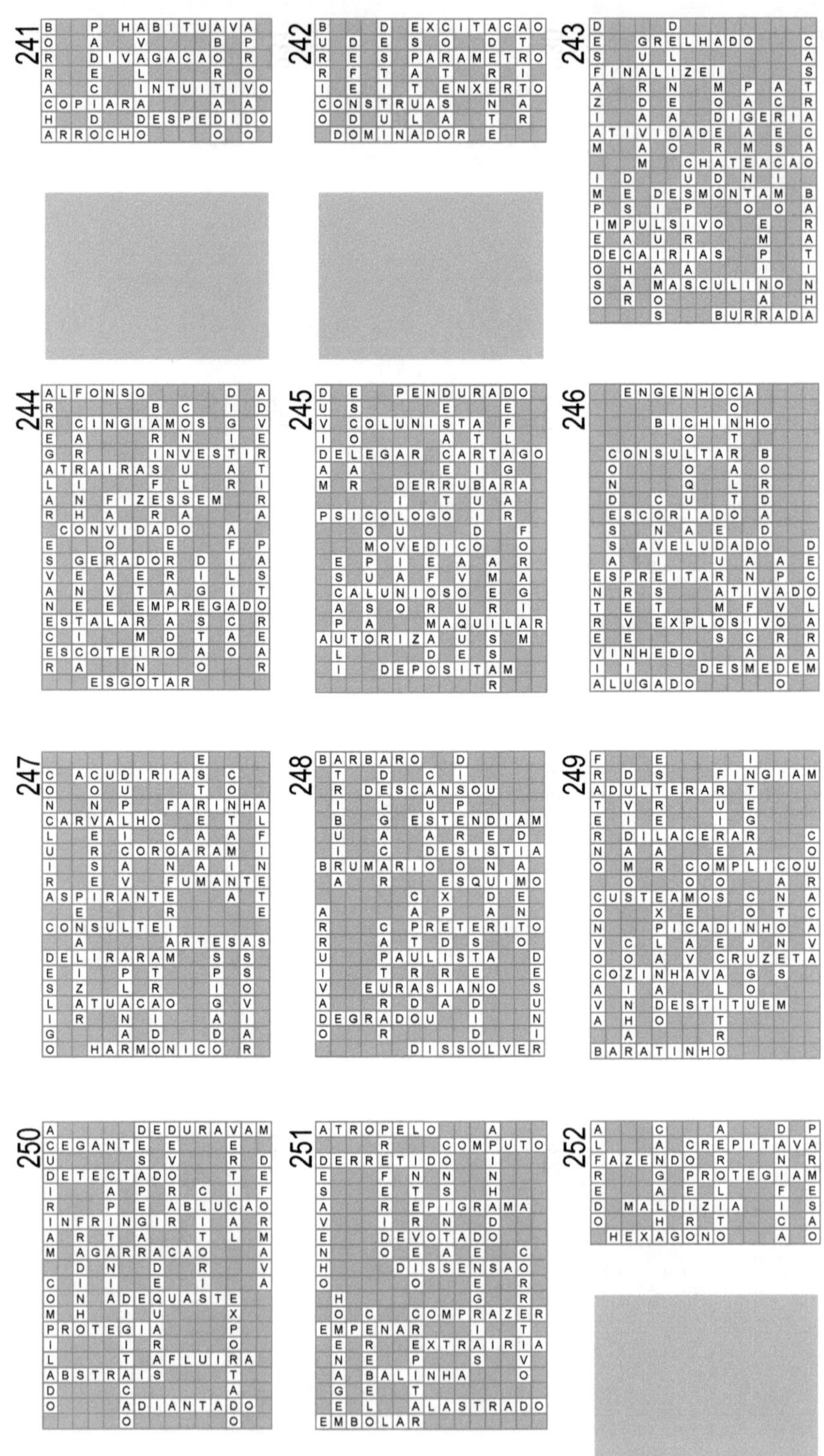
241
242
243
244
245
246
247
248
249
250
251
252

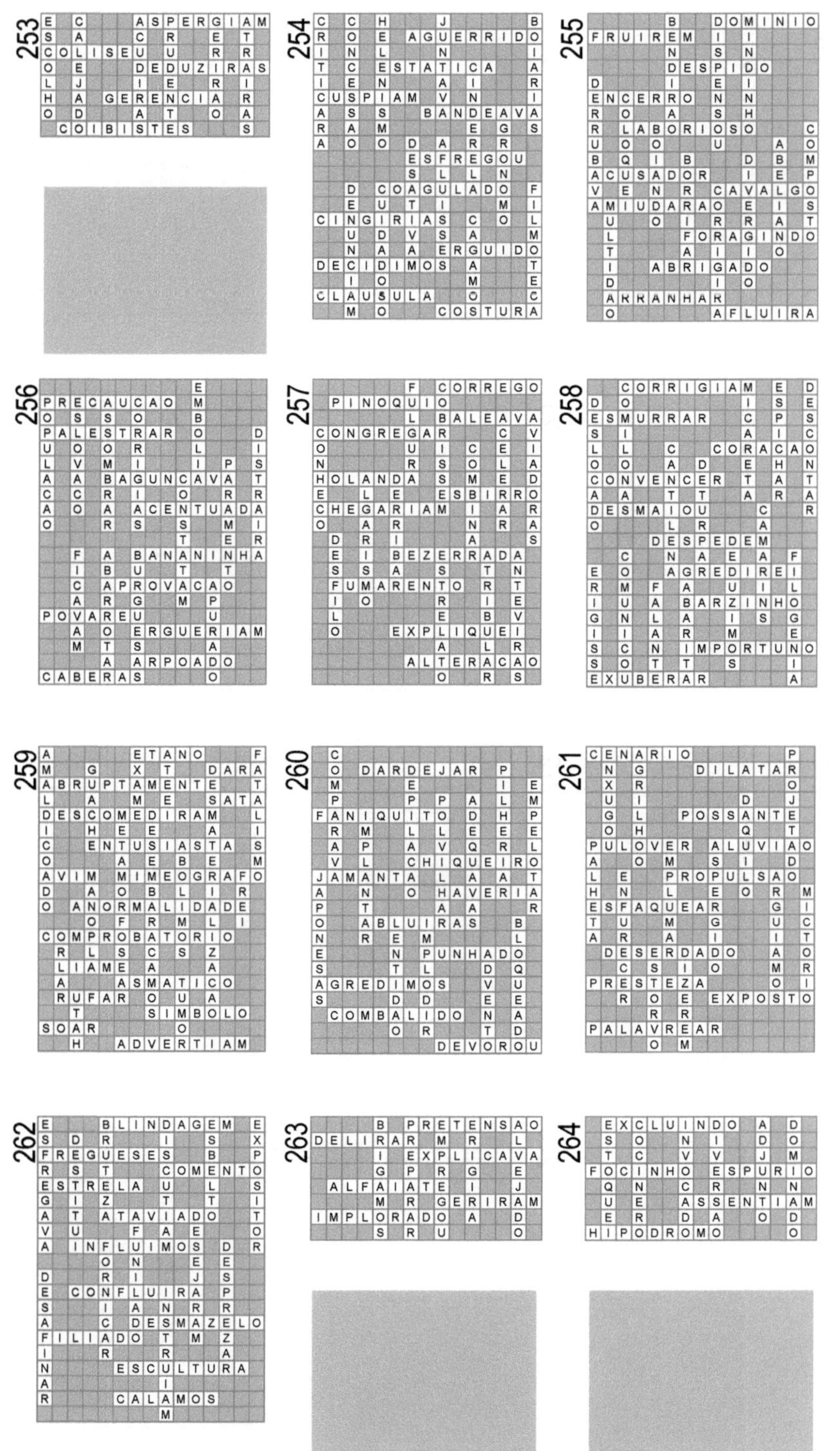
253
254
255
256
257
258
259
260
261
262
263
264

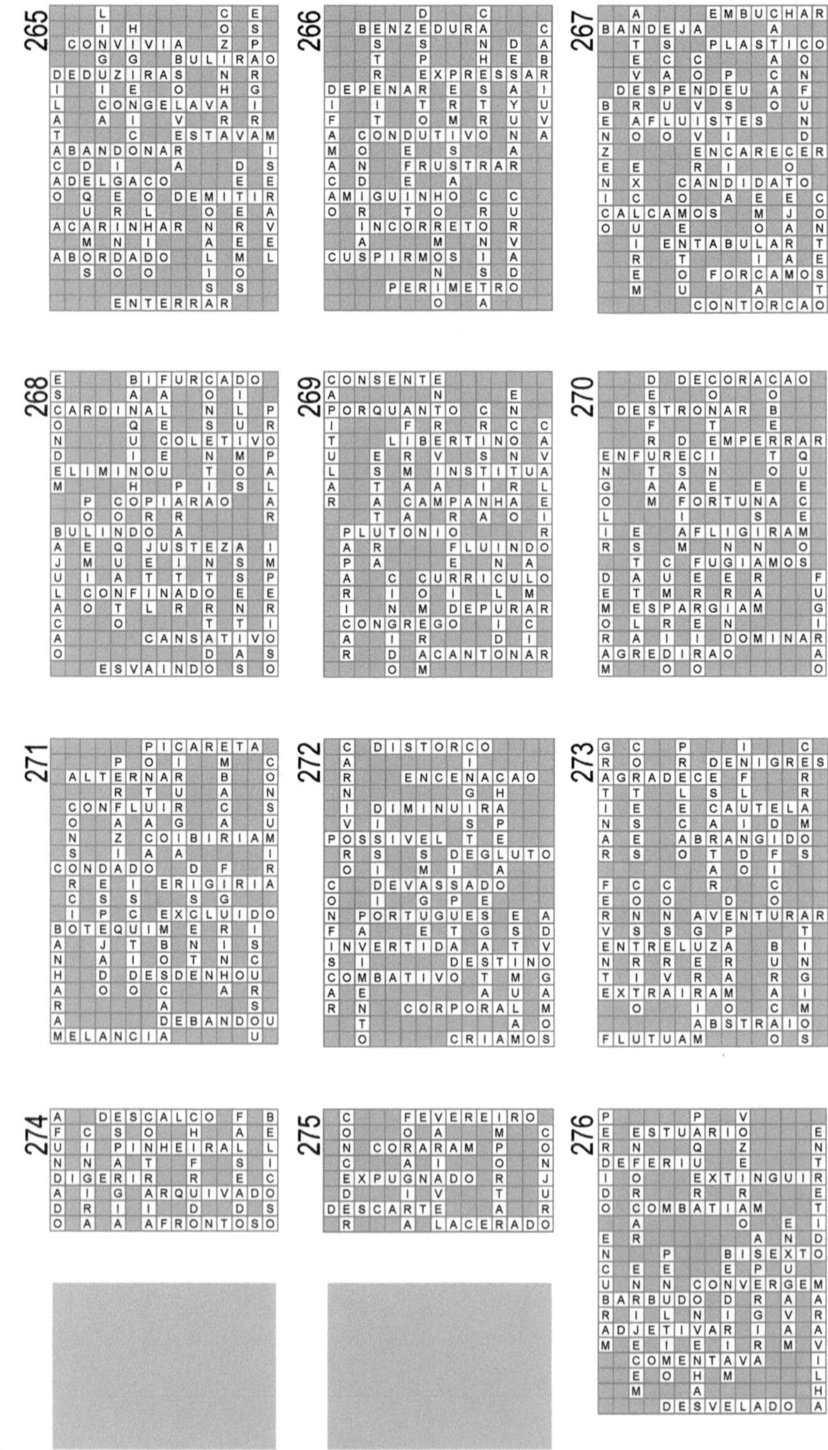

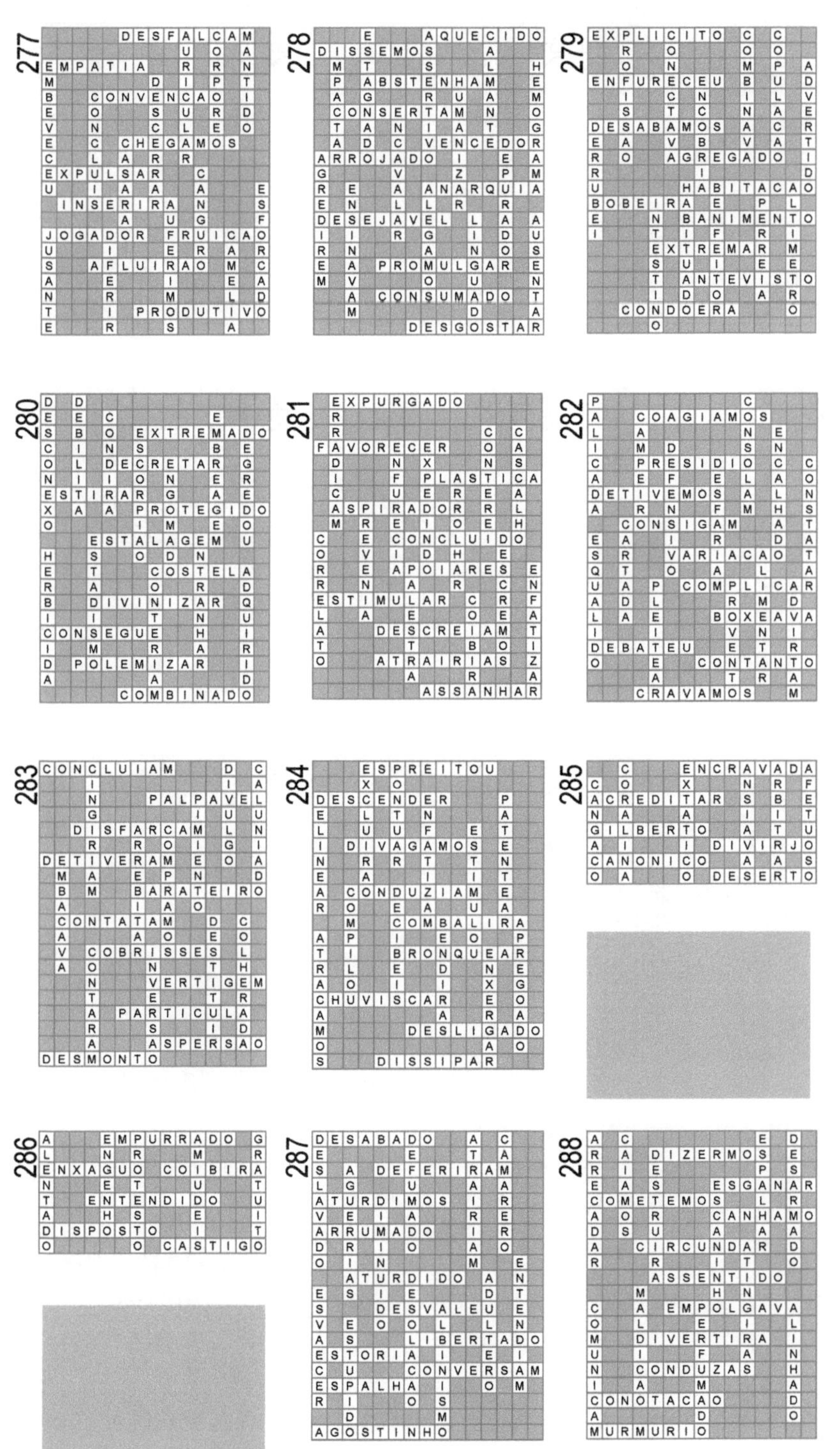

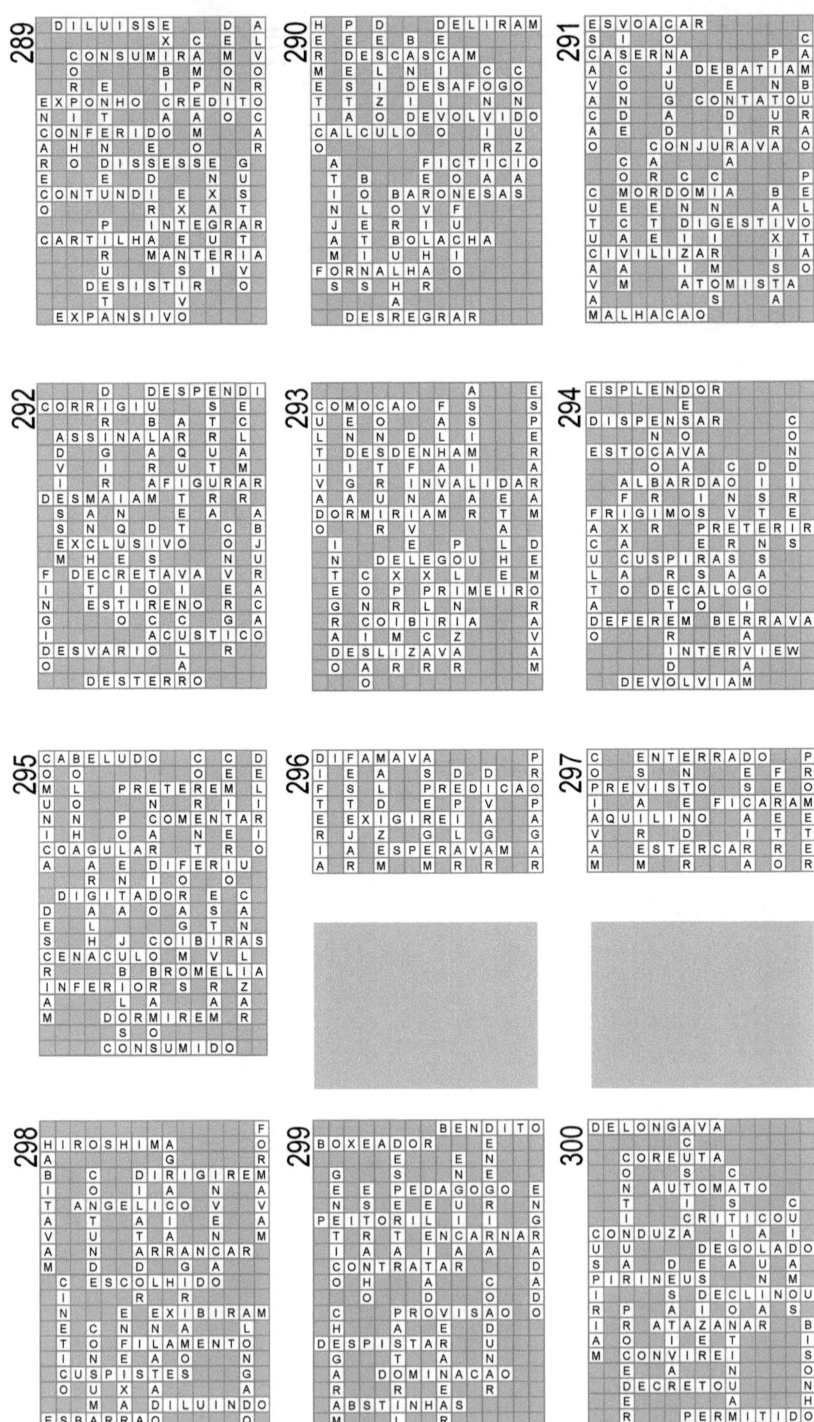

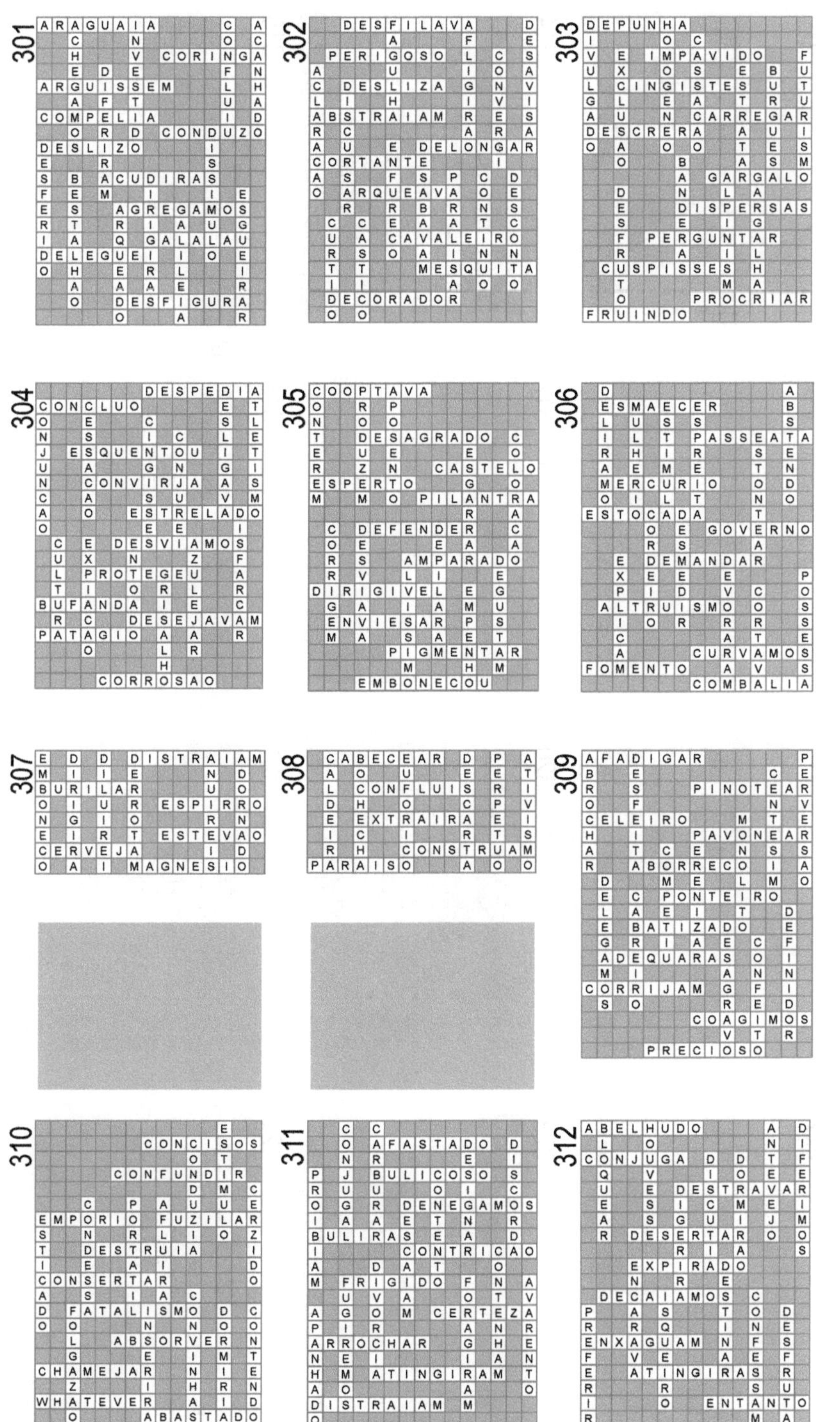

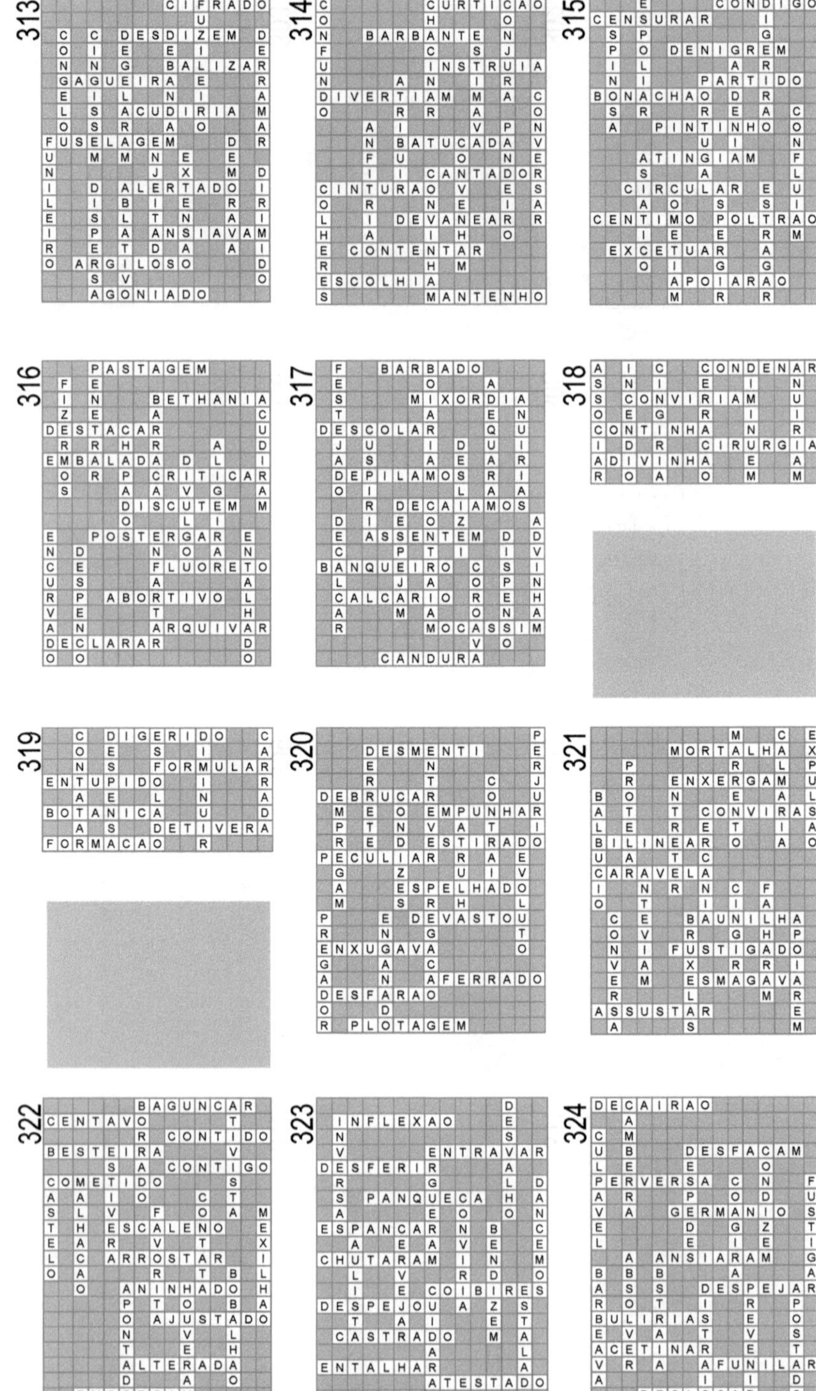

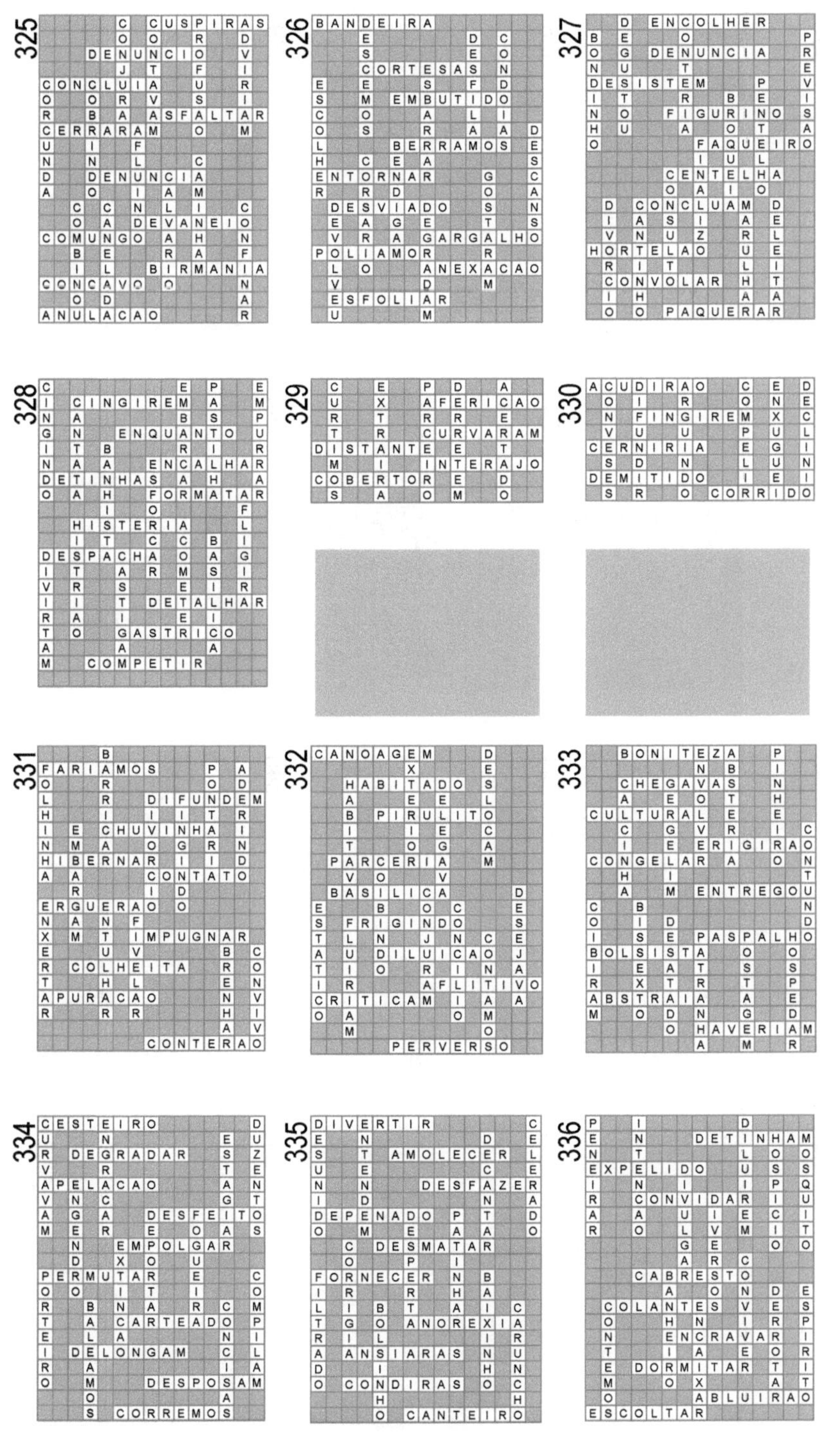
325
326
327
328
329
330
331
332
333
334
335
336

337

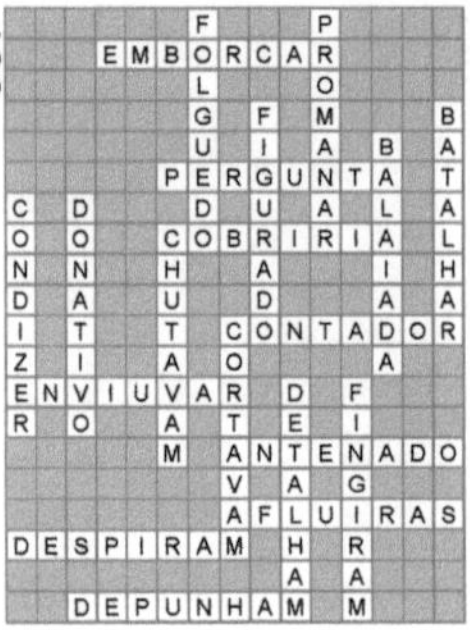

EMBORCAR · PERGUNTA · COBRIRIA · CONTADOR · ENVIUVAR · ANTENADO · AFLUIRAS · DESPIRAM · DEPUNHAM

338

DILUIDOR · CONDUZIR · ENGRAXAR · ASSUNCAO · EXPUNHAM · CONSTRUO · DILATADO · CRIVAMOS · DISTRAIA · ENFEZADO

339

DESFAZES · DESFILAR · CONDIRAO · DENOTADO · COAGIRAS · BEIJINHO · DILUIRAM · CRITERIO · ERIGIRAM · FORMARAM

340

ENCURTAR · ENJEITAR · EXTINTOR · ENXAGUAR · CINGIRAM · BESTEIRO · DESMINTA · CANTAROS · ABOLETAR

341

DOZE · CRAPULA · CONTENTA · IENE · AFUNILADO · CATETO · IGLU · INERCIA · ROTA · ORAL · INTEMPERANCA · SEDATIVO · CORNETA · DESFAVORAVEL · CEOU · ACASO · ADAGA · REEXPEDICAO

342

KIDS · FERMENTO · RISTE · EDUCO · AUNT · COMERAM · NAQUELE · SECO · OUVIU · ALICERCOU · NHOC · OBAMA · BISBILHOTEIRO · EAST · MARMOTA · OUVE · ALINE · NORDICO · ASPERGIREIS

343

CONDE · ERRAR · RECUSAVEL · ESMOLA · READ · EURASIANO · OINC · CACARECOS · TALL · CENTRALIZAR · ATEU · IMITO · HARVARD · ENGRAXATE · RETRAIR · DESENCAMINHADO · TEOR · CECE · DEALBAR

344

ELETRODOMESTICO · INTRODUZINDO · PISO · URTICARIA · CAFETA · FANTASMAGORICO · EGYPT · ORION · GAUSS · ORDINAL · REALCE · CONTEMPORIZAR · XEPA · RALE · DANCOU

345

INSTAURACAO · BIOFIS · ROAZ · ILHA · MIGA · TRISTEZA · NEAR · READY · OPALA · EVOCAR · DEIXEI · ASSEGURADO · CONTABILIZACAO · COEI · INDISPOR · METODOLOGIA

346

PRECAVERAM · CONTRABALANCADO · APROXIMADO · NACO · APOSTILA · CONQUISTOU · RUIDO · ELEVEN · CHIP · AMBAS · GENIOSO · CRIME · TRASTE · FAKE · RUEIRO · INES · OLFATO · LOROTA

347

PATOTA · DEPLOREI · DESDISSESSEM · INTERMITENTE · AGRADABILISSIMO · AGNOSTICISMO · ODONTOLOGIA · AMIGO · EVACUAM · CEJA · AGOURENTO · COLOSSO · ECOAR

348

AJURAMENTAR · QUEST · DIFERENCIAVEL · ACUDE · CAPITANEAR · ESQUADROES · PRODUTIVIDADE · DARIA · OVNI · NOME · MASCARADO · PENSADOR · ODIOU · SOON · LOCAO

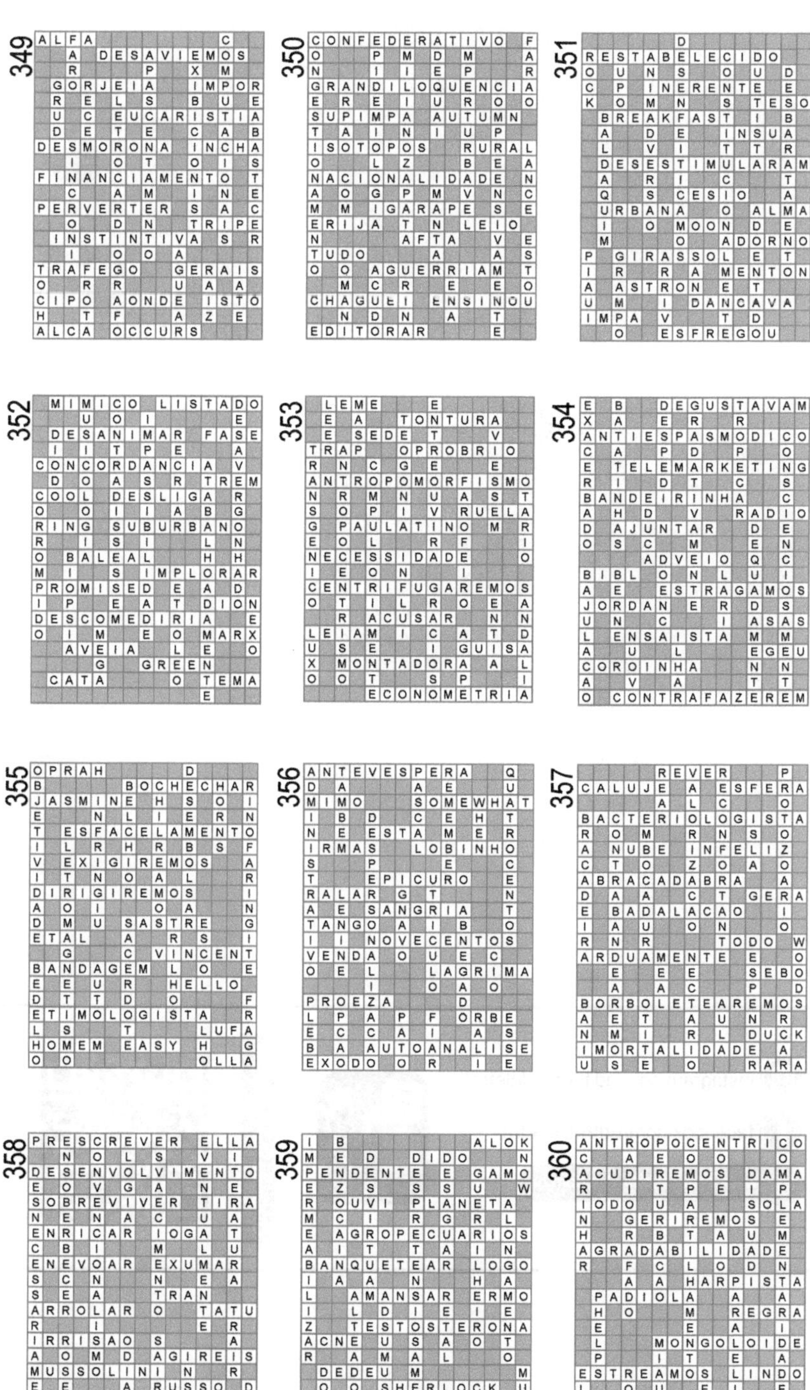

361

362

363

364

365